Michael Schmidl

IT-Recht von A–Z

IT-Recht von A–Z

von

Prof. Dr. Michael Schmidl, LL.M. Eur.
Rechtsanwalt und Fachanwalt für
IT-Recht in München

3., vollständig neubearbeitete Auflage
2026

C.H.BECK

beck.de

ISBN 978 3 406 80412 0

Wilhelmstraße 9, 80801 München
info@beck.de
Druck und Bindung: Beltz Bad Langensalza GmbH
Am Fliegerhorst 8, 99947 Bad Langensalza

Satz: Jung Crossmedia Publishing GmbH, Lahnau
Umschlag: Druckerei C.H.Beck, Nördlingen

chbeck.de/nachhaltig
produktsicherheit.beck.de

Gedruckt auf säurefreiem, alterungsbeständigem Papier
(hergestellt aus chlorfrei gebleichtem Zellstoff)

Vorwort

Mit der dritten Auflage dieses Buchs wird der Anspruch fortgeführt, eine verlässliche Arbeitshilfe für Praktiker und Studierende im Gebiet des IT-Rechts zu schaffen. Seit dem Erscheinen der zweiten Auflage im Jahr 2013 hat sich das Rechtsgebiet allerdings in einer Weise weiterentwickelt, die seinerzeit kaum absehbar war. Vor allem auf europäischer Ebene ist eine erhebliche Gesetzgebungsaktivität zu verzeichnen. Zu nennen sind etwa die Datenschutz-Grundverordnung, die Digitale-Inhalte-Richtlinie, der Data Act, der Data Governance Act, der Digital Markets Act, der AI Act, die NIS2-Richtlinie sowie der Cyber Resilience Act. Diese Regelwerke haben den Zuschnitt des IT-Rechts erweitert, neue Pflichten geschaffen und zahlreiche bekannte Begriffe mit zusätzlichen rechtlichen Bezügen versehen.

Die dritte Auflage trägt dieser Entwicklung durch eine umfassende Überarbeitung und Erweiterung der Stichwörter Rechnung. Neben den klassischen Gegenständen des Datenschutz-, Urheber- und Telekommunikationsrechts sowie des elektronischen Geschäftsverkehrs treten stärker als bisher Fragen der Datenwirtschaft, der Plattformregulierung, der IT- und Cybersicherheit, der digitalen Produkte und Dienste sowie der Künstlichen Intelligenz hervor. Damit soll das Werk weiterhin das einfache Nachschlagen einzelner Begriffe ermöglichen und zugleich deren Einordnung in die betroffenen rechtlichen Zusammenhänge erleichtern.

Neu aufgenommen wurden in der dritten Auflage zudem eine Reihe vertiefender Exkurse zu einzelnen Begriffen. Sie sollen dort, wo die bloße Begriffsbestimmung nicht ausreicht, Hintergründe erläutern, Meinungsstände sichtbar machen oder systematische Bezüge herausarbeiten. Gerade in einem Rechtsgebiet, in dem technische Entwicklungen, europäische Regulierung und nationale Umsetzungspraxis eng ineinandergreifen, erscheint eine solche Vertiefung für das Verständnis vieler Stichwörter besonders hilfreich.

Die Vielfalt der Themen und Begriffe konnte nicht mehr allein bewältigt werden. Neben mir haben Florian Tannen, Lennart Reich, Matthias Scheck, Josephine Becker, David Oberhuber, Daniel Wulle, Michaela Nebel, Aileen Zengler, Katharina Fink sowie Michael Saalfeld und Frank Pflüger als Autoren an der dritten Auflage mitgewirkt. Die jeweilige Autorenschaft der einzelnen Stichwörter ergibt sich aus der Tabelle zu Beginn des Werks. Allen Mitwirkenden danke ich herzlich für ihre sorgfältige Arbeit und ihre Bereitschaft, ihre jeweilige fachliche Erfahrung in dieses Buch einzubringen.

München, im August 2026 *Michael Schmidl*

Bearbeiterverzeichnis

Bearbeiter	Buchstaben/Bereich
Michael Schmidl/Florian Tannen	A–B (bis betriebliche Übung)
Michael Schmidl/Lennart Reich	B (ab betriebliche Übung)–C
Michael Schmidl/Matthias Scheck	D
Michael Schmidl/Josephine Becker	E–F
Michael Schmidl/David Oberhuber	G–I (bis International)
Michael Schmidl/Daniel Wulle	I (ab International)–K
Michael Schmidl/Michaela Nebel	L–O
Michael Schmidl/Aileen Zengler	P–R (bis Rollback)
Michael Schmidl/Katharina Fink	R (ab Rollback)–S
Michael Schmidl/Michael Saalfeld	T–V (bis Viraler Code)
Michael Schmidl	V (ab Viraler Code)–Z
Frank Pflüger	Unterstützung im Bereich Pharma und Medizin

1–9 [Ziffern]

2G Kurzform für Mobilfunkstandard der 2. Generation, digitaler Mobilfunkstandard, zB →GSM, PDC, TDMA.

3G Kurzform für Mobilfunkstandard der 3. Generation, digitaler Mobilfunkstandard, zB →UMTS, CDMA 2000.

4G Kurzform für Mobilfunkstandard der 4. Generation, digitaler Mobilfunkstandard, zB →UMTS, CDMA 2000.

5G Kurzform für Mobilfunkstandard der 5. Generation, digitaler Mobilfunkstandard, zB →UMTS, CDMA 2000.

A

A-Teilnehmer A-Teilnehmer (engl. Call Originator, Calling Party) ist derjenige Nutzer einer Wählverbindung, der die Verbindung eingeleitet hat. Er ist in der Regel gegenüber dem Telekommunikationsdiensteanbieter zur Kostentragung verpflichtet. Anders ist dies beim → R-Gespräch.

Abbildung im StGB Vgl. → Schriften; iSd StGB sind sämtliche Informationsträger erfasst.

Abfangen von Daten Das Abfangen von Daten ist ein Straftatbestand gemäß § 202b StGB, der unter anderem das Abfangen von Passwörtern (d. h. von Daten gemäß § 202a Abs. 2 StGB) unter Strafe stellt, sofern dabei technische Mittel angewendet werden. Zur Vorbereitungshandlung des § 202c StGB vgl. auch → Ausspähen von Daten

Abhörgerät Ein Abhörgerät im strafrechtlichen und strafprozessualen Sinn ist eine technische Einrichtung, die das Wort über den eigentlichen Klangbereich hinaus hörbar macht, vgl. §§ 201 StGB, 100c, 100f StPO – Lauschangriff.

Ablaufen lassen Ablaufen lassen eines Programms, § 69c Nr. 1 UrhG, ist eine Handlung, die grundsätzlich der Zustimmung des Rechteinhabers bedarf, wenn es dabei zu einer Vervielfältigung des Programms (auch im Arbeitsspeicher, → RAM, des Rechners) kommt. Vgl. aber → Zweckübertragungslehre: Der Erwerber einer Nutzungslizenz erhält allein durch einen Lizenzvertrag Nutzungsrechte notwendigerweise in dem Umfang, den der Zweck der Verfügung erfordert (siehe auch § 69d Abs. 1 UrhG).

Ablauffähigkeit Die Ablauffähigkeit ist der Erfolg der geschuldeten Leistung „Installation einer Software".

Abnahme Mit der Abnahme erklärt der Besteller, dass das geschuldete Werk im Wesentlichen vertragsgemäß erbracht wurde; ein Verzicht auf die Beseitigung noch vorhandener Mängel geht damit nicht einher. Mit der Abnahme geht die Entgegennahme des Werks (soweit sich dieses nicht schon beim Besteller befindet) einher. Der Erklärung der Abnahme geht üblicherweise die technische Prüfung voraus, ob das Werk vertragsgemäß erstellt wurde. Damit verbunden ist in der Regel die Fälligkeit der geschuldeten Gegenleistung aufgrund eines Werkvertrages, § 640 BGB.

Abnahmeprotokoll Das Abnahmeprotokoll dokumentiert den Abschluss des (erfolgreichen) Abnahmeverfahrens und hält Vorbehalte im Hinblick auf bei der Abnahme entdeckte Mängel sowie Fristen für deren Beseitigung fest, auch wenn die vorbehaltlose Abnahme (→ Abnahme) nicht zum Verzicht auf mängelbedingte Rechte führen würde. Daneben enthält es Regeln für eine möglicherweise erforderliche Nachabnahme.

Abnahmespezifikation Die Abnahmespezifikation enthält die Voraussetzungen, die für eine Abnahme erfüllt sein müssen und das zur Überprüfung angewendete Verfahren. Diese wird bei → Softwareerstellungsverträgen, in der Regel durch die Zusammenarbeit zwischen Auftraggeber und Auftragnehmer erstellt. Bei der Softwareerstellung und anderen IT-Projekten ist diese häufig nicht bereits mit Abschluss des entsprechenden Vertrags (vollständig) vorhanden, sondern kann erst im Lauf des Projekts fertiggestellt werden, wenn die Systemanforderungen abschließend feststehen. Fehlt die Abnahmespezifikation bis zum Abschluss des Projekts sind Streitigkeiten über die geschuldete Beschaffenheit vorprogrammiert.

Abwärtsversteigerung Die Abwärtsversteigerung (auch Reverse Auction) ist ein Verfahren zur Bildung eines Preises für eine bestimmte Leistung, wobei der Preis – ausgehend von einem Ausgangspreis – in gewissen Zeitabständen automatisch sinkt und derjenige Bieter den Zuschlag erhält, der als erster einen bestimmten Preis akzeptiert. Die Abwärtsversteigerung ist jedenfalls dann wettbewerbsrechtlich unbedenklich, wenn sich der Auktionsgewinner im Anschluss an die Auktion frei entscheiden kann, ob er die Leistung zu den von ihm „gebotenen" Preis erwerben will (siehe BGH 13.3.2003 – I ZR 212/00).

Access-Control Mit Access-Control wird die Rechtevergabe zur Nutzung von Ressourcen (Dateien, Netzwerke, Server usw.) durch den Administrator bezeichnet. Dazu dienen Mechanismen wie → Passwörter, Nutzernamen, die jeweils eine unbefugte Nutzung verhindern sollen. Datenschutzrechtlich ist Access-Control als „Zutrittskontrolle" eine der gemäß Art. 32 DS-GVO zu ergreifenden Maßnahmen des technischen Datenschutzes (auch wenn dies nicht konkret geregelt ist, wie zuvor in Anlage zu § 9 Satz 1 BDSG).

Access-Provider Der Access-Provider vermittelt dem Kunden den Zugang zum Internet und eröffnet ihm die Möglichkeit, über das Internet mit anderen Daten auszutauschen. Der Access-Provider erbringt damit Telekommunikationsdienste gemäß § 3 Nr. 61 TKG. Die Haftung des Access-Providers für fremde Informationen, die er übermittelt oder zu denen er Zugang vermittelt, richtet sich nach Art. 4 ff DSA/§ 7 DDG. Eine Beschränkung der Haftung des Access-Providers für Vermögensschäden kann sich aus § 70 TKG ergeben.

Access-Providervertrag Der Access-Providervertrag regelt das Verhältnis des → Access-Providers zum Kunden. Hauptleistungspflicht des Access-Providers ist es, dem Kunden Zugang zum Internet zu verschaffen. Der Access-Providervertrag ist als Dienstvertrag einzustufen, weil es bei objektiver Betrachtung keine Erwartung des Kunden geben kann, jederzeit Zugang zum Internet zu erhalten und dies bei stets gleichbleibender Übertragungsgeschwindigkeit. Mithin schuldet der Access-Provider lediglich das pflichtgemäße Bemühen (nicht aber den garantierten Erfolg), den Zugang zum Internet zu ermöglichen und die Aufrechterhaltung der Einwahlmöglichkeit (siehe BGH 23.3.2005 – III ZR 338/04).

Account Ein Account (engl. Bezeichnung für Nutzerkonto), ist die technische Voraussetzung, um in einem registrierten Nutzern vorbehaltenen elektronischen Dienst oder Computer-System im Rahmen der für diesen Account vorgesehenen Berechtigungen bestimmte Aktivitäten entfalten zu können. Der Zugriff auf den Account setzt typischerweise die Eingabe eines Benutzernamens sowie eines → Passworts voraus, wobei die Auswahl des Benutzernamens (um Dopplungen auszuschließen) und des Passworts bei oder nach der Eröffnung des Accounts (zum Teil) vom Inhaber des elektronischen Dienstes oder Computer-Systems vorgegeben und beim Passwort eine regelmäßige Änderung erzwungen wird (auch wenn es hier – etwa vom BSI – auch andere Empfehlungen gibt, die sich gegen eine regelmäßig erzwungene Änderung aussprechen).

Ad Ad ist die englische Bezeichnung für Werbeanzeige und die Abkürzung für „advertisement". Als Wortbestandteil deutet „Ad …" auf Werbung hin (→ AdWords).

Ad-Clicks Die Anzahl der Ad-Clicks beschreibt, wie oft die Nutzer einer Website eine bestimmte, dort geschaltete Werbeanzeige (→ Banner) angeklickt haben. Die Anzahl der Ad-Clicks ist damit zugleich ein Gradmesser für den Erfolg einer Werbeanzeige und kann mögliche Grundlage für die Bemessung des Vergütungsanspruchs des Websitebetreibers sein. Ad-Clicks sind abzugrenzen von den → Ad-Impressions (→ Click-Through-Rate, → Conversion-Rate).

Ad-Hoc-Netz Ein Ad-Hoc-Netz ist ein zufällig entstehendes und nur vorübergehend bestehendes Netzwerk aus verschiedenen Endgeräten, die unmittelbar miteinander kommunizieren, ohne das (wie beim → Infrastrukturnetz) eine Basisstation erforderlich wäre.

Ad-Impressions Die Anzahl der Ad-Impressions beschreibt, wie oft eine bestimmte Werbeanzeige den Nutzern einer Website angezeigt wurde. Die Anzahl der Ad-Impressions hängt mit dem Aufrufen der entsprechenden Website zusammen und liegt daher typischerweise deutlich höher als die Anzahl der Mausklicks auf die entsprechende Werbeanzeige, die durch Anzahl der → Ad-Clicks gemessen wird (→ Click-Through-Rate, → Conversion-Rate).

Ad-Sense-Werbung Ad-Sense-Werbung ist eine Form kontextbezogener Werbung. Die Werbung wird bezogen auf den Inhalt der jeweils aufgerufenen Website eingeblendet. Der Anbieter einer → Website erhält für die Gewährung dieser Möglichkeit ein Entgelt vom Werbetreibenden. Höhe und Fälligkeit des Entgelts ist jeweils von den vereinbarten Bedingungen (zB Clicks u. Ä.) abhängig.

Ad-Ware Ad-Ware ist → Software in Form von → Freeware Programmen, deren Installation insgesamt gewollt ist und die sich über Werbung – häufig ein eingeblendetes Werbebanner oder ein Popup-Werbebanner – finanziert. Im Gegensatz zu → Spyware werden keine Daten gesammelt und verschickt, also auch keine Versuche unternommen, den Nutzer zu identifizieren.

Add-On Add-On ist eine Erweiterung oder Ergänzung eines Softwareprogramms (vgl. auch → Plug-In) um dem typischen Nutzungskontext des Softwareprogramms gerecht zu werden.

Admin Abk. für → Administrator bzw. → Systemadministrator → Netzwerkadministrator.

Admin-C Die Abkürzung Admin-C steht für → „Administrative Contact“ und bezeichnet den → administrativen Ansprechpartner für eine → Domain.

Administrative Contact Vgl. → administrativer Ansprechpartner.

administrativer Ansprechpartner Administrativer Ansprechpartner (auch „Admin-C“) ist diejenige natürliche Person, die im Auftrag des → Domaininhabers als Ansprechpartner für alle Fragen im Zusammenhang mit einer Domain fungiert und im Kontakt zur Domainregistrierungsstelle (für de-Domains zur → DENIC) steht. Der administrative Ansprechpartner ist als Bevollmächtigter des Domaininhabers berechtigt und gegenüber der DENIC verpflichtet, sämtliche die Domain betreffenden Angelegenheiten verbindlich zu entscheiden und – falls der Domaininhaber seinen Sitz nicht in Deutschland hat – zugleich Zustellungsbevollmächtigter des Domaininhabers iSv § 184 der Zivilprozessordnung, § 132 der Strafprozessordnung, § 56 Absatz 3 der Verwaltungsgerichtsordnung sowie § 15 des Verwaltungsverfahrensgesetzes und der entsprechenden Vorschriften der Verwaltungsverfahrensgesetze der Länder. Für den Admin-C sind Name, Anschrift, Telefonnummer und E-Mail-Adresse anzugeben. Aus der Stellung des administrativen Ansprechpartners kann nicht ohne Weiteres abgeleitet werden, dass er als Störer stets auch für den Inhalt haftet, der unter einer Domain erreichbar ist. In einer Entscheidung vom 13.12.2012 führte der Bundesgerichtshof aus: „Die Haftung des auf Löschung des Domainnamens in Anspruch genommenen Admin-C als Störer setzt voraus, dass ihn ausnahmsweise eine eigene Pflicht trifft zu prüfen, ob mit der beabsichtigten Registrierung Rechte Dritter verletzt werden. Voraussetzung ist insofern das Vorliegen besonderer gefahrerhöhender Umstände, die darin bestehen können, dass vor allem bei Registrierung einer Vielzahl von Domainnamen die möglichen Kollisionen mit bestehenden Namensrechten Dritter auch vom Anmelder nicht geprüft werden. Eine abstrakte Gefahr, die mit der Registrierung einer Vielzahl von Domainnamen verbunden sein kann, reicht insofern nicht aus (Fortführung von BGH 9.11.2011, I ZR 150/09, GRUR 2012, 304 = WRP 2012, 330 Basler Haar-Kosmetik).“ Neben dem administrativen Ansprechpartner gibt es den technischen Ansprechpartner (→ Tech-C) und den Zonenverwalter (→ Zone-C).

Administrator Der Administrator (vgl. auch → Systemadministrator) ist der Verwalter der → IT-Systeme eines Unternehmens, also eines Telekommunikations- und Computersystems, und damit derjenige, der für die informationstechnische Gesamtstruktur in einem Unternehmen verantwortlich ist. Er erteilt insbesondere Zugriffsrechte auf die einzelnen IT-Systeme.

Adresshandel Der Adresshandel dient der kommerziellen Beschaffung von Adressen mit bestimmten Eigenschaften zu bestimmten (meist werblichen) Zwecken. Die datenschutzrechtliche Zulässigkeit des Adresshandels sowie das Widerspruchsrecht der Betroffenen bestimmen sich nach Art. 6, 21 DS-GVO. Der Vertrag zur Beschaffung von Adressen mit bestimmten Eigenschaften (zB die Adressen dürfen nicht in Zusammenhang mit internetspezifischen Serviceleistungen generiert werden) kann als Werkvertrag einzuordnen und der Lieferant den entsprechenden Mängelrechten ausgesetzt sein (siehe OLG Düsseldorf 30.7.2004, I-23 U 186/03).

AdWords Unter AdWords versteht man Begriffe, die bei ihrer Eingabe in eine Suchmaschine gleichzeitig mit dem Suchergebnis zur räumlich getrennten Einblendung bestimmter Werbeanzeigen führen (etwa „Google AdWords“). Hierbei handelt es sich um vom Kunden nach Maßgabe der entsprechenden Google-Richtlinien gestaltete Werbeanzeigen, die im Fall der Eingabe bestimmter vom Kunden „gebuchter“ Schlüsselbegriffe durch die Nutzer von „Google“ neben den Suchergebnissen und getrennt von diesen erscheinen.

AdWords-Werbung Vgl. → AdWords.

Affiliate-Programm Ein Affiliate-Programm (auch: Partnerprogramm) ist eine Vertriebsform im Internet, bei der ein kommerzieller Anbieter seinen Vertriebspartnern (Affiliates) mit (Affiliate-spezifisch gestalteten) Hyperlinks auf sein Produktangebot versehene Werbemittel zur Verfügung stellt und diese pauschal oder erfolgsorientiert durch eine Provision vergütet. Übliche Konditionsmodelle sind Pay per Click/Lead/Sale/Link/View/SignUp.

AGB AGB (Abk. für Allgemeine Geschäftsbedingungen, auch als Lieferungs-/Zahlungsbedingungen bezeichnet) sind für eine Vielzahl von Verträgen vorformulierte Vertragsbedingungen, die eine Partei der anderen stellt, also einseitig auferlegt. Die Wirksamkeit bestimmt sich nach §§ 305 ff. BGB. Insbesondere im Verbraucherrecht wurden zahlreiche Regelungen erlassen, die spezifisch digitale Produkte und Inhalte regeln und dabei auch spezifische Anforderungen und Grenzen für AGB in diesem Bereich setzen (siehe etwa §§ 327 ff BGB)

Agent Vgl. → Robot.

Agentic AI Agentic AI bezeichnet KI-Systeme, die nicht nur auf einzelne Eingaben reagieren, sondern eigenständig Ziele verfolgen, Zwischenschritte planen und Handlungen zur Aufgabenerfüllung ausführen können. Je nach Ausgestaltung können solche Systeme rechtlich insbesondere Fragen der Zurechnung, Transparenz, Kontrolle, Haftung und Regulierung nach dem AI Act und anderen Rechtsbereichen aufwerfen.

Agile Entwicklung Agile Entwicklung bezeichnet ein iteratives Vorgehensmodell der Softwareentwicklung, bei dem Anforderungen, Leistungsinhalte und Umsetzungsschritte fortlaufend konkretisiert und in kurzen Entwicklungszyklen umgesetzt werden. Aus rechtlicher Sicht erfordert agile Entwicklung regelmäßig eine klare vertragliche Regelung insbesondere zu Leistungsgegenstand, Mitwirkungspflichten, Änderungsverfahren, Abnahme und Vergütung, was teilweise zu Herausforderung insgesamt für das Modell der agilen Entwicklung und daher häufig zu pragmatischen vermittelnden Lösungen führt.

Agreement on Trade-Related Aspects of Intellectual Property Rights Das Agreement (Übereinkommen über handelsbezogene Aspekte der Rechte am geistigen Eigentum; Österreich: Abkommen über handelsbezogene Aspekte der Rechte des Geistigen Eigentums; TRIPs = Trade-Related Aspects of Intellectual Property Rights) ist eine internationale Vereinbarung auf dem Gebiet der Immaterialgüterrechte. Es legt als ein Teil der Übereinkommen der World Trade Organisation Minimalkriterien für nationale Rechtssysteme der Mitgliedsstaaten u. a. im Urheberrecht fest, um einen angemessenen Schutz geistigen Eigentums sicherzustellen, zugleich aber daraus resultierende Handelsbarrieren möglichst zu minimieren.

AI Act (Verordnung (EU) 2024/1689) Der AI Act (Verordnung (EU) 2024/1689) ist die erste umfassende horizontale EU-Verordnung zur Regulierung künstlicher Intelligenz und schafft einen unionsweit einheitlichen Rechtsrahmen für das Inverkehrbringen, die Inbetriebnahme und die Verwendung von KI-Systemen sowie für bestimmte KI-Modelle mit allgemeinem Verwendungszweck. Die Verordnung gilt grundsätzlich für Anbieter, Betreiber, Einführer, Händler, Bevollmächtigte und sonstige betroffene Akteure, soweit KI-Systeme oder GPAI-Modelle in der Union bereitgestellt oder deren Outputs in der Union verwendet werden. Inhaltlich verfolgt der AI Act einen risikobasierten Regelungsansatz: Bestimmte KI-Praktiken sind verboten, für Hochrisiko-KI-Systeme gelten umfassende Anforderungen insbesondere an Risikomanagement, Daten-Governance, technische Dokumentation, Transparenz, menschliche Aufsicht, Genauigkeit, Robustheit und Cybersicherheit, während für sonstige KI-Systeme vor allem punktuelle Transparenzpflichten und für GPAI-Modelle eigenständige Dokumentations-, Compliance- und gegebenenfalls weitergehende Pflichten bei systemischem Risiko vorgesehen sind. Der AI Act enthält zudem zentrale Begriffsbestimmungen, regelt Konformitätsbewertung, CE-Kennzeichnung, Marktüberwachung und behördliche Durchsetzung und sieht erhebliche Verwaltungssanktionen bei Verstößen vor; seine Vorschriften gelten gestaffelt nach Maßgabe der Übergangsfristen (die ggf. durch den Digital Omnibus noch angepasst werden).

> **Exkurs: Digital Omnibus Entwurf** Der Digitale Omnibus ist ein von der Europäischen Kommission am 19.11.2025 vorgestellter Reformvorschlag, der europäische Digitalgesetze vereinfachen soll. Der Digital Omnibus Entwurf sieht gezielte Änderungen der KI-VO vor (insbesondere eine Anpassung des Umsetzungszeitraums für bestimmte Vorschriften für Hochrisiko-KI-Systeme). Außerdem sieht der Digital Omnibus Entwurf eine Konsolidierung der bestehenden Datenregeln sowie gezielte Änderungen einzelner Vorschriften vor (zB Einführung eines Single-Entry Point für Meldungen).

AI Literacy (Grundkenntnisse KI) AI Literacy (Grundkenntnisse KI) bezeichnet die Fähigkeiten, Kenntnisse und das Verständnis, die erforderlich sind, um KI-Systeme informiert, sachgerecht und verantwortungsvoll zu entwickeln, bereitzustellen, einzusetzen, zu überwachen und ihre Auswirkungen einzuordnen. Nach Art. 4 KI VO sollen Anbieter und Betreiber Maßnahmen ergreifen, um sicherzustellen, dass ihr Personal und sonstige in ihrem Auftrag mit dem Betrieb und der Nutzung von KI-Systemen befasste Personen über ein ausreichendes Maß an KI-Kompetenz verfügen; dabei sind insbesondere deren technische Kenntnisse, Erfahrung, Ausbildung und Schulung, der konkrete Nutzungskontext sowie die von dem KI-System betroffenen Personen oder Personengruppen zu berücksichtigen.

AI Office (EU-KI-Büro) Das AI Office (EU-KI-Büro) ist die bei der Europäischen Kommission eingerichtete zentrale Stelle für die unionsweite Koordinierung und Weiterentwicklung des AI Act (siehe auch Art. 64 KI VO).

Aktivierung Die (Produkt-)Aktivierung ist eine anonyme Form der → Produktregistrierung, um einem Softwareprogramm mittels eines → Product Key eine bestimmte Programmlizenz zuordnen zu können. Der Hersteller schaltet das Softwareprogramm nach Übermittlung eines Schlüssels, der sich aus dem Product Key und (typischerweise) der Hardwarekonfiguration ergibt, frei und kann dadurch die Anzahl der Installationen überwachen. Dabei wird die Lizenz keinem bestimmten Nutzer, sondern Hardware zugeordnet. Ohne Aktivierung sind Softwareprogramme nur eingeschränkt und zeitlich befristet nutzbar. Die entsprechenden Nutzungsbedingungen werden in aller Regel als → AGB vereinbart und sind in ihrer Wirksamkeit zum Teil fraglich.

Algorithmentransparenz (DSA) Algorithmentransparenz bezeichnet die rechtliche oder tatsächliche Nachvollziehbarkeit der Kriterien, Parameter und Funktionslogiken, nach denen algorithmische Systeme Inhalte auswählen, priorisieren, empfehlen, sortieren oder Entscheidungen vorbereiten. Im Recht digitaler Dienste (siehe insbesondere Art. 27 DSA) betrifft sie insbesondere die Pflicht von Anbietern, die maßgeblichen Parameter automatisierter Empfehlungssysteme, Rankingmechanismen oder Moderationsentscheidungen in verständlicher Form offenzulegen, ohne Geschäftsgeheimnisse oder die Sicherheit des Systems unangemessen zu gefährden.

Algorithmus Ein Algorithmus ist eine Steueranweisung, um ein bestimmtes Problem zu bewältigen. Ein Computerprogramm ist ein Algorithmus oder wird aus mehreren Algorithmen zusammengesetzt und wird von einem Computer zur Bewältigung bestimmter Aufgaben umgesetzt. Der einzelne Algorithmus ist in der Regel nicht urheberrechtlich geschützt, das Computerprogramm als Verknüpfung verschiedener Algorithmen kann jedoch gemäß § 2 Abs. 1 Nr. 1 UrhG urheberrechtlich geschützt sein.

allgemeine Domainnamen Vgl. → generische Domain.

allgemeine → TLD Abk. für allgemeine → Top Level Domain.

Allgemeiner Zweck KI-Modell (GPAI-Modell) Ein Allgemeiner-Zweck-KI-Modell (General-Purpose AI Model, GPAI-Modell) ist nach dem AI Act ein KI-Modell, das eine erhebliche Allgemeinheit aufweist und in der Lage ist, unabhängig von der Art seiner Bereitstellung ein breites Spektrum unterschiedlicher Aufgaben kompetent zu erfüllen sowie in eine Vielzahl nachgelagerter Systeme oder Anwendungen integriert zu werden. Rechtlich ist zwischen dem GPAI-Modell und dem auf ihm aufbauenden KI-System zu unterscheiden: Das Modell bildet die allgemeine technische Grundlage, während das konkrete KI-System die für einen bestimmten Einsatzzweck bereitgestellte Anwendung darstellt. Anbieter von GPAI-Modellen unterliegen nach dem AI Act insbesondere Dokumentations-, Informations- und Copyright-Compliance-Pflichten; für GPAI-Modelle mit systemischem Risiko (siehe Art. 3 Nr. 65 iVm 51 KI VO) gelten darüber hinaus verschärfte Anforderungen, insbesondere im Hinblick auf Modellbewertung, Risikomanagement, Meldung schwerwiegender Vorfälle und Cybersicherheit.

analoge Lücke Die analoge Lücke beschreibt die technische (nicht unterdrückbare) Möglichkeit, analoge Kopien von urheberrechtlich geschützten Werken (zB an einem analogen Audioausgang) aufzunehmen und ist damit zugleich der Grund, warum beispielsweise DRM-Systeme nicht als wirksame technische Maßnahmen gemäß § 95a UrhG zur Verhinderung von Analogkopien geschützt sind (siehe auch LG Frankfurt am Main 31.5.2006, 2-06 O 288/06, „napster DirectCut“).

analoge Übertragung Bei analoger Übertragung werden akustische oder optische Signale in kontinuierliche elektromagnetische Schwingungen verwandelt, die fortlaufend die Intensität des ursprünglichen Signals abbilden.

Anbieterkennzeichnung Vgl. → „Impressum“

Anforderungserhebung Die Anforderungserhebung beschreibt einen Teil des Softwareentwicklungsprozesses (Anforderungsaufnahme, -analyse, -spezifikation und -bewertung. Diese Verfahrensschritte (→ „Wasserfallmodell“) führen dann zur Erstellung des → Lasten- bzw. → Pflichtenheftes.

angemessenes Datenschutzniveau Das angemessene Datenschutzniveau ist ein Begriff aus den Anforderungen, die die DS-GVO an internationale Datenübermittlungen stellt. Liegt bei der empfangenden Stelle ein angemessenes Datenschutzniveau vor, so können unter den allgemeinen Voraussetzungen einer Datenverarbeitung (insb. Art. 6, 9 DS-GVO) personenbezogene Daten übermittelt werden; vgl. dazu Kapitel V der DS-GVO, das die Rahmenbedingungen für internationale Übermittlungen setzt, soweit kein angemessenes Datenschutzniveau vorliegt.

anonymisieren Vgl. → Anonymisierung.

Anonymisierung Anonymisierung und → Pseudonymisierung sind Maßnahmen des Datenschutzes. Bei der Anonymisierung werden Daten so verändert, dass sich die betroffene natürliche Person nicht oder nicht mehr identifizieren lässt. Maßgeblich ist nach der DS-GVO, ob die Person unter Berücksichtigung aller Mittel, die von dem Verantwortlichen oder einer anderen Person nach allgemeinem Ermessen wahrscheinlich genutzt werden, direkt oder indirekt identifiziert werden kann (vgl. Erwägungsgrund 26 DS-GVO). Anonymisierte Daten sind keine personenbezogenen Daten und unterfallen daher nicht dem Anwendungsbereich der DS-GVO (wohl aber ggf. der Schritt zur Anonymisierung). Davon zu unterscheiden ist die Pseudonymisierung, bei der die Zuordnung zu einer Person grundsätzlich fortbesteht, wenn zusätzliche Informationen verfügbar sind. Ob eine wirksame Anonymisierung vorliegt, ist stets anhand der konkreten Umstände des Einzelfalls, insbesondere des Re-Identifizierungsrisikos, der verfügbaren Zusatzinformationen sowie des hierfür erforderlichen Aufwands an Zeit, Kosten und Fachwissen, zu beurteilen.

Anonymisierungsdienst Anonymisierungsdienste erlauben eine vollständig anonyme Nutzung des Internets, weil sie eine Rückverfolgung des Nutzers im Internet anhand der von ihm genutzten IP-Adressen unterbinden. Anonymisierungsdienste müssen regelmäßig keine Nutzerdaten aufzeichnen, weil sie anonym in Anspruch genommen werden und regelmäßig keine Gebühren erheben.

Anonymisierungsserver Vgl. →TOR-Verfahren.

Anonymität Anonymität ist ein Zustand, in dem eine natürliche Person nicht oder nur mit einem unverhältnismäßig großen Aufwand an Zeit, Kosten und Arbeitskraft identifiziert werden kann. Im Internet ist Anonymität schwer zu erreichen, weil jedem Internet-Nutzer während des Bestehens seiner Internetverbindung eine IP-Adresse zugeordnet ist. Zwar kann ein Internet-Nutzer nicht allein über eine IP-Adresse identifiziert werden. Die Provider können aber unter bestimmten Umständen gegenüber Strafverfolgungsbehörden oder anderen Anspruchsinhabern verpflichtet sein, den zugehörigen Anschlussinhaber zu benennen (siehe auch BVerfG 2.3.2010 – 1 BvR 256/08). Über Log-Protokolle ist für den Provider grundsätzlich auch nachvollziehbar, welche Websites der Internet-Nutzer aufgesucht hat, auch wenn sich dies durch die Einschaltung spezieller Webdienste umgehen lässt, beispielsweise indem der Server des eigenen Providers nur für die Einwahl und Verbindung zu einem anderen, zumeist ausländischen Server verwendet wird, der keine Log-Protokolle anfertigt. Auch der Einsatz von →Anonymisierungsdiensten ist denkbar.

Anonymous Remailer Ein Anonymous Remailer ist ein Programm bzw. ein Server, das durch Entfernen der Absenderkennung („→Header") sicherstellt, dass bei E-Mails, keine Rückschlüsse auf einen bestimmten Absender möglich sind. Beim Versand kommerzieller Kommunikationen mit elektronischer Post ist aber zu beachten, dass gemäß § 6 DDG in der Kopf- und Betreffzeile weder der Absender noch der kommerzielle Charakter der Nachricht verschleiert oder verheimlicht werden darf.

Anpassung von Software Vgl. →Customizing.

Anpassungsleistungen Anpassungsleistungen sind ergänzende Leistungen eines Softwareherstellers. Sie sind normalerweise Nebenpflichten des Softwareüberlassungsvertrages, wenn sich der Hersteller auch zur Einrichtung der Software beim Nutzer verpflichtet hat. Sie unterliegen in der Regel Werkvertragsrecht, wenn es sich um Ergänzungen erheblichen Umfangs mit neuen Funktionalitäten handelt.

Anschlusssperrre Eine Anschlusssperre, also das Unterbrechen der Anbindung an das Telefonnetz durch den Telefondiensteanbieter, vgl. zur Zulässigkeit § 60 TKG zulässig.

ANSI Das ANSI (Abk. für „American National Standards Institute") ist die US-amerikanische Stelle zur Normung industrieller Verfahrensweisen. Es ist Mitglied in der International Organization for Standardization (ISO). Das deutsche Gegenstück ist das Deutsche Institut für Normung, e.V. (DIN). http://www.ansi.org.

Antrittszeit Die Antrittszeit ist die Zeitspanne zwischen Auftreten der Störung und Beginn der Behebung (durch erste Lösungsansätze, zB Beginn des Einbaus eines Ersatzgerätes) und steht nicht (notwendigerweise) im Zusammenhang mit der für die Beseitigung einer Störung benötigten Zeitspanne.

Anwendungsprogramm Ein Anwendungsprogramm ist ein Softwareprogramm, das für den Nutzer eines EDV-System der Lösung einer Problemstellung dient. Beispiele für Anwendungsprogramme sind Textverarbeitungs- oder Tabellenkalkulationsprogramme. Vom Anwendungsprogramm zu unterscheiden sind →Systemprogramme, die allein zum Betreiben des Computers selbst eingesetzt werden.

Anwendungssoftware Vgl. →Anwendungsprogramm.

API Eine API (Application Programming Interface, Programmierschnittstelle) ist eine standardisierte technische Schnittstelle, über die Softwareanwendungen oder IT-Systeme strukturiert miteinander kommunizieren und Funktionen, Daten oder Dienste automatisiert austauschen können. APIs sind in unterschiedlicher Hinsicht reguliert bzw. rechtlichen Rahmenbedingungen unterworfen: (i) Mechanismus für Interoperabilität und Datenzugang, im Data Act mit seinen Zugangs- und Bereitstellungspflichten für Daten vernetzter Produkte und verbundener Dienste sowie in sektorspezifischen Regimen wie Open Banking/Open Finance; (ii) die Bereitstellung und Nutzung von APIs tangiert diverse vertragsrechtliche Fragen zu zB Nutzungsumfang, Verfügbarkeit, Änderungsmanagement, Service Levels, Haftung, Exit und Sperrrechten; (iii) datenschutzrechtliche Implikationen bei über APIs verarbeitete Daten; (iv) APIs stellen häufig sicherheitskritische Schnittstellen dar (vgl. technische und organisatorische Anforderungen insbesondere aus Art. 32 DS-GVO, der NIS-2-Richtlinie bzw. ihrer nationalen Umsetzung, dem Cyber Resilience Act für Produkte mit digitalen Elementen sowie allgemeinen Vorgaben zu Secure Development, Authentifizierung, Autorisierung, Protokollierung und Schwachstellenmanagement); (v) APIs sind ggf. auch geschäftsgeheimnis-, urheber-, wettbewerbs- und kartellrechtlich relevant.

APKR APKR ist die Abkürzung für „Allgemeines Persönlichkeitsrecht". Das APKR ist ein aus Art. 1 Abs. 1 GG und Art. 2 Abs. 1 GG abgeleitetes Recht, das einen umfassenden Persönlichkeitsschutz gewährleistet. Das BVerfG (27.2.2008 – 1 BvR 370/07 und 1 BvR 595/07) formuliert: „Das allgemeine Persönlichkeitsrecht gewährleistet Elemente der Persönlichkeit, die nicht Gegenstand der besonderen Freiheitsgarantien des Grundgesetzes sind, diesen aber in ihrer konstituierenden Bedeutung für die Persönlichkeit nicht nachstehen." Das APKR umfasst das Grundrecht auf Gewährleistung der Vertraulichkeit und Integrität informationstechnischer Systeme (Computer-Grundrecht) und das Recht auf →Informationelle Selbstbestimmung.

App App (Abk. für Applikation oder application) bezeichnet →Computerprogramme (→Software) für mobile Endgeräte (zB Smartphones, Tablets, etc.).

Applet Ein Applet (Abk. von →„Application" und „Snippet") ist ein typischerweise in der Programmiersprache Java geschriebenes Softwareprogramm, das eingebettet in eine andere Anwendung betrieben wird. Die Funktionalität eines Applet bestimmt sich nach dem Rahmen, den die andere Anwendung vorgibt. In HTML-Seiten integrierte Applets laufen im Browser des Nutzers ab und erlauben diesem die direkte Interaktion mit dem Softwareprogramm.

Application Hosting Application Hosting ist das Bereitstellen von Software auf einem Server.

Application Management Application Management ist eine meist beim →Outsourcing gewählte Kombination von Dienstleistungen, die in der umfassenden Betreuung sowohl einer Software als auch des Nutzers der Software besteht. Das Application Management schließt auch die Weiterentwicklung der Software ein.

Application Service Providing Application Service Providing (Abk. ASP) bietet den Kunden die Nutzung von →Applikationen (Benutzerprogrammen und Funktionalitäten, zB Finanzbuchhaltungsprogrammen) über das Internet an. Diese werden auf den Servern des Application Service Providers zur Verfügung gestellt und zentral gewartet. Der ASP-Vertrag ist als Sonderform des Mietvertrags zu qualifizieren (BGH 15.11.2006 – XII ZR 120/04). Der Nutzer erhält ein zeitlich befristetes Nutzungsrecht an der vertragsgegenständlichen Software, die vom ASP-Provider administriert und auf dem aktuellen Stand gehalten wird. Im Unterschied zum →Outsourcing werden in der Regel keine internen IT-Funktionen auf den Provider übertragen.

Application Sharing Application Sharing ist das gleichzeitige Nutzen ein- und desselben Softwareprogrammes durch mehrere Nutzer in einem Netzwerk, wobei das Softwareprogramm auf einem Rechner betrieben wird und dieser Rechner als Server für die Rechner der anderen Nutzer dient.

Applikation Applikation ist eine andere Bezeichnung für ein →Anwendungsprogramm.

APT (Advanced Persistent Threat) Hochentwickelte, langfristige und häufig staatlich geförderte oder tolerierte Cyberangriffe (selten durch kriminelle Gruppierungen).

Arbeitnehmerdatenschutz Arbeitnehmerdatenschutz ist der Schutz der Beschäftigten (§ 26 BDSG) in ihrem Recht auf informationelle Selbstbestimmung. Die Regelungen zum Arbeitnehmerdatenschutz finden sich auch weiterhin nicht in einem eigenständigen Gesetz, vielmehr finden die allgemeinen Regeln des Datenschutzrechts (DS-GVO) sowie die Sondervorschrift des § 26 BDSG Anwendung (der aufgrund aktueller Rechtsprechung in der Kritik steht). Problematisch ist dabei insbesondere die Arbeitnehmereinwilligung, deren Freiwilligkeit (und damit Wirksamkeit) aufgrund der persönlichen Abhängigkeit des Arbeitnehmers vom Arbeitgeber grundsätzlich verneint wird (außer wenn es sich nicht um einen reinen Vorteil für den Arbeitnehmer handelt und ggf. andere Einzelfälle).

Exkurs: Privatnutzung dienstlicher IT: Status zwischen Duldung und Erlaubnis
Die arbeitsrechtliche Einordnung der Privatnutzung dienstlicher IT ist für den Datenschutz folgenreich: Erlaubt oder duldet der Arbeitgeber die Privatnutzung, wird er nach noch überwiegender Auffassung zum Anbieter von Telekommunikationsdiensten i. S. d. TKG, mit der Konsequenz, dass das Fernmeldegeheimnis gem. § 3 TDDDG greift und die Einsichtnahme in Kommunikationsinhalte (auch zur Kontrolle) grundsätzlich unzulässig ist. Demgegenüber kann bei vollständigem Verbot der Privatnutzung eine Inhaltskontrolle – unter Beachtung von § 26 BDSG und dem Verhältnismäßigkeitsprinzip – zulässig sein. Dies ist insbesondere – neben dem Bereich IT Sicherheit – regelmäßig im Bereich der internen Untersuchungen relevant, im Rahmen derer häufig im Rahmen forensischer Maßnahmen E-Mailkommunikation und andere Kommunikation strukturiert durchsucht werden soll. Auch wenn in der jüngsten Vergangenheit Tendenzen (auf Eben der Rechtsprechung und einzelner Behörden) zu erkennen sind, diese Ansicht nicht weiter aufrechtzuerhalten, agieren viele Unternehmen unter dem Gesichtspunkt des Strafbarkeitsrisikos dennoch weiterhin entsprechend dieser Ansicht (etwa indem eine Privatnutzung untersagt wird oder bei Erlaubnis dies zumindest unter dem Vorbehalt der Einwilligung und Aufgabe des Fernmeldegeheimnisses erfolgt).

Exkurs: Betriebsvereinbarung als Rechtsgrundlage: Pro und Contra § 26 Abs. 4 BDSG iVm Art. 88 DS-GVO erlaubt es, Betriebsvereinbarungen (BV) als datenschutzrechtliche Rechtsgrundlage im Beschäftigungsverhältnis einzusetzen. Pro: BV ermöglichen eine kollektive, Regelung technischer Kontrollmaßnahmen und genießen gegenüber Einwilligungen den Vorteil, nicht ohne weiteres und insbesondere nicht durch den Einzelnen widerruflich zu sein; sie schaffen Rechtssicherheit und sind mitbestimmungsrechtlich abgesichert. Contra: BV müssen gem. Art. 88 Abs. 2 DS-GVO angemessene Garantien für die Grundrechte der Beschäftigten vorsehen – fehlen diese, ist die BV datenschutzrechtlich unwirksam. Streitig ist (aber wohl so zu sehen), ob eine BV auch ohne Günstigkeitsprüfung als Rechtsgrundlage trägt oder ob sie nur dann greift, wenn sie für die Beschäftigten günstiger als die gesetzliche Lage ist.

Arbeitnehmereinwilligung Vgl. → Einwilligung.

Arbeitskreis Netze und Nummerierung Der Arbeitskreis Netze und Nummerierung (abgekürzt → AKNN) ist ein Arbeitskreis der Telekommunikationsnetzhersteller und -betreiber in Form der Selbstorganisation und regelt in Form von technischen Spezifikationen betriebliche und organisatorische Fragen der Telekommunikation. http://www.aknn.de/.

Arbeitsspeicher Der Arbeitsspeicher (engl. Random Access Memory, → RAM) ist der (früher relativ kleine, aber schnelle) Hauptspeicher eines Computers oder mobilen Endgeräts, in dem die Daten und Programme zwecks Verarbeitung gespeichert werden. Der Arbeitsspeicher wird nach dem Abschalten der Energieversorgung gelöscht, die Speicherung ist also nur vorübergehend. Das Laden eines Programmes in den Arbeitsspeicher ist eine → Vervielfältigung gemäß § 16 UrhG („... gleichviel ob vorübergehend oder dauerhaft ...“), weil es sich dabei nicht um eine reine Nutzung, sondern um eine eigenständige Vervielfältigung des Programms handelt.

ARP ARP ist die Abkürzung für → „Address Resolution Protocol“ (Adressauflösungsprotokoll). Das ARP löst → IP-Adressen in physikalische Adressen von Netzwerkknoten auf.

Artikel-29-Datenschutzgruppe Die Artikel-29-Datenschutzgruppe wurde im Rahmen der → Datenschutzrichtlinie 95/46/EG eingerichtet und wurde unter der DS-GVO durch den Europäischen Datenschutzausschuss (European Data Protection Board oder Abk. EDPB) abgelöst.

ärztliche Schweigepflicht Die ärztliche Schweigepflicht ist die gesetzlich und berufsrechtlich begründete Verpflichtung von Ärzten, alle ihnen im Rahmen ihrer beruflichen Tätigkeit anvertrauten oder bekannt gewordenen Geheimnisse von Patienten vertraulich zu behandeln und nicht unbefugt offenzulegen. Sie ist strafrechtlich in § 203 Abs. 1 Nr. 1 StGB verankert, wonach die unbefugte Offenbarung von Patientengeheimnissen mit Strafe bewehrt ist, und wird berufsrechtlich in § 9 MBO-Ä konkretisiert, der die umfassende Verschwiegenheitspflicht über alle patientenbezogenen Tatsachen statuiert. Eine Offenbarung ist nur zulässig, wenn der Patient wirksam eingewilligt hat oder eine gesetzliche Offenbarungsbefugnis bzw. -pflicht besteht. Damit stellt die ärztliche Schweigepflicht ein zentrales Schutzinstrument des Vertrauensverhältnisses zwischen Arzt und Patient sowie der informationellen Selbstbestimmung dar.

ASCII ASCII (Abk. für American Standard Code for Information Interchange) ist ein einfacher Standardzeichensatz, der nur die in der englischen Sprache verwendeten Zeichen enthält (zB keine Umlaute).

ASP ASP ist die Abkürzung für → „Application Service Providing".

Assemblercode Assemblercode ist die allgemeine Bezeichnung einer Programmiersprache, deren Befehlsfolgen eine große Hardwarenähe aufweisen.

asymmetrische Signaturverfahren Ein asymmetrisches → Signaturverfahren beruht auf der Verwendung → asymmetrischer Verschlüsselung für die bei der Erstellung der Signatur einer elektronischen Nachricht verwendeten Signaturdaten.

asymmetrische Verschlüsselung Eine asymmetrische Verschlüsselung ist ein → Kryptosystem, bei dem jede der kommunizierenden Parteien ein Schlüsselpaar besitzt, das aus einem geheimen Teil (privater Schlüssel; → private key) und einem nicht geheimen Teil (öffentlicher Schlüssel; → public key) besteht. Das Hauptmerkmal der asymmetrischen Verschlüsselung besteht darin, dass die mit dem private key verschlüsselten Daten nur noch mit dem entsprechenden public key entschlüsselt werden können und umgekehrt. Das zugrundeliegende Verfahren kann auch als asymmetrischer Algorithmus bezeichnet werden. Der private Schlüssel ermöglicht es seinem Inhaber zB, mit dem zugehörigen öffentlichen Schlüssel verschlüsselte Daten zu entschlüsseln, elektronische Signaturen zu erzeugen (→ elektronische Signatur) oder sich zu authentifizieren. Der öffentliche Schlüssel ermöglicht es jedermann, Daten für den Inhaber des private key zu verschlüsseln, dessen elektronische Signaturen zu prüfen oder ihn zu authentifizieren. Im Gegensatz zu einem symmetrischen Kryptosystem müssen die kommunizierenden Parteien keinen gemeinsamen (geheimen) Schlüssel kennen. Asymmetrische Kryptosysteme werden daher auch als → Public-Key-Verfahren bezeichnet.

Attachment Als Attachment wird der einer E-Mail beigefügte Anhang (zB Audio-, Text- oder Programmdateien) bezeichnet.

Auditing Auditing ist allgemein eine Überprüfung jeder Art hinsichtlich der Einhaltung bestimmter Vorgaben. Im Zusammenhang mit Softwarelizenzverträgen kann sich das Auditing auf die Prüfung der Frage beziehen, ob der Lizenznehmer eine ausreichende Anzahl an Lizenzen erworben hat (auch Lizenzvermessung genannt) oder ob ein IT-System gemäß den gesetzlichen oder vertraglichen Vorgaben genutzt wurde, wobei hierzu die vom IT-System erstellten Protokolldateien verwendet werden. Auch Überprüfungen durch regulatorische Stellen (etwa Datenschutzbehörden) werden häufig Audit genannt.

Auditklausel Auditklauseln in Verträgen regeln die Voraussetzungen für Auditmaßnahmen (→ Auditing). Hier wäre beispielsweise geregelt, unter welchen Umständen der Lizenzgeber beim Lizenznehmer prüfen kann, ob eine ausreichende Anzahl an Lizenzen erworben wurde. Es ist fraglich, ob aus § 809 BGB bereits ein gesetzlicher Überprüfungsanspruch abgeleitet werden kann.

Aufsichtsbehörden im Datenschutz Die Aufsicht im Datenschutz beruht vorrangig auf der Selbstkontrolle des → Verantwortlichen, der vorrangig für die Einhaltung datenschutzrechtlicher Vorgaben verantwortlich ist. Die staatlichen Aufsichtsbehörden sind auf Bundesebene der Bundesdatenschutzbeauftragte, auf Länderebene regelmäßig die Landesdatenschutzbeauftragten oder – nach der Entscheidung des EuGH (EuGH 9.3.2010 – C-518/07) über die erforderliche Unabhängigkeit von Aufsichtsbehörden – selbständige Datenschutzbehörden.

Auftragsverarbeiter Eine natürliche oder juristische Person, Behörde oder Einrichtung oder andere Stelle, die personenbezogene Daten im Auftrag eines Verantwortlichen verarbeitet (siehe auch Art. 4 Nr. 8 DS-GVO).

Auftragsverarbeitung Die Auftragsverarbeitung ist die Verarbeitung von personenbezogenen Daten auf Grundlage eines schriftlichen Vertrags mit und gemäß den Weisungen des Verantwortlichen (vgl. Art. 28 DS-GVO). Der Verantwortliche muss sich den gemäß seinen Weisungen handelnden Auftragsverarbeiter zurechnen lassen und hat diesen zu überwachen. Der Vertrag über die Auftragsdatenverarbeitung hat den in Art. 28 DS-GVO enthaltenen Anforderungen zu entsprechen. Wird die eingeschaltete Stelle zwar im Interesse des Verantwortlichen, bei der Durchführung ihrer Aufgabe aber weitestgehend eigenständig tätig, kann ein Fall der → Funktionsübertragung (auch wenn der Begriff heute nicht mehr allgemein gebräuchlich eingesetzt wird) vorliegen, für die Art. 28 DS-GVO keine (unmittelbare) Anwendung findet (und deshalb die allgemeinen Anforderungen an die Übermittlung von personenbezogenen Daten – insbesondere Rechtsgrundlage – Anwendung finden). Beim Outsourcing in der Form des → Cross-Border-Outsourcing oder des → Offshoring an einen Dienstleister außerhalb EU/EWR sind dann auch die Anforderungen für den internationalen Datentransfer nach Kapitel V der DS-GVO einzuhalten (und zB ggf. EU Standardvertragsklauseln einzusetzen, soweit nicht für das Empfängerland ein Angemessenheitsbeschluss vorliegt, Binding Corporate Rules vorliegen oder eine der wenigen Ausnahmen nach Art. 49 DS-GVO herangezogen werden kann).

Augmented Reality Augmented Reality (AR) bezeichnet Technologien, bei denen digitale Inhalte wie Texte, Bilder, Audio- oder 3D-Elemente in Echtzeit in die Wahrnehmung der physischen Umgebung (etwa durch entsprechende Brillen) eingeblendet oder mit ihr verknüpft werden. Rechtlich relevant ist AR insbesondere in datenschutz-, urheber-, persönlichkeits-, produkt- und wettbewerbsrechtlicher Hinsicht. Datenschutzrechtliche Fragen stellen sich vor allem dann, wenn AR-Anwendungen die Umgebung kontinuierlich erfassen und hierbei personenbezogene Daten, Standortdaten oder biometrische Daten verarbeiten.

Auktion Eine Auktion (oft auch Versteigerung genannt, siehe § 156 BGB) ist ein besonderes Verfahren zur Veräußerung von Gegenständen aller Art, wobei der zu bezahlende Preis durch einen Bieterwettstreit ermittelt und damit die Zahlungsbereitschaft der potentiellen Käufer optimal ausgeschöpft wird. Auktionen im Internet (Internetauktion) stellen sich unter anderem mangels Zuschlags gemäß § 156 BGB (das Einstellen eines Auktionsgegenstands wird als Angebot an denjenigen Bieter eingeordnet, der im Zeitpunkt des Auktionsendes das höchste verbindliche Gebot und damit eine Annahmeerklärung abgegeben hat) in aller Regel nicht als Versteigerung im Rechtssinne dar (siehe BGH 3.11.2004 – VIII ZR 375/03: „Bei Kaufverträgen zwischen einem gewerblichen Anbieter und einem Verbraucher, die im Rahmen einer sog. Internet-Auktion durch Angebot und Annahme gemäß §§ 145 ff. BGB und nicht durch einen Zuschlag nach § 156 BGB zustande kommen, ist das Widerrufsrecht des Verbrauchers nicht nach § 312 d Abs. 4 Nr. 5 BGB [alt] ausgeschlossen."). Dies gilt auch für die → Abwärtsversteigerung.

Auktionsplattform Eine Auktionsplattform ist das Softwaresystem, auf dem über das Internet → Auktionen veranstaltet werden.

Ausfallhäufigkeit Die Ausfallhäufigkeit (auch: Verfügbarkeit) ist eine zeitraumbezogene Kennzahl (→ Key Performance Indicator) für die Zuverlässigkeit eines Systems. In gemeinsam mit → Outsourcing-Verträgen abgeschlossenen → Service Level Agreements (SLAs) können an die Über- oder Unterschreitung der vereinbarten Ausfallhäufigkeit finanzielle Folgen geknüpft werden.

Ausfallzeit Die Ausfallzeit bezeichnet die Zeiträume, während denen ein technisches System aufgrund einer Störung ungeplant entweder vollständig nicht oder nur eingeschränkt verfügbar ist. Keine Ausfallzeit in diesem Sinne sind demnach in aller Regel die für die Wartung oder sonstige geplante Arbeiten eingeplanten Zeiten (geplante „Downtimes"). Der Quotient aus dem Betrachtungszeitraum abzüglich der ungeplanten Ausfallzeit (Zähler) und dem Betrachtungszeitraum (Nenner) ergibt die in SLAs typischerweise vereinbarte Verfügbarkeit eines Systems.

Auskunft Der → Betroffene hat einen Anspruch auf Auskunft nach Art. 15 DS-GVO auf Bestätigung, ob ein Verantwortlicher sie betreffende personenbezogene Daten verarbeitet und falls ja, umfangreiche Auskunft über Zwecke, Kategorien der Daten, Empfänger, bestehende Rechte usw. sowie – vgl. Art. 15 Abs. 3 DS-GVO – auf eine Kopie der personenbezogenen Daten (soweit nicht Rechte Dritte – was auch den Verantwortlichen umfasst – beeinträchtigt würden; vgl. Art. 15 Abs. 4 DS-GVO). Unabhängig von diesem Auskunftsanspruch hat der Verantwortliche die betroffenen Personen gemäß Art. 13, 14 DS-GVO zu unterrichten (→ Unterrichtungspflicht), wenn bei diesen oder einem Dritten sie betreffende personenbezogene Daten erhoben werden.

Ausspähen von Daten Das Ausspähen von Daten ist gemäß § 202a StGB ein Straftatbestand, der das Eindringen in fremde Computersysteme zwecks Zugangsverschaffung zu Daten erfasst, allerdings nur, soweit diese (einem anderen zustehenden) Daten durch systemimmanente Vorkehrungen (Passwörter) oder mechanische Schließvorkehrungen (Schlüssel) besonders geschützt sind und gerade diese Sicherung überwunden wird. § 202c StGB stellt bereits bestimmte Vorbereitungshandlungen zu § 202a (und zu § 202b „Abfangen von Daten") unter Strafe.

Authentication engl. für → Authentisierung und → Authentifizierung.

Authentifizierung Authentifizierung ist ein Verfahren zur Sicherstellung einer Identität zum Zweck der Feststellung einer Zugangsberechtigung (zB durch Passwortabfrage), also die Überprüfung der behaupteten Authentizität einer Information, einer Person oder eines sonstigen Objekts (zB eines Computersystems). Ergebnis der erfolgreichen Authentifizierung ist die → Authentizität und die Bestätigung der → Autorisierung.

Authentisierung Authentisierung ist der Vorgang des Nachweises der eigenen → Authentizität beispielsweise gegenüber einem bestimmten technischen System (zB durch Passworteingabe an einem Computersystem), während dessen das technische System im Rahmen der → Authentifizierung überprüft, ob die gemachten Angaben zutreffen.

Authentizität Die Authentizität einer Information bezieht sich auf den Umstand, dass Daten auf denjenigen zurückgehen, von dem sie anscheinend stammen. Authentizität ist neben der → Integrität und der → Vertraulichkeit eines der drei maßgeblichen Kriterien für den sicheren Datentransfer.

Auto-ID Abk. für → Automatische Identifikation und Datenerfassung.

Automatische Identifikation und Datenerfassung Die automatische Identifikation und Datenerfassung (Auto-ID) beschreibt den Vorgang der Erfassung von Identifikationsdaten von Personen und Gegenständen sowie Informationen aller Art durch technische Mittel. Maßgeblich für die automatische Identifikation und Datenerfassung ist, dass die eingesetzten technischen Mittel eine bestimmte Information auf einem entsprechenden Informationsträger selbstständig erkennen und verarbeiten können. Beispiele für Auto-ID-Verfahren sind Scannerkassen-Systeme und die zugehörigen →Barcodes, Scanner für biometrische Merkmale, Lesegeräte für RFID-Chips, Scanner für die Texterfassung und Kartenlesegeräte mit den entsprechenden Chipkarten.

Automatische Identifizierung Vgl. →Automatische Identifikation und Datenerfassung.

Automatisierte Entscheidungsfindung (Art. 22 DS-GVO) Automatisierte Entscheidungsfindung bezeichnet die Herbeiführung einer Entscheidung durch ein technisches System ohne maßgebliche menschliche Beteiligung im Einzelfall. Datenschutzrechtlich ist sie insbesondere in Art. 22 DS-GVO geregelt. Danach hat die betroffene Person grundsätzlich das Recht, nicht einer ausschließlich auf einer automatisierten Verarbeitung – einschließlich Profiling – beruhenden Entscheidung unterworfen zu werden, die ihr gegenüber rechtliche Wirkung entfaltet oder sie in ähnlich erheblicher Weise beeinträchtigt. Erfasst sind damit derzeit insbesondere Entscheidungen über Vertragsabschluss, Kreditwürdigkeit, Beschäftigung, Zugang zu Leistungen oder vergleichbar bedeutsame Lebenssachverhalte. Keine ausschließlich automatisierte Entscheidung liegt vor, wenn eine tatsächlich wirksame menschliche Prüfung und Letztentscheidung stattfindet („meaningful human intervention"). Ausnahmen gelten nur, wenn die Entscheidung für den Abschluss oder die Erfüllung eines Vertrags erforderlich ist, auf einer Rechtsvorschrift der Union oder der Mitgliedstaaten beruht oder mit ausdrücklicher Einwilligung (regelmäßig problematisch im HR Umfeld) der betroffenen Person erfolgt. Der Einsatz KI-basierter Systeme kann daher Art. 22 DS-GVO auslösen, wenn deren Output ohne hinreichende menschliche Kontrolle zur maßgeblichen Grundlage einer individualisierten Entscheidung wird (damit lässt sich sagen, dass Art. 22 DS-GVO sozusagen die erste KI Regulierung war). In Zusammenhang mit dem geplanten Digital Omnibus der EU gibt es ggf. Bestrebungen die Anforderungen „aufzuweichen" und im weiteren Umfang automatisierte Einzelfallentscheidungen zuzulassen.

Autonomes KI-System KI-System, das ohne menschliche Einzelfallsteuerung auf Basis eigener Inferenz handelt; vgl. Agentic AI.

Autorisierter Benutzer Ein autorisierter Benutzer ist ein Benutzer, der zur Durchführung eines bestimmten Vorgangs berechtigt ist (→Autorisierung).

Autorisierung Autorisierung (engl. authorisation) ist die Zuweisung von Rechten an einen Nutzer (Zugriffsbefugnis bestimmter Art auf das System), die regelmäßig nach erfolgreicher →Authentifizierung erfolgt.

Availability-Management Availability-Management ist ein Teil der →ITIL und befasst sich mit der Verfügbarkeit von IT-Serviceleistungen, -Anlagen- und -Prozessen. Ziel des Availability Management ist es, die für bestimmte IT-Leistungen (zB in →Service Level Agreements) vereinbarte Verfügbarkeit zu erreichen (→Ausfallhäufigkeit).

Avatar Avatar bezeichnet eine stellvertretend für eine natürliche Person geschaffene künstliche Erscheinungsform zum Zweck der Teilnahme an Vorgängen in einer virtuellen Welt, zB in Computersimulationen. Unabhängig von der Frage, ob einem durch seinen Avatar identifizierten Nutzer in einer Computersimulation (zB Second Life) bestimmte Rechte zugeordnet werden, kann die Erscheinungsform eines Avatars immaterialgüterrechtlich geschützt sein. In einem Urteil des LG Köln (LG Köln, 21.4.2008 – 28 O 124/08) im Zusammenhang mit Second Life heißt es hierzu: „Auch im virtuellen Raum können urheberrechtliche Werke entstehen, wenn diese dem Schutz einer der in § 2 UrhG genannten Werkarten zuzuordnen sind."

B

B-Teilnehmer B-Teilnehmer (engl. called party) ist derjenige, dessen Nummer bei einer Wählverbindung angewählt worden ist.

B2A Abk. für → business-to-administration.

B2B Abk. für → business-to-business.

B2C Abk. für → business-to-consumer.

B2E Abk. für → business-to-employee.

B2E-Kommunikation B2E-Kommunikation ist unternehmensinterne Kommunikation zwischen dem Unternehmen und seinen Mitarbeitern.

Back Office Back Office sind die Abteilungen in einem Unternehmen, die keinen unmittelbaren Kundenkontakt haben (zB IT-Abteilung, Rechtsabteilung etc.).

Back-up-Kopie Eine Back-up-Kopie ist eine Sicherungskopie einer Datei oder der ganzen Festplatte auf einem externen Speichermedium, um die Daten nach Verlust wieder herstellen zu können. Eine Sicherungskopie ist auch von einem Computerprogramm denkbar. Gemäß § 69d Abs. 2 UrhG darf die Erstellung einer Sicherungskopie eines Computerprogramms durch eine Person, die zur Benutzung des Programms berechtigt ist, nicht vertraglich untersagt werden, wenn sie für die Sicherung künftiger Benutzung erforderlich ist.

Back-Up-Service Ein Back-Up-Service besteht darin, für den Vertragspartner in vereinbarten Intervallen Sicherungskopien bestimmter Datenbestände zu erstellen und diese im Bedarfsfall wieder zur Verfügung zu stellen.

Backbone Backbone (engl. „Rückgrat") sind leistungsstarke Telekommunikationsleitungen, die Netzwerke über Knotenpunkte miteinander verbinden.

Backdoor Backdoor (engl. für Hintertür) ist eine nicht allgemein bekannte, vom Verfasser eines Softwareprogramms bewusst vorgesehene Schwachstelle in den Sicherheitsfunktionen eines Computersystems, die das Umgehen der Abwehr- oder Zugangssicherungsmaßnahmen zulässt. Auch versehentlich installierte → Malware, die den Fernzugriff auf ein Computersystem ermöglicht, kann zum Entstehen einer Backdoor führen. Derartige Backdoors werden beispielsweise benützt, um einen Computer mit (zusätzlicher) Malware zu infizieren oder ihn zum Versand von → Spam-E-Mails oder zur Ausführung von → Denial-of-Service-Angriffen zu missbrauchen.

Backline Support Backline Support ist eine Service Level-Stufe, die eingreift, wenn der Frontline Support eine Störung nicht zu beseitigen vermag (vergleichbar → First Level/Second Level).

Backlink Backlink ist ein Sammelbegriff für sämtliche → Hyperlinks auf anderen Websites, die auf die (eigene) Website verweisen. Die Anzahl und Qualität der Backlinks ist ein maßgebliches Kriterium für den Listenplatz, den eine Website bei der Suche nach einem bestimmten Suchbegriff in den Suchergebnissen einer Suchmaschine einnimmt. Der Grund hierfür ist, dass sich die Anzahl der Backlinks vom Inhaber der in Bezug genommenen Website nicht (jedenfalls nicht ohne weiteres) beeinflussen lässt.

Backup-Sicherung Vgl. → Backup-Kopie.

Balkencode Vgl. → Barcode.

Bandbreite Bandbreite bezeichnet das Frequenzspektrum, innerhalb dessen Signale übertragen werden. Zugleich wird der Begriff verwendet, um die Übertragungskapazität von Datenleitungen zu beschreiben.

Banking Communication Standard Der Banking Communication Standard ist ein auf dem → DFÜ-Abkommen der → Deutschen Kreditwirtschaft beruhender Standard für die Übermittlung von Daten zwischen Instituten und Kunden im Bereich des Online-Banking.

Banner Ein Banner ist eine räumlich begrenzte Werbefläche auf einer → Website. Banner sind in der Regel mit einem → Hyperlink unterlegt, der zur Website des Werbetreibenden führt. Anders als → Interstitials sind Banner in der Regel dauerhaft zu sehen. Der Vertrag über die Erstellung eines Banners dürfte als Werkvertrag zu qualifizieren sein. Die Einordnung des Vertrags über die Bereithaltung des Banners, so dass es zum Abruf für die Nutzer einer Website zur Verfügung steht, ist umstritten. Diskutiert wird die Einordnung als Dienst-, Werk- oder Mietvertrag.

Bannermiete Bannermiete bezeichnet den Vorgang der entgeltlichen Beschaffung eines bestimmten Bannerplatzes auf einer → Website. Die vertragstypologische Einordnung eines solchen Vertrags über ein → Banner ist nicht abschließend geklärt.

Bannertausch Beim Bannertausch tauschen die Betreiber von Websites untereinander Banner aus, die jeweils auf der Website der anderen Partei zu zeigen sind. Beide Parteien erhalten als Gegenleistung für das Freischalten des fremden Banners das Recht, ein Banner auf der Website des anderen zu schalten.

Barcode Barcode (Strichcode, Balkencode) ist ein mit bestimmten optischen Lesegeräten auswertbarer Informationscode, der aus Strichen und Abständen mit verschiedener Breite besteht. Die im Barcode enthaltenen Informationen werden nach dem Auslesen in einer dem Anwendungszusammenhang entsprechenden elektronischen Form weiterverarbeitet, zB in Form der Anzeige des Verkaufspreises einer mit Barcode gekennzeichneten Ware.

Barrierefreiheit In Anlehnung an Barrierefreiheit im Bauwesen (d. h. eine Gestaltung von baulichen Anlagen dergestalt, dass Menschen mit Behinderungen sie in gleicher Weise benutzen können, wie Menschen ohne Behinderungen) ist unter Barrierefreiheit im Zusammenhang mit Internetauftritten eine Gestaltung zu verstehen, die behinderten Menschen deren uneingeschränkte Nutzung ermöglicht; vgl. → BFSG.

Barrierefreiheitsstärkungsgesetz vgl. → BFSG

Basic Input Output System Das Basic Input Output System (Abk. BIOS) ist die im nicht flüchtigen Speicher eines Computers (→ ROM) dauerhaft abgelegte Basis-Software, die der Computer direkt nach dem Einschalten lädt und ausführt. Das BIOS macht den Computer einsatzfähig und startet das → Betriebssystem.

Basismodell (Foundation Model) Ein Basismodell (Foundation Model) ist ein sehr großes, auf umfangreichen Datenbeständen vortrainiertes KI-Modell, das als allgemeine technische Grundlage für eine Vielzahl unterschiedlicher nachgelagerter Anwendungen dient. Solche Modelle sind regelmäßig multimodal oder zumindest für ein breites Spektrum von Aufgaben – etwa Textgenerierung, Zusammenfassung, Klassifikation, Übersetzung, Bild- oder Codeverarbeitung – einsetzbar und können durch Fine-Tuning, Prompting oder sonstige Anpassungen für konkrete Zwecke weiterverwendet werden. Rechtlich ist der Begriff des Basismodells im AI Act nicht eigenständig definiert; funktional entspricht er jedoch weitgehend dem Konzept des Allgemeiner-Zweck-KI-Modells (GPAI-Modells). Das vortrainierte Modell als allgemeiner technischer Grundlage ist daher von dem auf ihm aufbauenden KI-System abzugrenzen.

BCC Abk. für → Blindkopie (Blind Carbon Copy).

BCR Abk. für → Binding Corporate Rules.

BCS Abk. für → Banking Communication Standard.

BDSG Abk. für → Bundesdatenschutzgesetz.

Bearbeitung Unter Bearbeitung im urheberrechtlichen Sinne (§ 3 UrhG) ist eine Veränderung (Weiterentwicklung) des Ausgangswerks zu verstehen. Stellt sich die Veränderung selbst als persönliche geistige Schöpfungen des Bearbeiters dar, wird sie wie ein selbständiges Werk geschützt. Allerdings dürfen Bearbeitungen oder andere Umgestaltungen des Werkes nur mit Einwilligung des Urhebers des bearbeiteten oder umgestalteten Werkes veröffentlicht oder verwertet werden. Sollte eine Bearbeitung auf eine Verunstaltung hinauslaufen, hat der Rechtsinhaber gemäß § 14 UrhG das Recht, dies zu verbieten.

Benchmarking Benchmarking ist ein aufgrund entsprechender Vereinbarungen (typischerweise) in Dauerschuldverhältnissen (zB in Verträgen zum → Outsourcing) zum Einsatz kommendes Verfahren zur Überprüfung, ob eine bestimmte Leistung oder ihr Preis noch marktgerecht sind. Ziel des Benchmarking ist es, anhand von entsprechenden Referenzangeboten auf dem Markt Preise an das Marktniveau und Leistungen an die → Best Practice im jeweiligen Markt anzupassen. In der Regel führt ein Benchmarking zur Vertragsanpassung.

Benutzer Vgl. → Endbenutzer.

Benutzer-ID Abk. für Benutzer-Identity, → Benutzerkennung.

Benutzerkennung Vgl. → Authentifizierung; die Benutzererkennung (auch Benutzer-ID) ist die Kennung, durch die ein Benutzer in einem Netzwerk oder bei einem Online-Dienst identifiziert wird, einschließlich seines Benutzernamens.

Benutzeroberfläche Die Benutzeroberfläche ermöglicht dem Nutzer die Eingabe von Befehlen zur Steuerung eines Computerprogramms bzw. einer Software, einer Webseite, einer App o. ä. In der Regel ist die Benutzeroberfläche graphisch aufbereitet (Graphic User Interface, abgek. GUI) und lässt sich mit der Maus, dem Touchscreen oder durch Spracheingabe (Voice User Interface, abgek. VUI) steuern. Nach einer Entscheidung des EuGH (EuGH 22.12.2010 – C-393/09) ist die (graphische) Benutzeroberfläche selbst allerdings kein Computerprogramm: „Eine grafische Benutzeroberfläche stellt keine Ausdrucksform eines Computerprogramms im Sinne von Art. 1 Abs. 2 der Richtlinie 91/250/EWG des Rates vom 14. Mai 1991 über den Rechtsschutz von Computerprogrammen dar, und sie kann nicht den urheberrechtlichen Schutz für Computerprogramme nach dieser Richtlinie genießen. Eine solche Schnittstelle kann jedoch nach der Richtlinie 2001/29/EG des Europäischen Parlaments und des Rates vom 22. Mai 2001 zur Harmonisierung bestimmter Aspekte des Urheberrechts und der verwandten Schutzrechte in der Informationsgesellschaft urheberrechtlich als Werk geschützt sein, wenn sie eine eigene geistige Schöpfung ihres Urhebers darstellt."

Benutzeroberflächen-Regulierung Bezeichnet die im Rahmen von §§ 84 ff. MStV geregelten Anforderungen zur Gestaltung, Auffindbarkeit und Transparenz bestimmter Inhalte (öffentlich-rechtlicher Natur) in Benutzeroberflächen (etwa Smart-TVs, Tablets, Apps, aber auch Fahrzeugen).

Benutzerschnittstelle Die Benutzerschnittstelle ermöglicht die Interaktion zwischen dem Nutzer von Hard- und Software (→ Benutzeroberfläche).

Berechtigtes Interesse Im Datenschutzrecht, das berechtigte Interesse des Verantwortlichen, auf dessen Basis er gem. Art. 6 Abs. 1 lit. f DS-GVO personenbezogene Daten verarbeiten möchte; dabei hat der Verantwortliche im Wege einer Interessensabwägung sein berechtigtes Interesse mit den Interessen der betroffenen Personen (zumeist das Interesse, dass die eigenen Daten nicht verarbeitet werden) abzuwägen (und dies – häufig LIA für Legitimate Interest Assessment – zu dokumentieren) und festzustellen, ob das berechtigte Interesse überwiegt, nur dann darf der Verantwortliche auf dieser Basis für die Verfolgung des berechtigten Interesses die Daten verarbeiten.

Bereichsspezifische Regelungen Unter bereichsspezifischen Regelungen versteht man datenschutzrechtliche Regelungen außerhalb der DS-GVO und des BDSG (zB im TDDDG, SGB X, etc.), die gegenüber der DS-GVO und dem BDSG spezielle Regelungen enthalten (wobei diese auf einer Öffnungsklausel der DS-GVO beruhen müssen).

Bereitstellungspflicht (digitale Inhalte) Die Bereitstellungspflicht bezeichnet im Verbraucherrecht für digitale Produkte die grundsätzliche Pflicht des Unternehmers, dem Verbraucher digitale Inhalte oder digitale Dienstleistungen gemäß § 327b BGB unverzüglich nach Vertragsschluss bereitzustellen, soweit die Parteien keinen anderen Zeitpunkt vereinbart haben. Ein digitaler Inhalt gilt dabei als bereitgestellt, sobald er oder die geeigneten Mittel für den Zugang zu diesem oder das Herunterladen des digitalen Inhalts dem Verbraucher unmittelbar oder mittels einer von ihm hierzu bestimmten Einrichtung zur Verfügung gestellt oder zugänglich gemacht worden ist. Eine digitale Dienstleistung gilt daneben als bereitgestellt, sobald die digitale Dienstleistung dem Verbraucher unmittelbar oder mittels einer von ihm hierzu bestimmten Einrichtung zugänglich gemacht worden ist. Bei Dauerschuldverhältnissen kann die Pflicht nicht nur die erstmalige Bereitstellung, sondern auch die Aufrechterhaltung der Zugriffsmöglichkeit während des vereinbarten Zeitraums umfassen. Verletzt der Unternehmer die Bereitstellungspflicht, kann der Verbraucher nach Maßgabe der §§ 327c BGB Abhilfe verlangen.

Berichtigung Im Datenschutzrecht wird unter Berichtigung die Beseitigung von Fehlern in personenbezogenen Daten und die Vervollständigung unvollständiger personenbezogener Daten über die → betroffene Person verstanden. Der Anspruch auf Berichtigung ist in Art. 16 DS-GVO geregelt.

Beschwerdemanagementsystem Ein Beschwerdemanagementsystem ist im Digital Services Act das von Online-Plattformen bereitzustellende interne Verfahren, mit dem betroffene Nutzer Beschwerden gegen bestimmte Entscheidungen der Plattform über rechtswidrige Inhalte oder gegen Verstöße gegen die Nutzungsbedingungen einlegen können; vgl. Art. 20 DSA. Vgl. auch → Digital Services Act.

Beseitigungszeiten Die Beseitigungszeit beschreibt die Zeitspanne zwischen dem Auftreten oder der Mitteilung einer Störung eines IT-Systems an den für den Systembetrieb Verantwortlichen und ihrer Beseitigung. Die Beseitigungszeit steht in engem Zusammenhang zur → Reaktionszeit. Typischerweise schließt sie sich an die Reaktionszeit an. Regelungen zur Beseitigungszeit werden häufig im → Service Level Agreement mit einem Outsourcing-Anbieter getroffen. Bei der Festlegung ist besonders darauf zu achten, in welchem Verhältnis die Beseitigungszeit zur vereinbarten Betriebszeit (→ Ausfallhäufigkeit) steht.

Besondere Arten personenbezogener Daten Besondere Arten personenbezogener Daten sind gemäß Art. 9 DS-GVO Angaben über die rassische und ethnische Herkunft, politische Meinungen, religiöse oder weltanschauliche Überzeugungen, Gewerkschaftszugehörigkeit, Gesundheit oder Sexualleben und sexuelle Orientierung, genetische Daten oder – wenn zur eindeutigen Identifizierung einer natürlichen Person eingesetzt – auch biometrische Daten. Häufig werden sie auch als sensible oder sensitive Daten bezeichnet. Die Verarbeitung besonderer Arten personenbezogener Daten unterliegt strengeren Anforderungen als die Verarbeitung „normaler" personenbezogener Daten; vgl. Art. 9 Abs. 2 DS-GVO. Die Verarbeitung von Daten über strafrechtliche Verurteilungen und Straftaten ist ebenfalls streng geregelt und darf nur unter behördlicher Aufsicht oder wenn dies spezifisch gesetzlich erlaubt ist erfolgen; vgl. Art. 10 DS-GVO.

Besonders wichtige Einrichtung Besonders wichtige Einrichtungen sind die nach § 28 Abs. 1 BSIG (in Umsetzung der → NIS-2-Richtlinie) benannten Einrichtungen in besonders kritischen Sektoren.

Best Practice Best Practice bezeichnet die zu einem bestimmten Zeitpunkt beste Vorgehensweise zur Bewältigung bestimmter Anforderungen. Es handelt sich mithin um einen dynamischen Maßstab. Die Ermittlung der Best Practice setzt typischerweise voraus, dass eine Marktanalyse (→ Benchmarking) durchgeführt wird, um anhand vorher feststehender Anforderungsprofile zu ermitteln, welche Methode im Betrachtungszeitpunkt die effizienteste ist, um die Anforderungen zu bewältigen.

Bestandsdaten Bestandsdaten sind in § 2 Abs. 2 Nr. 2 TDDDG legaldefiniert. Es handelt sich um Angaben in Form von personenbezogenen Daten, deren Verarbeitung zum Zweck der Begründung, inhaltlichen Ausgestaltung oder Änderung eines Vertragsverhältnisses zwischen dem Anbieter von digitalen Diensten und dem Nutzer über die Nutzung von digitalen Diensten erforderlich ist.

Beta-Testing Unter Beta-Testing versteht man den Vorgang des Testens einer → Beta-Version.

Beta-Version Beta-Version bezeichnet ein Computerprogramm, dessen Entwicklung oder Testläufe noch nicht abgeschlossen sind. Beta-Versionen werden den Anwendern in der Regel billiger oder kostenlos überlassen, um diese zur Mitteilung von Fehlern zu bewegen. Teilweise erfolgt die Überlassung einer Beta-Version ausdrücklich zum Zweck der Durchführung von Praxistests (→ Beta-Testing).

Betriebliche Übung Unter betrieblicher Übung ist nach ständiger Rechtsprechung des BAG (vgl. nur BAG 17.3.2010–5 AZR 317/09) „die regelmäßige Wiederholung bestimmter Verhaltensweisen des Arbeitgebers zu verstehen, aus denen die Arbeitnehmer schließen können, ihnen solle eine Leistung oder eine Vergünstigung auf Dauer eingeräumt werden. Aus diesem als Vertragsangebot zu wertenden Verhalten des Arbeitgebers, das von den Arbeitnehmern in der Regel stillschweigend angenommen wird (§ 151 BGB), erwachsen vertragliche Ansprüche auf die üblich gewordenen Leistungen. Entscheidend für die Entstehung eines Anspruchs ist nicht der Verpflichtungswille, sondern wie der Erklärungsempfänger die Erklärung oder das Verhalten des Arbeitgebers nach Treu und Glauben unter Berücksichtigung aller Begleitumstände (§§ 133, 157 BGB) verstehen musste und durfte. Im Wege der Auslegung des Verhaltens des Arbeitgebers ist zu ermitteln, ob die Belegschaft davon ausgehen musste, die Leistung werde nur unter bestimmten Voraussetzungen oder nur für eine bestimmte Zeit gewährt." Die Folge einer betrieblichen Übung ist das Entstehen von Ansprüchen der Arbeitnehmer auf die vom Arbeitgeber regelmäßig (freiwillig) gewährten Leistungen. Nicht abschließend geklärt ist, ob die (kontroll- und sanktionslose) Duldung der privaten E-Mail-Nutzung der Arbeitnehmer durch den Arbeitgeber (auch entgegen einem expliziten Verbot) aufgrund des Rechtsinstituts der betrieblichen Übung zur Zulässigkeit der privaten E-Mail-Nutzung mit (nach wohl noch herrschender Auffassung) der Folge der Einstufung des Arbeitgebers als Diensteanbieter gemäß § 3 Nr. 1 TKG und der Geltung des Fernmeldegeheimnisses gemäß § 3 TDDDG führt.

Betrieblicher Datenschutzbeauftragter Vgl. → Datenschutzbeauftragter bei nichtöffentlichen Stellen.

Betriebsdatenerfassung Die Betriebsdatenerfassung beschreibt den Vorgang der Erhebung verschiedener unternehmerisch relevanter Daten eines Unternehmens, um das Unternehmen auf dieser Grundlage steuern zu können. Bei den erfassten Betriebsdaten kann es sich beispielsweise um Daten zu Kundenaufträgen (Beginn der Arbeiten, Fertigstellung, Stückzahlen, benötigte personelle und sachliche Ressourcen), zur Belegschaft, zur Infrastruktur (Zustand wesentlicher Maschinen), zu Vorräten und zu Qualitätskennzahlen handeln.

Betriebsgeheimnis (IT) Betriebsgeheimnisse im IT-Kontext (zB Quellcode, Algorithmen, Datenbankinhalte, Kundenlisten) sind durch das Gesetz zum Schutz von Geschäftsgeheimnissen (GeschGehG) geschützt, das die EU-Richtlinie (EU) 2016/943 (Trade Secrets Directive) in deutsches Recht umsetzt. Ein Geschäftsgeheimnis liegt gemäß § 2 Nr. 1 GeschGehG vor, wenn eine Information geheim ist, wirtschaftlichen Wert hat und angemessene Geheimhaltungsmaßnahmen getroffen wurden. Als Geheimhaltungsmaßnahmen kommen beispielsweise in Betracht: technische Maßnahmen (Zugangskontrollen, Verschlüsselung) und organisatorische Maßnahmen (NDAs, Need-to-know-Prinzip). Reverse Engineering zur Erlangung eines Geschäftsgeheimnisses kann gemäß § 3 Abs. 1 Nr. 2 GeschGehG erlaubt sein, wenn das Produkt rechtmäßig erlangt wurde und Reverse Engineering nicht vertraglich ausgeschlossen worden ist.

Betriebssoftware Die Betriebssoftware ist das → „Betriebssystem" eines beliebigen Endgerätes, das zur Benutzung zwingend erforderlich ist.

Betriebssystem Das Betriebssystem ist die zentrale Steuerungssoftware eines Computers und wird unmittelbar nach dem → Boot-Vorgang geladen. Dieses erlaubt dem Benutzer, seine Dateien zu verwalten oder andere Programme (→ Applikationen) zu starten. Betriebssysteme sind zB die verschiedenen Versionen von Windows, Linux, Android und iOS.

Betriebsvereinbarung Die Betriebsvereinbarung ist eine schriftliche Vereinbarung zwischen Arbeitgeber und Betriebsrat zur Regelung von betrieblichen Fragen. Sie kann auch durch den Spruch der Einigungsstelle zustande kommen. Eine gesetzliche Definition der Betriebsvereinbarung gibt es nicht, die Betriebsvereinbarung wird aber in zahlreichen Vorschriften vorausgesetzt. § 77 Abs. 4 BetrVG bestimmt, dass Betriebsvereinbarungen unmittelbar und zwingend gelten. Wegen dieser „gesetzesähnlichen" Wirkung (sie gelten ipso iure für die Beschäftigten in einem Betrieb) werden Betriebsvereinbarungen auch als Normenverträge bezeichnet. Die Verarbeitung personenbezogener Daten, einschließlich besonderer Kategorien personenbezogener Daten von Beschäftigten für Zwecke des Beschäftigungsverhältnisses, ist gemäß § 26 Abs. 4 BDSG auf der Grundlage von einer Betriebsvereinbarung zulässig.

Betroffener Im Datenschutzrecht ist der Betroffene gemäß Art. 4 Nr. 1 DS-GVO eine identifizierte oder identifizierbare natürliche Person; als identifizierbar wird eine natürliche Person angesehen, die direkt oder indirekt, insbesondere mittels Zuordnung zu einer Kennung wie einem Namen, zu einer Kennnummer, zu Standortdaten, zu einer Online-Kennung oder zu einem oder mehreren besonderen Merkmalen, die Ausdruck der physischen, physiologischen, genetischen, psychischen, wirtschaftlichen, kulturellen oder sozialen Identität dieser natürlichen Person sind, identifiziert werden kann. Aus den Bezeichnungen der identifizierten oder identifizierbaren natürlichen Person wird auch die in der DS-GVO (wegen der beide Erscheinungsformen umfassenden Definition personenbezogener Daten gemäß Art. 4 Nr. 1 DS-GVO) nicht anzutreffende Unterscheidung zwischen personenbezogenen und personenbeziehbaren Daten abgeleitet. Für seine eigenen personenbezogenen Daten ist der Betroffene nicht verantwortliche Stelle gemäß Art. 4 Nr. 7 DS-GVO, obwohl dies nach dem Wortlaut der Norm nicht ausgeschlossen wäre. Die DS-GVO ist auf den Umgang des Betroffenen mit seinen eigenen Daten nicht anwendbar.

BFSG (Barrierefreiheitsstärkungsgesetz) Gesetz zur Umsetzung der Richtlinie (EU) 2019/882 des Europäischen Parlaments und des Rates über die Barrierefreiheitsanforderungen für Produkte und Dienstleistungen, gilt seit 28.6.2025.

Zusammengefasst gilt das BFSG gemäß seines § 1 für Hardware (zB Computer, Selbstbedienungsterminals, Mobilfunkgeräte E-Reader) und Dienstleistungen (Telekommunikationsdienste, digitale Angebote von Personenbeförderungsdiensten, Bankdienste, E-Books, im elektronischen Geschäftsverkehr erbrachte Dienstleistungen wie Webseiten) für Verbraucher. Als technischer Maßstab können die Normen EN 301 549 und die Web Content Accessibility Guidelines (WCAG 2.1 AA) zu Grunde gelegt werden.

Verstöße können zu Marktüberwachungsmaßnahmen und Bußgeldern führen; zudem besteht ein zivilrechtliches Haftungsrisiko wegen Diskriminierung (AGG).

Big Data Big Data beschreibt die Verarbeitung großer, heterogener und schnell wachsender Datenmengen, die mit herkömmlichen Methoden nicht effizient analysiert werden können. Bei der Verarbeitung großer Mengen personenbezogener Daten entsteht ein Spannungsverhältnis zwischen dem Interesse an einer umfassenden Datenanalyse und dem Grundsatz der Datenminimierung.

Binary digit Binary digit (abgek. Bit) ist in der elektronischen Datenverarbeitung die kleinste Informationseinheit und besteht jeweils aus einer 0 oder einer 1. Jede Information lässt sich durch die Kombination von Bits darstellen. Eine Kombination von mehreren Bits wird als → Byte bezeichnet.

Binding Corporate Rules Binding Corporate Rules (Abk. BCR) engl. für „Verbindliche Unternehmensregelungen“ sind ein datenschutzrechtliches Instrument zur Sicherstellung eines angemessenen Datenschutzniveaus gem. Art. 46 Abs. 2 Buchst. b), Art. 47 DS-GVO bei den Unternehmen eines Konzerns, wenn sich diese in Ländern ohne durch die EU Kommission durch einen → Angemessenheitsbeschluss festgestelltes angemessenes Datenschutzniveau befinden. Zusätzlich zu den BCR bedarf es wie auch sonst der Voraussetzungen gem. Art. 28 ff. DS-GVO, um eine Datenverarbeitung durch einen → Auftragsverarbeiter zu rechtfertigen, denn die DS-GVO kennt kein Konzernprivileg (d. h. der vereinfachten Weitergabe von Daten von einem Konzernunternehmen an ein anderes). BCRs sind von den Datenschutzbehörden den betroffenen Länder der EU und des EWR zu genehmigen. Die Datenschutzbehörden haben sich dabei gem. Art. 46 Abs. 1, Art. 63 DS-GVO zwecks einheitlicher Anwendung der DS-GVO abzustimmen. Der Europäische Datenschutzausschuss hat am 20. Juni 2023 seine Empfehlungen 1/2022 angenommen zum Antrag auf Genehmigung und zu den Bestandteilen und Grundsätzen, die in verbindlichen internen Datenschutzvorschriften für die Verarbeitung Verantwortliche enthalten sein sollten (Art. 47 DS-GVO).

Biometrie Biometrie (auch Biometrik, gr. Bio = Leben und Metron = Maß) befasst sich mit personenbezogenen Identifikationsmerkmalen von Lebewesen und den damit verbundenen Mess- und Auswerteverfahren. Biometrische Merkmale eines Menschen (das sind einerseits durch seine biologischen Eigenschaften bedingten, wie der Fingerabdruck und die Retina und andererseits die in seinem Handeln zum Ausdruck kommenden, wie seine Handschrift) können aufgrund ihrer Verarbeitung zur eindeutigen Identifikation einer natürlichen Person genutzt werden (dann → biometrische Daten).

Biometrische Daten (Art. 4 Nr. 14, Art. 9 DS-GVO) Mit speziellen technischen Verfahren gewonnene personenbezogene Daten zu den physischen, physiologischen oder verhaltenstypischen Merkmalen einer natürlichen Person, die die eindeutige Identifizierung dieser natürlichen Person ermöglichen oder bestätigen, wie Gesichtsbilder oder daktyloskopische Daten (Art. 4 Nr. 14 DS-GVO); bei der Verarbeitung → besondere Arten personenbezogener Daten.

Biometrische Echtzeit-Fernidentifizierung Art. 5 Abs. 1 lit. h AI Act: Der Einsatz durch Strafverfolgungsbehörden im öffentlichen Raum ist grundsätzlich verboten; es gibt enge abschließende Ausnahmen (zB Suche von Opfern von Entführung, Menschenhandel oder sexueller Ausbeutung sowie vermisster Personen, Abwenden einer konkreten, erheblichen und unmittelbaren Gefahr für das Leben oder die körperliche Unversehrtheit natürlicher Personen, Verfolgung schwerer Straftaten).

Biometrische Fernidentifizierung (nachgelagert) Nachgelagerte (nicht in Echtzeit) biometrische Fernidentifizierung: Hochrisiko-KI nach Anhang III Nr. 1 AI Act.

Biometrische Kategorisierung (KI-Anwendung) KI-Systeme mit denen natürliche Personen individuell auf der Grundlage ihrer biometrischen Daten kategorisiert werden, um ihre Rasse, ihre politischen Einstellungen, ihre Gewerkschaftszugehörigkeit, ihre religiösen oder weltanschaulichen Überzeugungen, ihr Sexualleben oder ihre sexuelle Ausrichtung zu erschließen oder abzuleiten. Das Inverkehrbringen, die Inbetriebnahme für diesen spezifischen Zweck oder die Verwendung von Systemen ist gemäß Art. 5 Abs. 1 lit. g AI Act verboten; dieses Verbot gilt nicht für die Kennzeichnung oder Filterung rechtmäßig erworbener biometrischer Datensätze, wie zB Bilder auf der Grundlage biometrischer Daten oder die Kategorisierung biometrischer Daten im Bereich der Strafverfolgung.

BIOS Vgl. → Basic Input Output System.

Bit Abk. für → binary digit.

BIT BIT ist die Abkürzung für „Bundesstelle für Informationstechnik" des Bundesverwaltungsamtes. Diese wurde mit Ablauf des 31.12.2015 in das Informations Technik Zentrum Bund (ITZBund) überführt.

Bitfehlerrate Bitfehlerrate ist eine Kennzahl für die Qualität einer Datenübertragung.

BITKOM BITKOM ist die Abkürzung für „Bundesverband Informationswirtschaft, Telekommunikation und neue Medien e.V.". BITKOM ist der Branchenverband der Unternehmen der deutschen Informations- und Telekommunikationsbranche (zB Geräte-Hersteller, Anbieter von Software, IT-Services sowie von Dienstleistungen im Bereich Telekommunikation, Consumer Electronics und Content). http://www.bitkom.org/.

Blacklist Im IT-Umfeld bezeichnet die Verwendung einer Blacklist eine Methode der Ausfilterung bestimmter Inhalte (zB E-Mails) oder der Sperrung bestimmter Websites nach Maßgabe von in der Blacklist geführten Kriterien (zB bestimmter Stichworte oder IP-Adressen). Eine den Sinnzusammenhang berücksichtigende Prüfung findet nicht statt. Ausgefilterte E-Mails werden üblicherweise automatisch in den Spam-Ordner verschoben oder gelöscht. Nicht abschließend geklärt ist, ob die hierdurch ausgelöste Verzögerung der Zustellung der E-Mail im Kontext zugelassener Privatnutzung (siehe auch → betriebliche Übung) ein strafbares Unterdrücken gemäß § 206 Abs. 1 Nr. 2 StGB (siehe OLG Karlsruhe 10.1.2005 – 1 Ws 152/04) oder im Fall der Löschung gemäß § 303a StGB darstellt und ob Spam-E-Mails überhaupt eine „anvertraute Sendung" im Sinne von § 206 Abs. 1 Nr. 2 StGB sein können. Zur datenschutzrechtlichen Beurteilung des E-Mail-Screening siehe die Stellungnahme 118 (WP 118) der Artikel-29-Arbeitsgruppe vom 21.2.2006.

Blindkopie Die Blindkopie ist eine für den Adressaten einer E-Mail nicht sichtbare Kopie der an ihn gerichteten E-Mail an einen oder mehrere weitere Empfänger. Der Hauptempfänger kann der E-Mail nicht entnehmen, dass der Versender Empfänger von Blindkopien festgelegt hat und welche dies sind.

Blockchain Blockchains sind digitale, dezentrale Datenbanken, in denen Informationen in chronologisch verknüpften Datenblöcken gespeichert werden. Jeder Block enthält Transaktionsdaten und einen kryptografischen Verweis auf den vorherigen Block, wodurch eine fälschungssichere Kette entsteht. Die Unveränderbarkeit von Blockchain-Daten steht im Spannungsverhältnis zu zentralen Grundsätzen des europäischen Datenschutzrechts, insbesondere dem Recht auf Löschung und dem Prinzip der Speicherbegrenzung. Der Europäische Datenschutzausschuss fordert bereits in der Konzeptionsphase einer Blockchain-Anwendung eine genaue Analyse der datenschutzrechtlichen Risiken, einschließlich der Festlegung der Verantwortlichkeiten im Sinne der DS-GVO.

Blockieren (E-Mail) Blockieren ist eine Maßnahme der E-Mail-Filterung. Beim Blockieren auf Serverebene wird über die Kontrolle des → Headers einer E-Mail anhand einer → Blacklist bereits das Eingehen einer E-Mail auf dem Server des Adressaten unterbunden (Reject) oder zwar akzeptiert, aber sofort gelöscht ohne sie zuzustellen (Silent drop). Beim Blockieren auf Postfachebene kommt die E-Mail vollständig auf dem Server an und wird danach in einen bestimmten Ordner verschoben (zB Spam) oder wird gelöscht. Zu den Rechtsfragen beim Blockieren siehe → Blacklist.

Blocking Statutes Blocking Statutes sind Gesetze zur Abwehr der Durchsetzung ausländischen Rechts im Inland.

Blog Blog ist eine Verkürzung für → Weblog.

Blueprint-Phase Im Zusammenhang mit der Planung eines IT-Projekts oder Softwareerstellung dient die Blueprint-Phase dazu, die in einem Unternehmen vorkommenden Prozesse und die daraus resultierenden Anforderungen zu analysieren, um auf dieser Grundlage die Ziele und den genauen Inhalt des Projekts oder der Softwareerstellung zu definieren. Die Blueprint-Phase geht damit der Erstellung des → Pflichtenhefts voraus.

Boot-Vorgang Der Boot-Vorgang ist der Startvorgang eines Computers, währenddessen sämtliche vom → Betriebssystem benötigten Dateien aus dem Boot-Sektor (dem Bereich einer Festplatte, auf dem die für den Systemstart erforderlichen Dateien gespeichert sind) geladen werden.

Bot Bot (Verkürzung von Robot) ist ein Programm, das der Ausführung von beliebigen, sich stetig wiederholenden Aufgaben auf einem Computer dient.

Botnet Unter Botnet (Abk. für Roboter-Netz) wird eine Vielzahl von Computern verstanden, die sich aufgrund der Tatsache, dass auf ihnen (meist ohne Wissen und Wollen der Nutzer) ein bestimmter → Bot installiert wurde, von einem oder wenigen anderen Computern fernsteuern lassen. Das durch die Fernsteuerung entstehende Netzwerk von Computern wird unter anderem für Angriffe auf andere Computersysteme eingesetzt (→ DoS-Angriffe). Der Betrieb eines Botnets kann strafbar sein, etwa gemäß § 303b StGB.

Um ein Botnet abzuschalten, wird versucht, die Command-and-Control-Server (C2-Server), die von Cyberkriminellen zur Steuerung von Botnets genutzt werden, auszuschalten oder zu übernehmen.

BPO BPO ist die Abkürzung für → Business Process Outsourcing.

BPR Abk. für Business Process Redesign.

Brief-, Post- und Fernmeldegeheimnis Das Brief-, Post- und Fernmeldegeheimnis ist ein Grundrecht nach Art. 10 Abs. 1 GG, das gemäß Art. 10 Abs. 2 GG nur aufgrund eines Gesetzes eingeschränkt werden kann. Solche Gesetze sind zB §§ 99, 100a StPO. Durch das Brief-, Post- und Fernmeldegeheimnis wird „Privatheit auf Distanz", d. h. die ungestörte Kommunikation jeglicher Art auch über größere Entfernungen geschützt. Für die Umsetzung dieses Schutzes bestehen besondere gesetzliche Pflichten für denjenigen, der den Transport der Inhalte unternimmt (bei E-Mails ist dies beispielsweise der Telekommunikationsdiensteanbieter).

Bring your own device Bring your own device steht für die in Unternehmen häufig anzutreffende Zulassung privater IT-Devices (häufig Smartphones, Tablet PCs oder Notebooks) der Beschäftigten für die Erledigung arbeitsvertraglicher Aufgaben. Je nach der im Einzelfall gewählten Gestaltung sind zahlreiche rechtliche und tatsächliche Vorkehrungen zu treffen. Steuerrechtliche Fragen sind etwa zu berücksichtigen, wenn den Beschäftigten ein Zuschuss zum Erwerb des IT-Devices bezahlt werden soll. Die Einbindung der IT-Devices der Beschäftigten in die IT-Infrastruktur des Unternehmens auf Grundlage einer Device Management Software löst ein Mitbestimmungsrecht des Betriebsrats nach § 87 Abs. 1 Nr. 6 BetrVG aus. Etwaige Verhaltensrichtlinien können der Mitbestimmung nach § 87 Abs. 1 Nr. 1 BetrVG unterliegen. Für bestimmte Fragen zum Umgang mit den im Eigentum der Beschäftigten stehenden Geräten (Einhaltung bestimmter Vorsichtsmaßnahmen, Vornahme von Wartungsmaßnahmen, Einhaltung bestimmter vom Arbeitgeber abgeschlossener Lizenzverträge, Meldepflicht bei Verlust, Beschränkung der Weitergabe an Dritte, Ersatzgerät, Widerruf der Freischaltung etc.) wird eine vertragliche Vereinbarung mit den Beschäftigten und möglicherweise deren → Einwilligung (Fernzugriff des Arbeitgebers auf das Device und möglicherweise auf private Daten, → Fernlöschung – möglicherweise auch privater Daten – im Verlustfall) erforderlich sein.

Brute-Force-Attacke Eine Brute-Force-Attacke ist der in aller Regel durch Nutzung eines Computerprogramms implementierte Versuch, das Passwort für ein IT-System durch schlichtes Ausprobieren sämtlicher Kombinationsmöglichkeiten zu ermitteln. Die Wirksamkeit von Brute-Force-Attacken hängt vor allem davon ab, ob ein IT-System nach wiederholten Falscheingaben dauerhaft oder zumindest vorübergehend gesperrt wird (→ Passwortschutz).

BSI BSI Abk. für → Bundesamt für Sicherheit in der Informationstechnik.

BSI-Grundschutz Der BSI-Grundschutz bildet einen Standard für einen sachgerechten IT-Schutz. Dieser, zusammengefasst im IT-Grundschutz-Kompendium. http://www.bsi.de/gshb/.

BSI-Grundschutzhandbuch Vgl. → BSI-Grundschutz.

BSIG (BSI-Gesetz) Das Gesetz über das Bundesamt für Sicherheit in der Informationstechnik und über die Sicherheit in der Informationstechnik von Einrichtungen (BSIG) ist das zentrale deutsche Cybersicherheitsgesetz. Die nationale Umsetzung der → NIS-2-Richtlinie erfolgt insbesondere im Rahmen einer Novellierung des BSIG. Es errichtet das BSI als zentrale Bundesoberbehörde für Informationssicherheit und normiert umfassende Cybersicherheitspflichten für Unternehmen, Betreiber kritischer Anlagen und Einrichtungen der Bundesverwaltung. Das BSIG steht im Zusammenspiel mit dem → Cyber Resilience Act (CRA), dem → Cybersecurity Act, dem → KRITIS-Dachgesetz und sektorspezifischen Vorschriften wie → DORA.

Buffer Vgl. → Puffer.

Bug Bug ist ein Fehler, eine Schwachstelle oder ein Sicherheitsloch in einem Computerprogramm.

Bug Bounty Programm Ein Bug-Bounty-Programm ist eine Initiative zur Identifizierung, Behebung und Bekanntmachung von Fehlern – insbesondere Sicherheitslücken – in Software. Es handelt sich um einen prämienbasiertes Programm, bei dem IT-Spezialisten versuchen einen → Bug zu finden, und anschließend mit einer Prämie („bounty") honoriert werden. Solche Programme werden von Unternehmen, öffentlichen Institutionen und zunehmend auch von staatlichen Stellen eingesetzt. Man unterscheidet zwischen offenen Programmen, an denen prinzipiell jede und jeder teilnehmen kann, sowie geschlossenen Programmen, bei denen die Teilnahme auf einen bestimmten Adressatenkreis beschränkt ist, der per Einladung angesprochen wird. Im deutschen Recht ist insbesondere das Strafrecht (§§ 202a ff., 303a StGB) sowie das zivilrechtliche Auslobungsrecht (§§ 657 ff. BGB) zu beachten.

Bugfix Ein Bugfix ist ein → Patch bezogen auf den → Quellcode.

Bulk(-ware) Die Bulk(-ware)-Version von Soft- oder Hardware wird nicht im Einzelhandel vertrieben, sondern dient Händlern zur Zusammenstellung eines Komplettangebots. Bulk (-ware) hat teilweise einen geringeren Funktionsumfang und wird mit weniger bis keinem Zubehör ausgeliefert als die → Retail-Version.

Bundesamt für Sicherheit in der Informationstechnik Das Bundesamt für Sicherheit in der Informationstechnik ist eine Behörde und dem Bundesministerium des Innern zugeordnet. Seine Aufgaben (zB Abwehr von Cyberangriffen, Beratung, Entwicklung von Standards im Bereich der Sicherheitstechnik, Veröffentlichung von Warnungen) und Befugnisse (zB Audits) sind im BSIG geregelt und wurden über die Jahre erweitert (etwa im Rahmen der Umsetzung der → NIS-2-Richtlinie in Deutschland). http://www.bsi.de/.

Bundesdatenschutzbeauftragter Der Bundesdatenschutzbeauftragte (gesetzliche Bezeichnung: Bundesbeauftragter für den Datenschutz und die Informationssicherheit) ist eine beim Bundesministerium des Innern eingerichtete unabhängige Kontrollinstanz (mit eigenem Etat) für die Überwachung des Datenschutzes bei öffentlichen Stellen des Bundes sowie bei Post- und Telekommunikationsunternehmen. Die Stellungnahmen des Bundesbeauftragten haben allerdings häufig rein tatsächlich eine über seine Zuständigkeit hinausreichende Bedeutung und dienen auch den → Aufsichtsbehörden für den Datenschutz bei den nicht-öffentlichen Stellen als Orientierung.

Bundesdatenschutzgesetz Das Bundesdatenschutzgesetz (BDSG) ergänzt die europarechtlichen Regelungen zum Schutz personenbezogener Daten (etwa der DS-GVO). Es gilt subsidiär; soweit also spezielle Datenschutzvorschriften (→ bereichsspezifische Regelungen) bestehen, haben diese gegenüber dem BDSG Vorrang.

Bundesnetzagentur Die Bundesnetzagentur für Elektrizität, Gas, Telekommunikation, Post und Eisenbahnen, kurz Bundesnetzagentur (BNetzA), ist eine obere deutsche Bundesbehörde (Regulierungsbehörde). Ihre Aufgaben bestehen aus der Aufrechterhaltung und der Förderung des Wettbewerbs in so genannten Netzmärkten. Die Bundesnetzagentur ist die Nachfolgebehörde der Bundesbehörde für Post und Telekommunikation (→ BAPT) sowie der Regulierungsbehörde Telekom/Post. http://www.bundesnetzagentur.de.

Bundling Unter Bundling wird im IT-Umfeld typischerweise ein Kombinationsangebot aus Hardware und Software verstanden. Häufig kommt dabei → OEM-Software zum Einsatz (→ OEM-Urteil).

Business Continuity Management Vgl. → Continuity Management.

Business Continuity Plan Ein Geschäftskontinuitätsplan ist ein Dokument, in welchem Abläufe und Maßnahmen festgelegt werden, um kritische Geschäftsprozesse bei Störungen (zB aufgrund von Cyberangriffen, Bränden, Naturkatastrophen) aufrechtzuerhalten oder zeitnah wiederherzustellen. Ziel ist es, Ausfallzeiten zu minimieren und dadurch die Handlungsfähigkeit des Unternehmens zu erhalten. Besonders wichtige Einrichtungen und wichtige Einrichtungen im Sinne des BSIG sind gemäß § 30 Abs. 2 Nr. 3 BSIG verpflichtet, Maßnahmen zu ergreifen zur Aufrechterhaltung des Betriebs, wie Backup-Management und Wiederherstellung nach einem Notfall, und Krisenmanagement.

Business Email Compromise (BEC) BEC ist ein gezielter Betrug(-sversuch), bei dem Angreifer E-Mail-Konten fälschen oder hacken, um sich beispielsweise als Führungskräfte, Lieferanten oder Geschäftspartner auszugeben. Ziel ist es, Beschäftigte zu manipulieren, sodass diese Geld überweisen oder sensible Daten (etwa ein → Betriebsgeheimnis) herausgeben. Diese Angriffe nutzen → Social Engineering.

Business Process Reengineering Business Process Reengineering ist der Vorgang des grundsätzlichen Infragestellens und der anschließenden Reorganisation von Geschäftsprozessen, um diese effizienter und schneller zu machen. Die Verbesserungen durch das Business Process Reengineering werden an vorab festgelegten Kennzahlen abgelesen. In diesem Zusammenhang können auch → Workflow-Managementsysteme eine Rolle spielen.

Business Transformational Outsourcing Vgl. → Transformational Outsourcing.

Business-Process-Outsourcing (BPO) BPO bezeichnet das Auslagern von einzelnen Geschäftsprozessen (in der Regel sind Supportprozesse betroffen), nicht aber ganzer Abteilungen (dann → Outsourcing) an spezialisierte Dienstleister. Bei den Dienstleistern handelt es sich um Unternehmen, deren Kerngeschäft in der Erbringung der Supportprozesse (einschließlich der Durchführung von Kontrollen etc.) und der Tragung des entsprechenden Betriebsrisikos für andere Unternehmen besteht. Häufig findet das BPO in folgenden Bereichen statt: Finanz- und Rechnungswesen/Buchhaltung, HR/Personalwesen, Beschaffung, Logistik, Customer Care (zB durch → Call Center), RZ-Betrieb (Rechenzentrum).

Business-to-administration (B2A) Business-to-administration (dt. „Unternehmen gegenüber Verwaltung“) steht für die Interaktion von Unternehmen mit Behörden.

Business-to-business (B2B) Business-to-Business (dt. „Unternehmen gegenüber Unternehmen“) steht für die Interaktion zwischen Unternehmen. Ein Business-to-Business Angebot (auch B2B-Angebot) orientiert sich an den Bedürfnissen von Geschäftskunden.

Business-to-consumer (B2C) Business-to-Consumer (dt. „Unternehmen gegenüber Verbraucher“) steht für die Interaktion zwischen Unternehmen und Verbrauchern. Ein Business-to-Consumer-Angebot (auch B2C-Angebot) orientiert sich an den Bedürfnissen von Verbrauchern → Consumer.

Business-to-employee (B2E) Business-to-Employee (dt. „Unternehmen gegenüber Arbeitnehmer“) steht für die Interaktion zwischen Unternehmen und Arbeitnehmern. Ein Business-to-Employee-Angebot (auch B2E-Angebot) ist auf Beschäftigte ausgerichtet, meist in Form eines Intranets, auf das nur die Beschäftigten innerhalb des Unternehmens Zugriff haben.

BVB Abkürzung für Besondere Vertragsbedingungen für die Beschaffung von V-Leistungen (→ Besondere Vertragsbedingungen).

BYOD Abk. für → Bring your own device.

Byte Byte bezeichnet eine aus mehreren (in der Regel 8) Bits (vgl. auch → Binary digit) bestehende Informationseinheit. Geläufig sind folgende Größenangaben für aus Bytes bestehende Informationen: Kilobytes (KB) also 1024 Bytes, Megabyte (MB) also 1.048.576 Bytes, Gigabyte (GB) also 1.073.741.824 Bytes etc.

C

C5-Testat Ein C5-Testat ist ein auf dem Cloud Computing Compliance Criteria Catalogue (C5) des Bundesamts für Sicherheit in der Informationstechnik (BSI) beruhender Prüf- und Bestätigungsbericht, mit dem ein unabhängiger Wirtschaftsprüfer bescheinigt, dass ein Cloud-Anbieter definierte Mindestanforderungen an IT-Sicherheit, Transparenz und organisatorische Kontrollen erfüllt. Relevanz erlangt das C5-Testat insbesondere im regulierten Bereich des Gesundheitswesens, etwa im Rahmen des → Cloud Computing im Gesundheitswesen (§ 393 SGB V), da es als geeigneter Nachweis für die Einhaltung von Sicherheits- und Compliance-Standards bei der Verarbeitung sensibler (insb. Gesundheits-)Daten herangezogen wird.

CA Abk. für Certificate Authority → Zertifizierungsstelle.

Cache Cache ist ein nicht dauerhafter Speicher in CPUs oder Festplatten, in dem oft benötigte Daten vorübergehend abgespeichert werden. Ein Cache enthält Kopien von Inhalten eines anderen (häufig langsameren) Speichers und beschleunigt somit den Zugriff auf dessen Inhalte.

Caching Caching ist das Zwischenspeichern von Daten/Software in einem schnellen Speicher (→ Cache) zum beschleunigten Zugriff.

CAD Abk. für Computer Aided Design, Computerunterstütztes Design.

Call Center Call Center ist eine organisatorische Einheit von Telefonarbeitsplätzen in einem Unternehmen oder bei einem externen Dienstleister. Ein Call Center kann mit unterschiedlichen Aufgaben betraut sein (Marketing, Support). Die Durchführung der vereinbarten Aufgaben macht in der Regel den Abschluss eines Vertrags über → Auftragsdatenverarbeitung erforderlich.

Called Party Vgl. → B-Teilnehmer.

Calling Party Vgl. → A-Teilnehmer.

Capacity Management Capacity Management bezeichnet einen Prozess, der Bestandteil der → ITIL ist und gewährleisten soll, dass für bestimmte geschäftliche Anforderungen hinreichende Kapazitäten in der IT-Infrastruktur vorgesehen sind.

Carbon Copy Carbon Copy (Abk. CC) bezeichnet ein zusätzliches, nicht für den Hauptadressaten bestimmtes Adressfeld in E-Mail-Programmen, in das Kopieempfänger einer E-Mail eingetragen werden können. In die CC-Zeile eingetragene Empfänger sind für alle Empfänger sichtbar (im Unterschied zu Adressaten, die eine Blindkopie der E-Mail erhalten → BCC).

Carrier Carrier ist die englische Bezeichnung für den Betreiber eines Telekommunikationsnetztes.

Carrier Selection Carrier Selection bezeichnet die Auswahl des → Verbindungsnetzbetreibers (VNB); → Pre-selection; → Call-by-Call.

CASP (Crypto-Asset Service Provider) Gemäß Art. 3 Nr. 15 → MiCA-Verordnung ist „Anbieter von Kryptowerte-Dienstleistungen" jede juristische Person oder jedes andere Unternehmen, deren bzw. dessen berufliche oder gewerbliche Tätigkeit darin besteht, eine oder mehrere Kryptowerte-Dienstleistungen gewerblich für Kunden zu erbringen, und der bzw. dem es gestattet ist, gemäß Art. 59 MiCA-Verordnung Kryptowerte-Dienstleistungen zu erbringen.

CC Abk. für → Carbon Copy.

CCTA Abk. für Central Computing and Telecommunications Agency (siehe auch → IT Infrastructure Library).

ccTLD Abk. für → Länderspezifische Top-Level-Domains (country code top level-domain).

CE Abk. für → Conformité Européenne

CENTR Abk. für Council for European National Top-Level Domain Registries, Zusammenschluss von Organisationen, die → ccTLD verwalten (→ DENIC in Deutschland für.de). http://www.centr.org/.

Central Processing Unit Die Central Processing Unit (auch Hauptprozessor, Abk. CPU) ist die zentrale Recheneinheit des Computers; der Chip, der alle Befehle von Programmen ausführt.

CER-Richtlinie (Richtlinie (EU) 2022/2557) Die Critical Entities Resilience-Richtlinie (EU) 2022/2557 sieht Regeln hinsichtlich der Resilienz und physischen Sicherheit kritischer Infrastrukturen in der EU durch Anforderungen an Betreiber und staatliche Aufsicht vor. In Deutschland wurde die CER-Richtlinie durch das → KRITIS-Dachgesetz in nationales Recht umgesetzt. Die CER-Richtlinie fordert Ausfallsicherheit bei Betreibern, während die → NIS-2-Richtlinie die Cybersecurity regelt. Die CER-Richtlinie geht damit weiter als die NIS-2-Richtlinie in den Bereichen Resilienz, Krisenmanagement und physischer Schutz.

CERT CERT (Abk. für Computer Emergency Response Team) ist eine Organisation, die Netzwerkbetreiber bei der Abwehr von Angriffen unterstützt. Sie ist für die Prävention, Erkennung, Reaktion und Folgenminderung bei Risiken, Vorfällen und Sicherheitsvorfällen zuständig. Gemäß Art. 10 der → NIS-2-Richtlinie verbindlich geregelt: jeder Mitgliedstaat muss mindestens ein → CSIRT benennen oder einrichten. In Deutschland nimmt das → BSI die Funktion des nationalen CSIRT wahr und unterstützt mit Mobile Incident Response Teams (MIRT) bei besonders schwerwiegenden Cyberangriffen auch vor Ort https://www.bsi.bund.de/DE/Themen/Unternehmen-und-Organisationen/Cyber-Sicherheitslage/Reaktion/CERT-Bund/cert-bund_node.html.

Certificate of Authenticity Certificate of Authenticity ist ein Zertifikat (zB ein Aufkleber mit einem Hologramm), das zum Nachweis der Echtheit dient. Das Zertifikat wird oftmals auf der Verpackung oder dem Gehäuse eines Geräts angebracht oder, im Falle einer Online-Bestellung, per E-Mail zugesandt.

Certified Senders Alliance Die Certified Senders Alliance ist ein Projekt des eco – Verband der deutschen Internetwirtschaft e. V. (https://certified-senders.org/de/). Ziel ist es, durch Erstellen einer kostenpflichtigen → Whitelist den Zugang von E-Mails sicherzustellen, die mit Zustimmung des Empfängers durch seriöse Anbieter von E-Mail im Bereich des Direktmarketing verschickt werden und daher nicht durch Spamfilter ausgesondert werden.

Challenge Response Challenge Response ist eine Form der Authentifizierung, bei der der Nutzer eine Frage des Systems zu beantworten hat und das System die Antwort mit einer vorher durch den Berechtigten eingegebenen Antwort vergleicht.

Change Advisory Board Abk. CAB, → Change Management.

Change Management Das Change Management ist ein Prozess aus der → ITIL für die kontrollierte und risikominimierende Umsetzung von infolge veränderter Rahmenbedingungen notwendigen Änderungen bei Unternehmensprozessen oder der IT-Infrastruktur. Verantwortlich ist der Change Manager. Innerbetriebliche Änderungen mit erhöhtem bzw. sehr hohem Risiko sind die „Major Changes" bzw. „Significant Changes" mit besonderen Kontrollaufgaben für das Change Advisory Board bzw. das Management Board.

Change Requests Change Requests (Abk. CR, → RFC) sind Erweiterungs-, Anpassungs- oder Änderungsverlangen einer Vertragspartei hinsichtlich der vertraglich definierten Leistungspflicht der Gegenseite, typischerweise bei der Softwareerstellung oder in Outsourcing-Verträgen. Zentrale Fragen sind, ob die Änderung von der ursprünglichen Vergütung erfasst ist und ob, ungeachtet der Vergütungsfrage, der Schuldner grundsätzlich verpflichtet ist, die vom Gläubiger geforderte Änderung durchzuführen.

Chatbot Ein Chatbot ist ein auf → künstliche Intelligenz gestütztes oder regelbasiertes Dialogsystem, das die automatisierte Kommunikation mit natürlichen Personen in Textform oder per Sprache ermöglicht, etwa im Kundenservice, Vertrieb oder bei der internen Unternehmenskommunikation. Anbieter von KI-Systemen, die für die direkte Interaktion mit natürlichen Personen bestimmt sind, müssen unter anderem nach Art. 50 Abs. 1 → AI Act sicherstellen, dass die betreffenden natürlichen Personen informiert werden, dass sie mit einem KI-System interagieren, es sei denn, dies ist aus Sicht einer angemessen informierten Person offensichtlich. Daneben unterliegt der Einsatz von Chatbots der DS-GVO, soweit personenbezogene Daten verarbeitet werden.

Der Einsatz von KI-Systemen, die geeignet sind, Verhalten oder Leistung von Beschäftigten zu überwachen oder zu bewerten, ist nach § 87 Abs. 1 Nr. 6 BetrVG mitbestimmungspflichtig, was auch für intern eingesetzte Chatbots gelten kann.

Chief Information Officer Chief Information Officer ist der Hauptverantwortliche für Informationstechnologie in einem Unternehmen (Leiter der IT).

Chief Innovation Officer Ein Chief Innovation Officer (CINO) ist in erster Linie für die Steuerung und Förderung von Innovationen innerhalb eines Unternehmens verantwortlich. Aufgabe des CINO ist es, aufkommende Trends zu erkennen und neue Geschäftsmodelle zu entwickeln. Häufig trägt der CINO die organisatorische Verantwortung für die Einführung regulierter Technologien (KI, IoT, datengetriebene Geschäftsmodelle). Die Rolle unterscheidet sich daher von der eines → CIO oder → CTO, die sich typischerweise auf Technologiesysteme und betriebliche Effizienz konzentrieren.

CINO Abk. für → Chief Innovation Officer.

CIO Abk. für → Chief Information Officer.

CISA Abk. für Certified Information Systems Auditor, anerkanntes Zertifikat der → ISACA für Personen, die IT-Systeme auditieren, kontrollieren, überwachen und beurteilen.

CISG Vgl. dazu → Convention on the International Sale of Goods.

CISM Abk. für Certified Information Systems Manager, Zertifikat der → ISACA („DV-Revisor“).

Clandestine User Der Clandestine User dringt durch Missbrauch von Administratorenrechten in das System ein.

Clearing House Clearing House ist ein Dienstleistungsanbieter von Abrechnungs- und Inkassoservices.

Click Fraud Click Fraud ist eine Form des Betruges bei Bannerwerbung im Internet (zB bei → Ad-Sense-Werbung): Der Täter veranlasst Personen, die Fälligkeit des versprochenen Entgelts durch das Anklicken der Banner auszulösen oder erreicht dies über Softwareprogramme, ohne dass der Werbetreibende tatsächlich interessierte Kunden gewinnt (auch: Clickspamming). Die Ziele des Click Fraud sind unterschiedlich. Ein mögliches Ziel ist es, über häufiges Anklicken der Bannerwerbung von Konkurrenten deren Tages-Limits für die pay-per-click Vergütung zu erreichen, um in den Suchmaschinen statt diesen angezeigt zu werden.

Click-Through-Rate Die Click-Through-Rate (abgekürzt → CTR) bezeichnet den Quotienten aus → AdClicks (Zähler) und → Ad-Impressions (Nenner). Sie stellt sich damit als Kennzahl für die tatsächliche Nutzung einer Werbeanzeige (→ Banner) durch die Nutzer einer Website dar und kann als Anknüpfungspunkt für die Berechnung des Vergütungsanspruchs der beteiligten Parteien dienen. Für den Werbenden ist die → Conversion Rate relevanter.

Clickstream Clickstream ist der Datenstrom, den der User durch das Anklicken von Symbolen und Schaltflächen auf Websites oder in Computerprogrammen in den entsprechenden Logfiles hinterlässt und der vom Anbieter analysiert werden kann.

Clicktrough-Agreement Vgl. dazu → Clickwrap-Agreement.

Clickwrap-Agreement Clickwrap-Agreement ist die elektronische Entsprechung des → Schutzhüllenvertrags, auch als → „Entervereinbarung“ bezeichnet. Die Bezeichnung beruht auf der Übertragung der Methode des „Vertragsschlusses“ durch Aufreißen der Schutzhülle auf die Bestätigung durch Anklicken einer Zustimmungserklärung (vgl. auch den ähnlich gelagerten Shrink-wrap- oder auch → Schutzhüllenvertrag). Im Unterschied zum Schutzhüllenvertrag hat hier der Nutzer aber die Möglichkeit, die Vertragsbedingungen vor Vertragsschluss zur Kenntnis zu nehmen. Der Wirksamkeit der Vereinbarung stehen daher im Hinblick auf die Art des Zustandekommens weniger Bedenken entgegen.

Client Client ist Soft- oder (meist) Hardware, die von einem anderen Rechner (= → Server) Dienste, also Daten oder andere Informationen in Anspruch nimmt/abruft. Der Arbeitsplatzrechner wird im Hinblick auf den Server beispielsweise als Client bezeichnet.

Client Server System Vgl. → Client-Server-Netzwerk.

Client-Server-Lizenz Bei einer Client-Server-Lizenz kann die Software auf dem → Server eines Netzwerks installiert werden, so dass sämtliche Clients auf die Software zugreifen können. Für den Zugriff auf den Server muss auf den Clients möglicherweise eine → Client-Software installiert werden.

Client-Server-Netzwerk Ein Client-Server-Netzwerk ist eine Form der Netzwerkorganisation, bei dem die angeschlossenen Arbeitsplatzrechner (= → Client) auf Daten zugreifen, die auf einem zentralen Computer (→ Server) gespeichert sind. Fragt der Client Prozesse ab, wird regelmäßig nur das Ergebnis zurückgemeldet.

Client-Software Client-Software ist Software, die geladen werden muss, damit der Client (zB der Arbeitsplatzrechner) mit einem Server kommunizieren kann.

Client-System Vgl. → Client-Server Netzwerk.

Cloaking Cloaking ist eine Methode zur Optimierung von Suchergebnissen bei Suchmaschinen. Dem Programm, das für eine Suchmaschine nach Websites sucht, wird von der Cloaking-Software eine andere (optimierte) Website präsentiert als diejenige, die tatsächlich zum Nutzer übertragen wird.

Clonen Vgl. → Cloning.

Cloning Cloning (auch Clonen, bezogen auf bestimmte Software „System-Cloning") ist das bitweise Kopieren von Daten auf einen anderen Datenträger, so dass auf dem Zielspeicher sämtliche Daten in der Form wie auf dem Ursprungsspeicher vorhanden sind. Ob Cloning rechtmäßig ist, richtet sich danach, ob die darin liegende → Vervielfältigung zulässig oder dem Rechteinhaber vorbehalten ist. Fraglich ist zudem, ob die entsprechende Software der Umgehung von wirksamen technischen Schutzmaßnahmen gemäß § 95a UrhG dient.

Cloud Act Der Clarifying Lawful Overseas Use of Data (Cloud) Act ist ein US-amerikanischer Rechtsakt. Er regelt Datenzugriffs- und -herausgaberechte von US-Behörden. Wenn europäische Verantwortliche Auftragsverarbeiter mit US-Bezug einsetzen möchten, können Fragen zu den Auswirkungen des CLOUD Acts auf den Schutz der personenbezogenen Daten aufkommen.

Cloud Computing Cloud Computing bezeichnet die Nutzung von → Online Services über einen (→ Thin) Client, wobei die für den Online Service erforderlichen Daten auf über das Internet und daher von überall erreichbaren → Servern gespeichert sind. Je nachdem, ob die Services der Öffentlichkeit zur Verfügung gestellt werden oder nur einem bestimmten Benutzerkreis (zB den Unternehmen eines Konzerns) ist von Public Cloud oder von Private Cloud die Rede. Cloud Computing kann auch das Ergebnis einer Verlagerung von zuvor im Unternehmen selbst betriebenen Software-Systemen ins Internet sein (Cloudsourcing). In diesem Fall steht Cloud Computing für die Nutzung von IT-Systemen und Software (→ Software as a Service) über das Internet, wobei die erforderlichen Daten auf diesen IT-Systemen gespeichert werden. Das Verhältnis zwischen dem Cloud-Anwender und dem Cloud-Anbieter ist in der Regel als ein Fall der Auftragsverarbeitung gemäß Art. 28 DS-GVO auszugestalten (vgl. hierzu auch den EU Cloud Code of Conduct des Europäischen Datenschutzausschusses, https://eucoc.cloud/en/home), wobei die Einordnung einzelner, für das Cloud Computing erforderlicher Datenverarbeitungen als Auftragsverarbeitung von Datenschutzbehörden in Deutschland kritisch gesehen wird. Verbreitete Erscheinungsformen von Cloud Computing sind → Infrastructure as a Service (IaaS) und → Platform as a Service (PaaS)und → Software as a Service (SaaS).

Cloud-Computing im Gesundheitswesen Cloud-Computing im Gesundheitswesen gemäß § 393 SGB V ist ein spezifischer Rechtsrahmen für den Einsatz von Cloud-Dienstleistungen. Leistungserbringern und Krankenkassen wird die Auslagerung der Verarbeitung von Gesundheits- und Sozialdaten an externe Cloud-Dienste unter strengen Voraussetzungen erlaubt. Zentrale Anforderungen sind insbesondere die Einhaltung hoher IT-Sicherheitsstandards, die Gewährleistung von Vertraulichkeit, Integrität und Verfügbarkeit der Daten sowie die vollständige Beachtung der datenschutzrechtlichen Vorgaben der DS-GVO (insb. Art. 5, 6, 9 DS-GVO); zudem bestehen besondere Anforderungen an Zertifizierung, → C5-Testate, Risikomanagement und Kontrolle der eingesetzten Cloud-Anbieter. Die Vorschrift zielt darauf ab, digitale Innovation und Skalierbarkeit moderner IT-Infrastrukturen im Gesundheitswesen zu ermöglichen, zugleich aber ein hohes Schutzniveau für sensible Gesundheitsdaten sicherzustellen).

Cloud Security Alliance (CSA) Die Cloud Security Alliance (CSA) ist eine im Jahr 2008 gegründete gemeinnützige und weltweit tätige Non-Profit-Organisation, deren Ziel es ist, die Sicherheit von Cloud-Technologien, Cloud-Umgebungen und Cloud-Services zu fördern. Sie stellt Best Practices, Whitepapers, Richtlinien und Tools für die Cloud-Sicherheit zur Verfügung, betreibt Forschungsinitiativen, schult und zertifiziert Personen und bietet das CSA STAR-Zertifikat für Cloud-Provider an. Die von der CSA entwickelten Standards und Rahmenwerke (insbesondere die Cloud Controls Matrix) sind im bieten ergänzende Orientierungshilfe neben dem europäischen Zertifizierungsschema für Cloud-Dienste und dem deutschen BSI-C5-Kriterienkatalog.

Cloud-Anbieter Vgl. → Cloud Computing.

Cloud-Anwender Vgl. → Cloud Computing.

Cloud-Exit-Klausel Eine Cloud-Exit-Klausel ist eine vertragliche Regelung in Cloud-Verträgen, die die geordnete Beendigung der Cloud-Nutzung und den reibungslosen Wechsel zu einem anderen Anbieter oder auf eine eigene Infrastruktur sicherstellt, insbesondere hinsichtlich Datenmigration, Übergangszeiträumen und Löschungspflichten. Nach Art. 25 Abs. 1 → Data Act müssen die Rechte des Kunden und die Pflichten des Anbieters von Datenverarbeitungsdiensten in Bezug auf den Wechsel eindeutig in einem schriftlichen Vertrag festgelegt werden; Ziel ist, damit sog. Lock-in-Effekte – also die Abhängigkeit von einem einzigen Anbieter durch fehlende Informationen, restriktive Verträge, hohe Wechselkosten und technische Hürden – systematisch beenden. Es kann daneben sektorspezifische Regelungen (vgl. etwa → DORA). Im Bereich Cybersecurity kann daneben eine Ausstiegsstrategien für kritische Drittdienstleister aus Resilienzgründen erforderlich sein. Es empfiehlt sich, die Cloud-Exit-Klausel mit den Anforderungen an Auftragsverarbeitung (Art. 28 DS-GVO) hinsichtlich Datenrückgabe und -löschung abzustimmen.

> **Exkurs: Auslegung des Begriffs ‚Data Processing Services': Erfassung von SaaS?**
> Art. 23 ff. Data Act verpflichten Anbieter von „Datenverarbeitungsdiensten" (data processing services) zur Ermöglichung eines effektiven Anbieterwechsels (Switching). Der Begriff ist in Art. 2 Nr. 8 Data Act definiert als digitaler Dienst, der on-demand und über ein Netzwerk Datenverarbeitungsinfrastruktur bereitstellt. Strittig ist, ob jede SaaS-Anwendungen erfasst sind: Reine IaaS- und PaaS-Angebote fallen unstrittig darunter; bei SaaS ist die Einordnung nicht so einfach; überzeugend erscheint es jedenfalls, dass der bloße Fakt, dass eine Software auf einer Cloud Umgebung betrieben wird, nicht dazu führt, dass es sich um einen „data processing service" handelt, sondern vielmehr auch alle anderen Aspekte der Definition unmittelbar auf die Software und das Angebot der Software vor Kunde zutreffen müssen.

Cloud-Exit-Strategie Eine Cloud-Exit-Strategie umfasst die Planung und Vorbereitung der Rückholbarkeit von Daten und Geschäftsprozessen aus einer →Cloud Computing-Umgebung (ggf. zur Übertragung in eine andere Cloud-Umgebung), einschließlich der Dokumentation von Rückholprozessen, Datenformaten und Zielsystemen, um die Geschäftsfortführung auch bei geplantem oder ungeplantem Ausfall eines Cloud-Dienstes sicherzustellen. Teil der Clout-Exit-Strategie ist die Vereinbarung einer →Cloud-Exit-Klausel. Die Entwicklung einer Cloud-Exit-Strategie kann rechtlich erforderlich sein, beispielsweise unter →DORA.

Cloud-Kompatibilität Cloud-Kompatibilität bezeichnet die technische und funktionale Fähigkeit von Daten, Anwendungen und digitalen Vermögenswerten, zwischen verschiedenen →Cloud Computing-Diensten oder zwischen Cloud- und On-Premise-Infrastrukturen übertragen und weiterverwendet zu werden, ohne dass wesentliche Funktionseinbußen oder Dateninkonsistenzen auftreten.

Cloud-Migration, vertraglich Die vertragliche Cloud-Migration bezeichnet die rechtliche Gestaltung des Übergangs von IT-Systemen, Anwendungen und Daten in eine →Cloud Computing-Umgebung oder zwischen →Cloud-Anbietern, einschließlich der Regelung von Leistungspflichten, Verantwortlichkeiten, Zeitplänen und Risikozuordnung in einem Migrations- bzw. Transitionsvertrag.

Cloud-Switching →Cloud-Exit-Klausel.

Cluster Cluster ist die Verbindung mehrerer Computer zu einem Rechnerverbund, um die aus Störungen resultierenden Ausfallzeiten zu minimieren und die verfügbare Rechenkapazität zu erhöhen.

CMO CMO (Abk. für „Current Mode of Operations") bezeichnet die aktuelle Art und Weise des Betriebs (eines IT-Systems). Im Zusammenhang mit dem →Outsourcing wird der Begriff häufig gemeinsam mit dem →FMO (Abk. für Future Mode of Operations") verwendet, der nach →Transition und →Transformation erreicht wird.

CMP Abk. für →Consent Management Platform.

CMS Abk. für →Content Management Systeme.

Co-Shopping Vgl. →Community Shopping.

Cobit Abk. für →Control Objectives for Information and Related Technology.

CoBiT Vgl. →Control Objectives for Information and Related Technology.

CoCG Abk. für →Code of Corporate Governance.

Code of Conduct Ein Code of Conduct (Verhaltenskodex) beschreibt vom Herausgeber in bestimmten Situationen und Zusammenhängen gewünschte Verhaltensweisen. Typischerweise gehen die Regelungen in einem Code of Conduct über das gesetzlich gebotene Verhalten hinaus. Häufig wird die Einführung eines Code of Conduct mit dem Angebot verbunden, die beobachtete Nichteinhaltung des Code of Conduct zu melden (→Whistleblowing).

Code of Corporate Governance Code of Corporate Governance (Abk. CoCG) bezeichnet Methoden und Instrumente zur Leitung und Überwachung von Organisationen. Sie umfasst die Gesamtheit aller internationalen und nationalen Werte und Grundsätze für eine gute und verantwortungsvolle Unternehmensführung, die sich an alle Unternehmensmitarbeiter richtet. Corporate Governance ist kein international einheitliches Regelwerk und abgesehen von wenigen international anerkannten Grundsätzen länderspezifisch. Sie umfasst obligatorische und freiwillige Maßnahmen: das Einhalten von Gesetzen und Regelwerken (→ Compliance), das Befolgen anerkannter Standards und Empfehlungen sowie das Entwickeln und Befolgen eigener Unternehmensleitlinien (→ Code of Conduct) http://www.corporate-governance-code.de/eng/kodex/1.html.

Codec Codec ist eine Wortbildung aus den englischen Begriffen „coder" und „decoder" und bezeichnet Programme zu Kodierung und Dekodierung von Daten oder Signalen.

Cold Call Ein Cold Call (auch Initiativanruf), eine Form der Telefonwerbung, ist ein Anruf bei einem Dritten ohne Einwilligung und wird als unlauterer Wettbewerb betrachtet und kann gegen § 7 Abs. 2 Nr. 1 UWG verstoßen.

Collateral Spam Collateral Spam bezeichnet durch das E-Mail-System des Adressaten oder dort installierte → Autoresponder als Reaktion auf eingehende E-Mails mit gefälschtem Absender an die im gefälschten Absender bezeichnete E-Mail-Adresse versendete E-Mails (Unzustellbarkeitsbenachrichtigungen, Abwesenheitsnachricht, out of office reply etc.). Auch durch den Adressaten der E-Mail mit gefälschtem Absender selbst versendete E-Mails (zB eine Beschwerde) an den vermeintlichen Absender können zu Collateral Spam gezählt werden.

Colocation Colocation (auch „Kollokation" oder „Collocation") bezeichnet die Unterbringung von Servern in einem kommerziellen Rechenzentrum, das für unterschiedliche Kunden Fläche, Stromversorgung und Kühlung für eigene Server sowie die gebäudetechnische Sicherheit zur Verfügung stellt.

Community Community ist die Bezeichnung für die Teilnehmer an einer Plattform im Internet, die gemeinsame Interessen und Erfahrungen teilen.

Community Plattform Eine Community Plattform bietet die für die Kommunikation im Internet (Foren, Chatroom) erforderlichen Einrichtungen und Funktionalitäten.

Community Shopping Beim Community Shopping wird ein Produkt zu unterschiedlichen Preisen angeboten, wobei der endgültige Preis davon abhängt, wie viele Bestellungen beim Anbieter eingehen. Die wettbewerbsrechtliche Zulässigkeit kann bei einigen Gestaltungen im Hinblick auf die unsachliche Beeinflussung des Kunden problematisch sein.

Compiler Vgl. → Kompilierung.

Complete Outsourcing Beim Complete Outsourcing wird ein vollständiger Unternehmensbereich an einen Dritten ausgelagert, also auch die „Human Resources" (Belegschaft), → Outsourcing. Ein Complete Outsourcing, das die Verarbeitung personenbezogener Daten betrifft, hat die Anforderungen an eine → Auftragsverarbeitung zu beachten, falls – aufgrund der Reichweite der Aufgaben und der korrespondierenden Entscheidungsbefugnisse – nicht sogar ein Fall der → Funktionsübertragung vorliegt.

Compliance Compliance bezeichnet die durch organisatorische Maßnahmen (zB → Whistleblowing oder ein → Internes Kontrollsystem) sichergestellte Überprüfung/Überwachung, ob Gesetze, Richtlinien und freiwillige Kodizes (siehe auch → Code of Conduct) in Unternehmen eingehalten werden (insbesondere bei Finanzdienstleistern, Beispiele: Insiderhandel, Geldwäsche, Erfüllung steuerlicher Deklarationsvorschriften, aber auch bei Informationssicherheit und Datenschutz. Compliance/Überwachung ist ein wichtiges Element bei der → Corporate Governance.

Comprehensive Outsourcing Comprehensive Outsourcing ist ein anderer Begriff für → Complete Outsourcing, → Outsourcing.

Computational Creativity Unter Computational Creativity (dt. Künstliche Kreativität) versteht man Methoden, mit denen Computer weitestgehend automatisch Werke generieren können, die gemeinhin als kreativ angesehen werden; das Themenfeld erstreckt sich über verschiedene Disziplinen wie Literatur, Musik, Film, bildende Kunst und mitunter auch Videospiele. Aus rechtlicher Sicht wirft Computational Creativity urheberrechtliche Fragen auf, da nach dem Schöpferprinzip (§§ 2, 7 UrhG) nur persönliche geistige Schöpfungen natürlicher Personen urheberrechtlichen Schutz genießen. Rein maschinell erzeugte Werke sind nach geltendem deutschem daher nicht schutzfähig; diskutiert wird, ob der Programmierer, der Betreiber oder der Nutzer (als steuernder Mensch) als Urheber oder Leistungsschutzberechtigter in Betracht kommt. Da ein Großteil der heutigen Techniken auf maschinellem Lernen basiert, ist umstritten, inwiefern es eine Urheberrechtsverletzung darstellt, wenn ein Computer mit urheberrechtlich geschütztem Material trainiert wird und daraus etwas scheinbar Neues erschafft. Diese Frage wird durch die Text- und Data-Mining-Schranken (etwa §§ 44b, 60d UrhG) adressiert, bleibt aber in der Anwendungspraxis umstritten. Die Produkte von Computational Creativity können Transparenzanforderungen unterliegen, etwa aus Art. 50 → AI Act zur Kennzeichnung KI-generierter Inhalte.

Computer Emergency Response Team Vgl. → CERT.

Computer Security Incident Response Team Vgl. → CSIRT.

Computer-Grundrecht Vgl. → IT-Grundrecht.

Computerkriminalität Computerkriminalität bezeichnet Straftaten, bei denen der Computer als Tatmittel oder als Gegenstand der deliktischen Handlung eingesetzt wird. Im weiteren Sinne wird der Begriff auch für im Zusammenhang mit Computern stehende Handlungen verwandt, die zwar keine Straftaten, jedoch rechtswidrige Handlungen darstellen. – Betrug mittels rechtswidrig erlangter Kreditkarten mit PIN – Computerbetrug (§ 263a StGB) – Betrug mit Zugangsberechtigungen zu Kommunikationsdiensten – Fälschung beweiserheblicher Daten, Täuschung im Rechtsverkehr bei Datenverarbeitung (§§ 269, 270 StGB) – → Datenveränderung, → Computersabotage (§§ 303a, 303b StGB) – → Ausspähen von Daten (§ 202a StGB), → Abfangen von Daten (§ 202b StGB) und die jeweilige Vorbereitungshandlung dazu, § 202c StGB.

Computersabotage Computersabotage ist ein Straftatbestand nach § 303b StGB, der – unabhängig von den Eigentumsverhältnissen an der Computeranlage – nicht nur deren reibungslose Funktion, sondern auch die Verwertung der Ergebnisse mittels Datenveränderung nach § 303a StGB oder durch Manipulation der Hardware beeinträchtigt. Bereits der Versuch ist strafbar (§ 303b Abs. 3 StGB).

Computervirus Computervirus ist eine Form von → Malware und bezeichnet ein sich selbst verbreitendes Computerprogramm, das bei Gelegenheit üblicher Vorgänge (Surfen im Internet, Öffnen von Anlagen zu E-Mails, Verwenden von USB-Sticks etc.) andere Computersystem infiltriert und ohne weitere Interaktion des Nutzers des infizierten Systems bestimmte schädliche Aktionen ausführt. Die Schadhandlungen eines Computervirus können alle Komponenten des infizierten Computersystems betreffen. Sie können auch zum Ausspähen von Passwörtern oder sonstigen auf dem infizierten Computersystem vorhandenen Daten oder zur Fernsteuerung des anderen Systems (zB zur Vorbereitung eines → Denial-of-Service-Angriffs) verwendet werden und kompromittieren die Sicherheit des infizierten Computersystems.

Concurrent User Concurrent User bezeichnet die Anzahl von Nutzern, die das vertragliche Recht zur gleichzeitigen Nutzung eines bestimmten Nutzungsgegenstands (zB → Software auf einem Server) haben. Diesem Prinzip folgend existiert das → Concurrent User Lizenzierungsmodell, bei dem die berechtigten Nutzer selbst nicht näher beschrieben werden. Hiervon zu unterscheiden ist das → Named User Lizenzierungsmodell, bei dem die berechtigten User namentlich und in ihrer Zahl abschließend festgelegt werden, ohne dass darauf abgestellt wird, wann deren Zugriffe erfolgen.

Concurrent User Lizenzierungsmodell Vgl. → Concurrent User.

Confirmed Opt-In Vgl. → Double Opt-In Modell.

Conformité Européenne Mit der Conformité Européenne (CE)-Kennzeichnung erklärt der Hersteller, dass ein Produkt den geltenden Anforderungen der EU-Harmonisierungsrechtsvorschriften genügt und er die Verantwortung für die Konformität übernimmt. Die CE-Kennzeichnung ist kein Qualitäts- oder Gütesiegel, sondern ein Markteintritts- und Freiverkehrszeichen für den europäischen Binnenmarkt, das sich primär an die Marktaufsichtsbehörden richtet. Im IT-Recht gewinnt die CE-Kennzeichnung an Bedeutung, da sie künftig auch für Hochrisiko-KI-Systeme nach dem → AI Act und für Produkte mit digitalen Elementen nach dem → Cyber Resilience Act vorgeschrieben ist.

Connected Car Ein Connected Car (vernetztes Fahrzeug) ist ein Fahrzeug, das während des Betriebs kontinuierlich Daten generiert (zB durch Sensoren, Steuergeräte und Softwaremodule) und über elektronische Kommunikationsdienste mit seiner Umgebung, dem Hersteller oder Dritten vernetzt ist (car2x-Kommunikation). Hieraus ergeben sich verschiedene rechtliche Anforderungen, etwa aus allgemeinem Datenschutzrecht (DS-GVO, → BDSG), Regelungen zum Schutz des Fahrzeugs als Endeinrichtung (TDDDG), Produktgestaltungspflichten und Datenzugangsrechten nach dem → Data Act, dem Telekommunikationsrecht (→ TKG) sowie bereichsspezifischen Vorschriften (zB der eCall-VO).

Consent Management Platform (CMP) Eine Consent Management Platform (CMP) ist eine Softwarelösung zur strukturierten Einholung, Dokumentation und Verwaltung von → Einwilligungen, zumeist hinsichtlich der Verarbeitung personenbezogener Daten auf Websites und in Apps sowie der Nutzung von → Cookies und ähnlicher Technologien. Das IAB Transparency and Consent Framework (TCF) ist ein Branchenstandard, der helfen soll, Einwilligungen zur Datennutzung DS-GVO-konform einzuholen; es standardisiert die Übermittlung von Nutzerpräferenzen an → AdTech-Anbieter via Consent Management Platform (CMP).

Consumer Consumer (engl. für Privatanwender), im deutschen Recht mit dem „Verbraucher“ iSv § 13 BGB nicht zwingend identisch → Business-to-cunsumer.

Content Content (engl. für Inhalt) bezeichnet in Abgrenzung zum Übertragungsweg (Rundfunk, Fernsehen, Internet) die Gesamtheit der über bestimmte Medien oder auf bestimmten Plattformen zugänglichen Informationen, wie Presseberichterstattung, Nachrichten, Filme oder sonstiges Bild-, Ton-, Textmaterial, Software, Daten etc.

Content Ad Content Ad (Abk. für Content Advertising) ist eine Werbeform, die darauf abzielt, sich in ihr Umfeld möglichst nahtlos einzufügen und von diesem nicht ohne weiteres unterschieden werden zu können.

Content Creator Ein Content Creator ist eine Person, die eigenständig digitale Inhalte (insbesondere Texte, Bilder, Videos, Audio oder Livestreams) erstellt und über Online-Plattformen veröffentlicht. Die Veröffentlichung zielt häufig auf eine Monetarisierung durch Werbung, Affiliate-Marketing oder Kooperationen ab. Inhalte von eines Content Creator können als urheberrechtlich geschützte Werke schutzfähig, aber auch als Werbung kennzeichnungs- und trennungspflichtig nach dem → UWG (insb. § 5a Abs. 4). Weitere Regeln können sich beispielsweise aus dem Medienstaatsvertrag (MStV) und dem → Digitale-Dienste-Gesetz (DDG) ergeben.

Content Dienste Vgl. → Content Provider.

Content Filter Ein Content Filter kommt zur Filterung von Inhalten in einem Netzwerk oder einem Computer zum Einsatz, um illegale oder im Einzelfall unerwünschte Websites oder E-Mails zu sperren. Die Kontrolle erfolgt über Blockaden einzelner Wörter, typischer Phrasen, Bildern oder Links. Gegenstand und Reichweite der Filterung kann unter Verwendung von → Blacklists oder → Whitelists konfiguriert werden.

Content Management System Ein Content Management System ist eine Software zur Verwaltung, Pflege und Veröffentlichung von Inhalten in unterschiedlichen Formaten (pdf, html, doc, bmp, jpg).

Content Moderation Content Moderation umfasst die Überwachung, Bewertung und ggf. (teilweise) Entfernung nutzergenerierter Inhalte auf digitalen Plattformen. Auf EU-Ebene schafft der → Digital Services Act (DSA) ein abgestuftes Pflichtensystem für Vermittlungsdienste, Hosting-Dienste und insbesondere sehr große Online-Plattformen (VLOPs). In Deutschland ergänzt das Netzwerkdurchsetzungsgesetz (NetzDG) – soweit noch anwendbar – die Pflichten für soziale Netzwerke hinsichtlich strafbarer Inhalte.

Content Provider Content Provider (engl. für Inhalte-Anbieter) ist jeder, der eigene oder fremde Beiträge und Inhalte zu Verfügung stellt. Häufig versteht man unter Content Provider auch denjenigen, der Inhalte für → Websites liefert.

Content Syndication Vgl. → Syndication.

Continuity Management Continuity Management (Verkürzung für Business Continuity Management, Abk. BCM, BKM) bezeichnet Maßnahmen zur Aufrechterhaltung der für den Betrieb eines Unternehmens besonders bedeutsamen Prozesse (zB Nutzung geschäftskritischer IT-Systeme) im Fall extrem erschwerter Bedingungen als Folge von Ereignissen mit hohem Störpotential.

Control Objectives for Information and Related Technology Control Objectives for Information and Related Technology (Abk. CobiT) ist ein Standard für IT-Managementkontrolle für den Bereich der IT-Sicherheit/IT-Governance, der von der →ISACA entwickelt worden ist.

Convention on the International Sale of Goods Die Convention, auch „UN-Kaufrecht" (United Nations Convention on Contracts for the International Sale of Goods – CISG) vom 11.4.1980 regelt den internationalen Warenkauf zwischen gewerblichen Verkäufern aus verschiedenen Vertragsstaaten des UN-Kaufrechts; unanwendbar auf Verbraucherverträge.

Conversion Rate Die Conversion Rate (Konversionsrate) bezeichnet den Quotienten aus der Anzahl der AdClicks (Zähler) und der Anzahl der im Sinne des Werbenden handelnden (zB durch den Kauf des beworbenen Produkts) Nutzer einer Website (Nenner).

Cookie Ein Cookie ist eine kleine Datei oder ein kurzer Text, der von einem Web-Server an den Browser des Anwenders übertragen, dort (je nach Sicherheitseinrichtungen des Clienten) auch zeitweise oder dauerhaft gespeichert wird, bei jedem folgenden Zugriff auf den gleichen Server wieder zurückgegeben wird und damit den Computer (und damit möglicherweise seinen Nutzer) wiedererkennbar macht. Cookies werden also ausschließlich beim →Client gespeichert. Damit können unter anderem Auswertungen über das Nutzerverhalten erstellt werden. Cookies dienen aber auch dazu, einmal vorgenommene Nutzereinstellungen zu speichern. Aufgrund der sogenannten Cookie-Richtlinie (Richtlinie 2009/136/EG vom 25. November 2009) sind die Mitgliedstaaten verpflichtet, sicherzustellen, dass die Verwendung von Cookies nur gestattet ist, wenn der betreffende Teilnehmer oder Nutzer auf der Grundlage von klaren und umfassenden Informationen, die er gemäß der Art. 12 und 13 DS-GVO über die Zwecke der Verarbeitung erhält, seine Einwilligung gegeben hat. In Deutschland ist die Anforderung in § 25 TDDDG umgesetzt. Für die weitere Verarbeitung personenbezogener Daten kann eine datenschutzrechtliche Einwilligung gemäß Art. 7 DS-GVO erforderlich sein. Zur Protokollierung und Verwaltung der Einwilligung kann eine →Consent Management Platform genutzt werden. Die Datenschutzkonferenz hat eine Orientierungshilfe für Anbieter:innen von Telemedien veröffentlicht (https://www.datenschutzkonferenz-online.de/media/oh/20221205_oh_Telemedien_2021_Version_1_1_Vorlage_104_DSK_final.pdf, Version 1.1 aus Dezember 2022). Der Europäische Datenschutzausschuss hat am 4.5.2020 die Version 1.1 der Leitlinien 05/2020 zur Einwilligung gemäß Verordnung 2016/679 (https://www.edpb.europa.eu/sites/default/files/files/file1/edpb_guidelines_202005_consent_de.pdf) angenommen, die sich auch mit der Einwilligung im Zusammenhang von Cookies befasst. Alternativen zu Cookies bestehen in Cookie-freiem Tracking, beispielsweise durch Fingerprinting, ID Solutions und Server-Side Tracking.

Coordinated Vulnerability Disclosure (CVD) Die koordinierte Offenlegung von Schwachstellen ist ein strukturierter, kollaborativer Prozess, bei dem Sicherheitsforscher Software- oder Hardwareschwachstellen direkt an Anbieter oder nationale Koordinatoren melden. Es stellt sicher, dass Schwachstellen vor der Veröffentlichung behoben werden, wodurch Risiken für Nutzer reduziert und Sicherheitsforscher vor rechtlicher Haftung geschützt werden. →Bug Bounty Programm.

Copy Control-Vorrichtungen Vgl. →technische Schutzmaßnahmen.

Copyleft Copyleft bezeichnet ein urheberrechtliches Nutzungsrechteregime im Open Source Bereich, bei dem unter anderem Zugang zum Quelltext eines Computerprogramms besteht und die freie Vervielfältigung gestattet ist. Ein sehr verbreiteter Lizenztyp des Copyleft ist die

→ GNU General Public License. Copyleft ist eine Wortschöpfung, mit der die Abgrenzung zum Copyright-Regime zum Ausdruck gebracht werden soll. Der → Quellcode eines Computerprogramms wird offen gelegt, so dass jeder die Möglichkeit hat, an der Weiterentwicklung des Programms mitzuwirken. Copyleft bedeutet nicht, dass die Urheber auf ihre Rechte nach dem Urheberrechtsgesetz verzichten. Der Nutzer hat das Programm unter den Bedingungen zu bearbeiten, unter denen er es bekommen hat. Verstößt der Nutzer gegen diese Bedingungen, erlöschen seine Nutzungsrechte automatisch insgesamt. Der Nutzer muss seine eigene Bearbeitung erneut dem Copyleft unterstellen. So wird sichergestellt, dass das ursprüngliche Recht keinen Beschränkungen unterworfen wird. In diesem Zusammenhang ist bisweilen vom „viralen Effekt“ die Rede, wenn proprietäre Software mit Open Source Software verbunden wird, weil der Quelltext dann gegebenenfalls insgesamt offenzulegen ist.

Copyright Copyright ist die angloamerikanische Bezeichnung für Immaterialgüterrechte (vergleichbar dem deutschen Urheberrecht).

Copywrong Vgl. → Copyleft.

Corporate Governance Corporate Governance sind Leitlinien zur verantwortungsvollen Steuerung und Überwachung eines Unternehmens oder einer Organisation (siehe auch → Corporate Governance Codex). Ein vollständiges, international anerkanntes Regelwerk existiert nicht, vielmehr hängen die „einzuhaltenden“ Regeln von der Branche und vom Land ab, in dem das Unternehmen oder die Organisation beheimatet ist (zB Compliance als Teil der Corporate Governance).

Corporate Network Vgl. → geschlossene Benutzergruppe.

COSO COSO (Abk. für Committee of Sponsoring Organizations of the Treadway Commission) ist eine private Organisation, die Standards für → Corporate Governance entwickelt: COSO ERM-Framework, COSO-Leitfaden zur internen Kontrolle der Finanzberichterstattung bei kleineren Aktiengesellschaften. http://www.coso.org.

Country Code Der Country Code ist ein allgemeines Unterscheidungsmerkmal für die Kennzeichnung verschiedener Länder (Vorwahl bei Telekommunikation, Tastaturbelegung usw.).

CPU Abk. für → Central Processing Unit.

CPU-Klausel CPU-Klausel steht für „Eine Klausel in einem Softwarelizenzvertrag, die die Verwendung einer auf begrenzte Zeit überlassenen Software auf einem im Vergleich zum vertraglich vereinbarten Rechner leistungsstärkeren Rechner oder auf weiteren Rechnern von der Vereinbarung über die Zahlung einer zusätzlichen Vergütung abhängig macht“ (vgl. BGH 24.10.2002 – I ZR 3/00). In dieser Entscheidung hat der BGH festgestellt, dass eine CPU-Klausel in einem in Form allgemeiner Geschäftsbedingungen abgeschlossenen Vertrag für die zeitlich beschränkte Softwareüberlassung im Rahmen eines Dauerschuldverhältnisses den Vertragspartner nicht unangemessen benachteiligt.

CR Abk. für → Change Request.

Cracker Vgl. → Hacker.

Creative Commons Nach Maßgabe der Beschreibung auf der eigenen Website (http://de.creativecommons.org/) ist Creative Commons „eine Non-Profit-Organisation, die in Form vorgefertigter Lizenzverträge eine Hilfestellung für die Veröffentlichung und Verbreitung digitaler Medieninhalte anbietet". Die angebotenen Lizenzverträge haben eine unterschiedliche Reichweite der Rechteeinräumung. http://creativecommons.org/

Credential Stuffing Beim Credential Stuffing benutzt der Angreifer Anmeldedaten (Benutzername, E-Mail-Adresse oder Kennung mit dem zugehörigen Passwort), die an anderer Stelle, in einem anderen gehackten System, abgeflossen bzw. gestohlen und bekannt geworden sind. Ziel des Credential Stuffing ist es, eine gültige Anmeldung durchzuführen und sich damit als normaler Benutzer im System zu bewegen. Da viele Menschen ihre Passwörter auf verschiedenen Plattformen wiederverwenden, gewähren Anmeldedaten oft Zugang zu mehreren Konten. Für Credential Stuffing werden of automatisierte Tools oder → Bots, um eine Vielzahl von Anmeldeversuchen auf einmal zu starten. Strafrechtlich erfüllt ein erfolgreiches Credential Stuffing in Deutschland regelmäßig den Tatbestand des Ausspähens von Daten (§ 202a StGB), ggf. iVm §§ 202b, 202c, 263a oder 303a StGB; datenschutzrechtlich stellt ein erfolgreicher Angriff typischerweise eine Verletzung des Schutzes personenbezogener Daten dar, die Melde- und Benachrichtigungspflichten (Art. 33, 34 DS-GVO) auslösen kann.

Crimeware Crimeware (aus den englischen Begriffen crime und software zusammengesetzt) ist eine Sammelbezeichnung für Weiterentwicklungen von → Malware. Crimeware wird ausschließlich für kriminelle Zwecke entwickelt und eingesetzt.

Crippleware Crippleware ist eine in der Funktion (keine Speicherung, keine Druckmöglichkeit, zeitliche Limitierung, beschränkte Anzahl an Programmaufrufen – Expireware) herstellerseitig eingeschränkte Software (typisch bei → Demo-Versionen), die erst nach Lizenzerwerb in vollem Umfang einsetzbar ist.

Crisis Response Mechanism Der Crisis Response Mechanism (Krisenreaktionsmechanismus) bezeichnet im EU-Cybersicherheitsrecht das Gesamtgefüge institutioneller und operativer Instrumente zur koordinierten Bewältigung groß angelegter Cybersicherheitsvorfälle und -krisen mit grenzüberschreitender Wirkung. Zentrales Instrument ist das → EU-CyCLONe. Ergänzend wurde durch den Cyber Solidarity Act (EU) 2025/38 ein europäisches Cybersicherheitswarnsystem, eine EU-Cybersicherheitsreserve und einen Mechanismus zur gegenseitigen Amtshilfe zwischen Mitgliedstaaten geschaffen. Im Fall einer schwerwiegenden Bedrohung der öffentlichen Sicherheit oder der öffentlichen Gesundheit in der Union oder in wesentlichen Teilen der Union kann die EU Kommission gemäß Art. 36 → Digital Services Act einen Beschluss erlassen, in dem ein oder mehrere Anbieter sehr großer Online-Plattformen oder sehr großer Online-Suchmaschinen aufgefordert werden, eine oder mehrere der dort vorgeschriebenen Maßnahmen zu ergreifen.

CRM Abk. für → Customer Relationship Management.

Cross-Border Cross-Border ist die allgemeine Bezeichnung für „grenzüberschreitender …".

Cross-Border-Outsourcing Cross-Border-Outsourcing ist → Outcourcing von Dienstleistungen, Service und Support ins Ausland, meist aufgrund günstigerer Arbeitskosten oder steuerlicher Anreize (auch → Offshoring). Auch im Fall des Cross-Border-Outsourcing an Dienstleister in Staaten außerhalb EU/EWR, für die ein angemessenes Datenschutzniveau nicht durch die EU Kommission festgestellt worden ist, sind die Anforderungen an die → Auftragsverarbeitung einzuhalten, falls das Cross-Border-Outsourcing die Verarbeitung von personenbezogenen Daten betrifft. Wie in allen Fällen des Outsourcing ist die Abgrenzung zur → Funktionsübertragung vorzunehmen, um dies bei der Vertragsgestaltung berücksichtigen zu können.

Cross-Publishing Cross-Publishing bezeichnet das gleichzeitige Veröffentlichen von Informationen über verschiedene Kommunikationskanäle, also verschiedene Print und/oder Onlinekanäle.

Cross-Site-Scripting (XSS) Cross-Site-Scripting (XSS) ist eine Angriffsform, bei der ein Angreifer schadhaften typischerweise JavaScript in eine an sich vertrauenswürdige Webanwendung einschleust, der dann im Browser eines ahnungslosen Endnutzers ausgeführt wird. Der Nutzer und sein Browser können nicht erkennen, dass dem Skript nicht vertraut werden sollte, und es wird ausgeführt, wodurch der Angreifer Zugriff auf → Cookies, Session-Tokens oder andere sensible Informationen erlangt, den Nutzer umleiten oder Seiteninhalte manipulieren kann. Aus rechtlicher Sicht kann eine XSS-Schwachstelle für Betreiber von Webanwendungen Handlungspflichten begründen beispielsweise nach Art. 32 DS-GVO, nach dem → Cyber Resilience Act (Secure-by-Design-Pflichten für Produkte mit digitalen Elementen). Die aktive Ausnutzung einer XSS-Lücke durch einen Angreifer dürfte regelmäßig die Tatbestände des § 202a StGB (Ausspähen von Daten), ggf. iVm § 303a StGB (Datenveränderung) und § 263a StGB (Computerbetrug) erfüllen.

Cross-Zertifizierung Cross-Zertifizierung ist die gegenseitige Anerkennung von Zertifizierungsstellen.

Crosslinking Crosslinking ist eine Methode zur Manipulation der Ergebnisse von Suchmaschinen, die das → Suchmaschinenranking von der Anzahl der Verlinkungen abhängig machen (→ Suchmaschinenoptimierung), indem mehrere einzelne Seiten verschiedener Websites gegenseitig verlinkt werden (siehe auch → Pagerank, → Linkfarm).

CSI Abk. für Customer Satisfaction Index (Kundenzufriedenheit).

CSIRT Computer Security Incident Response Team (CSIRT) auch als → CERT (Computer Emergency Response Teams) bezeichnet.

CTO Abk. für Chief Technology Officer, der den technischen Fortschritt überwacht.

CTR Abk. für → Click-Through-Rate.

Customer Relationship Management Customer Relationship Management (Kundenbeziehungsmanagement oder Kundenpflege, CRM) bezeichnet die Dokumentation und Verwaltung von Kundenbeziehungen und ist ein wichtiger Baustein für das Marketing der Unternehmen. Oftmals werden hierfür Daten von Kunden und den Transaktionen mit diesen Kunden in Datenbanken gespeichert.

Customizing Customizing bezeichnet den Vorgang der Anpassung eines Serienprodukts (insbesondere Software) an die Bedürfnisse eines Kunden durch individuelle Programmierungen oder Anpassungen der Konfiguration (→ Anpassungsleistungen).

Cyber Resilience Act (CRA) Der Cyber Resilience Act (CRA, Verordnung (EU) 2024/2847) legt ein Mindestmaß an Cybersicherheit für alle vernetzten Produkte fest, die auf dem EU-Markt erhältlich sind und regelt den Erhalt der Cybersicherheit über das Inverkehrbringen hinaus. „Produkte mit digitalen Elementen" werden im CRA definiert als ein Software- oder Hardwareprodukt und dessen Datenfernverarbeitungslösungen, einschließlich Software- oder Hardwarekomponenten, die getrennt in den Verkehr gebracht werden. Datenfernverarbeitung meint dabei die entfernt stattfindende Datenverarbeitung, für die eine Software vom Hersteller selbst oder unter dessen Verantwortung konzipiert und entwickelt wird und ohne die das Produkt mit digitalen Elementen eine seiner Funktionen nicht erfüllen könnte. Damit gilt der CRA sowohl für vernetzte Hardwareprodukte (zB Smartphones, Laptops, Smart-Home-Produkte) als auch für reine Softwareprodukte (zB Apps und Computerspiele). Nicht-kommerzielle Open-Source-Softwareprodukte sind vom CRA ausgenommen und müssen dessen Anforderungen nicht erfüllen. Produkte mit digitalem Element müssen eine Konformitätsbewertung durchlaufen und mit einer → CE-Kennzeichnung versehen werden. Bei der aktiven Ausnutzung von Schwachstellen kann eine Meldung an → ENISA und das nationale → CSIRT erforderlich sein gemäß Art. 14 CRA. Die Anforderungen des CRA werden durch harmonisierter Normen spezifiziert, die von den europäischen Standardisierungsorganisationen CEN, CENELEC und ETSI entwickelt werden und einen einheitlichen und wirksamen Ansatz für Cybersicherheit im gesamten europäischen Binnenmarkt gewährleisten sollen. In Deutschland erarbeitet das → BSI begleitende technische Richtlinien.

Cyber-Versicherung Die Cyber-Versicherung ist eine Vermögensschadenversicherung, die als finanzielles Sicherheitsnetz für Unternehmen gegen Risiken aus insbesondere Cyberangriffen, Datenschutzverletzungen und IT-Betriebsunterbrechungen dient und sich typischerweise in drei Kernbereiche gliedert: Eigenschadenversicherung (IT-Forensik, Betriebsunterbrechung, Datenwiederherstellung, Krisenmanagement), Haftpflichtschutz/Drittschaden (Schadensersatzansprüche Dritter, etwa bei DS-GVO-Verstößen und Netzwerksicherheitsverletzungen) sowie Assistance-/Serviceleistungen (24/7-Notfall-Hotlines, Incident Response). Versicherungsbedingungen schreiben regelmäßig Meldepflichten für den Fall eines Schadenseintritts vor.

Cybercrime Vgl. → Computerkriminalität.

Cybercrime Convention Die Cybercrime Convention ist eine Konvention des Europarates aus dem Jahr 2001 (CETS-No.: 185), die von den ratifizierenden Mitgliedsstaaten jeweils noch in nationales Recht umzusetzen ist (in Deutschland ist dies durch Gesetzesänderungen 2007 geschehen: Einfügung von §§ 202b, 202c StGB und diversen Anpassungen). http://conventions.coe.int/treaty/ger/treaties/html/185.htm

Cybersecurity Cybersecurity (Cybersicherheit) umfasst den Schutz von Netzwerk- und Informationssystemen, deren Nutzern und anderen betroffenen Personen vor Cybervorfällen und -bedrohungen. Cybersecurity wird auf durch verschiedene Rechtsakte reguliert, wie etwa die DS-GVO, die → NIS-2-Richtlinie, den → Cyber Resilience Act und den → Cybersecurity Act und das → BSIG.

Cybersecurity Act Der Cybersecurity Act (Verordnung (EU) 2019/881) schafft unter anderem ein permanentes Mandat für die europäische Cybersicherheitsagentur → ENISA und führt einen einheitlichen europäischen Zertifizierungsrahmens für IKT-Produkte, -Dienstleistungen und -Prozesse ein, die gemäß definierter Sicherheitslevel zertifiziert werden sollen.

Cybersecurity-Risikomanagement Cybersecurity-Risikomanagement bezeichnet die Gesamtheit der geeigneten, verhältnismäßigen und wirksamen technischen und organisatorischen Maßnahmen, die besonders wichtige und wichtige Einrichtungen gemäß § 30 BSIG ergreifen müssen, um Störungen der Verfügbarkeit, Integrität und Vertraulichkeit der informationstechnischen Systeme, Komponenten und Prozesse, die sie für die Erbringung ihrer Dienste nutzen, zu vermeiden und Auswirkungen von Sicherheitsvorfällen möglichst gering zu halten. Die Maßnahmen beruhen auf einem gefahrenübergreifenden Ansatz, der darauf abzielt, Netz- und Informationssysteme und deren physische Umgebung vor Ereignissen wie Diebstahl, Feuer, Überschwemmungen, Telekommunikations- oder Stromausfällen sowie unbefugtem Zugang gleichermaßen zu schützen. Bei der Bewertung der Verhältnismäßigkeit der Maßnahmen sind gemäß § 30 Abs. 1 S. 2 BSIG das Ausmaß der Risikoexposition, die Größe der Einrichtung, die Umsetzungskosten und die Eintrittswahrscheinlichkeit und Schwere von Sicherheitsvorfällen sowie ihre gesellschaftlichen und wirtschaftlichen Auswirkungen zu berücksichtigen.

Cybersicherheitszertifizierung → EUCC.

Cybersicherheit → Cybersecurity.

Cyberspace Cyberspace bezeichnete ursprünglich die Welt der Computer, inzwischen wurde der Begriff übertragen auf den virtuellen Raum, über den sich das Internet erstreckt.

Cybersquatter Cybersquatter ist derjenige, der → Cybersquatting betreibt.

Cybersquatting Cybersquatting ist das Registrieren einer großen Zahl von Domains von Domains im Internet, die dem Registrierenden nicht zustehen. Weil die Rspr. grundsätzlich den → first-come-first-serve-Gedanken anerkennt, ist diese Vorgehensweise nur in evidenten Fällen rechtsmissbräuchlich. Häufig wird dieses Verhalten auch als → Domaingrabbing bezeichnet).

Cyberwar Cyberwar (Kurzform für Cyberspacewar) bezeichnet computerspezifische Auseinandersetzungen im Internet durch Stören, Manipulieren oder Lahmlegen von Computersystemen.

D

Dark Pattern Benutzeroberflächen, die Nutzer täuschen, manipulieren oder anderweitig zu Handlungen verleiten, die ihren Interessen entgegenlaufen. Beispiele: irreführende Navigation und Gestaltung, erschwertes Opt-out, unverhältnismäßige Löschhürden. Dark Patterns sind verboten nach Art. 25 DSA für Online-Schnittstellen im Rahmen von Online-Plattformen. Dark Patterns können darüber hinaus u. a. gegen lauterkeitsrechtliche Bestimmungen, wie zB § 5 UWG (Irreführung), und andere rechtliche Anforderungen (zB Freiwilligkeit im Rahmen einer datenschutzrechtlichen Einwilligung) verstoßen.

Darknet Ein Peer-to-Peer-Netzwerk, das gegenüber dem allgemeinen Internet durch spezielle Maßnahmen, wie verschlüsselte Weiterleitungen abgeschirmt ist. Die Seiten des Darknets sind nicht durch die üblichen Suchmaschinen oder Browser sondern nur mit Hilfe von Anonymisierungsnetzwerken auffind- und abrufbar. Dadurch bietet es eine Möglichkeit, kriminelle Machenschaften zu verschleiern. Die Nutzung des Darknets ist nicht per se illegal. Jedoch können dort vorgenommene kriminelle Aktivitäten Straftatbestände verwirklichen (zB §§ 29 ff. BtMG, Waffenrecht, Teilen strafbarer Inhalte).

Data Act (Verordnung (EU) 2023/2854) Der Data Act (auf Deutsch oftmals: Datenverordnung) gilt in wesentlichen Teilen seit dem 12.9.2025 und hat zum Ziel, den freien Austausch und die faire Nutzung von Daten zu fördern. Der Data Act regelt den Zugang zu Daten aus vernetzten Produkten (IoT) und verbundenen Diensten, Wechselrechte bei Datenverarbeitungsdiensten sowie Verbote unfairer Vertragsklauseln für den Datenzugang.

Datentransparenz im Gesundheitswesen Datentransparenz im Gesundheitswesen wird in §§ 303a bis 303f SGB V normiert und regelt die systematische Erhebung, Zusammenführung und Auswertung von Abrechnungs- und Versorgungsdaten der gesetzlichen Krankenversicherung, um insbesondere Versorgungsanalysen, Qualitätssicherung und gesundheitspolitische Steuerung zu ermöglichen. Kern ist die Bildung einer pseudonymisierten Datenbasis beim Forschungsdatenzentrum Gesundheit (§ 303d SGB V), auf die berechtigte Stellen für definierte Zwecke zugreifen können, wobei strikte Anforderungen an Zweckbindung, Datenschutz und Datensicherheit gelten (§ 303e, § 303f SGB V; iVm Art. 5, 6, 9 DS-GVO). Die Vorschriften verfolgen das Ziel, Transparenz über das Versorgungsgeschehen herzustellen, ohne die informationelle Selbstbestimmung der Versicherten zu beeinträchtigen, und schaffen hierzu ein formalisiertes Zugangs- und Antragsregime; in der Literatur wird dies als zentrales Instrument evidenzbasierter Versorgungssteuerung und Sekundärdatennutzung eingeordnet.

Digitale Gesundheitsanwendung (DiGA) Digitale Gesundheitsanwendung (DiGA) ist eine in § 33a SGB V sowie in der Digitale-Gesundheitsanwendungen-Verordnung (DiGAV) geregelte die Software als Medizinprodukt, die wesentlich auf digitalen Technologien basiert und zur Erkennung, Überwachung, Behandlung oder Linderung von Krankheiten oder zur Unterstützung der gesundheitlichen Versorgung von Versicherten bzw. Patienten zweckbestimmt ist. DIGAs werden nach erfolgreicher Prüfung durch das Bundesinstitut für Arzneimittel und Medizinprodukte (BfArM) in ein zentrales Verzeichnis aufgenommen (§ 139e SGB V) und können dann von Ärzten oder Psychotherapeuten verordnet sowie von den gesetzlichen Krankenkassen erstattet werden (§ 33a Abs. 1 SGB V).

Direkter Datenzugang zu vernetzten Produkte und verbundenen Diensten Gemäß Art. 3 Abs. 1 Data Act müssen Produkte so gestaltet sein, dass die durch die Nutzung vernetzter Produkte und verbundener Dienste anfallenden Daten (einschließlich Metadaten) für den Nutzer direkt zugänglich sind, soweit dies relevant und technisch durchführbar ist. Die Voraussetzungen an eine direkte Zugänglichmachung sind noch nicht abschließend geklärt, sind dürften jedoch wohl einen Datenzugang über das vernetzte Produkte bzw. den verbundene Dienst selbst erfordern.

Exkurs: Die Ausnahme, soweit technisch durchführbar und relevant: Auslegung Eine eindeutige Aussage, ob es sich bei Art. 3 Abs. 1 Data Act nach dem Willen des Gesetzgebers um einen Anspruch oder eine Designanforderung (als Handlungspflicht) handeln soll, ist weder aus den Erwägungsgründen noch aus den sonstigen Gesetzgebungsmaterialien klar erkennbar. Die besseren Argumente sprechen aber wohl dafür, Art. 3 Abs. 1 Data Act als eine Designanforderung (als Handlungspflicht) zu verstehen. Im Rahmen der Bewertung, was danach „technisch durchführbar" ist, existieren derzeit diverse Ansichten bis hin zu Stimmen, nach denen eine Umsetzung von Art. 3 Abs. 1 Data Act „at sole discretion" des Herstellers erfolgen könne. Die überzeugenderen Argumente (auch unter Berücksichtigung der FAQ der EU Kommission) dürften aber wohl dafür sprechen, dass dies nicht der Fall ist und hier eine entsprechende Prüfung erforderlich ist, innerhalb derer aber wohl neben objektiven Kriterien auch subjektive Kriterien (etwa hinsichtlich des Aufwands, der Kosten und sonstiger Faktoren, die im Einzelfall zu einer Unangemessenheit der Implementierung führen würden) berücksichtigbar sind. Demgegenüber ist auch nicht eindeutig, welche Wirkung dem Merkmal „relevant" zukommt. Nachvollzierbar erscheint, dass dem Merkmal „relevant", auch im Hinblick auf mangelnde Abgrenzbarkeit des Begriffs, jedenfalls aktuell keine eigenständige Bedeutung zukommen dürfte (auch mangels Referenzpunkt für die Relevanz), sondern es bildet zusammen mit „technisch durchführbar" ein einheitliches Merkmal.

Data Act, Mustervertragsklauseln und Standardvertragsklauseln Von der Kommission veröffentlichte Mustervertragsklauseln für den Datenzugang und die Datennutzung sowie Standardvertragsklauseln für Verträge über Cloud-Computing, die die Umsetzung von vertraglichen Data Act-Pflichten erleichtern sollen. Die Klauseln sind unverbindlich und können abgeändert werden. Abzuwarten ist, inwieweit die Klauseln einen Marktstandard etablieren werden.

Data Act, missbräuchliche Vertragsklauseln Bezieht sich auf die spezifische Missbrauchskontrolle im B2B-Bereich von einseitig auferlegten Klauseln gem. Art. 13 Data Act. Die Regelung betrifft Vertragsklauseln in Bezug auf den Datenzugang und die Datennutzung oder die Haftung und Rechtsbehelfe bei Verletzung oder Beendigung datenbezogener Pflichten. Solche sind missbräuchlich und damit nicht durchsetzbar, wenn ihre Anwendung eine grobe Abweichung von der guten Geschäftspraxis bei Datenzugang und Datennutzung darstellt oder gegen das Gebot von Treu und Glauben verstößt, was durch einen Katalog an missbräuchlichen Klauseln konkretisiert wird.

Exkurs: Zugangshierarchie: Kollision und Rangfolge der Datenansprüche Der Data Act etabliert verschiedene Zugangsregime: Art. 3 Data Act begründet die allgemeine Pflicht vernetzte Produkte und verbundene Dienste so zu gestalten, dass gewisse Daten für den Nutzer direkt zugänglich sind; Art. 4 Data Act regelt den Anspruch des Nutzers gegen Dateninhaber auf Zugang zu bestimmten Daten; Art. 5 Data Act statuiert den Anspruch auf Weitergabe solcher an Dritte auf Verlangen des Nutzers. Das Verhältnis dieser Normen zueinander ist nicht vollständig ausdefiniert. Strittig ist insbesondere, ob Art. 3 Data Act eine eigenständig einklagbare Anspruchsgrundlage begründet oder lediglich die Grundlage für die nachfolgenden Rechte darstellt und ob Art. 3 Data Act einerseits und die Ansprüche nach Art. 4, 5 Data Act andererseits nebeneinander oder in einem Regel-/Ausnahmeverhältnis zueinanderstehen. Überzeugend scheint es (auch aufgrund des Wortlauts von Art. 4 Data Act) davon auszugehen, dass Daten, die dem Nutzer bereits über Art. 3 Data Act direkt zugänglich sind, nicht auch durch den Dateninhaber nach Art. 4, 5 Data Act herauszugeben sind.

Data Breach Englischer Sammelbegriff für Sicherheitsvorfälle (auf Deutsch: Datenpanne), die (auch) Daten betreffen, einschließlich der Kompromittierung oder dem Verlust von Daten. Ein Data Breach löst oftmals rechtliche Pflichten wie Information von Behörden und ggf. Betroffenen aus. Siehe im Bereich des Datenschutzrechts → Verletzung des Schutzes personenbezogener Daten.

Datacenter Vgl. → Rechenzentrum.

Datastream Vgl. → Streaming.

Datawarehouse Datawarehouse ist eine Datenbank, die zur Verwaltung großer Datenmengen eingesetzt wird. Die für das Datawarehouse eingesetzte Software erlaubt systematische Suchen und Analysen. Auf diese Weise kann ein Datawarehouse als Grundlage unternehmerischer Entscheidungen dienen.

Data Encryption Standard Data Encryption Standard (Abkürzung: DES) ist ein von IBM entwickelter symmetrischer → Verschlüsselungsalgorithmus (56 Bits), dessen Schlüssellänge durch wiederholte Anwendung des DES erhöht werden kann. Wurde in der Praxis weitergehend durch → AES ersetzt.

Data Governance Act (VO (EU) 2022/868,) Der Data Governance Act (Abkürzung: DGA) gilt seit dem 24.9.2023. Er schafft einen Rechtsrahmen für vertrauenswürdigen Austausch von Daten zum Nutzen von Unternehmen und Bürgern durch Regelungen zur Weiterverwendung öffentlicher Daten, Anforderungen an Datenvermittlungsdienste und Regelungen zum Datenaltruismus (d. h., die freiwillige Bereitstellung von Daten für Ziele von allgemeinem Interesse).

Data Mining Data Mining bezeichnet die Analyse eines großen Datenumfangs zu unternehmerischen Entscheidungen, insbesondere zu Marketingzwecken. Anhand der Interpretation zB von Nutzerprofilen (Alter, Geschlecht, Adresse, Beruf usw.) lassen sich Werbestrategien entwickeln und Marktsegmente bestimmen (siehe auch → Targeting), problematisch v. a. im Hinblick auf den Datenschutz (Datensparsamkeit).

Data Privacy Framework (DPF – Datenschutzrahmen) Vereinbarung zwischen den USA und der EU zum Umgang mit an die USA übermittelten personenbezogenen Daten, die zu einem Angemessenheitsbeschluss der Kommission vom 10.7.2023 gem. Art. 45 DS-GVO führte. Die Datenübermittlung in die USA ist an DPF-zertifizierte Unternehmen ohne weitere Datentransfermechanismen (u. a. ohne → Standardvertragsklauseln) möglich. Siehe auch → Drittlandsübermittlung

Dateninhaber Dateninhaber ist unter dem Data Act eine natürliche oder juristische Person mit dem Recht oder der Pflicht, Daten von vernetzten Produkten oder verbundenen Diensten zu nutzen und bereitzustellen. Dateninhaber unterliegen diversen Pflichten unter dem Data

Act, wie insbesondere Daten unter bestimmten Voraussetzungen an Nutzer und Dritte bereitzustellen (Art. 4 und 5 Data Act), oder bei außergewöhnlicher Notwendigkeit an öffentliche Stellen auf deren Verlangen hin (Art. 14 ff. Data Act).

Datenempfänger Siehe Art. 2 Nr. 14 Data Act: Ein Datenempfänger ist eine dritte Partei (natürliche oder juristische Person), die im Rahmen einer beruflichen Tätigkeit Daten vom →Dateninhaber erhält, ohne selbst →Nutzer des vernetzten Produkts bzw. verbundenen Diensts zu sein. Sie erhalten etwa Daten auf Verlangen des Nutzers, um eigene Dienstleistungen (zB datenbasierte Versicherungsleistungen) anzubieten. Sie dürften die Daten nur zweckgebunden nutzen.

Datei Datei ist eine zusammengehörende Einheit von →Daten. Die Datei wird mit einem eindeutigen Namen versehen, der innerhalb des gleichen Verzeichnisses auf einem Computer nur einmal vergeben werden kann. Jede Datei hat einen Namen, eine Endung zur Bestimmung des Dateityps sowie Metadaten wie etwa Erstellungsdatum und Dateigröße.

Daten Der Begriff der Daten wird nicht einheitlich verwendet. Daten sind
- im computerspezifischen Sinn jede Form von alphanumerischen Zeichen
- i. S. der DS-GVO jede Form von Information, die personenbezogen ist, unabhängig vom Datentyp
- im Data Act: jede digitale Darstellung von Handlungen, Tatsachen oder Informationen sowie jede Zusammenstellung solcher Handlungen, Tatsachen oder Informationen auch in Form von Ton-, Bild- oder audiovisuellem Material (Art. 2 (1) Data Act)
- in strafrechtlichen Vorschriften, jedoch mit unterschiedlicher Bedeutung: § 202a StGB – vgl. Abs. 2: nur solche, die elektronisch, magnetisch oder sonst nicht unmittelbar wahrnehmbar gespeichert sind oder übermittelt werden. §§ 268, 269, 263a StGB: kodierte Informationen, die eine automatisierte Verarbeitung zulassen.

Datenaltruismus Bezeichnet die freiwillige, unentgeltliche Bereitstellung von Daten für Allgemeininteressen (zB Gesundheitsforschung, Katastrophenschutz, Bildung), vgl. Definition in Art. 2 (16) DGA. Einrichtungen können sich gemäß Art. 18 DGA als datenaltruistische Organisation anerkennen lassen, wobei u. a. die Datenaltruismus-Tätigkeiten von anderen Tätigkeiten funktionell getrennt sein müssen und gem. Art. 20 DGA hohe Transparenzanforderungen gelten.

Datenbank Eine Datenbank ist eine gleich wie strukturierte Sammlung von elektronischen oder in anderer Weise zugänglichen Daten. Sie genießt eigenständigen Schutz nach dem UrhG allein schon aufgrund der Sammlung als solcher, §§ 87a ff. UrhG (vgl. auch Art. 5 →WIPO Copyright Treaty).

Datenbankwerke Datenbankwerke sind gemäß § 4 Abs. 2 UrhG Sammelwerke, deren Elemente systematisch oder methodisch angeordnet und einzeln mit Hilfe elektronischer Mittel oder auf andere Weise zugänglich sind. Datenbankwerke können eigenständig nach §§ 87a ff. UrhG geschützt sein, wenn die Beschaffung, Überprüfung oder Darstellung der Elemente eine nach Art oder Umfang wesentliche Investition erfordert. Wie beim Sammelwerk kommt es nicht darauf an, ob an den einzelnen Elementen gegebenenfalls Urheberrechte oder verwandte Schutzrechte bestehen.

Datenethik Normativer Rahmen für verantwortungsvollen (ethischen) Umgang mit Daten im Rahmen der Digitalisierung und der Nutzung künstlicher Intelligenz. Empfehlungen wurden unter anderem durch die Datenethikkommission im Jahr 2019 definiert.

Datenexporteur Datenexporteur ist nach Maßgabe der → Standardvertragsklauseln 2021/914 jede Einrichtung, die personenbezogenen Daten übermittelt.

Datenfernübertragung Datenfernübertragung (Abk. DFÜ) ist der allgemeine Begriff für die Übermittlung von Daten zwischen räumlich getrennten Computern mithilfe einer Übertragungstechnologie wie Telefonleitungen, Funk oder Internet (zB Glasfaser oder Mobilfunk).

Datenherausgabe Nicht einheitlich verwendeter Begriff, der im Ergebnis auf einen Anspruch auf Zugang und Herausgabe von Daten abzielt, auf die eine Person einen gesetzlichen Anspruch hat. Ein solcher Anspruch ergibt sich etwa im Bereich des Datenschutzrechts aus Art. 20 DS-GVO (dort als Recht auf Datenportabilität ausgestaltet), im Bereich des Data Acts aus Art. 4 und 5 Data Act (dort als Datenzugang) sowie aus anderen Gesetzen (zB Art. 6 Abs. 9 DMA, wonach Torwächter Nutzern effektive Datenübertragbarkeit bieten müssen). Der Anspruchsgegner hat für die rechtskonforme Datenbereitstellung bestimmte Anforderungen zu erfüllen (zB Maschinenlesbarkeit der Daten, Anforderungen an die Art der Bereitstellung, Unentgeltlichkeit etc.).

Datenhingabe als Gegenleistung Umgangssprachlich als „Bezahlen mit Daten" bezeichnet. Betrifft die Bereitstellung für die Erbringung der Gegenleistung nicht notwendiger personenbezogener Daten, was auch bei fehlender Geldzahlung, als Entgelt angesehen wird und die verbraucherschutzrechtlichen Regelungen begründet (siehe etwa §§ 312 Abs. 1a, 327 Abs. 3 BGB).

Datenimporteur Datenimporteur ist nach Maßgabe der → Standardvertragsklauseln 2021/914 eine Einrichtung in einem Drittland, die die personenbezogenen Daten direkt oder indirekt über eine andere Einrichtung, die ebenfalls Partei dieser Klauseln ist, erhält.

Datenintegrität Vgl. dazu → Integrität.

Datenlokalisierung Anforderung, bestimmte Daten örtlich ausschließlich in einem definierten Gebiet zu speichern (zB auf dem eigenen Hoheitsgebiet). Unter der DS-GVO besteht kein generelles Lokalisierungsgebot. Anforderungen an → Drittlandsübermittlungen können de facto als Lokalisierung wirken (zB im Hinblick auf Einschränkungen betreffend die internationale Übermittlung von Sozial- oder Gesundheitsdaten unter Regelungen des Sozial- und Gesundheitsdatenschutzes). Spezifische Datenlokalisierungsvorschriften können in Spezialgesetzen gelten (zB für steuerliche Unterlagen in § 146 AO).

Datenmigration Vgl. dazu → Migration, → Remigration.

Datenminimierung Datenminimierung bezeichnet den in Art. 5 Abs. 1 lit. c DS-GVO niedergelegten Grundsatz, dass personenbezogene Daten dem Zweck angemessen und erheblich sowie auf das für die Zwecke der Verarbeitung notwendige Maß beschränkt sein müssen. Dies bedeutet insbesondere, dass nur das jeweils erforderliche Mindestmaß an personenbezogenen Daten verarbeitet werden soll. Ausfluss in den Regelungen zu → Datenschutz durch Technikgestaltung und → Datenschutz durch datenschutzfreundliche Voreinstellungen

Datenvermittlungsdienst Gem. Art. 2 Nr. 11 DGA Dienste, die darauf abzielen, einen rechtlichen und technischen Rahmen für die gemeinsame Nutzung von Daten zwischen einer unbestimmten Zahl von Dateninhabern und Datennutzern oder zwischen ihnen und Datenaltruismusorganisationen bereitstellen, einschließlich Dienste zur gemeinsamen Nutzung personenbezogener Daten im Sinne der DS-GVO. Datenvermittlungsdienste unterliegen spezifischen Regelungen und einer Anmeldepflicht (siehe Art. 10 ff. DGA).

Datenpaket Datenpaket bezeichnet die Form, in der Informationen in Dateien in Netzen übermittelt werden. Die Dateien werden in für die Übermittlung passende Größen aufgeteilt und mit einem Header, der Informationen zur Quelle und zur Zieladresse enthält, versehen. An der Zieladresse (auch → IP-Adresse) werden die einzelnen Datenpakete wieder zur ursprünglichen Datei zusammengesetzt.

Datenraum, europäischer Sektorspezifische EU-Dateninfrastrukturen zum Zweck des sicheren und souveränen Datenaustauschs sowie Datennutzung. Maßgebliche rechtliche Rahmenbedingungen bestehen über den → Data Governance Act sowie sektorale Regelungen wie dem → EHDS. Die Datenräume sollen technisch durch Projekte wie Gaia-X flankiert werden.

Datensatz Datensatz ist ein zusammengehöriger Satz von Daten bei Datenbanken.

Datenschutz Datenschutz beschreibt den Schutz natürlicher Personen im Hinblick auf ihre personenbezogenen Daten. Als Ziel des Datenschutzes kann formuliert werden, den Einzelnen davor zu schützen, dass er durch den Umgang mit seinen personenbezogenen Daten in seinem Persönlichkeitsrecht beeinträchtigt wird. Auf europäischer Ebene ist Datenschutz auch Wahrung des gem. Art. 8 Abs. 1 der Charta der Grundrechte der Europäischen Union sowie Art. 16 Abs. 1 des Vertrags über die Arbeitsweise der Europäischen Union bestehenden Rechts jeder Person auf Schutz der sie betreffenden personenbezogenen Daten.

Datenschutz bei der Nutzung von Digitalen Diensten Der Schutz personenbezogener Daten bei der Nutzung von → Digitalen Diensten ist in den §§ 19 ff. TDDDG geregelt. §§ 19 ff. TDDDG enthalten spezifische Regelungen (etwa betreffend Cookies), die über die allgemeinen Regelungen der DS-GVO hinaus und diesen vorgehen (Art. 95 DS-GVO).

Datenschutz in der Telekommunikation Der Schutz personenbezogener Daten in der Telekommunikation bei der Erhebung und Verwendung dieser Daten durch die in § 3 Abs. 2 TDDDG genannten Adressaten wie etwa Anbieter von ganz oder teilweise geschäftsmäßig angebotenen Telekommunikationsdiensten, einschließlich Schutz des Telekommunikationsgeheimnisses, ist in den §§ 3 ff. TDDDG geregelt.

Datenschutz durch datenschutzfreundliche Voreinstellungen Die Regelungen zu datenschutzfreundliche Voreinstellungen (Privacy by Default) verpflichten Unternehmen nach Art. 25 Abs. 2 DS-GVO, Produkte und Dienste so zu konfigurieren, dass standardmäßig nur die für den jeweiligen bestimmten Verarbeitungszweck erforderlichen personenbezogenen Daten verarbeitet werden. Sicherzustellen ist insbesondere, dass personenbezogene Daten durch Voreinstellungen nicht ohne Eingreifen der Person einer unbestimmten Zahl von natürlichen Personen zugänglich gemacht werden.

Datenschutz durch Technikgestaltung Datenschutz durch Technikgestaltung (Privacy by Design) verpflichtet Verantwortliche, den Datenschutz bereits bei der Entwicklung und Auswahl von Systemen und Verarbeitungsprozessen zu integrieren. Ziel ist es, durch technische und organisatorische Maßnahmen Datenschutzanforderungen und -prinzipien, wie → Datenminimierung wirksam umzusetzen.

Datenschutz-Zertifizierung Gem. 42 DS-GVO werden datenschutzspezifische Zertifizierungsverfahren sowie Datenschutzsiegel und -prüfzeichen eingeführt, die dazu dienen, nachzuweisen, dass die Anforderungen der DS-GVO bei Verarbeitungsvorgängen von Verantwortlichen oder Auftragsverarbeitern eingehalten werden. Zertifizierungen können bei Stellen, die durch die Deutsche Akkreditierungsstelle (DAkkS) akkreditiert wurden, vorgenommen werden.

Datenschutzbeauftragter Der Datenschutzbeauftragte wirkt auf die Einhaltung der DS-GVO und anderer anwendbarer Vorschriften über den Datenschutz hin und berät den Verantwortlichen und seine Beschäftigten über die datenschutzrechtlichen Pflichten (Art. 39 Abs. 1 DS-GVO). Er ist unter den in Art. 37 Abs. 1 DS-GVO und §§ 5 und 38 BDSG bezeichneten Voraussetzungen sowohl von → öffentlichen als auch von → nicht-öffentlichen Stellen zu benennen. Zu Dokumentationszwecken sollte die Benennung in schriftlicher Form erfolgen. Eine Unternehmensgruppe darf einen gemeinsamen Datenschutzbeauftragten ernennen, sofern von jeder Niederlassung aus der Datenschutzbeauftragte leicht erreicht werden kann. Seine Aufgaben sind in Art. 39 DS-GVO bezeichnet. Die Anforderungen an die Person des Datenschutzbeauftragten und seine Stellung im Unternehmen (insbesondere seine Weisungsfreiheit) ergeben sich aus Art. 38 DS-GVO. Der Datenschutzbeauftragte muss ausreichende Fachkunde aufweisen und im Falle eines unternehmensinternen Datenschutzbeauftragten darf zudem kein Interessenskonflikt mit den sonstigen arbeitsvertraglichen Tätigkeiten der Person bestehen. Gemäß §§ 38 Abs. 2 iVm § 6 Abs. 4 BDSG genießt der Datenschutzbeauftragte einen besonderen Abberufungs- und Kündigungsschutz.

Datenschutzgesetze Datenschutzgesetze sind sämtliche Gesetze, die das Ziel des Schutzes des Recht auf informationelle Selbstbestimmung und den Schutz personenbezogener Daten bezwecken. Hier sind zunächst die → Datenschutzgrundverordnung (DS-GVO) sowie das → Bundesdatenschutzgesetz (BDSG) zu nennen. Gemäß § 1 Abs. 1 BDSG gilt das BDSG unter anderem für die Verarbeitung personenbezogener Daten durch öffentliche Stellen des Bundes und nicht-öffentliche Stellen. Zudem gibt es die Landesdatenschutzgesetze für die Tätigkeit der öffentlichen Stellen der Länder sowie für private Stellen insoweit, als sie zugleich hoheitliche Aufgaben der öffentlichen Verwaltung wahrnehmen. Unter Verdrängung des BDSG (vgl. § 1 Abs. 2 BDSG) gibt es bereichsspezifische Datenschutzgesetze, wie beispielsweise die Datenschutzregelungen im → Telekommunikations-Digitale-Dienste-Datenschutzgesetz (TDDDG), in der Strafprozessordnung (StPO) in Gesundheitsdaten- und Krankenhausgesetzen sowie in den Sozialgesetzen.

Datenschutzgrundverordnung Die Datenschutzgrundverordnung (Abkürzung: DS-GVO), erlassen als Verordnung (EU) 2016/679, ist eine Verordnung der Europäischen Union, die Vorschriften zum Schutz natürlicher Personen bei der Verarbeitung personenbezogener Daten und zum freien Verkehr solcher Daten enthält. Sie gilt seit dem 25. Mai 2018 und hat die Datenschutzrichtlinie 95/46/EG abgelöst und ersetzt. Als Verordnung gilt sie direkt in allen Mitgliedsstaaten. Mitgliedsstaatliche Datenschutzgesetze, wie das → Bundesdatenschutzgesetz (BDSG), ergänzen die DS-GVO in Bereichen, in denen die DS-GVO Öffnungsklauseln vorsieht. Verstöße gegen die Pflichten aus der DS-GVO können u. a. hohe Bußgelder bis zu 20 Mio. Euro oder 4 % des weltweiten Vorjahresumsatzes auslösen.

Exkurs: DS-GVO – Anwendungsbereich Art. 2 DS-GVO regelt den sachlichen Anwendungsbereich. Die DS-GVO gilt grundsätzlich für jegliche Verarbeitung personenbezogener Daten. „Personenbezogene Daten" sind in Art. 4 Nr. 1 DS-GVO definiert als alle Informationen, die sich auf eine identifizierte oder identifizierbare natürliche Person beziehen. In persönlicher Hinsicht gilt die DS-GVO für Verantwortliche und Auftragsverarbeiter. Art. 3 DS-GVO regelt den räumlichen Anwendungsbereich der DS-GVO. Die

DS-GVO findet Anwendung auf Verantwortliche und Auftragsverarbeiter, die in der EU niedergelassen sind. Darüber hinaus findet sie auch auf Verantwortliche bzw. Auftragsverarbeiter außerhalb der EU Anwendung, wenn diese eine Niederlassung in der EU haben und die Datenverarbeitung im Rahmen der Tätigkeiten dieser Niederlassung erfolgen. Außerdem findet die DS-GVO Anwendung auf Verantwortliche bzw. Auftragsverarbeiter außerhalb der EU, wenn die Datenverarbeitung damit im Zusammenhang steht, dass diese ihre Waren oder Dienstleistungen in der EU anbieten oder das Verhalten betroffener Personen beobachten.

Datenschutzfolgenabschätzung Die Datenschutzfolgenabschätzung (kurz: DSFA) ist ein in Art. 35 DS-GVO vorgesehenes Verfahren, das vor einer Datenverarbeitung mit voraussichtlich hohem Risiko für die Rechte und Freiheiten natürlicher Personen durchgeführt werden muss. Sie dient der systematischen Abschätzung der Risiken und Folgen der vorgesehenen Verarbeitungsvorgänge für den Schutz personenbezogener Daten und dokumentiert dadurch die Risiken und die getroffenen bzw. zu treffenden Risikominderungsmaßnahmen.

Datenschutzkonferenz Die Datenschutzkonferenz (Abkürzung: DSK), ein Gremium der unabhängigen deutschen Datenschutzaufsichtsbehörden des Bundes und der Länder, hat die Aufgabe, die Datenschutzgrundrechte zu wahren und zu schützen, eine einheitliche Anwendung des europäischen und nationalen Datenschutzrechts zu erreichen und gemeinsam für seine Fortentwicklung einzutreten. Die DSK erlässt zu diesem Zweck u. a. Entschließungen, Beschlüsse und Orientierungshilfen.

Datenschutzkonzept Das Datenschutzkonzept eines Unternehmens beschreibt neben Art, Zwecken und Umfang der Verarbeitung personenbezogener Daten, die jeweils ergriffenen Maßnahmen zur Sicherstellung datenschutzrechtlicher Anforderungen. Aus dem Datenschutzkonzept ergibt sich damit zugleich insbesondere, welche Daten zu welchen Zwecken verarbeitet werden, auf welcher Rechtsgrundlage dies jeweils erfolgt und wie die Daten geschützt werden. Das Datenschutzkonzept kann als Teil der Rechenschaftspflicht nach Art. 5 Abs. 2 DS-GVO gesehen werden. Teil des Datenschutzkonzepts sind das → Verarbeitungsverzeichnis und andere geforderte Dokumentationen.

Datensicherheit Datensicherheit soll jeglichen Datenmissbrauch verhindern, insbesondere im Hinblick auf unrechtmäßige Löschung, sonstigen Verlust, Verfälschungen und unberechtigten Zugriff von Daten. Sie umfasst technische und organisatorische Maßnahmen wie unter anderem die → Authentifizierung von Personen, die auf personenbezogene Daten zugreifen wollen, die → Verschlüsselung sowie das → Backup von Daten, um Vertraulichkeit, Integrität und Verfügbarkeit zu gewährleisten. Die datenschutzrechtlichen Anforderungen an die Datensicherheit sind in Art. 32 DS-GVO geregelt.

Datensouveränität Bezeichnet das Recht und die Fähigkeit von Individuen, Unternehmen oder Staaten, selbstbestimmt über Daten zu verfügen. Rechtlich ist das Konzept in verschiedenen Gesetzen, wie der DS-GVO, dem Data Act und dem Data Governance Act umgesetzt. Teil des strategischen Konzepts der Datensouveränität sind auch souveräne Clouds, d. h. Cloud-Angebote, bei denen garantiert wird, dass Daten europäische Rechenzentren nicht verlassen und keinem Zugriff fremder Staaten unterliegen. Datensouveränität ist ein wichtiges Ziel der EU, was unter anderem durch den geplanten EU Cloud and AI Development Act gefördert werden soll.

Datentransfer, sicherer Grundlegende Voraussetzungen des sicheren Datentransfers sind die → Integrität (auch Unversehrtheit), → Authentizität und die → Vertraulichkeit der gesendeten Informationen. Diese Elemente des sicheren Datentransfers stehen im Einklang mit der Definition von „Sicherheit in der Informationstechnik". Gemäß § 2 Nr. 39 BSIG bedeutet „Sicherheit in der Informationstechnik" die Einhaltung bestimmter Sicherheitsstandards, die die Verfügbarkeit, Unversehrtheit oder Vertraulichkeit von Informationen betreffen, durch Sicherheitsvorkehrungen a) in informationstechnischen Systemen, Komponenten oder Prozessen oder b) bei der Anwendung von informationstechnischen Systemen, Komponenten oder Prozessen.

Datentransferrate Mit Datentransferrate wird die Übertragungsgeschwindigkeit bei Daten (Messeinheit: → kbit, Mbit oder Gbit/Sekunde) bezeichnet (siehe auch → Byte).

Datenveränderung Datenveränderung ist ein Straftatbestand nach § 303a StGB, der das Beeinträchtigen von nicht dem Täter zustehenden Daten durch Löschung, Unterdrückung, Unbrauchbarmachung oder Veränderung erfasst, so dass diese nicht mehr in der intendierten Weise verwendet werden können; eine unmittelbare Einwirkung ist nicht erforderlich, auch der Einsatz von → Viren kann hierunter fallen.

Datenverarbeitungsanlage Datenverarbeitungsanlage ist die Gesamtheit der Baueinheiten, aus denen eine Funktionseinheit zur Verarbeitung von Daten aufgebaut ist. Es werden also alle Geräte erfasst, mit denen Daten automatisiert verarbeitet werden können, zB alle Arten von Computern.

Datenverarbeitungsdienst Nach Art. 2 Abs. 8 Data Act definiert als digitale Dienstleistung, die einem Kunden bereitgestellt wird und einen flächendeckenden und auf Abruf verfügbaren Netzzugang zu einem gemeinsam genutzten Pool konfigurierbarer, skalierbarer und elastischer Rechenressourcen zentralisierter, verteilter oder hochgradig verteilter Art ermöglicht, die mit minimalem Verwaltungsaufwand oder minimaler Interaktion des Diensteanbieters rasch bereitgestellt und freigegeben werden können. Der Begriff umfasst eine große Zahl von digitalen Dienstleistungen mit einer sehr großen Bandbreite an unterschiedlichen Anwendungszwecken, Funktionen und technischen Strukturen und orientiert sich an gängigen Definitionen von Cloud-Computing-Diensten. Welche Dienste im Einzelnen unter den Begriff fallen, ist weitgehend noch ungeklärt. Art. 23 ff. Data Act enthalten Regelungen zum Abbau von Wechselhindernissen für Kunden bei Datenverarbeitungsdiensten.

Dauerhafte Bereitstellung Dauerhafte Bereitstellung bezeichnet im Gegensatz zu einem einmaligen Download die fortlaufende Zurverfügungstellung digitaler Produkte (zB Cloud-Dienste, Streaming-Abos) über einen bestimmten oder unbestimmten Zeitraum. Bei einer dauerhaften Bereitstellung hat der Unternehmer über den gesamten Bereitstellungszeitraum gegenüber einem Verbraucher die Mangelfreiheit des digitalen Produkts zu gewährleisten und Aktualisierungen, die für den Erhalt der Vertragsmäßigkeit des digitalen Produkts erforderlich sind, bereitzustellen (vgl. §§ 327e, 327f BGB).

DDG → Digitale-Dienste-Gesetz

DDos-Attack/DDos-Angriff Abk. für → Denial-of-Service-Angriff.

De-CIX Abk. für „Deutscher Commercial Internet Exchange", zentraler Internetknoten in Frankfurt, ein Zusammenschluss verschiedener Providernetze und damit Grundlage für das → Peering. http://www.de-cix.net/.

De-facto-Standard Bei einem De-facto-Standard handelt es sich um einen Standard, der sich nicht kraft Anordnung durch eine (staatliche) Stelle, sondern durch entsprechende Übung (Marktpraxis) herausgebildet hat (Beispiel: pdf für graphisches Datenformat).

De-facto-Vergabe Die De-facto-Vergabe ist eine vergaberechtswidrige Direktbeauftragung ohne vorangegangenes förmliches Vergabeverfahren. Die Folgen der De-facto-Vergabe sind in § 135 GWB geregelt.

Deanonymisierung Deanonymisierung bezeichnet den Vorgang der Wiederherstellung des Bezugs von Einzelangaben zu natürlichen Personen, auch als Re-Identifizierung bezeichnet. Der Deanonymisierung geht die →Anonymisierung voraus. Auch bei einer vorausgegangenen →Pseudonymisierung wird bisweilen (mangels vorausgegangener Anonymisierung an sich unzutreffend) von Deanonymisierung gesprochen.

Debugger Ein Debugger ist eine Software zur Fehlersuche und -behebung in einem Programm.

Decentralized Finance (DeFi) Finanzdienstleistungen auf öffentlichen Blockchains ohne zentrale Intermediäre, wie Makler, Börsen oder Banken.

Deep-Link Deep-Links sind Hyperlinks auf einzelne Seiten einer Website, die unterhalb der Eingangsseite der Webseite liegen (vgl. demgegenüber den auf die Eingangsseite einer Website verweisenden →Surface-Link). Ziel des Deep-Link ist die Ermöglichung des zielgerichteten Aufrufs bestimmter Informationen auf einer Website, ohne dass der Nutzer die jeweilige Information erst über das Anklicken verschiedener Links auf der Zielseite selbst finden muss. Deep-Links, die auf urheberrechtlich geschützte Werke verweisen, sind rechtlich zulässig, wenn sie lediglich darin bestehen, auf das Werk in einer Weise zu verweisen, die Nutzern den bereits eröffneten Zugang erleichtert (vgl. BGH 17.7.2003 – I ZR 259/00). Rechtlich unzulässig ist das Setzen eines Hyperlink auf ein Werk in der Form eines Deep-Link dagegen, wenn dabei eine vom Berechtigten eingerichtete technische Schutzvorrichtung umgangen wird, weil damit ein Zugang zum Werk eröffnet wird, der ansonsten nicht bestünde, so dass in das Recht der öffentlichen Wiedergabe in Gestalt des Rechts der öffentlichen Zugänglichmachung des Werkes eingegriffen wird (vgl. BGH 29.4.2010 – I ZR 39/08).

Deepfake Ein Deepfake bezeichnet nach Art. 3 Nr. 60 KI-VO einen durch KI erzeugten oder manipulierten Bild-, Ton- oder Videoinhalt, der wirklichen Personen, Gegenständen, Orten, Einrichtungen oder Ereignissen ähnelt und einer Person fälschlicherweise als echt oder wahrheitsgemäß erscheinen würde. Betreiber von KI-Systemen, die Deepfakes erstellen, müssen diese Inhalte grds. als solche kennzeichnen (Art. 50 Abs. 4 KI-VO). Der missbräuchliche Einsatz von Deepfakes kann je nach Sachlage verschiedene rechtliche, einschließlich strafrechtlicher Konsequenzen nach sich ziehen (vgl. u. a. §§ 22, 33 KUrhG, §§ 201a, 184k StGB). In Deutschland und der EU werden derzeit Rechtsvorschriften gegen den Missbrauch von Deepfakes erarbeitet, die insbesondere gegen „digitale Gewalt“ wirken sollen.

Defacement Defacement ist eine Form der Internetkriminalität und bezeichnet das Verändern bzw. Verunstalten einer Website (meistens der Startseite, insbesondere um der damit zusammenhängenden Imageschädigung Willen), strafbar als →Datenveränderung gem. § 303a StGB.

Deinstallation Deinstallation bezeichnet das vollständige Entfernen einer Software von einem Computersystem.

Dekompilierung Dekompilierung wird in § 69e UrhG beschrieben (und unter bestimmten Voraussetzungen zugelassen) als das Vervielfältigen oder Übersetzen eines Codes nach § 69c Abs. 1 Nr. 1, 2 UrhG zum Zweck der Herstellung der Interoperabilität eines unabhängig geschaffenen Computerprogramms mit anderen Programmen.

Demo-Version Eine Demo-Version einer Software ist eine Variante der Vollversion, die hinsichtlich der Nutzungsmöglichkeiten oder zeitlichen Verwendungsmöglichkeiten gegenüber der Vollversion vom Vertreiber veranlasste Beschränkungen aufweist. Der Kunde soll die Software vor dem Lizenzerwerb testen können. Daher oft auch Testversion genannt.

Denial-of-Service-Angriff Ein Denial-of-Service-Angriff (Abk. DoS) ist der Angriff auf einen Host (Server) mit dem Ziel, einen oder mehrere seiner Dienste durch eine große Anzahl von Zugriffen und damit durch Überlastung arbeitsunfähig zu machen. Die große Anzahl von Zugriffen kann unter anderem dadurch erreicht werden, dass die Computersysteme von Unbeteiligten über zuvor eingeschleuste → Malware ferngesteuert und zum Zugriff auf den für den Angriff ausgewählten Host missbraucht werden. In diesem Fall ist von einem Distributed Denial-of-Service-Angriff die Rede. Die Durchführung eines (Distributed) Denial-of-Service-Angriffs kann als Computersabotage gemäß § 303b StGB strafbar sein. Das LG Düsseldorf (LG Düsseldorf 22.3.2011 – 3 KLs 1/11) qualifizierte einen Distributed Denial-of-Service-Angriff auf ein Online-Wettportal als Fall von § 303b Abs. 2 StGB (im konkreten Fall ging es um gewerbsmäßige Erpressung in Tateinheit mit Computersabotage). Auch Schadensersatzansprüche der Betroffenen sind denkbar.

Denial-of-Service-Attack Vgl. → Denial-of-Service-Angriff.

DENIC Abk. für Deutsches Network Information Center, DENIC eG. Die DENIC ist die für die → TLD „.de“ zuständige Registrierungsstelle. http://www.DENIC.de.

Deployment Deployment bezeichnet den Vorgang der Verteilung und Installation von → Software auf sämtlichen Zielsystemen (Servern und Geräten) für den Einsatz in einer Produktionsumgebung (Softwarebereitstellung).

DES Abk. für → Data Encryption Standard.

Desktop Desktop hat im Sprachgebrauch unterschiedliche Bedeutungen, nämlich
- im Bereich Hardware: Kleincomputer (abgleitet von dessen Konstruktionsform – Schreibtisch-Computer oder Arbeitsplatzrechner).
- bei Software die Arbeitsfläche einer grafischen Benutzeroberfläche.
- im Rahmen von Software auch als Desktop-Anwendung bezeichnend die Abgrenzung zu einer Web-Anwendung und einer mobilen App

Desktop Services Andere Bezeichnung für Desktop-Betreuung (siehe auch → Outsourcing).

Device Device bezeichnet ein elektronisches Gerät oder eine elektronische Komponente. Devices spielen in der digitalen Technologie zum Empfang, zur Nutzung, Speicherung und Verarbeitung von digitalen Informationen eine Rolle. Beispiele: Mobiltelefone oder Tablets, die auch oft als Mobile Devices (d. h. mobile Endgeräte) bezeichnet werden.

DevSecOps Abkürzung für Development, Security, and Operations. Bezeichnet die Integration von Sicherheitsanforderungen in jeder Phase des Softwareentwicklungszyklus. Angesprochen in verschiedenen Rechtsvorschriften, wie dem → CRA über Security-by-Design als Pflicht (siehe Art. 13 Abs. 1 CRA) oder im Rahmen der NIS-2-Pflichten (etwa § 30 Abs. 2 Nr. 5 BSIG: Sicherheitsmaßnahmen bei Erwerb, Entwicklung und Wartung von informationstechnischen Systemen, Komponenten und Prozessen)

DFÜ Abk. für → Datenfernübertragung.

Dienst Dienst (oft auch Netzwerkdienst oder Internetdienst genannt) bezeichnet die Anwendungsmöglichkeiten innerhalb eines einheitlichen Netzes (im Internet zB WWW, E-Mail, ftp).

Dienst mit Zusatznutzen Dienste mit Zusatznutzen sind in § 2 Abs. 2 Nr. 5 TDDDG legaldefiniert, als ein von einem Anbieter eines Telekommunikationsdienstes bereitgehaltener zusätzlicher Dienst, der die Verarbeitung von Verkehrsdaten oder anderen Standortdaten in einem Maße erfordert, das über das für die Übermittlung einer Nachricht oder die Entgeltabrechnung des Telekommunikationsdienstes erforderliche Maß hinausgeht; → Mehrwertdienst.

Diensteanbieter Dienstanbieter wird in unterschiedlichen Zusammenhängen verwendet und bezeichnet denjenigen, der im jeweiligen Regelungszusammenhang eine bestimmte Leistung erbringt. Gemäß § 2 Nr. 5 DDG ist Diensteanbieter im Sinne des DDG jeder Anbieter digitaler Dienste Im Telekommunikationsrecht werden unterschiedliche Ausgestaltungen genutzt. Gemäß § 3 Nr. 1 TKG ist etwa „Anbieter von Telekommunikationsdiensten" jeder, der Telekommunikationsdienste erbringt. Streitig ist die Frage der Anbietereigenschaft für Telekommunikationsdienste unter dem TDDDG insbesondere für den Arbeitgeber, der die private Nutzung des geschäftlichen E-Mail-Systems zulässt, weil sich an die Diensteanbietereigenschaft zahlreiche Folgen (zB Geltung von §§ 3 ff. TDDDG) knüpfen (→ E-Mail-Nutzung am Arbeitsplatz).

Dienstgütevereinbarung Vgl. → Service Level Agreement.

Dienstprogramm Ein Dienstprogramm dient der Erledigung bestimmter administrativer Aufgaben bei der Verwaltung, Optimierung oder Wartung von Systemen oder Anwendungen (anders als → Anwendungsprogramme). Bestimmte Dienstprogramme sind im Lieferumfang von Betriebssystemen oder Anwendungen enthalten. Statt der Bezeichnung „Dienstprogramm" ist häufig von „Tool", „Utility" oder „Systemprogramm" die Rede.

Digitale Forensik → IT-Forensik.

Digital Object Identifier Der Digital Object Identifier ist ein System, das die International DOI Foundation (http://www.doi.org/) entwickelt hat, mit dem sich Inhalte trotz geänderter IP-Adresse eindeutig auffinden lassen.

Digital Rights Management Digital Rights Management (DRM, digitale Rechteverwaltung) bezeichnet Verfahren, mit denen der Inhaber eines Verwertungsrechts die Nutzung (Abspielen, Kopieren) und Verbreitung digitaler Medien durch den Einsatz von Software kontrollieren kann. Sie ermöglicht Anbietern, die DRM-Systeme zur Nutzungskontrolle bei digitalen Film- und Tonaufnahmen, aber auch bei Software, elektronischen Dokumenten oder elektronischen Büchern einsetzen, differenzierte Nutzungs- und Abrechnungsmodelle. Ebenso sind Kopierschutzmaßnahmen ein Bestandteil des Digital Rights Managements (→ wirksame technische Schutzmaßnahmen).

Digital Services Coordinator (DSC) Zentrale Koordinierungs- und Aufsichtsstelle für die Durchsetzung des → Digital Services Act (siehe Art. 49 ff. DSA), in Deutschland ausgefüllt durch die BNetzA.

Digital Subscriber Line Digital Subscriber Line (Abk. DSL) ist eine Sammelbezeichnung für verschiedene Arten des Breitband-Zugangs zwischen Teilnehmeranschluss und Vermittlungsstelle auf Grundlage von Kupferleitungen. Bei asynchronem DSL (ADSL) ist die Übertragungsrate für → Download und → Upload unterschiedlich hoch.

Digital Watermark Vgl. → digitales Wasserzeichen.

Digitale Dienstleistungen Digitale Dienstleistungen sind nach Maßgabe von § 327 Abs. 2 S. 2 BGB Dienstleistungen, die dem Verbraucher (1) die Erstellung, die Verarbeitung oder die Speicherung von Daten in digitaler Form oder den Zugang zu solchen Daten ermöglichen, oder (2) die gemeinsame Nutzung der vom Verbraucher oder von anderen Nutzern der entsprechenden Dienstleistung in digitaler Form hochgeladenen oder erstellten Daten oder sonstige Interaktionen mit diesen Daten ermöglichen. Hierzu gehören beispielsweise Software-as-a-Service, wie die gemeinsame Nutzung von Video- oder Audioinhalten und andere Formen des Datei-Hosting, Textverarbeitung oder Spiele, die in einer Cloud-Computing-Umgebung und in sozialen Medien angeboten werden.

Digitales Erbe → Digitaler Nachlass.

Digitale Inhalte Digitale Inhalte sind gem. § 327 Abs. 2 S. 2 BGB Daten, die in digitaler Form erstellt und bereitgestellt werden. Hierzu gehören etwa Computerprogramme, Anwendungen, Videodateien, Audiodateien, Musikdateien, digitale Spiele, elektronische Bücher und andere elektronische Publikationen.

Digitale Passbehörde Vgl. → Zertifizierungsdiensteanbieter.

Digitale Signatur Unter digitaler Signatur versteht man ein kryptographisches Verfahren, das dazu dient, ein Dokument, eine E-Mail oder andere Daten anhand eines typischen Analysewerts eindeutig zu beschreiben, um so deren Herkunft und etwaige Veränderungen während des Transports erkennen zu können (Authentizitäts- und Integritätsfunktion). Anders als die „elektronische Signatur" (vgl. auch → elektronische Signatur, → fortgeschrittene elektronische Signatur, → qualifizierte elektronische Signatur) ist der Begriff „digitale Signatur" kein Rechtsbegriff und aufgrund seines Technikbezugs kein Synonym für die „elektronische Signatur".

Digitale Souveränität Digitale Souveränität bezeichnet die Selbstbestimmung über digitale Infrastrukturen, Daten und Technologien. Sie ist ein EU-politisches Leitbild der Datenstrategie (siehe etwa den geplanten EU Cloud and AI Development Act, GAIA-X, EUCS und CRA, verknüpft mit → Datenlokalisierung und Cloud-Regulierung). Unterbegriff und Teil der digitalen Souveränität ist die → Datensouveränität.

Digitale Spuren Vgl. → Clickstream.

Digitale Zugänglichkeit Digitale Zugänglichkeit (auch digitale Barrierefreiheit) hat zum Ziel, dass Webseiten, Anwendungen und Produkte für alle Menschen, unabhängig von körperlichen oder geistigen Einschränkungen, uneingeschränkt nutzbar sind Pflichten für Betreiber ergeben sich aus dem → Barrierefreiheitsstärkungsgesetz (BFSG).

Digitale Dienste Definiert im Digitale-Dienste-Gesetz als Dienst im Sinne des Artikels 1 Absatz 1 Buchstabe b der Richtlinie (EU) 2015/1535 (→Dienst der Informationsgesellschaft).

Digitale-Dienste-Gesetz (DDG) Das Digitale-Dienste-Gesetz (Abkürzung: DDG) ist in Kraft seit dem 14.5.2024 und löste das TMG sowie das NetzDG ab. Das DDG dient der Umsetzung verschiedener Richtlinien der EU im digitalen Raum, wie insbesondere der Richtlinie über den elektronischen Geschäftsverkehr. Das DDG ergänzt zudem den →DSA um nationale Vollzugsregeln und benennt in diesem Zusammenhang die BNetzA als Koordinationsstelle für digitale Dienste.

Digitale-Märkte-Gesetz →DMA (Digital Markets Act).

Digitaler Fingerabdruck Beim digitalen Fingerabdruck handelt es sich nicht um einen gesetzlich festgelegten Begriff. Die möglichen Definitionen sind verschieden. Am passendsten erscheint es, den eingescannten herkömmlichen Fingerabdruck (siehe dazu bspw. § 4 Abs. 3 PassG) als digitalen Fingerabdruck zu bezeichnen. Gemäß § 4 Abs. 3 PassG iVm der Verordnung (EG) Nr. 2252/2004 des Rates vom 13. Dezember 2004 über Normen für Sicherheitsmerkmale und biometrische Daten in von den Mitgliedstaaten ausgestellten Pässen und Reisedokumenten (ABl. EU Nr. L 385 S. 1) ist beispielsweise der Reisepass, der Dienstpass und der Diplomatenpass mit einem elektronischen Speichermedium zu versehen, auf dem das Lichtbild, Fingerabdrücke, die Bezeichnung der erfassten Finger, die Angaben zur Qualität der Abdrücke und andere Angaben gespeichert werden.

Digitaler Nachlass Beim digitalen Nachlass handelt es sich um einen Sammelbegriff, der eine Vielzahl von Rechtspositionen eines verstorbenen Internetnutzers beschreibt, wie Vertragsbeziehungen mit Social Media-Anbietern, zu Anbietern virtueller Konten oder von Mediendiensten. Laut BGH (siehe Entscheidung BGH III ZR 183/17 (Facebook-Nachlass)) geht beim Tod des Kontoinhabers der Nutzungsvertrag betreffend ein soziales Netzwerk grundsätzlich nach § 1922 BGB auf dessen Erben über. Dem stehen weder das postmortale Persönlichkeitsrecht des Erblassers noch das Fernmeldegeheimnis oder das Datenschutzrecht entgegen.

Digitaler Zwilling Digitaler Zwilling bezeichnet die virtuelle Echtzeit-Repräsentation eines physischen Objekts. Mittels IoT-Sensoren werden Echtzeitdaten von Objekten mit einem virtuellem Abbild verbunden. Mit einem digitalen Zwilling können u. a. Produktentwicklungen beschleunigt und verschiedene Szenarien effizient simuliert werden.

Digitales Wasserzeichen Bei einem digitalen Wasserzeichen handelt es sich um eine in der Regel für das menschliche Auge unsichtbare (nur in einem speziellen Verfahren lesbare) technische Markierung von urheberrechtlich geschützten oder anderen digitalen Materialien. Ziel der Markierung ist es, die digitalen Daten dauerhaft in bestimmter Weise zu kennzeichnen, um auf diese Weise beispielsweise unrechtmäßige Vervielfältigungen nachweisen zu können, weil das digitale Wasserzeichen als logischer Bestandteil der eigentlichen Daten stets mitkopiert wird. Je nach Ausgestaltung kann ein digitales Wasserzeichen allerdings auch den Vorgang einer Analog-Digital-Umwandlung überstehen. Im Hinblick darauf, dass ein digitales Wasserzeichen eine reine Nachweisfunktion hat, stellt es möglicherweise keine →wirksame technische Maßnahme gemäß § 95a UrhG dar.

Direct ... Direct (mit konkreter Maßnahme) bezeichnet das direkte Ansprechen eines potentiellen Kunden (zB Direct Marketing), in der Regel ohne vorherigen Anlass (dann → Cold Call).

Disassemblierung Disassemblierung ist die Umsetzung eines Maschinencodes in einen → Assemblercode.

Disclaimer Disclaimer (englischer Begriff für „Ausschluss") bezeichnet eine Erklärung, mit der die Haftung für einen bestimmten Bezugspunkt die Haftung ausgeschlossen werden soll. Häufig wird ein Disclaimer auf Websites eingesetzt, um eine inhaltliche Distanzierung von den Inhalten anderer Websites zum Ausdruck zu bringen und einen Haftungsausschluss des Anbieters insbesondere für verlinkte Webseiten zu bewirken (es soll insbesondere verhindert werden, dass der verlinkte Inhalt als „zueigen gemachter" Inhalt angesehen wird, so dass der Verlinkende hierfür wie für eigene Inhalte haften müsste). Die Wirkung eines Disclaimers ist häufig aufgrund der Pauschalität der gewählten Formulierung zweifelhaft, die nicht erkennen lässt, auf welchen Inhalt sich die Distanzierung beziehen soll. Darüber hinaus kann ein Disclaimer keine Wirkung entfalten, wenn von der Ausgestaltung der Verweisung auf einen verlinkten Inhalt her tatsächlich ein Fall des Zueigenmachens von Inhalten vorliegt (→ Haftung im Internet), so dass der Disclaimer insoweit ein widersprüchliches Verhalten darstellt.

Dispute Eintrag Ein Dispute Eintrag bei der → DENIC bewirkt, dass der bisherige Domaininhaber für die Dauer des Dispute Eintrags an der Übertragung der Domain an einen Dritten gehindert ist (die Übertragung ist nur noch an den Inhaber des Dispute Eintrags möglich) und dass die Domain nach Freigabe durch den bisherigen Inhaber automatisch demjenigen zufällt, der den Dispute Eintrag gesetzt hat. Der Dispute Eintrag dient damit der Absicherung der Erlangung der Domain nach Abschluss eines Rechtsstreits über eine Domain, da der vormalige Inhaber in aller Regel nicht zur Übertragung der Domain, sondern nur zu deren Freigabe verpflichtet werden kann. Ohne den Dispute Eintrag bestünde die Gefahr, dass sich ein Dritter die Domain unmittelbar nach ihrer Freigabe registriert und der im Rechtsstreit über die Domain Obsiegende leer ausgeht. Der Streit über die Berechtigung selbst wird nicht von der DENIC entschieden.

Distributed Denial-of-Service-Attack Vgl. → Denial-of-Service-Angriff.

Distributed Reflected Denial-of-Service-Angriff Ein Distributed Reflected Denial-of-Service-Angriff ist eine Sonderform des → Denial-of-Service-Angriffs, bei dem der Angreifer mittels → IP-Spoofing Rechner zu Antworten an den angegriffenen Rechner veranlasst.

DLL Abk. für Dynamic Link Library.

DMA (Digital Markets Act) Der Digital Markets Act (DMA), VO (EU) 2022/1925, hat zum Ziel, faire Wettbewerbsbedingungen auf digitalen Märkten sicherstellen. Er richtet sich an sog. → Torwächter (engl. Gatekeeper), d. h. große digitale Plattformen wie Suchmaschinen, App-Stores oder soziale Netzwerke, die eine besonders starke Marktstellung haben. Der DMA enthält Verbote und Verpflichtungen, um missbräuchliche Praktiken wie Selbstbevorzugung oder die Abschottung von Ökosystemen zu verhindern. So dürfen → Torwächter zum Beispiel keine Daten aus unterschiedlichen Diensten kombinieren. Die Durchsetzung erfolgt zentral durch die Europäische Kommission mit der Möglichkeit empfindlicher Geldbußen (bis zu 10 % des weltweiten Jahresumsatzes).

DMCA DMCA ist die Abkürzung für „Digital Millenium Copyright Act", ein US-Gesetz aus dem Jahre 1998. Der DMCA verbietet u. a. die Umgehung technischer Schutzmaßnahmen für urheberrechtlich geschützte Inhalte sowie die Herstellung und Verbreitung der entsprechenden Technologien und Mittel. Mit § 95a ff. UrhG ist der besondere Schutz für technische Schutzmaßnahmen auch in Deutschland eingeführt worden.

DNA Abk. für Data Network Address.

DNS DNS (Abkürzung für → „Domain Name System", manchmal auch iSv Domain-Name-Service verstanden) ist ein Internet-Dienst, der die Namen von Websites (→ URLs) in die zugehörigen → IP-Adressen übersetzt.

DNS-Spoofing DNS-Spoofing ist das Kontaktieren eines Computers unter Verwendung eines unzutreffenden Rechnernamens, vgl. auch → Spoofing.

DOI Abk. für Digital Object Identifier.

Dokumentation Dokumentation hat unterschiedliche Bedeutung: Im Zusammenhang mit einem Computerprogramm beschreibt Dokumentation beispielsweise sämtliche Schritte der Erstellung, der Installation und der Benutzung. Zudem bezieht sich Dokumentation als Oberbegriff auf sämtliche Informationsmittel, die mit der geschuldeten Leistung (zB dem Computerprogramm) in Zusammenhang stehen, wie Bedienungsanleitungen, Administrations- und Entwicklungshinweise, Handbücher, Installationsanleitung. Dabei ist für ein Computerprogramm auch ohne dahingehende Vereinbarung eine Bedienungs- bzw. Installationsanleitung in schriftlicher Form geschuldet. Im Rahmen von Rechenschaftspflichten (wie etwa über Art. 5 Abs. 2 DS-GVO) bezeichnet Dokumentation die Möglichkeit, Nachweise über die Einhaltung von Compliance-Pflichten zu erbringen.

Domain Domain ist eine Adresse und bezeichnet die Stelle in einem Netzwerk, an der die Eingangsseite einer Webseite aufgerufen werden kann. Eine Domain besteht aus dem Protokoll („http://"), www, dem Domainnamen „XX" und der → Top – Level – Domain (.de). Eine Domain ist als übertragbares Bündel von Rechten, die der Inhaber gegenüber der Vergabestelle hat, ein handelbares Wirtschaftsgut, aber kein absolutes Recht.

Domain Name Registry Domain Name Registry ist die Bezeichnung für eine Registrierungsstelle, die für die Registrierung von Domains zuständig ist (→ Internet Assigned Numbers Authority).

Domain Name System Das Domain Name System (→ DNS) weist jedem Internet Host eine eindeutige → IP-Adresse zu, so dass diese sowohl über die IP-Adresse als auch über den Website-Namen (→ URL) erreichbar sind. Dabei ordnet die Domain-Datenbank eines Providers einer IP-Adresse den jeweiligen Domainnamen zu (siehe auch → Nameserver).

Domain-Grabbing Domain-Grabbing ist das unter Umständen missbräuchliche Registrieren zahlreicher Domains im Internet, um diese an Interessierte später weiter zu veräußern, mitunter auch als → „Cybersquatting" bezeichnet.

Domainhandel Domainhandel bezeichnet den gewerblichen Vertrieb von Domains. Der Domainhandel unterliegt den Vorschriften über den Rechtskauf, da lediglich Ansprüche gegenüber der Registrierungsstelle übertragen werden.

Domaininhaber Domaininhaber ist diejenige natürliche oder juristische Person, der die Rechte an einer Domain zustehen.

Domainname Der Domainname (→ Domain Name System) ist innerhalb des durch die → Top-Level-Domain gebildeten logischen Bezugsraums und unter Beachtung entgegenstehender Rechte Dritter (zB Marken- oder Namensrechte) grundsätzlich frei wählbar. Auch → generische Domainnamen sind zulässig (das markenrechtliche Freihaltebedürfnis für Begriffe, die weder Herkunfts- noch Unterscheidungsfunktionen haben, ist auf Domainnamen nicht übertragbar); eine Irreführung gemäß § 5 UWG kann sich allerdings ergeben, wenn generische Domainnamen systematisch unter verschiedenen → Top-Level-Domains registriert werden. Die Vergabe der Domainnamen erfolgt gemäß III. der DENIC-Domainrichtlinien (siehe http://denic.de/domainrichtlinien) nach der → First-Come-First-Serve-Regel. Das heißt, dass die DENIC die Domain registriert, wenn sie nicht bereits für einen Dritten registriert ist („first come, first served"), wobei sie den Auftrag ablehnen kann, wenn die Registrierung offenkundig rechtswidrig wäre.

Domainstreit Domainstreit bezeichnet alle rechtlichen Streitigkeiten im Zusammenhang mit der Berechtigung zur Nutzung einer Domain. Bei einem Domainstreit über die berechtigte Nutzung einer Domain kommen Ansprüche auf Unterlassung der Nutzung (§§ 5, 14, 15 MarkenG, Art. 9 GMV, § 3, 8 UWG), auf Schadensersatz (§ 14 MarkenG) sowie auf Freigabe (§ 12 BGB), in aller Regel (siehe zur Ausnahme Urteil des BGH vom 25.3.2010 – I ZR 197/08) jedoch nicht auf Übertragung in Betracht (siehe BGH 22.11.2001 – I ZR 138/99).

Domainvertrag Der Domainvertrag zwischen dem Betreiber einer Website und dem Provider, der die Domain hostet, umfasst üblicherweise die Anmeldung und Verwaltung der Domain.

Donationware Donationware ist → Freeware, bei der dem Nutzer eine Bezahlung freigestellt ist.

Dongle Ein Dongle ist ein technisches Zusatzgerät, das die Nutzung unrechtmäßig erstellter Kopien von Software verhindern soll. Häufig wird der Dongle für den USB-Port eines Computers ausgelegt und enthält ein Verschlüsselungssystem für eine bestimmte Software. Ist er nicht installiert bzw. eingesteckt, kann das Programm nicht ablaufen. Der Missbrauchsschutz über einen Dongle ist verhältnismäßig aufwändig und findet sich nur bei teuren Produkten (und auch heute zunehmend seltener bzw. ersetzt durch andere technische Maßnahmen). Ein Dongle ist eine technische Schutzmaßnahme iSv § 95a UrhG.

DORA (Digital Operational Resilience Act) Der Digital Operational Resilience Act (DORA), VO (EU) 2022/2554, gilt seit 17.1.2025 und hat die Stärkung der digitalen operationellen Widerstandsfähigkeit des Finanzsektors zum Ziel. Er verpflichtet Finanzunternehmen (Kreditinstitute, Zahlungsinstitute, Investmentfirmen, Versicherungen u. v. m.) sowie deren IKT-Dienstleister zu einheitlichen Anforderungen an IKT-Risikomanagement, Sicherheitsvorfälle und Resilienztests. Ziel ist es sicherzustellen, dass Finanzmarktteilnehmer auch bei Cyberangriffen oder IT-Störungen widerstandsfähig bleiben und ihre Dienstleistungen weiter erbringen können, indem Anfälligkeiten für Cyberbedrohungen und Störungen über die gesamte Wertschöpfungskette des Finanzsektors reduziert werden. DORA schafft ein EU-weit harmonisiertes Melde- und Aufsichtsregime.

DoS Vgl. → Denial-of-Service-Angriff.

DoS-Angriff Vgl. → Denial-of-Service-Angriff.

DoS-Attack Vgl. → Denial-of-Service-Angriff.

Double Opt-In Modell Beim Double Opt-In Modell (oft verkürzt nur „Double Opt-In" genannt) erfolgt nach der Erteilung der Zustimmung für den Erhalt von Werbebotschaften oder Newslettern im Rahmen des → Opt-In Modells zunächst erst eine Benachrichtigung an diejenige Person, deren Kontaktdaten als Empfänger angegeben wurden. Nur für den Fall, dass die so angeschriebene Person (erneut) ihre Zustimmung zum Erhalt der Werbebotschaften oder des Newsletters erteilt, werden diese versandt. Die (erneute) Erteilung der Zustimmung erfolgt in der Regel durch das Anklicken eines → Hyperlink. Ziel ist es eine verifizierte Zuordnung der angegebenen Mailadresse mit dem tatsächlichen Halter der Mailadresse herzustellen. Das Double Opt-In Modell wird von Datenschutzbehörden generell als Nachweismöglichkeit im Rahmen von elektronischen Einwilligungen empfohlen.

Double Opt-Out Modell Beim Double Opt-Out Modell (oft verkürzt nur „Double Opt-Out" genannt) muss die Entscheidung des Nutzers, bestimmte Werbebotschaften oder Newsletter nicht mehr zu erhalten, nicht wie beim → Opt-Out Modell nur einfach, sondern in einem zweiten Schritt erneut bestätigt werden. In der Regel erfolgt die zweite Bestätigung der Entscheidung, künftig keine Zusendungen mehr erhalten zu wollen, durch das Anklicken eines → Hyperlink oder eines Buttons im Rahmen eines Pop-Ups. Ziel ist es, unbeabsichtigte Abmeldungen zu vermeiden, die durch einen versehentlichen Klick auf einen Abmelde-Link, der zu einer unmittelbaren Abmeldung führt, entstehen können.

Downgrade Downgrade bezeichnet den tatsächlichen Vorgang, statt der aktuellen Version einer Software deren Vorversion zu nutzen.

Download Beim Download (deutsch: Herunterladen) werden Daten von einer anderen Stelle, dem Host (anderer Rechner im Netzwerk, Internet usw.) angefordert und auf das eigene Endgerät übertragen. Gegensatz dazu ist der → Upload.

Download-Link Download-link ist die Verknüpfung, die unmittelbar zu der abrufbaren Datei führt.

Downstream Downstream ist der Datenfluss vom Server zum Client bzw. Nutzer-Endgerät.

Downtime Downtime (auch Wartungsfenster oder Nutzungsausfallzeit) ist der Zeitraum, in der ein IT-System oder Dienst nicht zugänglich ist (also die Phase der Unverfügbarkeit eines Systems oder Dienstes). Downtimes sind notwendigerweise aus Sicht eines Leistungsverpflichteten zu vereinbaren, da ansonsten jede kurzfristige Unterbrechung, auch wenn sie betrieblich erforderlich ist, zu Ansprüchen des Leistungsberechtigten (zB auf Grundlage eines → Service Level Agreement) führen würde. Dabei sind geplante (scheduled) und nicht geplante (unscheduled) Nutzungsausfallzeiten zu unterscheiden.

DRDoS Abk. für → Distributed Reflected Denial of Service Angriff.

Drei-Stufen-Test Der Drei-Stufen-Test ist eine Vorgabe des Art. 13 TRIPS bzw. Art. 9 Abs. 2 RBÜ (= revidiertes Berner Übereinkommen): Schranken des Urheberrechts müssen (1) auf Sonderfälle beschränkt sein, (2) dürfen die normale Verwertung nicht beeinträchtigen, (3) dürfen keine berechtigten Interessen des Urhebers beeinträchtigen.

Drittlandsübermittlung Als Drittlandsübermittlung wird eine Übermittlung von personenbezogenen Daten an Empfänger außerhalb des Europäischen Wirtschaftsraums, d. h. in Drittländern, verstanden. Drittlandsübermittlungen unterliegen speziellen Anforderungen nach Art. 44 ff. DS-GVO und dürfen nur unter den dort vorgesehenen Voraussetzungen erfolgen. Ziel ist es sicherzustellen, dass das hohe Schutzniveau der DS-GVO im Wesentlichen bestehen bleibt, auch wenn die personenbezogenen Daten den Geltungsbereich der DS-GVO verlassen. Sofern für ein Drittland kein → Angemessenheitsbeschluss besteht, bleiben in der Praxis in der Regel die Nutzung von → Standardvertragsklauseln, von → Binding Corporate Rules oder in eng umgrenzten Ausnahmefällen der Rückgriff auf eine in Art. 49 DS-GVO geregelte Ausnahme.

Drive-By Pharming Drive-By Pharming ist eine Angriffsform (Sonderform des → Pharming) auf Computer im Internet. Dabei wird der Router manipuliert: sobald der Nutzer auf eine präparierte Seite stößt, wird er mittels eines Javascripts auf eine gefälschte Seite (zB eine nachgeahmte Bank-Webseite) weitergeleitet.

DRM Abk. für → Digital Rights Management.

DSA (Digital Services Act) Der Digital Services Act (DSA), VO (EU) 2022/2065, enthält einheitliche Regeln für Vermittlungsdienste wie Hosting-Dienste, Online-Plattformen oder Online-Suchmaschinen. Er zielt darauf ab, ein sicheres und transparentes Online-Umfeld zu schaffen und Nutzer besser vor illegalen Inhalten zu schützen. Online-Plattformen werden u. a. zu höheren Transparenz- und Sorgfaltspflichten verpflichtet, insbesondere bei Moderationsentscheidungen und Online-Werbung. Für sehr große Online-Plattformen und sehr große Online-Suchmaschinen gelten zusätzliche Pflichten zur Bewertung und Minderung systemischer Risiken. Die Aufsicht erfolgt teils auf nationaler Ebene, teils zentral durch die Europäische Kommission. In Deutschland wird der Digital Services Act durch das → DDG ergänzt und umgesetzt.

DSB Abk. für → Datenschutzbeauftragter.

DSFA Abk. für → Datenschutzfolgenabschätzung.

DS-GVO Abk. für → Datenschutzgrundverordnung

DSK Abk. für → Datenschutzkonferenz

DSL Abk. für → Digital Subscriber Line.

DSM-Richtlinie (Urheberrecht und verwandte Schutzrechte im digitalen Binnenmarkt) Die DSM-Richtlinie meint die Richtlinie (EU) 2019/790 des Europäischen Parlaments und des Rates vom 17. April 2019 über das Urheberrecht und die verwandten Schutzrechte im digitalen Binnenmarkt und zur Änderung der Richtlinien 96/9/EG und 2001/29/EG. Sie hat zum Ziel, das Urheberrecht in der EU für das digitale Zeitalter zu modernisieren. Die Richtlinie zielt darauf ab, einen fairen Interessenausgleich zwischen Rechteinhabern, Plattformen und Nutzern zu schaffen, insbesondere bei der Online-Nutzung geschützter Inhalte. Sie enthält unter anderen Regelungen zum → Text- und Data Mining, ein Presseverleger-Leistungsschutzrecht im Online-Bereich sowie Regelungen für Online-Plattformen über die Nutzung urheberrechtlich geschützter Inhalte. In Deutschland ist die DSM-Richtlinie umgesetzt durch das Urheberrechts-Diensteanbieter-Gesetz (UrhDaG).

Dual-Use-Verordnung Die Dual-Use-Verordnung (in der neuen Fassung als Verordnung (EU) 2021/821 vom 11.6.2021) über eine Unionsregelung für die Kontrolle der Ausfuhr, der Verbringung, der Vermittlung, der technischen Unterstützung und der Durchfuhr betreffend Güter mit doppeltem Verwendungszweck) betrifft Güter mit doppeltem Verwendungszweck. Gemäß Art. 2 Nr. 1 der Verordnung sind das Güter, einschließlich Datenverarbeitungsprogramme (Software) und Technologie, die sowohl für zivile als auch für militärische Zwecke verwendet werden können; darin eingeschlossen sind Güter, die zur Konstruktion, Entwicklung, Herstellung oder zum Einsatz von nuklearen, chemischen oder biologischen Waffen oder ihren Trägersystemen verwendet werden können, einschließlich aller Güter, die sowohl für nichtexplosive Zwecke als auch für jedwede Form der Unterstützung bei der Herstellung von Kernwaffen oder sonstigen Kernsprengkörpern verwendet werden können. Diese Güter unterliegen besonderen Ausfuhrreglementierungen.

Durchsetzungsstarke Schranke Eine durchsetzungsstarke Schranke sichert den in § 95b Abs. 1 UrhG abschließend genannten Berechtigten den Zugang zu einem urheberrechtlich geschützten Werk, auch über → wirksame technische Schutzmaßnahmen hinweg. Der Rechteinhaber hat die erforderlichen Mittel für den (berechtigten) Zugang zur Verfügung zu stellen. Die Schranke ist durchsetzungsstark, weil sie sich gegen eben diese technischen Schutzmaßnahmen durchsetzt. Auch eine durchsetzungsstarke Schranke berechtigt aber nicht dazu, die technische Schutzmaßnahme zu umgehen (vgl. § 108b UrhG); es gibt mithin kein Selbsthilferecht. Die Absicherung der durchsetzungsstarken Schranken erfolgt stattdessen über § 111a Abs. 1 Nr. 2 UrhG. Nach Maßgabe dieser Vorschrift handelt ordnungswidrig, wer entgegen § 95b Abs. 1 Satz 1 UrhG ein notwendiges Mittel nicht zur Verfügung stellt.

DV-gestützte Verfahren DV-gestütztes Verfahren bezeichnet eine Art der Aufgabendurchführung, bei der Datenverarbeitungsanlagen (DV-Anlagen), Datenverarbeitungsgeräte und Datenverarbeitungsprogramme eingesetzt werden.

Dynamic Hypertext Markup Language Dynamic Hypertext Markup Language (Abk. DHTML, Dynamic HTML) ist eine Kombination verschiedener Elemente für die Darstellung von Inhalten auf Webseiten (Animationen).

Dynamic Link Library Dynamic Link Library ist eine Bezeichnung für dynamisch gebundene Programmbibliotheken bei Windows.

Dynamische IP-Adresse Vgl. → IP-Adresse.

E

E-Bidding E-Bidding bezeichnet man das Unterbreiten eines Angebots mittels elektronischer Anfrage- und Ausschreibetools auf einem elektronischen Marktplatz.

E-Books E-Books (Abk. für elektronische Bücher) sind elektronisch gespeicherte Bücher, also die Online Version eines Buches, die aus dem Internet geladen und auf dem PC, einem mobilen Endgerät oder E-Book-Reader gelesen werden können.

E-Business E-Business bezeichnet eine bestimmte Art der Ausführung von Geschäftsprozessen eines Unternehmens. Namentlich ist dann von E-Business die Rede, wenn ein Unternehmen seine Geschäftsprozesse weitestgehend auf Mittel der Informations- und Kommunikationstechnologie stützt.

E-Commerce Kurzform für → electronic-Commerce.

e-Commerce-Richtlinie Die e-Commerce-Richtlinie (Richtlinie 2000/31/EG) harmonisiert zentrale Anforderungen an Dienste der Informationsgesellschaft, u. a. Anforderungen für kommerzielle Kommunikation, Informationspflichten im elektronischen Geschäftsverkehr sowie Haftungsprivilegierungen für bestimmte Vermittlungsdienste. Teile der Haftungsregeln wurden inzwischen durch den → Digital Services Act (DSA) unionsweit fortentwickelt; national erfolgte u. a. eine Umsetzung im → Digitale-Dienste-Gesetz (DDG). http://eur-lex.europa.eu/LexUriServ/LexUriServ.do?uri=CELEX:32000L0031:de:NOT.

E-Discovery (legal hold) E-Discovery (electronic discovery) bezeichnet die elektronische Beweissicherung relevanter Daten und Dokumente für Gerichts-, Schieds- und Behördenverfahren sowie interne Untersuchungen. Legal Hold (auch: Litigation Hold) bezeichnet die Verpflichtung eines Unternehmens, ab Kenntnis eines (drohenden) Verfahrens potenziell beweisrelevante Informationen in elektronischer Form (electronically stored information (ESI); bspw. E-Mails, Dateien, Chat-Verläufe etc.) zu sichern und vor Löschung oder Veränderung zu schützen (zB Sperrung von Löschroutinen). Dies dient der Beweisvereitelung. Es ist auf eine datenschutzkonforme Ausgestaltung zu achten und insoweit sind insbesondere die Grundsätze der Zweckbindung und Datenminimierung zu beachten. Daten, die für die Geltendmachung, Ausübung oder Verteidigung von Rechtsansprüchen erforderlich sind, können entgegen Art. 17 Abs. 1 und 2 DS-GVO auch über etwaige Aufbewahrungsfristen hinaus aufbewahrt werden.

E-Geld-Token Ein E-Geld-Token (Electronic Money Token, EMT) ist nach der Markets in Crypto-Assets-Verordnung (MiCA, 2023/1114/EU) ein Kryptowert, dessen Wertstabilität unter Bezugnahme auf den Wert einer amtlichen Währung gewahrt werden soll. EMT sind damit funktional nahe am „klassischen“ E-Geld, werden aber in tokenisierter Form auf DLT/ → Blockchains ausgegeben und übertragen. Die MiCA sieht für Anbieter Anbieter/Emittenten insbesondere Zulassungs-, Reserve- und Transparenzpflichten (Whitepaper) vor. Zusätzliche Anforderungen gelten für „signifikante“ Token, die der direkten Aufsicht der Europäischen Bankenaufsichtsbehörde (EBA) unterliegen. Um die Finanzstabilität zu gewährleisten, werden hier höhere Anforderungen an das Liquiditätsmanagement, Reserve und Vergütungspolitik.

E-Government Bei E-Government (auch E-Administration) wird staatliche Tätigkeit sowohl zwischen staatlichen Stellen wie auch im Verhältnis zum Bürger unter Nutzung von elektronischer Informations- und Kommunikationstechnologie vereinfacht. E-Government umfasst den Bereich der Zurverfügungstellung von Information (zB mittels einer Website), der elektronischen Kommunikation (zB indem über eine Website Informationen vom Bürger zur Verfügung gestellt oder von diesem heruntergeladen werden) und der eigentlichen Durchführung eines Verwaltungsvorgangs (zB Beantragung eines Führerscheins). Sind verschiedene Behörden für einen bestimmten Verwaltungsvorgang erforderlich, betrifft E-Government auch die entsprechende Zusammenfügung der betroffenen Leistungen zum Zweck der Schaffung der Möglichkeit der einheitlichen Inanspruchnahme.

E-Health E-Health (Electronic Health, Elektronische Gesundheit) bezeichnet den Einsatz elektronischer Informations- und Kommunikationstechnologien im Gesundheitswesen zur Verbesserung von Prävention, Diagnose, Behandlung, Überwachung und Verwaltung. Hierunter fallen unter anderem die Telemedizin (Fernbehandlung, Videosprechstunden), die elektronische Patientenakte (ePA), digitale Gesundheitsanwendungen, elektronische Rezepte (E-Rezept), Patientenportale, Gesundheitsdatenbanken sowie Medizinprodukte mit Datenerfassungsfunktion (zB Fernüberwachung von Herzschrittmachern, kontinuierliche Glukosemessung).

E-Mail E-Mail (Abk. für „electronic mail", kurz auch Mail genannt) bezeichnet eine auf elektronischem Weg in Computernetzwerken übertragene, briefartige Nachricht (elektronische Post), die in der Regel über Mailserver versendet, empfangen und gespeichert wird. Eine E-Mail kann mit Anhängen (→ attachment) versehen werden. Zivilrechtlich kann eine E-Mail das Textformerfordernis (§ 126b BGB) erfüllen; für gesetzlich vorgeschriebene Schriftform (§ 126 BGB) genügt sie hingegen grundsätzlich nicht.

E-Mail envelope Bei dem E-Mail envelope handelt es sich um die → Metadaten, die – vergleichbar einem Briefumschlag – die für die Identifizierung von Sender und Empfänger und damit für die Zustellung der E-Mail maßgeblichen Informationen an den E-Mail-Server bereitstellen. Der E-Mail envelope enthält insbesondere die → IP-Adresse, von der aus die E-Mail versendet worden ist.

E-Mail-Adresse Die E-Mail-Adresse ist die eindeutige Adresse, unter der ein E-Mail-Account erreicht werden kann.

E-Mail-Archivierung Vgl. → elektronische Archivierung.

E-Mail-Filterung E-Mail-Filterung ist die (meist automatisierte) technische Sortierung, Blockierung oder Umleitung von E-Mails nach Kriterien wie Absender, Empfänger, Betreff, Dateianhang oder Schlüsselwörtern (zB Spam-/Malware-Filter, Content-Filter). Dies kann insbesondere im Arbeitsverhältnis relevant sein, wobei zu unterscheiden ist, ob private Nutzung des betrieblichen E-Mail-Systems erlaubt ist und ob die Maßnahme Inhalte oder lediglich Metadaten betrifft; regelmäßig sind arbeitsrechtliche Vorgaben, Mitbestimmung (zB § 87 Abs. 1 Nr. 6 BetrVG) sowie Datenschutzrecht (DS-GVO, ggf. TDDDG bei TK-/Telemediendiensten) zu beachten, uU ist die E-Mail-Filterung in diesem Kontext als strafbare Handlung nach § 206 StGB einzustufen, wenn die E-Mails dem Fernmeldegeheimnis unterliegen (→ E-Mail-Nutzung am Arbeitsplatz, private).

E-Mail-Nutzung am Arbeitsplatz, private Private E-Mail-Nutzung am Arbeitsplatz liegt vor, wenn Beschäftigte das dienstliche E-Mail-System für private Nachrichten verwenden. Ein

Anspruch auf Gestattung besteht regelmäßig nicht; in vielen Unternehmen ist die private E-Mail-Nutzung allerdings die Regel. Sofern die private Nutzung erlaubt wird (ausdrücklich oder konkludent im Rahmen einer → betrieblichen Übung (diese träte bei einem Dauertatbestand wie hier, ca. 3–6 Monate nach der Zulassung der Privatnutzung ein)), stellen sich Folgefragen zu Kontroll- und Sicherheitsmaßnahmen (zB Logging, Zugriff im Vertretungsfall, Screening/Filterung). Vielfach wird die Auffassung vertreten, durch die Zulassung der privaten E-Mail-Nutzung werde der Arbeitgeber zum → Diensteanbieter, so dass §§ 3 ff. TDDDG zur Anwendung gelangen und er insbesondere zur Wahrung des Fernmeldegeheimnisses, § 3 TDDDG, verpflichtet ist. In der Folge wären Maßnahmen wie das → E-Mail-Screening oder das Ausfiltern bestimmter E-Mails aufgrund von → Blacklists oder → Whitelists möglicherweise ein Fall von § 206 StGB. Wäre die Privatnutzung hingegen verboten, würde sich die Kontrolle der E-Mail-Nutzung „nur" nach den Vorschriften der DS-GVO richten. Aus Compliance-Sicht empfiehlt sich eine klare → E-Mail-Policy (Erlaubnis/Verbot, zulässige Kontrollen, Lösch- und Aufbewahrungsregeln, Vertretung).

E-Mail-Policy Eine E-Mail Policy ist eine unternehmensinterne Regelung zum Umgang mit E-Mails, insbesondere zur Frage der privaten Nutzung des betrieblichen E-Mail-Accounts. Sie ist Bestandteil der Regelungen zur IT-Sicherheit und unterliegt der Kontrolle durch den IT-Sicherheitsbeauftragten und den Datenschutzbeauftragten. Eine E-Mail-Policy kann der Mitbestimmung gemäß § 87 Abs. 1 Nr. 1 BetrVG unterliegen.

E-Mail-Screening E-Mail-Screening bezeichnet die systematische inhaltliche Analyse von E-Mails nach Maßgabe bestimmter Suchkriterien (Zeiträume, Schlüsselwörter, Absender, Empfänger etc.). Zulässigkeit und Voraussetzungen des E-Mail-Screening im Arbeitsverhältnis sind umstritten. Kernfrage ist, ob der Arbeitgeber, der die private E-Mail-Nutzung des geschäftlichen E-Mail-Systems zulässt, als Anbieter von Telekommunikationsdiensten gemäß § 3 Nr. 1 TKG zu qualifizieren ist, so dass für das E-Mail-Screening die §§ 3 TDDDG (d. h. unter anderem das Fernmeldegeheimnis gemäß § 3 TDDDG) zu beachten wären oder ob sich das E-Mail-Screening „nur" nach den datenschutzrechtlichen Bestimmungen der DS-GVO richtet (siehe hierzu OLG Karlsruhe 10.1.2005 – 1 Ws 152/04). Sollte man den Arbeitgeber als Diensteanbieter einstufen und damit die Anwendbarkeit der §§ 3 TDDDG bejahen, so wäre noch die Frage der zeitlichen Reichweite des Fernmeldegeheimnisses zu klären (siehe hierzu BVerfG 16.6.2009–2 BvR 902/06, das vom Schutz durch das Fernmeldegeheimnis ausgeht, solange die E-Mail beim Provider gespeichert ist).

E-Mail-Überwachung Der Arbeitgeber hat die Möglichkeit, aufgrund der Kontrolle der betrieblichen Mittel durch die Verwaltung der IT den Arbeitnehmer und dessen E-Mail-Verkehr vollständig zu überwachen. Es sind hierbei insbesondere die datenschutzrechtlichen Grenzen zu beachten. Eine Totalüberwachung ist außer im Fall eines begründeten Verdachts (und auch dann nur für einen begrenzten Zeitraum) gestattet. Ist private Nutzung gestattet, kann darüber hinaus das Fernmeldegeheimnis (§ 3 TDDDG) berührt sein (vgl. auch → E-Mail-Screening).

E-Mail-Werbung Vgl. → Unsolicited Bulk E-Mail.

E-Ordering Mit E-Ordering wird die elektronische Abwicklung einer Bestellung bezeichnet.

E-Procurement E-Procurement ist die Beschaffung von Gütern und Dienstleistungen über das Internet. Vgl. dazu → E-Bidding.

E-Rezept Die elektronische Übermittlung und Verarbeitung vertragsärztlicher elektronischer Verordnungen von apothekenpflichtigen Arzneimitteln sowie von sonstigen in der vertragsärztlichen Versorgung verordnungsfähigen Leistungen die Telematikinfrastruktur zu nutzen (§ 360 Abs. 1 SGB V).

E-Zines Vgl. → Webzines.

EAN Abk. für European Article Number.

ec Abk. für → electronic cash.

Echtzeit-Datenzugang (Open Data) Echtzeit-Datenzugang beschreibt die Bereitstellung bestimmter Datensätze in (nahezu) Echtzeit – typischerweise über standardisierte Schnittstellen (APIs) – zur Weiterverwendung durch Dritte. Die Open-Data-Richtlinie (2019/1024/EU) legt Regeln zur Bereitstellung und Wiederverwendung bestimmter Datensätze fest, die sich im Besitz öffentlicher Stellen befinden. Die Durchführungsverordnung 2023/138/EU zur Open-Data Richtlinie legt bestimmte hochwertige Datensätze in den Bereichen „Georaum“, „Erdbeobachtung und Umwelt“, „Meteorologie“, „Statistik“, „Unternehmen und Eigentümerschaft von Unternehmen“ sowie „Mobilität“ fest und bestimmt Modalitäten für deren Bereitstellung.

Der Vorschlag der EU-Kommission für die → Digital-Omnibus-Verordnung sieht vor, dass die Open-Data-Richtlinie neben anderen Gesetzakten in den → Data Act integriert werden.

EDGE EDGE (Abk. für Enhanced Data Rates for GSM Evolution) ist ein Verfahren zur Datenübertragung in Mobilfunknetzen und eine Weiterentwicklung des → GSM-Standards.

Edge Computing Edge Computing bezeichnet eine → Cloud Computing Technologie, bei der Daten räumlich nahe am Bedarf am Rande oder außerhalb einer Cloud verarbeitet werden, zB in der Nähe von Sensoren, Maschinen, auf Endgeräten etc. Entscheidend ist, dass der Dienst ortsgebunden angeboten wird. Diese Technologie wird genutzt, um Dienste aus dem Bereich → SaaS, → PaaS und → IaaS anzubieten.

Aus rechtlicher Sicht sind hier insbesondere datenschutzrechtliche Implikationen (Datensicherheit, Verantwortlichkeit), Cybersecurity der Edge Computing Devices und die vertragliche Ausgestaltung mit dem Dienstleister (Haftung im Falle einer Störung oder des Verlustes von Daten) relevant. Es ist auf eine klare Allokation der Verantwortlichkeiten im Verhältnis zum Anbieter zu achten. Edge Computing kann dabei helfen Datenlokalisierungsanforderungen einzuhalten-

EDI EDI (Abk. für Electronic Data Interchange) ist ein Sammelbegriff für Verfahren zum elektronischen Informationsaustausch.

Editor Ein Editor ist ein Softwareprogramm zur Erstellung und Bearbeitung von Daten einschließlich Text-, Bild-, Audio- und Videoinhalten.

EDPB (Europäischer Datenschutzausschuss) Der Europäische Datenschutzausschuss (European Data Protection Board, EDPB) setzt sich nach Art. 68 DS-GVO aus dem Leiter einer Aufsichtsbehörde eines jeden Mitgliedstaats und dem Europäischen Datenschutzbeauftragten (→ European Data Protection Supervisor, EDPS) zusammen. Der EDPB ist in seiner Stellung unabhängig und stellt die einheitliche Anwendung der DS-GVO sicher. Hierzu erlässt der EDPB Leitlinien, Empfehlungen und Stellungnahmen und kann in bestimmten Fällen → verbindliche Beschlüsse fassen (insb. im Kohärenzverfahren).

EDPB Guidelines (aktuelle) EDPB-Guidelines sind die vom → EDPB Datenschutzausschuss veröffentlichte Leitlinien, Empfehlungen oder Stellungnahmen zur Auslegung und Anwendung der DS-GVO. Sie betreffen zumeist die Auslegung konkreter Anforderungen der DS-GVO (wie etwa Leitlinien 01/2022 Auskunftsrecht, 9/2022 Datenschutzvorfälle) oder Datenverarbeitung in spezifischen Bereichen und Konstellationen (etwa Leitlinien 03/2022 Dark Pattern, Stellungnahme 28/2024 Training von KI-Modellen). Diese Instrumente des EDPB stellen keine verbindlichen Rechtsnormen dar, entfalten jedoch praktische Bindungswirkung, da sie von Behörden und Gerichten als Auslegungshilfe herangezogen werden und die Ansichten der europäischen Aufsichtsbehörden widerspiegeln.

EDPB, Verbindliche Beschlüsse (Art. 65 DS-GVO) Der → EDPB erlässt nach Art. 65 DS-GVO verbindliche Beschlüsse im Rahmen von Kohärenz-/Streitbeilegungsverfahren für den Fall, dass Uneinigkeit zwischen den nationalen Aufsichtsbehörden besteht, insbesondere über die Behördenzuständigkeit oder den Beschlussentwurf der → federführenden Aufsichtsbehörde. Die Beschlüsse sind für die Aufsichtsbehörden bindend und müssen in deren nachgelagerten Entscheidungen berücksichtigt bzw. umgesetzt werden. Entsprechende Beschlüsse ergingen bisher vor allem im Hinblick auf große, europaweit agierende Online-Plattformen, wie Meta und TikTok.

EDPS Abk. für → European Data Protection Supervisor.

EDV Abk. für Elektronische Daten-Verarbeitung. Dies bezeichnet die Erfassung, Speicherung und Bearbeitung von Daten und Dokumenten mit dem Computer.

EFF Abk. für → Electronic Frontier Foundation.

eIDAS 2.0 → eIDAS-Verordnung (Neufassung 2024).

eIDAS, Fernsignatur Eine qualifizierte Fernsignatur nach → eIDAS 2.0 bezeichnet eine qualifizierte elektronische Signatur, die keinen gesonderten Hardware-Token beim Unterzeichner erfordert, sondern das Sicherheitszertifikat bei einem qualifizierten Vertrauensdiensteanbieter verwahrt.

eIDAS-Verordnung (Neufassung 2024) Die eIDAS-Verordnung (2014/910/EU) ist die Nachfolgerin der Signaturrichtlinie (1999/93/EG) und wurde im Rahmen einer Novellierung 2024 (Verordnung 2024/1183/EU; eIDAS 2.0) grundlegend überholt. Sie schafft den EU-Rechtsrahmen für elektronische Identifizierungsmittel und Vertrauensdienste. eIDAS 2.0 führt insbesondere die European Digital Identity Wallets (→ EUDI-Wallet) ein, die ein harmonisiertes elektronisches Identifizierungsmittel bereitstellen sollen. Zudem führt eIDAS 2.0 neue Regelungen für elektronische Vertrauensdienste, wie elektronische Signaturen, elektronische Siegel und Zeitstempel, ein.

eigene/zu eigen gemachte Inhalte Vgl. → Haftung im Internet.

Eingabemaske Vgl. → Maske.

Einmalpasswort Ein Einmalpasswort (One-Time Password, OTP) ist ein während eines → Challenge Response Vorgangs generiertes Passwort, das nach Beendigung der Session seine Gültigkeit verliert.

Einweisung Einweisung ist die Einführung in die grundsätzlichen Funktionalitäten eines IT-Systems oder eines Computerprogramms. Die Einweisung ist nicht zwingender, aber regelmäßiger Bestandteil der Verpflichtung aus einem Softwareerstellungsvertrag, der vor der Abnahme von Software durchzuführen ist (ansonsten kann der Besteller die Leistung nicht überprüfen) – eine umfangreichere Unterweisung wird als Schulung bezeichnet. Bei Standardsoftware kommt eine Einweisung in der Regel nicht vor.

Einwilligung Im Datenschutzrecht stellt die freiwillige und formgerecht eingeholte Einwilligung gemäß Art. 7 DS-GVO einen Erlaubnistatbestand für die (nach Maßgabe der DS-GVO als Ausgangspunkt unzulässige) Erhebung, Verarbeitung und Nutzung von personenbezogenen Daten dar. Gemäß Art. 9 DS-GVO können auf Grundlage einer ausdrücklichen Einwilligung auch besondere Kategorien personenbezogener Daten (Art. 9 DS-GVO) erhoben, verarbeitet oder genutzt werden. Sie ist jederzeit mit Wirkung für die Zukunft widerruflich und macht sie deshalb zu einer eher unsicheren Rechtsgrundlage für die Verarbeitung. Im Hinblick auf die persönliche Abhängigkeit der Beschäftigten vom Arbeitgeber wird häufig bezweifelt, dass die Einwilligung im Beschäftigungsverhältnis überhaupt freiwillig und damit wirksam sein kann (siehe auch § 26 BDSG). Es gelten gesonderte Bedingungen für die Einwilligung eines Kindes in Bezug auf Dienste der Informationsgesellschaft (Art. 8 DS-GVO).

Einwilligung in eine medizinische Behandlung Die Einwilligung in eine medizinische Behandlung ist – in Abgrenzung zur Einwilligung des Betroffenen in die Datenverarbeitung (Art. 6(1)(a), 9(2)(a) DS-GVO) – die freiwillige, auf ordnungsgemäßer ärztlicher Aufklärung beruhende und vor der Maßnahme erklärte Zustimmung des Patienten zu einem ärztlichen Eingriff, die dessen Rechtmäßigkeit begründet. Sie ist nach § 630d Abs. 1 BGB grundsätzlich Voraussetzung jeder medizinischen Behandlung und setzt eine verständliche und rechtzeitige Aufklärung über Art, Umfang, Risiken und Alternativen der Maßnahme voraus (§ 630e BGB sowie berufsrechtlich § 8 MBO-Ä). Fehlt eine wirksame Einwilligung, stellt der Eingriff regelmäßig eine rechtswidrige Körperverletzung im Sinne der §§ 223, 228 StGB dar. Die Einwilligung muss zudem auf der Einwilligungsfähigkeit des Patienten, dessen freier Willensentschließung sowie auf einer hinreichenden Informationsgrundlage beruhen und ist Ausdruck des verfassungsrechtlich verankerten Selbstbestimmungsrechts des Patienten.

Einwilligungsmanagement Einwilligungsmanagement bezeichnet den organisatorischen und technischen Prozess zur Erhebung, Verwaltung, Dokumentation und Aktualisierung von Einwilligungen betroffener Personen zur Erfüllung der Pflichten nach Art. 5, 7 DS-GVO.

Einzellizenz Eine Einzellizenz erlaubt das Installieren und Nutzen der Software auf einem Rechner. Auch → Einzelplatzlizenz.

Einzelplatzlizenz Eine Einzelplatzlizenz beinhaltet regelmäßig ein zeitlich unbegrenztes Nutzungsrecht einer Software auf einem Arbeitsplatzrechner.

Einzelverbindungsnachweis Der Einzelverbindungsnachweis (vgl. § 65 TKG) ist eine nach Einzelverbindungen aufgeschlüsselte Rechnung, die zumindest die Angaben enthält, die für eine Nachprüfung der Teilbeträge der Rechnung erforderlich sind.

EIR Abk. für → Equipment Identity Register.

Electronic Banking Electronic Banking (E-Banking) bezeichnet als Sammelbegriff beleglos und in elektronischer Form abgewickelte Bankgeschäfte, also Datenträgeraustausch (DTA oder DTAUS), Onlinebanking (auch E-Banking, Homebanking, oder Telebanking) und Telefonbanking.

electronic cash electronic cash (Abk. ec), seit 2007 offiziell Girocard, ist ein deutsches Debitkarten-System. Die ec-Karte ist mit einem Girokonto verknüpft, von dem die Abbuchungen erfolgen. Die Bezahlung mit einer ec-Karte erfolgt durch Eingabe einer Geheimzahl, der sogenannten PIN (Persönliche Identifikationsnummer) an einem entsprechenden Terminal am Point of Sale (POS). Das Terminal wird als EFT-POS-Terminal oder Elektronisches-Wert-Übertragungs-Terminal bezeichnet.

Electronic Commerce Electronic Commerce ist der Bereich der Wirtschaft, in dem die Initiierung von Rechtsgeschäften oder die rechtsgeschäftlich relevanten Erklärungen und zum Teil auch die Erfüllung unter Verwendung von elektronischen Medien erfolgen, allgemein also Produktion, Vertrieb, Marketing, Verkauf oder Lieferung von Gütern und Dienstleistungen auf elektronischem Weg.

Electronic Frontier Foundation Die Electronic Frontier Foundation (Abk. EFF) ist eine non-profit Organisation, die sich für die Verteidigung der Grundrechte in der digitalen Welt und hierbei insbesondere für digitalen Datenschutz, Meinungsfreiheit und Innovation einsetzt. https://www.eff.org/.

Electronic Publishing Electronic Publishing ist ein Oberbegriff für sämtliche Formen des elektronischen Veröffentlichens, unabhängig von der konkreten Art der Verbreitung.

elektronische Archivierung Die elektronische Archivierung befasst sich mit der ordnungsgemäßen und sicheren Speicherung sowie Aufbewahrung digitaler Unterlagen (E-Mails, sonstige Unterlagen in digitaler Form). Dabei ist zwischen einem „Backup" als kurzfristiger Sicherung vor unmittelbarem Datenverlust und der Langzeitsicherung im Hinblick insbesondere auf gesetzliche Aufbewahrungsfristen (AO, HGB) und gesetzlicher Sicherheitsvorschriften (DS-GVO, HGB) zu unterscheiden. Zu achten ist insbesondere auf Integrität, Wiederherstellbarkeit (insbesondere nach Migration), Vermeidung von Verlusten.

elektronische Form Die elektronische Form ersetzt nach § 126a BGB die Schriftform, soweit dieses gesetzlich zugelassen ist. Voraussetzung ist eine qualifizierte elektronische Signatur nach der eIDAS-Verordnung (910/2014/EU). Im Hinblick darauf, dass § 126a BGB die Zulässigkeit der elektronischen Form als Regel formuliert, muss die Unzulässigkeit der elektronischen Form jeweils ausdrücklich geregelt sein, wie dies beispielsweise in § 766 Satz 2 BGB für die Bürgschaft der Fall ist.

elektronische Gesundheitskarte (eGK) Die elektronische Gesundheitskarte (eGK) ist die in § 291 SGB V geregelte personalisierte Chipkarte der gesetzlichen Krankenversicherung, die als Authentifizierungs- und Berechtigungsmedium im Gesundheitswesen dient und insbesondere die Inanspruchnahme von Leistungen sowie den Zugang zu digitalen Anwendungen der → Telematikinfrastruktur ermöglicht. Die eGK enthält sowohl administrative Versichertenstammdaten (§ 291a Abs. 2 SGB V) als auch – nach Einwilligung des Versicherten – medizinische Informationen und Zugriffsberechtigungen für Anwendungen wie die elektronische Patientenakte oder das → E-Rezept.

Elektronische Identifizierung, Vertrauensniveaus Die eIDAS-VO kennt im Hinblick auf die Anforderungen für elektronische Systeme zur Identifizierung von natürlichen oder juristischen Personen drei verschiedene Vertrauensniveaus (Level of Assurance): niedrig, substanziell und hoch. Das Identifizierungsmittel muss entsprechend des benötigten Vertrauensniveaus der Verwaltungsdienstleistung eingesetzt werden. Die genauen Anforderungen, die ein elektronisches Identifizierungsmittel erfüllen muss, um das entsprechende Vertrauensniveau zu erreichen, werden in der Durchführungsverordnung 2015/1502/EU festgelegt. Das Identifizierungsmittel hat das Vertrauensniveau, auf dem der Mitgliedstaat es im Rahmen des nach eIDAS-VO festgelegten Notifizierungsverfahren notifiziert hat.

elektronische Patientenakte (ePA) Die elektronische Patientenakte (ePA) ist eine nach §§ 341 ff. SGB V geregelte, von den gesetzlichen Krankenkassen bereitgestellte digitale Gesundheitsakte, die der sektorenübergreifenden Speicherung und Bereitstellung gesundheitsbezogener Daten dient. Sie ist Bestandteil der → Telematikinfrastruktur und ermöglicht berechtigten Leistungserbringern sowie dem Versicherten den Zugriff auf behandlungsrelevante Informationen. Die ePA wird insbesondere durch Ärzte, Krankenhäuser, Apotheken und andere Leistungserbringer sowie durch den Versicherten selbst mit Daten befüllt. Für Versicherte erfolgt die Bereitstellung seit 2025 grundsätzlich im Opt-out-Verfahren, die Nutzung bleibt jedoch freiwillig.

elektronische Signatur Eine elektronische Signatur (definiert in Art. 3 eIDAS-VO) sind Daten in elektronischer Form, die anderen elektronischen Daten beigefügt oder logisch mit ihnen verbunden werden und die der Unterzeichner zum Unterzeichnen verwendet. Die fortgeschrittene elektronische Signatur (Art. 3 Nr. 11 eIDAS-VO) sowie die qualifizierte elektronische Signatur (Art. 3 Nr. 12 eIDAS-VO) können in Abgrenzung zur einfachen elektronischen Signatur eindeutig einem Unterzeichner zugeordnet werden und ermöglichen eine Identifizierung, wobei aber nur die qualifizierte elektronische Signatur die Rechtswirkung einer handschriftlichen Unterschrift hat (Art. 25 Abs. 2 eIDAS-VO). Die fortgeschrittene und qualifizierte elektronische Signatur ist so mit den unterzeichneten Daten verbunden, dass eine nachträgliche Änderung der Daten erkannt werden kann (Art. 26 Abs. 1 eIDAS-VO).

Elektronischer Geschäftsverkehr Vgl. → electronic Commerce.

elektronischer Pressespiegel Ein elektronischer Pressespiegel ist eine Zusammenfassung von Pressetexten auf digitaler Grundlage, der elektronisch übermittelt wird. Die Schrankenbestimmung des § 49 UrhG erfasst Pressespiegel, die elektronisch übermittelt werden, jedoch nur, wenn diese „nach Funktion und Nutzungspotential noch im Wesentlichen dem herkömmlichen Pressespiegel entsprechen". Dies setzt voraus, dass „der elektronisch übermittelte Pressespiegel nur betriebs- oder behördenintern und nur in einer Form zugänglich gemacht wird, die sich im Falle der Speicherung nicht zu einer Volltextrecherche eignet." (vgl. zu den Zitaten BGH 11.7.2002 – I ZR 255/00).

Elektronische Attributsbescheinigung Eine elektronische Attributsbescheinigung ist nach der eIDAS-VO eine in elektronischer Form vorliegende Bescheinigung, die die Authentifizierung von Attributen ermöglicht. Solche Attribute können bspw. akademische Qualifikationen sein. Eine qualifizierte elektronische Attributsbescheinigung nach Art. 45d eIDAS-VO und Attributsbescheinigungen, die von oder im Namen einer für eine authentische Quelle zuständigen öffentlichen Stelle ausgestellt werden, haben dieselbe Rechtswirkung wie rechtmäßig ausgestellte Bescheinigungen in Papierform (Art. 45b eIDAS-VO). → EUDI-Wallets soll eine sichere Speicherung, Verwaltung und Validierung elektronischer Attributsbescheinigungen ermöglichen.

Elektronisches Dokument Vgl. → Elektronische Form.

elektronisches Rezept Vgl. → E-Rezept.

embedded Software Embedded Software ist eine in einem anderen Programm implementierte Software.

embedded Systeme Embedded Systeme („eingebettete Systeme") sind Computer, die in ein technisches Gerät eingebettet sind und dieses, unter Umständen gemeinsam mit weiteren embedded Systemen steuern, regeln oder überwachen (zB in Kraftfahrzeugen, Kommunikationsanlagen).

Emoticon/Emoji Emoji sind digitale Piktogramme (Bilder oder Zeichen), die in elektronischer Kommunikation (wie etwa E-Mail, Chat, Social Media) eingesetzt werden, um Emotionen, Gesten, Aktivitäten, Personen/Tiere/Pflanzen, Gegenstände oder anderes darzustellen. Nach Entscheidung des OLG München (11.11.2024 – 19 U 200/24 e) kann eine → Willenserklärung auch mittels Zeichen kundgetan werden, wobei der Rechtsbindungswille des Verwenders im Wege der Auslegung zu bestimmen ist. Es besteht jedoch eine erhöhte Gefahr von Missverständnissen, da Faktoren wie Nationalität und Muttersprache, kultureller Hintergrund sowie Alter, Geschlecht oder Persönlichkeitsstruktur das Verständnis und die Nutzung beeinflussen können.

Emotionserkennung (KI-Anwendung) Emotionserkennung bezeichnet KI-gestützte Verfahren, die dem Zweck dienen, Emotionen oder Absichten natürlicher Personen auf der Grundlage ihrer biometrischen Daten festzustellen oder daraus abzuleiten (Art. 3 Nr. 39 KI-VO). Am Arbeitsplatz und in Bildungseinrichtungen ist der Einsatz eines KI-basierten Emotionserkennungssystems verboten, soweit dies nicht aus medizinischen Gründen oder Sicherheitsgründen erfolgt (Art. 5 Abs. 1 lit. f KI-VO). Auch im Übrigen stellen solche Systeme einen Fall der Hochrisiko-KI (Anhang III Nr. 1 lit. c) KI-VO) dar, die insbesondere gesonderten Transparenzanforderungen unterliegen (Art. 50 Abs. 3 KI-VO). Des Weiteren sind insbesondere datenschutzrechtliche Implikationen zu beachten.

Empfänger Empfänger iSd → DS-GVO ist eine natürliche oder juristische Person, Behörde, Einrichtung oder andere Stelle, der personenbezogene Daten offengelegt werden, unabhängig davon, ob es sich bei ihr um einen Dritten handelt oder nicht (Art. 4 Nr. 9 DS-GVO).

Empfehlungssystem (Recommender System, DSA) Ein Empfehlungssystem ist ein vollständig oder teilweise automatisiertes System, das von einer Online-Plattform verwendet wird, um auf ihrer Online-Schnittstelle den Nutzern bestimmte Informationen vorzuschlagen oder diese Informationen zu priorisieren, auch infolge einer vom Nutzer veranlassten Suche, oder das auf andere Weise die relative Reihenfolge oder Hervorhebung der angezeigten Informationen bestimmt (Art. 3 lit. s) DSA). Online-Plattformen müssen Informationen über die wichtigsten Parameter und ihre Gewichtung bereitstellen, die die Reihenfolge und Hervorhebung der Informationen bestimmen (Art. 27 DSA). Solche Parameter können bspw. Nutzerverhalten, Nutzerbewertungen, Sponsoring, Neuheit des Produkts umfassen. → VLOPs/VLOSs müssen zudem mindestens eine Option für jedes Empfehlungssystem anbieten, die nicht auf → Profiling beruht.

Emulator Ein Emulator ist ein Hard- oder Softwaresystem, das in der Lage ist, die Funktionsweise eines anderen Systems nachzuahmen. Bei Verwendung des identischen Datenbestandes werden gleiche Programmstrukturen verwendet, so dass identische Ergebnisse produziert werden, wie dies unmittelbar bei der Verarbeitung auf dem nachgeahmten System der Fall wäre.

Encryption → Verschlüsselung

End of life End of life bezeichnet das Ende des Nutzungszyklus eines Systems. Für diesen Zeitpunkt bedarf es Lösungen im Hinblick auf das Ersatz-/Nachfolgeprodukt, auf das Vertragsmanagement usw.

End-to-End Response Time End-to-End Response Time ist eine Kennzahl für die Dauer der Laufzeit zwischen zwei Stellen unterschiedlichster Art, zB zwischen Server/Client, zwischen Support und Endnutzer usw. (siehe auch → Service Level Agreement).

End-to-End Service Level End-to-End Service Level bezeichnet den Service Level gemessen beim → Endbenutzer/User (siehe auch → Service Level Agreement).

End-to-End SLA Das End-to-End SLA bestimmt die Kennwerte allein anhand der Messergebnisse beim Endnutzer (siehe auch → Service Level Agreement).

End-to-End System Availability End-To-End System Availability bezeichnet die Gesamtverfügbarkeit eines Datenverarbeitungssystems für einen User (also nicht bezogen auf einzelne Komponenten, siehe auch → Service Level Agreement).

Endbenutzer Endbenutzer (auch User) ist derjenige, der IT-Systeme oder Softwareprogramme einsetzt, also damit Informationen bearbeitet, verarbeitet und übermittelt, ohne – im Normalfall – spezielle Kenntnisse hinsichtlich der Funktionalität der IT-Systeme oder Softwareprogramme zu besitzen (vgl. im Ggs. dazu → Administrator und → Operator).

Endbenutzer-Lizenzvertrag Der Endbenutzer-Lizenzvertrag ist die Lizenzvereinbarung für die Nutzung von Software, die „Annahme" wird zumeist während der Installation vom Endbenutzer durch „akzeptieren" erklärt; häufig auch End User License Agreement genannt (→ EULA).

Endeinrichtung Eine Endeinrichtung ist jede direkt oder indirekt an die Schnittstelle eines öffentlichen Telekommunikationsnetzes angeschlossene Einrichtung zum Aussenden, Verarbeiten oder Empfangen von Nachrichten (§ 2 Nr. 6 TDDDG). Es gelten besondere Anforderungen an das Speichern von Informationen in einer Endeinrichtung sowie den Zugriff auf darin gespeicherte Informationen. Nur in Ausnahmefällen ist hierfür keine Einwilligung erforderlich (§ 25 TDDDG). Diese Regelungen sollen nach dem → Digital Omnibus Entwurf zukünftig dem Regime der DS-GVO unterstellt werden.

Endleitung Vgl. → Inhouse-Verkabelung.

Endnutzer Endnutzer ist im TKG eine juristische oder natürliche Person, die einen öffentlich zugänglichen Telekommunikationsdienst für private oder geschäftliche Zwecke in Anspruch nimmt oder beantragt und weder öffentliche Telekommunikationsnetze betreibt noch öffentlich zugängliche Telekommunikationsdienste erbringt, vgl. § 3 Nr. 13 TKG.

enhanced Telecom Operations Map Die enhanced Telecom Operations Map (eTOM; heute oft als Business Process Framework bezeichnet) ist ein Standard in Form eines Rahmenwerks für Geschäftsprozesse von Unternehmen der Informations- und Telekommunikationsindustrie, das vom TeleManagement Forum (→ TeleManagement Forum) herausgegeben wird (ähnlich → XRM, → ITIL), wobei der Fokus auf der Transparenz der für bestimmte Prozesse erforderlichen Dienstleistungen und der Einhaltung entsprechender Standards liegt, um auf dieser Grundlage eine bessere Zusammenarbeit von mehreren Beteiligten zu ermöglichen.

enhancement request enhancement request ist ein → Service Request (also eine Nachfrage) beim → Support (Help Desk) nach neuen Funktionalitäten bei einem funktionierendem System.

ENISA (EU-Agentur für Cybersicherheit) ENISA (European Union Agency for Cybersecurity; ehemals European Network and Information Security Agency, woraus sich „ENISA" ableitet) ist die für Cybersecurity zuständige Behörde der Europäischen Union. Ihre Aufgaben und Befugnisse wurden durch den → Cybersecurity Act stark erweitert, und auch andere EU-Rechtsakte weisen ENISA weitere Aufgaben- und Befugnisse zu (wie etwa der → Cyber Resilience Act und die → NIS-2-Richtlinie). ENISA ist für beratende Aufgaben insbesondere für die Cybersecurity Zertifizierungsschemata verantwortlich (EU Cybersecurity Certification Scheme on Common Criteria, EUCC für → ICT Produkte; ausstehend sind Zertifizierungen für Cloud-Dienste (EUCS), 5G).

Nach dem → Digital Omnibus Entwurf soll ENISA eine zentrale Meldeplattform für Sicherheitsvorfälle einrichten.

Enkelrechte Enkelrechte sind urheberrechtliche → Nutzungsrechte, die der Lizenznehmer nicht direkt vom Urheber, sondern vom Inhaber eines Nutzungsrechts erworben hat. Die Bezeichnung als Enkelrecht geht vom Urheberrecht als Mutterrecht aus, von dem Nutzungsrechte als Tochterrechte und von denen wiederum Enkelrechte abgeleitet werden.

Entbündelung Die → Bundesnetzagentur kann Unternehmen verpflichten, Zugang zu insbesondere aktiven oder virtuell entbündelten Produkten zu gewähren (§ 22 TKG). Weitreichendere Verpflichtungen in diesem Bereich können Unternehmen, die über beträchtliche Marktmacht verfügen, auferlegt werden (§ 26 Abs. 3 TKG). Dies soll die Grundversorgung mit Telekommunikationsdiensten ermöglichen. Seit der TKG-Novelle 2021 gilt das Recht auf Versorgung mit Telekommunikationsdiensten (§ 156 TKG).

Enterprise Resource Planning System Mit Enterprise Resource Planning System wird einerseits die Aufgabe umschrieben, die Verwendung der Unternehmensressourcen zu planen und diese in einer einzigen Struktur zu organisieren, zudem auch das dafür verwendete Programm.

Entgeltregulierung Die Entgeltregulierung bei Telekommunikation ist in §§ 37–48 TKG geregelt. Danach kann die BNetzA eine missbräuchliche Ausnutzung der Marktposition insbesondere durch Entgeltregulierungsverfahren unterbinden.

EOL Abk. für → End of life.

ePrivacy-Richtlinie Die ePrivacy-Richtlinie (2002/58/EG, auch „EU-Cookie-Richtlinie") regelt den Schutz der Privatsphäre in der elektronischen Kommunikation und etabliert insbesondere das Einwilligungserfordernis beim Einsatz von Cookies und ähnlichen Technologien. Sie ist in Deutschland aktuell im TDDDG umgesetzt.

ePrivacy-Verordnung (Entwurf) Eine Verordnung, die die → ePrivacy Richtlinie ersetzen und einen harmonisierten Rahmen für den Schutz der Privatsphäre in der elektronischen

Kommunikation schaffen sollte. Diese Bestrebungen wurden im Rahmen des Arbeitsprogramms 2025 der EU-Kommission nach einem achtjährigen Gesetzgebungsverfahren ohne Einigung der Mitgliedstaaten zurückgezogen.

Equipment Identity Register Das Equipement Identity Register ist ein Register, in dem die →IMEI eines Mobiltelefons registriert wird. Der Provider kann die →IMEI abfragen und das Mobiltelefon sperren, falls im Register eine Sperranordnung eingetragen ist.

Ergebnisranking Ergebnisranking ist die Abfolge, in der eine →Suchmaschine die Treffer auflistet.

Erheben Erheben ist eine Form der Datenverarbeitung (Art. 3 Nr. 2 DS-GVO) und beschreibt die Beschaffung der personenbezogenen Daten von einer betroffenen Person.

ERP Abk. für Enterprise Resource Planning.

ERP-System Abk. für →Enterprise Resource Planning System.

Erschöpfungsgrundsatz Der Erschöpfungsgrundsatz führt dazu, dass sich der Inhaber ausschließlicher Immaterialgüterrechte bezüglich des Vervielfältigungsstücks eines Werks oder eines sonstigen Schutzgegenstandes, das mit seiner Zustimmung in Verkehr gebracht worden sind, auf bestimmte seiner Rechte nicht mehr berufen kann. Nach § 17 Abs. 2 UrhG kann das Original oder ein Vervielfältigungsstück, das mit Zustimmung des zur Verbreitung Berechtigten im Wege der Veräußerung in Verkehr gebracht wurde, zulässig weiterverbreitet werden (Ausnahme Vermietung). Für Computerprogramme ist der Erschöpfungsgrundsatz in § 69c Nr. 3 UrhG geregelt und führt dazu, dass der Rechtsinhaber die Weiterverbreitung eines mit seiner Zustimmung im Gebiet der Europäischen Union oder eines anderen Vertragsstaates des Abkommens über den Europäischen Wirtschaftsraum im Wege der Veräußerung in Verkehr gebrachten Vervielfältigungsstücks eines Computerprogramms nicht verhindern kann, wobei das Verbreitungsrecht nicht das Vermietrecht umfasst. Der EuGH hat entschieden, dass der Erschöpfungsgrundsatz auch dann eingreift (d. h. die zugrundeliegenden Bestimmungen der Richtlinie 2009/24/EG über den Rechtsschutz von Computerprogrammen dementsprechend auszulegen sind), wenn das Vervielfältigungsstück des Computerprogramms durch das vom Rechtsinhaber gestattete (möglicherweise auch gebührenfreie) Herunterladen einer Kopie aus dem Internet auf einen Datenträger entsteht und der Rechtsinhaber für dieses Vervielfältigungsstück gegen ein entsprechendes Entgelt ein zeitlich unbefristetes Nutzungsrecht eingeräumt hat (EuGH 3.7.2012 – C-128/11).

Erstbegehungsgefahr Die Erstbegehungsgefahr ist im deutschen Recht eine Voraussetzung für einen Anspruch auf Unterlassen künftiger (Wettbewerbs-, Marken-, Urheber-)Rechtsverstöße: Eine Erstbegehungsgefahr besteht, wenn aufgrund konkreter Umstände davon auszugehen ist, dass in Zukunft erstmalig ein Rechtsverstoß erfolgt. Die Erstbegehungsgefahr spielt insbesondere in Verfahren zum Erwirken einer einstweiligen Verfügung eine große Rolle.

Escrow Agent Escrow Agent (Treuhänder) bezeichnet ein Unternehmen, das auf die Hinterlegung von Vermögenswerten (zB →Quellcode von Software, →Software Escrow) spezialisiert ist, die erst bei Eintritt festgelegter Bedingungen an die andere als die hinterlegende Partei herausgegeben werden.

Escrow, (Cloud-)Quellcode (Cloud) Quellcode Escrow (auch Software-Treuhand, SaaS-Escrow) bezeichnet eine vertragliche Vereinbarung zwischen Kunde (Lizenznehmer), Softwarehersteller (Lizenzgeber) und einem → Escrow Agent (Treuhänder) über die Hinterlegung des Quellcodes einer Cloud-/→ SaaS- oder sonstigen Software-Anwendung sowie notwendiger Dokumentation und Konfigurationsdaten etc. Für den Fall, dass der Softwarehersteller seinen vertraglichen Pflichten aus dem Vertragsverhältnis mit dem Kunden nicht mehr nachkommt/nachkommen kann und die vorab festgelegten Bedingungen eingetreten sind (sog. Release Events, bspw. Insolvenz, Betriebseinstellung, wiederholte Vertragsverletzungen), kann der Kunde Herausgabe des Quellcodes und der zusätzlichen Materialien vom Escrow-Agent verlangen. Der hinterlegte Quellcode und die weiteren Materialien sollen es dem Kunden ermöglichen, eine funktionsfähige Softwareumgebung wiederherzustellen. Entsprechend muss der hinterlegte Quellcode und die weiteren Materialien während der Dauer des Escrow regelmäßig aktualisiert werden. Die Besonderheit bei Cloud/SaaS-Lösungen liegt darin, dass hier auch die Cloud-Infrastruktur-Abhängigkeiten berücksichtigt werden müssen, um die Wiederherstellbarkeit sicherzustellen.

ESG-Reporting, Datenbezug ESG ist eine Abkürzung für die Begriffe Environmental, Social und Governance (Umwelt, Soziales und Unternehmensführung) und beschreibt Kriterien für die Bewertung der Nachhaltigkeit eines Unternehmens. Im Zusammenhang mit IT und Digitalem geht es hier insbesondere um Nachhaltigkeitsziele bei Nutzung, Entwicklung, Betrieb und Entsorgung digitaler Technologien und der dafür benötigten Hardware. Zunehmende Bedeutung erlangt ESG aufgrund der Berichtspflichten im Rahmen der CSRD (Corporate Sustainability Reporting Directive, 2022/2464/EU), die Unternehmen ab einer bestimmten Größe verpflichtet, Nachhaltigkeitsdaten offenzulegen. Die Umsetzung der CSRD in Deutschland steht noch aus.

Aus datenschutzrechtlicher Sicht ist insbesondere das Reporting über Arbeitsbedingungen, Zusammensetzung der Belegschaft, Lohngerechtigkeit etc. relevant, da dies die Verarbeitung von Mitarbeiterdaten erfordert. Auch die so genannten Scope-3-Emmissionen (indirekte Emissionen in der vor- und nachgelagerten Wertschöpfungskette) erfordern eine umfangreiche Datenergebung.

Eskalationsgremium Das Eskalationsgremium ist Teil des Eskalationsmanagements im Projektmanagement. Bei der Softwareentwicklung wird mit Vertretern des Bestellers und des Unternehmers besetzt und befasst sich im Falle von Krisen während der Softwareentwicklung mit der einvernehmlichen Lösung der Probleme. Die Besetzung sowie die Ausgestaltung des Eskalationsprozesses sollte vertraglich zwischen den Parteien festgelegt werden.

eTOM Abk. für → enhanced Telecom Operations.

EU-CSIRT-Netzwerk Das Computer Security Incident Response Team (CSIRT) Netzwerk besteht aus den von den Mitgliedstaaten ernannten CSIRT sowie dem CERT-EU (Cybersecurity Service for the Union Institutions, Bodies, Offices and Agencies). Das EU-CSIRT-Netzwerk wurde im Rahmen der NIS Richtlinie eingerichtet und wird durch die → NIS-2-Richtlinie weiter gestärkt. Das Netzwerk dient dem Austausch von Informationen auf EU-Ebene und soll im Falle eines (grenzüberschreitenden) Sicherheitsvorfalls unterstützen und eine koordinierende Funktion übernehmen. Das Netzwerk wird durch → ENISA koordiniert.

EU-ID-Wallet (EUDI-Wallet) EU-ID-Wallet ist eine gebräuchliche Bezeichnung für die European Digital Identity Wallet (EUDI-Wallet) nach eIDAS 2.0. Vgl. → EUDI-Wallet.

EU-KI-Büro → AI Office (EU-KI-Büro).

EU-US Data Privacy Framework →Data Privacy Framework (EU-US DPF).

EUCC (EU Cybersecurity Certification Scheme) →Cybersicherheitszertifizierung (EUCC).

EUDI-Wallet Das EUDI-Wallet (europäische Brieftasche für die Digitale Identität) wird durch →eIDAS 2.0 eingeführt und beschreibt ein elektronisches Identifizierungsmittel, das es dem Nutzer ermöglicht, Personenidentifizierungsdaten und elektronische Attributsbescheinigungen (bspw. Akademische Qualifikationen) sicher zu speichern, zu verwalten und zu validieren, um sie anderen zu präsentieren und mittels qualifizierter elektronischer Signaturen zu unterzeichnen oder mittels qualifizierter elektronischer Siegel zu besiegeln. Die Verarbeitung personenbezogener Daten im Rahmen des EUDI-Wallet wirft datenschutzrechtliche Fragen auf, die von der eIDAS-VO nicht selbst adressiert, sondern über die Regelungen der DS-GVO zu lösen sind.

EUDI-Wallet, Akzeptanzpflicht Die Nutzung von →EUDI-Wallets ist nicht zwingend vorgesehen, jedoch besteht nach Art. 5f eIDAS-VO eine Akzeptanzpflicht für private Unternehmen die nach dem nationalen oder Unionsrecht verpflichtet sind, eine Online-Identifizierung mit starker Nutzerauthentifizierung vorzunehmen oder sofern eine solche Identifizierung vertraglich vorgesehen ist, auch in den Bereichen Verkehr, Energie, Bankenwesen, Finanzdienstleistungen, soziale Sicherheit, Gesundheit, Trinkwasser, Postdienste, digitale Infrastrukturen, Bildung oder Telekommunikation (ausgenommen Kleinst- und kleine Unternehmen). Ebenso sollen →VLOPs die Verwendung von EUDI-Wallets akzeptieren und erleichtern, wenn sie für den Zugang zu Online-Diensten eine Nutzerauthentifizierung verlangen (Art. 5f Abs. 3 eIDAS-VO).

EULA Abk. für →End User License Agreement; →Endbenutzer-Lizenzvertrag.

EURid Die EURid ist die für die Registrierung der Domain „.eu“ zuständige Vergabestelle http://www.eurid.eu/.

Europäische Datenräume (Sektorspezifisch) Im Rahmen der europäischen Datenstrategie der EU-Kommission mit dem Ziel des Aufbaus eines Binnenmarkts für Daten sollen in einer Reihe strategischer Bereiche – unter anderem Gesundheit, Energie, Mobilität, Landwirtschaft, Tourismus – gemeinsame europäische Datenräume geschaffen werden. Diese sollen ein Infrastruktur zum Austausch und der Nutzung von Daten aufbauen. Der Europäische Gesundheitsdatenraum (European Health Data Space, EHDS; beruhend auf Verordnung 2025/327/EU) stellt den ersten gemeinsamen EU-Datenraum dar, der einen Rahmen für den Austausch und die Nutzung elektronischer Gesundheitsdaten schaffen soll.

Europäischer Rechtsakt zur Barrierefreiheit (EAA) Der Europäische Rechtsakt zur Barrierefreiheit (European Accessibility Act, EAA; RL 2019/882/EU) legt verbindliche Anforderungen an die Barrierefreiheit für bestimmte Produkte und Dienstleistungen (zB bestimmte Hard-/Software-Produkte, E-Commerce-Dienste, Bankdienstleistungen, Personenbeförderungsdienste, Informationsdienste) fest. Ziel ist es, dass die betroffenen Produkte und Dienste auch für Menschen mit Behinderungen wahrnehmbar, nutzbar und bedienbar sind. Die Anforderungen orientieren sich an den Web Content Accessibility Guidelines (WCAG) 2.1 des →World Wide Web Consortiums.

Trotz der allgemein verwendeten Bezeichnung handelt es sich hierbei um eine Richtlinie, die in Deutschland über das Barrierefreiheitsstärkungsgesetz umgesetzt wird.

European Data Protection Supervisor Der European Data Protection Supervisor (Europäischer Datenschutzbeauftragter, EDSB) ist eine unabhängige Behörde, die für den Schutz personenbezogener Daten in den Einrichtungen der EU zu sorgen hat. Zugleich ist der European Data Protection Supervisor für Organe und Einrichtungen der EU bei datenschutzrechtlichen Fragen beratend tätig. https://www.edps.europa.eu/_en.

EVB-IT Abkürzung für Ergänzende Vertragsbedingungen für die Beschaffung von Informationstechnik (→ Besondere Vertragsbedingungen (BVB)).

EVB-IT (aktuelle Fassung) Aktuell gibt es 12 EVB-IT-Verträge und zwei noch geltende BVB-Verträge, die einen standardisierten vertraglichen Rahmen für die IT-beschaffung der öffentlichen Hand bilden. Die EVB-IT lösen die früheren Besonderen Vertragsbedingungen ab. Die EVB-IT-Vertragstypen wurden im März 2026 neu veröffentlicht. Abrufbar unter: https://www.digitale-verwaltung.de/Webs/DV/DE/aktuelles-service/it-einkauf/evb-it-und-bvb/aktuelle_evb-it-node.html. Anpassung an DS-GVO, CRA und AI Act ausstehend.

Exit Optionen Exit Optionen sind die Möglichkeiten für die vorzeitige Gesamt- oder Teilauflösung eines Vertrages.

Exit-Intent-Popup Ein Exit-Intent-Popup ist ein → Pop-up-Fenster, das sich entgegen dem Willen des Nutzers öffnet, wenn er durch das Kommando „Abbruch“ oder „Schließen“ einer Webseite diese verlassen will. Der Einsatz kann wettbewerbswidrig sein, wenn das Pop-up-Fenster belästigend wirkt oder den Nutzer am Verlassen der Seite hindert. Das Fenster muss sich einfach und schnell schließen lassen, darf den Nutzer nicht irreführen und den Button zum Schließen nicht verstecken.

Expireware Vgl. → Crippleware.

Exploit Ein Exploit (basierend auf dem englischen Wort für „ausnutzen“) ist ein Schadprogramm oder Befehlsfolge, die eine Schwachstelle (Vulnerability) in Software oder Hardware ausnutzt, um sich so bspw. unbefugten Zugang zu verschaffen, Privilegien eines Nutzers zu erweitern oder Daten abzuziehen. Die Entwicklung oder Verbreitung eines Exploits, mit dem Daten ausgespäht oder abgefangen werden, kann nach § 202c StGB strafbar sein. Sog. Zero-Day-Exploits beschreibt das Ausnutzen einer Schwachstelle, die dem Hersteller bis zu diesem Zeitpunkt noch nicht bekannt war, weshalb bisher keine Möglichkeit bestand, diese zu beheben. Der → CRA stellt umfassende Pflichten für die Meldung, Dokumentation und Behebung von Schwachstellen bei Produkten mit digitalen Elementen auf. Dabei besteht die Meldepflicht für ausgenutzte Schwachstellen unabhängig von etwaigen Risikobewertungen.

Extended Reality (XR) Siehe → Augmented Reality (AR)

Extensible Markup Language Extensible Markup Language ist ein Standard zur Erstellung maschinen-/menschenlesbarer Dokumente.

Extranet Das Extranet ist eine technische Erweiterung des → Intranet und gestattet einer bestimmten Gruppe unternehmensexterner Dritter über das → Internet Zugriff auf speziell für sie bereitgestellte Informationen.

F

F&E-Projekte Abk. für Forschungs- und Entwicklungsprojekte, auch R&D für Research and Development genannt.

Fachliches Feinkonzept Ein Fachliches Feinkonzept ist die vollständige Festlegung eines Verfahrens durch Beschreibung seiner Funktionen, der Schnittstellen und des Zusammenwirkens der Funktionen, die auszuführen sind.

Facility Management Facility Management ist im Zusammenhang mit IT die computer- bzw. softwaregestützte Bewirtschaftung von Gebäuden und Anlagen.

Fake Reviews (DSA) Fake Reviews sind gefälschte oder manipulierte Nutzerbewertungen, die Verbraucher über die Qualität oder Kundenzufriedenheit bzgl. eines Produkts irreführen oder täuschen sollen. Beispiele hierfür sind gekaufte oder automatisiert durch Bots erstellte Bewertungen. Nach dem → DSA bestehen für Betreiber von Online-Plattformen strengere Pflichten gegen gemeldete illegale Inhalte (worunter auch Fake Reviews fallen können) vorzugehen. Nach § 5b Abs. 3 UWG gilt als wesentliche Information, wie der Unternehmer sicherstellt, dass die veröffentlichten Bewertungen von solchen Verbrauchern stammen, die die Waren oder Dienstleistungen tatsächlich genutzt oder erworben haben.

FAQ Abk. für → Frequently Asked Questions.

Fat Client Fat Client bezeichnet einen Client (zB den Computer eines Endnutzers in einem Netzwerk) mit hinreichenden Funktionalitäten, um die eigenetliche Datenverarbeitung auf dem Client vornehmen zu können (Gegensatz: → Thin Client).

Federated Learning Federated Learning (dt. föderiertes Lernen) beschreibt einen dezentralen Trainingsansatz für KI-Modelle, wobei die für das Training benötigten Daten nicht auf einem Server zentral gespeichert werden, sondern diese auf dezentralen Geräten oder Servern in einem Netzwerk (Client) verbleiben und jeder Client das globale KI-Modell durch Übermittlung der aggregierten Modellparameter trainiert. Vorteile ergeben sich hieraus insbesondere aus Sicht des Datenschutzes, da kein Austausch der Rohdaten erfolgt (Datenminimierung). Doch auch diese Methode ist nicht frei von Risiken, bspw. können Aktualisierungen des Modells selbst im Falle von Inferenzangriffen Informationen über die lokal verwendeten Daten offenlegen.

Federführende Aufsichtsbehörde → One-Stop-Shop (DS-GVO).

Fehlerbehebungszeit Die Fehlerbehebungszeit ist die Zeitspanne zwischen Auftreten der Störung und endgültiger Behebung (siehe auch → Service Level Agreement).

Fehlerklasse Die Fehlerklasse teilt Störungen bei Softwareerstellung bzw. -pflege unterschiedlichen Kategorien zu, die bei der Erstellung von Individualsoftware zur Abnahmeverweigerung führen können und sich bei der Softwarepflege nach Dringlichkeit der Behebung und Frist für die Beseitigung unterscheiden.

Fehlerrate Fehlerrate ist die maximal zugelassene Anzahl von Fehlern bei Abnahme einer Software.

Feinkonzept Das Feinkonzept ist eine Stufe bei der Softwareerstellung.

Fernabsatzrecht Das Fernabsatzrecht regelt besondere Voraussetzungen für Verträge über die Lieferung von Waren oder Dienstleistungen, die unter Verwendung von Fernkommunikationsmitteln abgeschlossen werden, vgl. § 312c BGB.

Fernabsatzvertrag Ein Fernabsatzvertrag ist ein Vertrag zwischen einem Unternehmen und einem Verbraucher über die Lieferung von Waren oder Erbringung von Dienstleistungen (Ausnahmen § 312 BGB) unter ausschließlicher Verwendung von Fernkommunikationsmitteln; vgl. §§ 312c–312h BGB.

Fernkommunikationsmittel Fernkommunikationsmittel sind in § 312c Abs. 2 BGB legaldefiniert: alle Kommunikationsmittel, die zur Anbahnung oder zum Abschluss eines Vertrags eingesetzt werden können, ohne dass die Vertragsparteien gleichzeitig körperlich anwesend sind, wie Briefe, Kataloge, Telefonanrufe, Telekopien, E-Mails, über den Mobilfunkdienst versendete Nachrichten (SMS) sowie Rundfunk und digitale Dienste nach § 1 Abs. 4 Nr. 1 des DDG.

Fernlöschung Unter Fernlöschung (häufig auch „Remote Wipe“ genannt) versteht man den auf Distanz übertragenen Befehl der Datenlöschung an ein mobiles IT-Device. Der Fernlöschung kommt insbesondere im Kontext von → Bring your own device-Programmen Bedeutung zu, um im Verlustfall die auf einem mobilen IT-Device gespeicherten Unternehmensdaten löschen zu können, bevor Unbefugte Zugriff nehmen können. Sollen private Daten in die Fernlöschung einbezogen werden, kann die → Einwilligung der Betroffenen erforderlich sein, um eine Strafbarkeit gemäß § 303a StGB zu vermeiden.

Fernmeldegeheimnis Das Fernmeldegeheimnis (auch umfassender Telekommunikationsgeheimnis) ist über Art. 10 GG geschützt und stellt eine Ausprägung des Rechts auf Privatsphäre dar. § 3 TDDDG verpflichtet Anbieter von öffentlichen Telekommunikationsdiensten und Betreiber von öffentlichen Telekommunikationsnetzen und -anlagen zur Wahrung des Fernmeldegeheimnisses. Die Verletzung des Fernmeldegeheimnisses ist nach § 206 StGB unter Strafe gestellt. Dabei richtet sich die Strafnorm des § 206 StGB insbesondere gegen Telekommunikationsdiensteanbieter und deren Aufsichtsbehörden, da das Fernmeldegeheimnis insbesondere das Vertrauen in deren Tätigkeit schützt. In das Fernmeldegeheimnis darf nur aufgrund eines Gesetzes eingegriffen werden. Eine Durchbrechung erfährt das Fernmeldegeheimnis daher durch die strafprozessualen Zwangsmaßnahmen der §§ 100a, 100g, 100i StPO.

Fernwartung Die Fernwartung (auch Remote Control) ist eine Form des Supports bei Hard- und Software. Ein Fernwartungsprogramm ermöglicht es einem Techniker, aus der Ferne über das Internet direkt auf den zu wartenden Rechnern zuzugreifen. Die Fernwartung erfordert besondere Sicherheitsvorkehrungen – regelmäßig erfolgt der Zugriff über ein → Virtual Private Network (VPN).

Festnetzanschluss Festnetzanschluss ist ein Telefonanschluss, der im Gegensatz zum Mobiltelefon an einen feststehenden Anschluss gebunden ist.

Field-of-Use-Klauseln Eine Field-of-Use-Klausel (auch Field-of-use-Beschränkung) beschränkt das durch eine Lizenzierung gewährte Nutzungsrecht auf einen bestimmten Anwendungsbereich, bestimmte Zwecke oder einen bestimmten Markt.

Field-Service Field-Service bezeichnet den Vor-Ort-Service für Kunden.

File engl. für → Datei.

File Transfer Protocol Das File Transfer Protocol ist eines der ältesten Anwendungsprotokolle, mit dem Dateien von und zu einem FTP-Server übertragen werden können. Mit einem Browser kann FTP mit der URL „FTP://" verwendet werden.

Filehost Vgl. → Sharehost.

Fileserver Ein Fileserver stellt in einem Netzwerk Speicherplatz zur Verfügung.

Filesharing Das Filesharing (dt. gemeinsamer Dateizugriff, Dateien teilen) bezeichnet das Weitergeben von Dateien im Internet über einen zentralen Cloud-Server oder direkt über den Computer der Teilnehmer (→ Peer-to-Peer-Netzwerk). Problematisch ist dies aus urheberrechtlicher Sicht unter anderem, weil es sich beim Anbieten in einem derartigen System um eine grundsätzlich dem Rechtsinhaber vorbehaltene öffentliche Zugänglichmachung gemäß § 19a UrhG handelt.

FinTS FinTS (Abk. für Financial Transaction-Services) ist eine Fortentwicklung von → HBCI unter Verwendung von elektronischen Signaturen und PIN/TAN.

FinTech FinTech (Financial Technology; Finanztechnologie) bezeichnet Unternehmen, die technologiebasierte Anwendungssysteme und Geschäftsmodelle im Bereich „Finanzen" anbieten. Sofern es sich hierbei um erlaubnispflichtige Geschäfte handelt, unterfällt das Unternehmen dem finanzrechtlichen Aufsichtsregime (bspw. nach KWG, WpIG, ZAG und → MiCAR).

FIPS FIPS (Abk. für Federal Information Processing Standard) enthält eine Reihe von Standards für IT-Systeme der öffentlichen Verwaltung in den USA, die vom → National Institute of Standards and Technology (NIST) herausgegeben werden.

Firewall Firewall ist eine Soft- und/oder Hardwarelösung zur kontrollierten Trennung von internen Netzwerken vor unbefugten Angreifer aus externen ungesicherten Netzwerken bzgl. eines bestimmten → Hosts, meist aus dem Internet. Der einzige Weg aus dem gesicherten Netzwerk in den ungesicherten Teil geht regelmäßig über die Firewall. Die Firewall untersucht jedes eintreffende Datenpaket auf die Authentizität hin und weist es ab, wenn der Absender unbekannt ist.

Firmware Firmware ist die in ein elektronisches Gerät integrierte Software zur Steuerung dieses Gerätes.

First Line Support Vgl. → First-Level Support.

First-Come-First-Served-Regel First-Come-First-Served-Regel umschreibt den Prioritätsgrundsatz, der v. a. beim Eintragen von Domains bei der DENIC zur Anwendung kommt: Derjenige, der eine Domain zuerst angemeldet hat, darf diese grundsätzlich behalten, ausgenommen der später Anmeldende hat ein besseres Recht, zB weil er für den Domainnamen markenrechtlichen oder uU auch namensrechtlichen („Recht der Gleichnamigen“) Schutz hat. Allerdings besteht nur ein Anspruch auf Unterlassen der Verwendung der Domain, kein Anspruch auf deren Herausgabe (vgl. BGH 22.11.2001 – I ZR 138/99). Zu beachten ist aber das Urteil des BGH vom 25.3.2010 – I ZR 197/08, in dem der BGH in ausdrücklicher Abgrenzung zur vorgenannten Entscheidung feststellt: „Bei treuhänderischer Registrierung eines Domainnamens richtet sich der Herausgabeanspruch des Treugebers aus § 667 BGB auf Übertragung oder Umschreibung des Domainnamens.“ Der BGH begründet dies wie folgt: „Denn im Fall einer treuhänderischen Registrierung stellt es keine ungerechtfertigte Bevorzugung des Treugebers gegenüber anderen etwaigen Prätendenten dar, wenn er den Domainnamen mit der Priorität der treuhänderischen Registrierung erhält. Hätte er dagegen nur einen Freigabeanspruch, bestünde die Gefahr, dass er den Domainnamen nach der Freigabe nicht für sich registrieren lassen könnte, wenn ein Prätendent sich in der Zwischenzeit mit einem Dispute-Eintrag gesichert hätte.“

First-Level Support Der First-Level Support (→ Help-Desk, First Line Support) ist der erste Kontaktpunkt eines Anwenders im Fall von Problemen oder Störungsfällen im Zusammenhang mit dem Support unterliegenden Leistungen (zB bei Problemen mit der Bedienung eines Computerprogramms). Hauptaufgabe des First-Level-Support ist die Beantwortung bestimmter (in der Regel einfacher) Fragen auf der Grundlage von Know-how-Datenbanken etc. sowie die Weiterleitung für ihn nicht beantwortbarer Anfragen an die entsprechenden Spezialisten (→ Second-Level Support, → Second-Line Support).

First-Sale-Doctrine Die First-Sale-Doctrine ist die US-Entsprechung des → Erschöpfungsgrundsatzes, wonach das Verbreitungsrecht des Urhebers bezogen auf ein körperliches Vervielfältigungsstück seines Werkes mit dem ersten Inverkehrbringen eines körperlichen Vervielfältigungsstücks durch den Urheber für dieses Vervielfältigungsstück endet.

Fixed Fee Fixed Fee ist eine Vereinbarung, bei der ein Festpreis sämtliche vom Auftragnehmer zu erbringenden Leistungen erfasst, so dass eine Anpassung des Preises allenfalls gemäß § 315 BGB oder im Rahmen der Vertragsanpassung im Fall eines → Change Requests möglich ist.

Flatrate Die Flatrate bezeichnet einen unabhängig von der Menge der bezogenen Leistung (Zeit, Datenmenge) zu zahlenden Pauschalpreis pro festgelegter Zeiteinheit (üblicherweise pro Monat), üblich bei Internet-Zugängen und Telefonie.

Floating User Network Lizenz Die Floating User Network Lizenz erlaubt es dem → User, die Software auf einem beliebigen Rechner im Netzwerk zu nutzen (siehe auch → Floating-License).

Floating-License Eine Floating-License (auch „Concurrent License“) erlaubt eine begrenzte simultane Anzahl (concurrent) von Nutzern, aber eine größere Anzahl an Installationen einer Software in einem Netzwerk, so dass mehrere wechselnde Benutzer auf die Software zugreifen können. Über den Lizenzserver wird sichergestellt, dass die maximale Anzahl gleichzeitiger Nutzer nicht überschritten wird.

Flooding Flooding ist das Überfluten der Verbindungswarteschlange eines Servers durch das Senden von Datenpaketen bis hin zur Gebrauchsuntauglichkeit. Das Flooding-Programm wird Flooder genannt (siehe auch → Denial-of-Service-Angriff).

FLOPS FLOPS (Abk. für Floating Point Operations Per Second; Gleitkommaoperationen pro Sekunde) ist eine Maßeinheit zur Beschreibung der Rechenleistung eines Computers. Im Rahmen der KI-VO wird diese Einheit verwendet, um zu bestimmen, ob ein KI-Modell mit allgemeinem Verwendungszweck über Fähigkeiten mit hohem Wirkungsgrad verfügt (Art. 51 KI-VO).

FMO FMO (Abk. für „Future Mode of Operations") bezeichnet die künftige Art und Weise des Betriebs (eines IT-Systems). Im Zusammenhang mit dem → Outsourcing wird der Begriff häufig gemeinsam mit dem → CMO (Abk. für Current Mode of Operations) verwendet, der den Ausgangspunkt von → Transition und → Transformation darstellt.

Fog Computing Fog Computing beschreibt die Nutzung von Datenverarbeitungssystemen am Rande einer Cloud räumlich nah am Bedarf. Diese Technologie wird genutzt, um Dienste aus dem Bereich → SaaS, → PaaS und → IaaS anzubieten. Im Gegensatz zur Cloud sind diese Dienste ortsgebunden. Es stellen sich rechtlich ähnliche Fragen wie beim → EDGE Computing.

Forecast-Based Agreement Bei einem Forecast-Based Agreement hängt die Höhe der Preise für eine bestimmte Leistung davon ab, wie hoch das geschätzte Einkaufsvolumen eines Kunden während einer festgelegten Zeitspanne des laufenden Vertrages ist.

Forenhaftung; Haftung von Online-Plattformen Forenhaftung ist eine zusammenfassende Bezeichnung für die Verantwortlichkeit des Anbieters eines Forums oder einer anderen Online-Plattform im Internet einerseits sowie der dieses Forum/diese Online-Plattform im Wege der Veröffentlichung eigener Inhalte nutzenden Personen andererseits. Der Autor eines Beitrags haftet nach den allgemeinen Grundsätzen (→ Haftung im Internet). Aus Sicht des Anbieters handelt es sich bei einem Beitrag um einen fremden Inhalt. Gemäß Art. 6 DSA/ § 10 DDG ist er für diesen nicht verantwortlich, wenn er keine tatsächliche Kenntnis von der rechtswidrigen Handlung oder rechtswidrigen Inhalten hatte und, im Fall von Schadenersatzansprüchen, ihm keine Tatsachen oder Umstände bekannt sind, aus denen die rechtswidrige Handlung oder die Information offensichtlich wird oder er zügig tätig geworden ist, um die Information zu entfernen oder den Zugang zu ihr zu sperren, sobald er Kenntnis erlangt hat („Notice and Take Down"). Nach Art. 8 DSA besteht für den Anbieter keine allgemeine Verpflichtung zur Überwachung oder aktiven Nachforschung, jedoch dürfen solche Maßnahmen unter Einhaltung des Art. 7 DSA freiwillig durchgeführt werden, ohne dass dies zum Entfall der Haftungsprivilegien führt. Zudem müssen Anbieter von Online-Plattformen Mechanismen vorsehen, die eine Meldung illegaler Inhalte ermöglicht. Höchstrichterlich ungeklärt ist bisher die Frage, ob (und wann) ein Anbieter einer Online-Plattform (in der Eigenschaft als Störer) als Unterlassungsschuldner in Anspruch genommen werden kann und damit Abmahnkosten zu tragen hat und der Geltendmachung von Unterlassungsansprüchen im Wege des einstweiligen Rechtsschutzes ausgesetzt ist. Nach einer Entscheidung des OLG Frankfurt (21.12.2023 – 6 U 154/22) im Zusammenhang mit einer Verkaufsplattform besteht eine Pflicht zur Risikomitigierung für Anbieter von Online-Plattformen resultierend aus einer Haftung nach UWG, die laut OLG von den Regelungen des DSA unberührt bleibt. Nach Entscheidung des Gerichts besteht im Falle eines Rechtsverstoßes auf einer Online-Plattform eine Pflicht des Anbieters zur Verhinderung künftiger gleichartiger Verletzungshandlungen, wobei eine solche Pflicht nur im Rahmen des technisch und wirtschaftlich Zumutbaren bestehe. „Es sind nur Maßnahmen zu treffen, die von einem die übliche Sorgfalt beachtenden Wirtschaftsteilnehmer in der Situation der Beklagten erwartet werden können, um entsprechende Verstöße effektiv zu unterbinden."

Zu achten ist jedoch auch darauf, dass der Anbieter nicht zu Unrecht Inhalte und Nutzerkonten sperren und entfernen darf (vgl. BGH 29.7.2021 – III ZR 179/20 und III ZR 192/20). Insbesondere vor einer Sperrung des Nutzerkontos müssen Nutzer vorab unter Mitteilung der Gründe informiert werden und es muss die Möglichkeit zur Stellungnahme gegeben werden. Ein internes Beschwerdemanagementsystem müssen Anbieter von Online-Plattformen nun auch nach Art. 20 DSA vorhalten.

fortgeschrittene elektronische Signatur Die fortgeschrittene elektronische Signatur ist eine → elektronische Signatur, die die Anforderungen des Art. 26 eIDAS-VO erfüllt. Sie ist eindeutig dem Unterzeichner zugeordnet und ermöglicht dessen Identifizierung. Sie ist zudem so mit den unterzeichneten Daten verbunden, dass eine nachträgliche Veränderung der Daten erkannt werden kann.

Forum Ein Forum (auch Online-Forum, Internetforum) ist eine virtuelle Plattform zur zeitlich asynchronen Kommunikation von Nutzern im Internet. Foren werden teilweise von Moderatoren und Administratoren betreut, die auf die Einhaltung der Forenregeln achten. Besondere Probleme für den Betreiber stellen sich durch die → Forenhaftung und die umfassenden Pflichten für Betreiber von Online-Plattformen und Hosting-Diensten unter dem → DSA.

Forum Shopping Forum (Engl. für Gerichtsstand) Shopping beschreibt die Möglichkeit, sich im Falle einer konkurrierenden Zuständigkeit mehrerer Gerichte für eine bestimmte Rechtsfrage (zB bei Persönlichkeitsrechtsverletzungen über Websites) das Gericht mit der günstigsten Rechtsprechung für den eigenen Fall auszusuchen.

Forward Auction Eine Forward Auction ist eine Auktion, bei der sich die einzelnen Bieter jeweils durch höhere Gebote überbieten und schließlich ein Höchstpreis erzielt wird (Ggs.: → Abwärtsversteigerung).

Forschungsdatenzentrum Gesundheit (FDZ Gesundheit) Das Forschungsdatenzentrum Gesundheit (FDZ Gesundheit) ist die in §§ 303d ff. SGB V gesetzlich geregelte zentrale Datenzugangsstelle, die Gesundheits- und Versorgungsdaten der gesetzlichen Krankenversicherung bündelt, pseudonymisiert aufbereitet und für berechtigte Zwecke der Forschung, Gesundheitsberichterstattung und Versorgungssteuerung bereitstellt. Es soll auf Antrag den kontrollierten Zugang zu standardisierten Datensätzen unter strengen Voraussetzungen ermöglichen, insbesondere hinsichtlich Zweckbindung, Datenschutz und Datensicherheit und dient damit der gesetzlich geregelten Sekundärnutzung von Gesundheitsdaten zur Verbesserung der medizinischen Versorgung und wissenschaftlichen Erkenntnisgewinnung.

FOSS Free and Open-Source Software, siehe hierzu → Freie Software und → Open-Source Software

FPS Abk. für → Frames per second.

Frame Frame ist eine bei → HTML-Programmierung mögliche Aufteilung eines Bildschirms in mehrere Segmente, in die jeweils unabhängig voneinander Webseiten geladen werden können.

Frame Link Vgl. → Framing.

Frames per second Frames per second (Abk. fps) bezeichnet bei visuellen Darstellungen die Anzahl der Bilder pro Sekunde.

Frameset Frameset ist die Gesamtheit aller → Frames in einem Browserfenster.

Framing Framing erlaubt es durch Segmentierung des Browserfensters, mehrere HTML-Dateien innerhalb eines Fensters gleichzeitig darzustellen und kann daher ein externes Angebot in definierte Bereiche der eigenen Website einbinden. Die Herkunft der Elemente ist nicht unmittelbar für den Benutzer ersichtlich. Problematisch ist dies im Hinblick auf die → Haftung für Hyperlinks (Zu-eigen-machen), auf das Vervielfältigungsrecht (§ 16 UrhG) und das Recht der öffentlichen Wiedergabe (§ 15 Abs. 2 UrhG), das gemäß § 15 Abs. 2 Satz 2 Nr. 2 auch das Recht der öffentlichen Zugänglichmachung nach § 19a UrhG erfasst, sofern das betroffene Element urheberrechtlich geschützt ist. Nach Entscheidung des EuGH (C-393/19, VG Bild-Kunst/Stiftung Preußischer Kulturbesitz) kann die Einbettung eines Werks in eine Webseite eines Dritten mittels Framing eine Zugänglichmachung des Werks für ein neues Publikum und damit eine öffentliche Wiedergabe darstellen, wenn der Urheberrechtsinhaber beschränkende Maßnahmen gegen diese Technik getroffen oder veranlasst hat. Sofern keine solche Beschränkungen bestehen, hat der Rechtsinhaber laut EuGH von Anfang an die Wiedergabe seiner Werke gegenüber sämtlichen Internetnutzern erlaubt.

Free call Free call ist ein Telefondienst, bei dem der angerufene B-Teilnehmer die Kosten trägt.

Freemailer Freemailer sind Anbieter von kostenlosen E-Mail-Diensten, die sich über Werbung finanzieren.

Freephone Freephone ist ein → Mehrwertdienst, bei dem das Verbindungsentgelt vom → Diensteanbieter gezahlt wird. Für den Anrufenden (→ A-Teilnehmer) ist das Gespräch kostenlos.

Freeware Freeware (von engl. free „kostenlos“ und ware „Ware“) ist → Software, die vom Urheber zur kostenlosen Nutzung zur Verfügung gestellt wird. Freeware ist gleichwohl urheberrechtlich geschützt und darf beispielsweise nicht verändert werden. Freeware ist nicht zu verwechseln mit → Freier Software, die u. a. bearbeitet werden darf.

Freie Software Freie Software ist → Software, die durch jeden benutzt, verändert, bearbeitet und weiter verbreitet werden darf. „Frei“ beschreibt die umfassenden Rechte des Nutzers. Freie Software ist nicht zu verwechseln mit → Freeware, die u. a. nicht bearbeitet werden darf. Freie Software wird oft im Zusammenhang mit → Open Source Software genannt, ist mit dieser aber nicht identisch.

Freigabe Freigabe ist die formelle Erklärung einer dazu befugten Stelle des Herstellers oder Anwenders, dass ein IT-System nach der Fertigstellung in einer bestimmten Umgebung eingesetzt werden darf; zu unterscheiden von der werkvertraglichen Abnahme, die besagt, dass ein Programm den vereinbarten Voraussetzungen nach dem Vertrag im Wesentlichen entspricht und somit zur Fälligkeit des Anspruchs auf den vereinbarten Werklohn führt.

Freischaltung Die gelieferte Software ist erst nach Freischaltung durch den Hersteller in ihrer vollen Funktionalität verfügbar. Sie verfolgt regelmäßig den Zweck, dem Hersteller die Kontrolle über die Nutzer seiner Software zu sichern (vgl. auch → Aktivierung).

fremde Inhalte Vgl. → Haftung im Internet.

Frequently Asked Questions Frequently Asked Questions sind eine Sammlung von häufig zu einem Problem gestellten Fragen und den darauf bezogenen Antworten auf einer Webseite zur Entlastung des allgemeinen Supports.

FRIA (Fundamental Rights Impact Assessment) Ein FRIA (Fundamental Rights Impact Assessment; Grundrechte-Folgenabschätzung) muss nach Art. 27 KI-VO vor Inbetriebnahme eines Hochrisiko-KI-Systems durch Einrichtungen des öffentlichen Rechts (oder durch sie zur Erbringung öffentlicher Dienste beauftragte Privatunternehmen) sowie von Betreibern eines KI-Systems, welches für die Kreditwürdigkeitsprüfung und Bonitätsbewertung natürlicher Personen oder die Risikobewertung und Preisbildung in Bezug auf natürliche Personen im Fall von Lebens- und Krankenversicherungen verwendet werden soll, durchgeführt werden. Dabei hat eine Abwägung der Auswirkungen der Verwendung solcher KI-Systeme auf die Grundrechte zu erfolgen. Die Ergebnisse müssen der Marktüberwachungsbehörde mitgeteilt werden.

Front Office Front Office sind die Abteilungen in einem Unternehmen mit unmittelbarem Kundenkontakt (v. a. im → Call Center); Ggs. → Back Office.

Frontline Support Frontline Support (häufig → First-Level Support) ist die primäre Anlaufstelle eines zweistufigen Supports. Als sekundäre Stufe greift der → Backline-Support.

FSK Die FSK (Abk. für Freiwillige Selbstkontrolle der Filmwirtschaft) ist eine Organisation der deutschen Filmwirtschaft, deren Ziel es ist, die Durchführung freiwillige Altersfreigabeprüfungen von Filmen und anderen Trägermedien durchzuführen, die in Deutschland für die öffentliche Vorführung und Verbreitung vorgesehen sind. Die Prüfung betrifft Kinofilmen, aber auch digitale und analoge Videoformate wie DVD und Blu-ray. www.fsk.de.

FSM Abk. für Freiwillige Selbstkontrolle Multimedia-Diensteanbieter, ein eingetragener Verein zum Zweck des Jugendmedienschutz bei Online-Inhalten, vergleichbar der → FSK. http://www.fsm.de/.

FTP Abk. für → File Transfer Protocol.

Funktionsfähigkeit Die Funktionsfähigkeit ist die Einsatzfähigkeit auf bestimmten EDV-Anlagen und -Geräten entsprechend den in der Leistungsbeschreibung vereinbarten Spezifikationen und zugesicherten Eigenschaften.

Funkzelle Eine Funkzelle ist der Bereich, den die Basisstation eines Mobilfunknetzes abdeckt. Wenn mehrere Basisstationen den gleichen Bereich abdecken, sucht das Handy die Zelle mit dem stärksten Signal aus. Die Funkzellen, durch die sich ein aktives Handy bewegt, erlauben es daher, exakt auch ohne Gespräch dessen Position festzustellen. Die Erhebung der Verkehrsdaten (§§ 9, 12 TDDDG) dürfen von Ermittlungsbehörden nur in den Fällen des § 100g StPO erhoben werden.

G

G2C Abk. für Government-to-Citizen.

Gästebuch Ein Gästebuch erlaubt es den Besuchern, Nachrichten auf einer Website zu veröffentlichen. Im Unterschied zu Chats oder Foren sollen keine direkten Reaktionen anderer Besucher auf die Einträge erfolgen. Die Haftung für Einträge in ein Gästebuch richtet sich nach Art. 4 ff. VO (EU) 2022/2065 („DSA"). Der Gästebuch-Anbieter bietet fremde Inhalte an, so dass sich seine Haftung grundsätzlich nach Art. 6 DSA bestimmt. Für die Frage nach seiner Haftung für Unterlassungsansprüche dürften die gleichen Grundsätze wie bei Foren gelten, da ein Gästebuch die gleichen Risikopotentiale mit sich bringt (→ Forenhaftung)

GAIA-X GAIA-X ist ein europäisches Projekt zur Schaffung einer sicheren, offenen und souveränen Dateninfrastruktur mit gemeinsamen Standards für Datennutzung, Transparenz und Interoperabilität. GAIA-X ist keine Regelung, sondern ein von der GAIA-X European Association for Data and Cloud koordinierter Ansatz für eine europäische Cloud-Infrastruktur.

Gatekeeper Ein Gatekeeper (deutsch: → Torwächter) ist ein Unternehmen, das zentrale Plattformdienste bereitstellt und nach Art. 3 VO (EU) 2022/1925 („Digital Markets Act", kurz „DMA") als solcher von der Kommission benannt worden ist. Zentrale Plattformdienste sind u. a. Online-Suchmaschinen, Online-Dienste sozialer Netzwerke, Betriebssysteme und Webbrowser. Stand Mitte 2026 sind folgende Unternehmen als Gatekeeper benannt worden: Alphabet Inc., Amazon.com Inc., Apple Inc., Booking, ByteDance Ltd., Meta Platforms Inc., Microsoft Corporation.

Gatekeeper, Benennung Die Benennung eines Unternehmens als Gatekeeper richtet sich nach Art. 3 DMA. Voraussetzung hierfür ist nach Art. 3 Abs. 1 DMA, dass das Unternehmen (1) einen erheblichen Einfluss auf den EU-Binnenmarkt hat, (2) einen zentralen Plattformdienst iSd Art. 2 Nr. 2 DMA bereitstellt, der gewerblichen Nutzern als wichtiges Zugangstor zu Endnutzern dient und (3) hinsichtlich seiner Tätigkeiten eine gefestigte und dauerhafte Position innehat oder absehbar erlangt. Diese qualitativen Kriterien werden gem. Art. 3 Abs. 2 DMA vermutet, wenn bestimmte Schwellenwerte überschritten sind. Ein erheblicher Einfluss auf den Binnenmarkt wird hiernach vermutet, wenn in jedem der vergangenen drei Geschäftsjahre in der EU ein Jahresumsatz von mindestens 7,5 Mrd. EUR erzielt wurde oder wenn die durchschnittliche Marktkapitalisierung oder der Marktwert des Unternehmens im vergangenen Geschäftsjahr mindestens 75 Mrd. EUR betrug und es in mindestens drei Mitgliedsstaaten denselben zentralen Plattformdienst bereitstellt. Hingegen stellt ein zentraler Plattformdienst dann ein wichtiges Zugangstor zu Endnutzern für gewerbliche Nutzer dar, wenn dieser im vergangenen Geschäftsjahr mindestens 45 Millionen in der EU niedergelassene oder aufhältige monatlich aktive Endnutzer und mindestens 10.000 in der EU niedergelassene jährlich aktive gewerbliche Nutzer hatte. Schließlich ist eine gefestigte und dauerhafte Position anzunehmen, wenn in jedem der vergangen drei Geschäftsjahre 45 Millionen in der EU niedergelassene oder aufhältige monatlich aktive Endnutzer und mindestens 10.000 in der EU niedergelassene jährlich aktive gewerbliche Nutzer erreicht wurden.

Gatekeeper, Verhaltenspflichten (Art. 5, 6 DMA) Nach Art. 5 und Art. 6 DMA unterliegen Gatekeeper weitreichenden Verpflichtungen zur Sicherung fairer Wettbewerbsbedingungen. Hierzu enthält Art. 5 DMA unmittelbar geltende Verbote („self executing obligations"), etwa das Verbot der Zusammenführung personenbezogener Daten ohne Einwilligung des Endnutzers oder das Verbot, gewerbliche Nutzer daran zu hindern, Endnutzern dieselben Produkte oder Dienstleistungen über andere Online-Vertriebskanäle zu anderen Preisen oder Bedingungen anzubieten als über die Online-Vermittlungsdienste des Gatekeepers. Zudem enthält Art. 6 DMA weitere Verpflichtungen des Gatekeepers, die teilweise noch konkretisierungsbedürftig sind („self preferencing"), wie etwa Gewährleistung von Interoperabilität und eine App-Store-Öffnung.

Gateway Ein Gateway (Protokollumsetzer) erlaubt es Netzwerken, die auf unterschiedlichen Protokollen basieren, miteinander zu kommunizieren. Mit Hilfe eines Gateways ist es beispielsweise möglich, eine Textmitteilung an ein Faxgerät zu übermitteln.

Gatoring Gatoring ist eine internetspezifische Werbeform. Durch → Spyware wird das Verhalten des Users (zB bei Nutzung von Suchmaschinen) analysiert und das Ergebnis über das Internet an einen Server weitergegeben. Dem Nutzer wird über → Frames zielorientiert Werbung auf seinen Computer eingeblendet. Gatoring ist insbesondere unter den Gesichtspunkten des Datenschutzes (heimliche Erhebung), der Behinderung und der Belästigung rechtlich problematisch.

GDD Die GDD (Abk. für Gesellschaft für Datenschutz und Datensicherung e. V., Bonn) ist eine deutsche Vereinigung für Datenschutz und Datenschutzbeauftragte. Die GDD ist ein gemeinnütziger eingetragener Verein, der angemessenen Datenschutz anstrebt und Datenschutzbeauftragte und datenverarbeitende Stellen dabei unterstützt, den Datenschutz und die Datensicherheit umzusetzen. https://www.gdd.de/.

Gebäudelizenz Eine Gebäudelizenz bezieht sich bei Software auf die Nutzung der Software in einem bestimmten räumlich abgegrenzten Bereich.

Gebrauchtsoftware Gebrauchtsoftware ist Software, die bereits von einem Endverbraucher genutzt wurde und nunmehr von diesem weiterveräußert wird. Zentrale Frage ist dabei, inwieweit dieser Ersterwerber berechtigt ist, die Software einschließlich des zugehörigen Nutzungsrechts an Dritte zu veräußern. § 69c Nr. 3 UrhG beantwortet diese Frage zugunsten der Verkehrsfähigkeit eines körperlichen Vervielfältigungsstücks eines Computerprogramms, das mit Zustimmung des Rechtsinhabers im Gebiet der Europäischen Union oder eines anderen Vertragsstaates des Abkommens über den Europäischen Wirtschaftsraum im Wege der Veräußerung in Verkehr gebracht wurde. Das Verbreitungsrecht in Bezug auf dieses Vervielfältigungsstück ist mit Ausnahme des Vermietrechts erschöpft (siehe auch → Erschöpfungsgrundsatz). Umstritten war lange Zeit, ob der Erschöpfungsgrundsatz auch zur Verkehrsfähigkeit einzelner Nutzungsrechte führt und ob eine mehrere Nutzuer umfassende → Client-Server-Lizenz aufgespaltet werden kann, um einzelne Lizenzen isoliert weiterveräußern zu können. Der EuGH hat den Erschöpfungsgrundsatz auch auf die Fälle nicht körperlich erlangter Vervielfältigungsstücke ausgedehnt, die Aufspaltung einheitlicher Mehrplatzlizenzen aber für unzulässig gehalten. Nach Vorlagebeschluss des BGH (BGH 3.2.2011 – I ZR 129/08) führt der EuGH (EuGH 3.7.2012 – C-128/11) hierzu aus (Rn. 69): „Es ist allerdings darauf hinzuweisen, dass die Erschöpfung des Verbreitungsrechts nach Art. 4 Abs. 2 der Richtlinie 2009/24 den Ersterwerber nicht dazu berechtigt, die von ihm erworbene Lizenz, falls sie, wie in den Randnrn. 22 und 24 des vorliegenden Urteils ausgeführt, für eine seinen Bedarf übersteigende Zahl von Nutzern gilt, aufzuspalten und das Recht zur Nutzung des betreffenden Computerprogramms nur für eine von ihm bestimmte Nutzerzahl weiterzuverkaufen." Im Anschluss an diese Entscheidung des EuGH hat der BGH (BGH 17.7.2013 – I ZR 129/08) die Sache an das Berufungsgericht zurückverwiesen, damit dieses nach entsprechendem Vortrag der Parteien prüfen kann, ob die vom EuGH aufgestellten Voraussetzungen erfüllt sind.

Gegenleistungsranking Das Gegenleistungsranking ist ein Geschäftsmodell der Anbieter von Suchmaschinen. Eine → Suchmaschine listet die gefundenen Ergebnisse in einer Reihenfolge auf, die sich nach dem Entgelt richten, dass die Werbekunden des Betreibers meist aufgrund so genannter Search Term Auctions (= Versteigerung von Suchbegriffen) zu bezahlen bereit sind, wenn das jeweilige Suchergebnis angeklickt wird. Der Bereich der Suchergebnisse, der Ergebnisse umfasst, deren Reihenfolge von dem für einen Suchbegriff bezahlten Betrag abhängt, ist entsprechend zu kennzeichnen, damit beim Betrachter nicht der Eindruck entsteht, die angezeigte Reihenfolge sei Ausdruck der abnehmenden inhaltlichen Relevanz der angezeigten Suchergebnisse.

GEMA Die GEMA (Abk. für „Gesellschaft für musikalische Aufführungs- und mechanische Vervielfältigungsrechte") ist eine → Verwertungsgesellschaft, die in Deutschland die Aufführungs- und Vervielfältigungsrechte von denjenigen Komponisten, Musikern und Verlegern von Musikwerken vertritt (→ Kollektive Verwertung), die in ihr Mitglied sind. http://www.gema.de/.

gematik Die gematik (Gesellschaft für Telematikanwendungen der Gesundheitskarte mbH) ist die in § 311 SGB V gesetzlich verankerte zentrale Steuerungs- und Koordinierungsstelle für die → Telematikinfrastruktur des Gesundheitswesens, die insbesondere für die Festlegung, Entwicklung und den Betrieb verbindlicher technischer Spezifikationen, Sicherheitsanforderungen und Interoperabilitätsstandards verantwortlich ist. Sie gewährleistet damit die Funktionsfähigkeit, Sicherheit und Weiterentwicklung der digitalen Gesundheitsanwendungen (z. B. → ePA, → E-Rezept) innerhalb der → Telematikinfrastruktur (§§ 306 ff. SGB V).

Gemeinfreiheit Werke, die keinen urheberrechtlichen Schutz genießen oder deren urheberrechtlicher Schutz abgelaufen (§ 64 UrhG) ist, unterliegen der Gemeinfreiheit, d. h. jedermann ist befugt, das Werk zu nutzen.

Gemeinsam Verantwortliche (Art. 26 DS-GVO) Gemeinsame Verantwortlichkeit richtet sich nach Art. 26 DS-GVO und setzt voraus, dass zwei oder mehr Verantwortliche gemeinsam die Zwecke der und die Mittel zur Verarbeitung (→ Verarbeitung) festlegen. Erforderlich ist eine Vereinbarung über die Aufteilung der Verpflichtungen, deren wesentlicher Inhalt der betroffenen Person (→ Betroffener) zur Verfügung gestellt wird.

Generative KI (allgemein) Generative KI ist eine Unterform der Künstlichen Intelligenz mit der Fähigkeit, auf Basis von Trainingsdaten mittels statistischer Modelle (insbesondere neuronaler Netze) Wahrscheinlichkeiten für Zeichen-, Wort- und Pixelabfolgen zu berechnen, und hieraus eigenständig neue Inhalte (zB Texte, Bilder, Musik) zu erzeugen.

Generative KI (Urheberrecht) Der Einsatz Generativer KI (→ Generative KI (allgemein)) wirft urheberrechtliche Fragestellungen auf, welchen sich der Gesetzgeber in der Gesetzgebung und die Rechtsprechung in der Rechtsprechung anzunehmen hat bzw. teilweise bereits angenommen hat. Beispielhaft zu nennen sind die folgenden drei urheberrechtlichen Fragestellungen: (1) Im Rahmen des Trainings von Generativer KI kann die Schranke des § 44b UrhG (Umsetzung von Art. 4 Richtlinie (EU) 2019/790, auch bekannt als „DSM-Richtlinie", kurz für „Digital Single Market Directive“) eingreifen. Gemäß dieser Schranke für das Text und Data Mining kann sich der Rechtsinhaber die Nutzung in Form der Vervielfältigung vorbehalten, wodurch die Vervielfältigung durch andere ohne Zustimmung des Rechteinhabers unzulässig wird. (2) Hinsichtlich durch Generative KI erzeugter neuer Inhalte ist stark umstritten, ob diese urheberrechtlichen Schutz genießen. Kernaspekt hierbei ist die Frage, ob ein geistiger Schöpfungsakt eines Menschen vorliegt (§ 2 Abs. 2 UrhG). Dies hängt maßgeblich von den Umständen des Einzelfalles ab (zB Einsatz als bloßes Hilfsmittel eines Menschen). (3) Die Haftung für Rechtsverletzungen durch von generativer KI erzeugten neuen Inhalten ist noch nicht abschließend geklärt und Gegenstand laufender Rechtsstreitigkeiten. Generative KI kann mangels Rechtssubjektqualität selbst nicht haften. In Betracht kommen daher insbesondere Nutzer, Anbieter oder Betreiber von Generativer KI.

Generische Domain Eine Generische Domain ist eine Domain, deren →Second-Level-Domain lediglich einen Gattungsbegriff, aber keinen Eigennamen umfasst, zB http://www.stahlguss.de.

generische Domainbezeichnung Vgl. →Domainname, →generische Domain.

generische Top-Level-Domain Abk. gTLD, vgl. →Top-Level-Domain.

Genetische Daten Genetische Daten iSd Art. 9 DS-GVO sind personenbezogene Daten zu den ererbten oder erworbenen genetischen Eigenschaften einer natürlichen Person, die eindeutige Informationen über die Physiologie oder die Gesundheit dieser natürlichen Person liefern und insbesondere aus der Analyse einer biologischen Probe der betreffenden natürlichen Person gewonnen wurden. Als besondere Kategorie personenbezogener Daten unterliegen genetische Daten grundsätzlich einem Verarbeitungsverbot (begrenzte Ausnahmen hiervon finden sich in Art. 9 Abs. 2 DS-GVO).

Genfer Tonträger-Übereinkommen Genfer Tonträger-Übereinkommen (Kurzform für Genfer Übereinkommen zum Schutz der Hersteller von Tonträgern gegen die unerlaubte Vervielfältigung ihrer Tonträger) ist ein Abkommen über den Schutz verwandter Schutzrechte.

Geoblocking-Verordnung Die VO (EU) 2018/302 („Geoblocking-Verordnung“) soll den freien EU-Binnenmarkt schützen, indem es Anbietern von Waren und Dienstleistungen untersagt wird, Kunden aus anderen EU-Mitgliedsstaaten, die grenzüberschreitende Geschäfte tätigen wollen, u. a. den Zugang zu ihren Online-Benutzeroberflächen (zB Webseiten) zu sperren oder beschränken. Ungerechtfertigtes „Geoblocking“ wird hierbei vom Gesetzgeber als Diskriminierung angesehen, ebenso wie andere Formen, der Diskriminierung, die direkt oder indirekt auf der Staatsangehörigkeit, dem Wohnsitz oder dem Ort der Niederlassung des Kunden beruhen. Geschützt sind als Kunden sowohl Verbraucher als auch Unternehmen mit Bezug zur EU. Auf audiovisuelle Inhalte (zB Streamingdienste) findet nicht die Geoblocking-Verordnung, sondern die „Portabilitäts-Verordnung (Verordnung (EU) 2017/1128) Anwendung.

Geschlossene Benutzergruppe Geschlossene Benutzergruppe bezeichnet Informationsangebote im Internet oder sonstigen Netzwerken, auf welche der Nutzer erst nach erfolgter Registrierung zugreifen kann.

Geschützte Daten (DGA) Geschützte Daten iSd Digital Governance Act (VO (EU) 2022/868, Kurzform „DGA“) sind Daten, die sich im Besitz öffentlicher Stellen befinden und aus bestimmten Gründen geschützt sind (zB aus Gründen der geschäftlichen Geheimhaltung, aus Gründen der statistischen Geheimhaltung oder zum Schutz des geistigen Eigentums Dritter). Öffentliche Stellen sind hierbei der Staat, Gebietskörperschaften oder Einrichtungen des öffentlichen Rechts oder Verbände, die aus einer oder mehreren dieser Körperschaften oder einer oder mehreren dieser Einrichtungen des öffentlichen Rechts bestehen. Die Weiterverwendung solcher geschützten Daten ist nur unter der Einhaltung besonderen Schutzmaßnahmen (zB Gewährung des Zugangs zur Weiterverwendung lediglich, wenn zuvor personenbezogene Daten anonymisiert wurden) und rechtlicher Voraussetzungen zulässig (zB: Wahrung der Rechte des geistigen Eigentums).

Gesichtserkennung (Datenschutz) Gesichtserkennung betrifft biometrische Daten iSd Art. 4 Nr. 15 DS-GVO. Deren Verarbeitung ist. gem. Art. 9 Abs. 1 DS-GVO grundsätzlich untersagt, sofern kein Ausnahmetatbestand nach Art. 9 Abs. 2 DS-GVO (zB bei Einwilligung der betroffenen Person oder aus Gründen eines erheblichen öffentlichen Interesses) eingreift. Nach deutschem Recht sind ergänzend die §§ 22, 27 BDSG zu beachten. Zudem ist bei Einsatz von KI zur Gesichtserkennung u. a. der Art. 5 VO (EU) 2024/1689 („KI-VO") zu beachten, der die Verwendung von biometrischen Echtzeit-Fernidentifizierungssystemen in öffentlich zugänglichen Räumen zu Strafverfolgungszwecken grundsätzlich verbietet, außer wenn diese im Hinblick auf bestimmte Ziele unbedingt erforderlich sind (zB gezielte Suche nach bestimmten Opfern von Entführungen oder Abwendung einer tatsächlichen und vorhersehbaren Gefahr eines Terroranschlags).

Gesundheitsdaten, besondere Kategorie Gesundheitsdaten sind personenbezogene Daten iSd Art. 4 Nr. 14 DS-GVO, die sich auf die körperliche oder geistige Gesundheit einer natürlichen Person, einschließlich der Erbringung von Gesundheitsdienstleistungen, beziehen und aus denen Informationen über deren Gesundheitszustand hervorgehen. Diese zählen zu den besonderen Kategorien personenbezogener Daten gem. Art. 9 Abs. 1 DS-GVO, wodurch die Verarbeitung von Gesundheitsdaten grundsätzlich untersagt ist. Ausnahmsweise gem. Art. 9 Abs. 2 DS-GVO zulässig ist die Verarbeitung beispielsweise zum Zweck der Gesundheitsvorsorge, aus Gründen des öffentlichen Interesses im Bereich der öffentlichen Gesundheit oder mit Einwilligung der betroffenen Person. Ergänzend gelten sektorspezifische Vorschriften, etwa im Sozialgesetzbuch (zB §§ 67 ff. SGB X, soweit die dort genannten Sozialdaten auch Gesundheitsdaten darstellen) oder strafrechtlich flankierte Geheimhaltungspflichten (§ 203 StGB).

Gesundheitsdatennutzungsgesetz (GDNG) Das Gesundheitsdatennutzungsgesetz (GDNG) ist ein Gesetz auf Bundesebene von 2024, das einen Rechtsrahmen für die erweiterte Nutzung von Gesundheitsdaten, welche zugleich auch Sozialdaten der gesetzlichen Krankenversicherungen sein können, schafft und die datenschutzrechtlichen und sektorspezifischen Regelungen des SGB V ergänzt. Es regelt die Bereitstellung und Nutzung von Gesundheitsdaten für Versorgung, Forschung und Qualitätssicherung, vor allem in pseudonymisierter Form und unter Beachtung der DS-GVO (insb. Art. 6 und 9). Kern des Gesetzes ist die Etablierung strukturierter Datenzugangsmechanismen, insbesondere über das → Forschungsdatenzentrum Gesundheit (§§ 303d ff. SGB V), sowie die Stärkung von Interoperabilität, Datenverfügbarkeit und Sekundärnutzung im Zusammenspiel mit → ePA (§§ 341 ff. SGB V) und → Telematikinfrastruktur (§§ 306 ff. SGB V).

Geteilte-Kosten-Dienst Geteilte-Kosten-Dienst ist eine andere Bezeichnung für → Shared Cost-Dienste.

Gigabit-Infrastruktur-VO Die VO (EU) 2024/1309 („Gigabit-Infrastruktur-VO") soll den Aufbau von Netzen mit sehr hoher Kapazität erleichtern und beschleunigen. Hierzu vereinfacht diese u. a. Genehmigungsverfahren, schafft Zugangsrechte zu bestehender physischer Infrastruktur und Transparenzpflichten in Bezug auf geplante Bauarbeiten. Die Gigabit-Infrastruktur-VO ergänzt insoweit etwa das deutsche Telekommunikationsgesetz („TKG“).

Global Name Registry Global Name Registry (Abk. GNR) war ein kommerzielles Unternehmen, das durch die → ICANN das Recht übertragen bekommen hatte, die → TLD.name zu betreiben. Dieses Recht (neben anderen → TLDs) steht heutzutage der VeriSign, Inc, zu.

Global Trade Item Number Global Trade Item Number (Abk. GTIN, zuvor European Artice Number, Abk. EAN) ist ein von der GS1 (Global Standard 1) herausgegebener Code zur Identifikation von Produkten. http://www.gs1.org/.

GNU Vgl. → GNU-Projekt.

GNU General Public License Die General Public License (Abk. „GPL“) ist eine von der Free Software Foundation herausgegebene Lizenz mit → Copyleft für die Lizenzierung freier Software. Sie soll sicherstellen, dass die Benutzer alle Versionen eines Programms frei nutzen und verändern (der → Quellcode wird meist mitgeliefert) können. Die Weitergabe geänderter Versionen hat dann aber ihrerseits wiederum unter der General Public License zu erfolgen. Das Problem bei der Verwendung von Software, die der General Public License unterliegt, ist die so genannte Infektion, d. h. die mit unter der GPL stehender Software verbundene eigene Software muss möglicherweise auch der General Public License unterworfen werden (→ Viraler Code) http://www.gnu.org/licenses/gpl.html.

GNU Lesser Public License Die Lesser Public License (früher „Library General Public License“ Abk. LGPL), ist neben der → General Public License (GPL) und der → GNU General Public License eine weitere von der Free Software Foundation entwickelte Lizenz. Veränderte Versionen müssen dabei ebenfalls unter der LGPL (oder wahlweise der GPL) lizenziert werden. Grundsätzlich darf eine unter LGPL lizenzierte Software nur zusammen mit ihrem Quelltext vertrieben werden, im Gegensatz zur GPL aber mit der Einschränkung, dass extern auf die unter der LGPL lizenzierten Programme zugreifende Software ihre eigene Lizenz wahren kann.

GNU-Projekt Das GNU-Projekt wurde als vollständig freies Betriebssystem (Akronym für „GNU‘s not Unix“) entwickelt. Mit dem Projekt wurde die GNU General Public License (GPL) eingeführt. Die GNU GPL folgt den Prinzipien des Copyleft und ist lizenzrechtliche Grundlage zahlreicher Computerprogramme.

go-live-Termin Der go-live-Termin ist eine Bezeichnung für das vertraglich vereinbarte Datum, zu dem eine bestimmte Software fertiggestellt oder sonstige Leistung abgeschlossen sein und in Produktion gehen soll (vgl. auch → Release).

GoBD Abk. für → Grundsätze der Buchführung im digitalen Zeitalter.

GPAI-Modell Abk. für General Purpose AI Model. → Allgemeiner Zweck KI-Modell (GPAI-Modell).

Exkurs: Systemisches Risiko und der Schwellenwert von 10^{25} FLOPs GPAI-Modelle (General Purpose AI Models) mit systemischem Risiko unterliegen nach Art. 51 AI Act verschärften Pflichten (Adversarial Testing, Incident Reporting, Cybersicherheitsmaßnahmen). Als Indikator für systemisches Risiko gilt ein Trainingsaufwand von mehr als

10^{25} Floating Point Operations (FLOPs). Dieser Schwellenwert ist aus mehreren Gründen umstritten: Erstens ist die FLOPs-Zahl nicht standardisiert messbar und kann je nach Berechnungsmethode erheblich variieren. Zweitens erfasst der Schwellenwert Fine-Tuning-Vorgänge nicht konsistent – ein effizient trainiertes Modell kann systemisch riskanter sein als ein ressourcenintensiveres. Drittens fehlt eine verbindliche Nachweispflicht des Anbieters, was die Durchsetzbarkeit erschwert. Die KI-Behörde kann gem. Art. 51 Abs. 2 AI Act GPAI-Modelle auch unterhalb des Schwellenwerts als systemisch riskant einstufen, was den Rechtsbegriff im Ergebnis zu einem unbestimmten macht.

GPAI-Modell, systemisches Risiko Die Einstufung eines KI-Modells mit allgemeinem Verwendungszweck als KI-Modell mit allgemeinem Verwendungszweck mit systemischem Risiko richtet sich nach Art. 51 Abs. 1 KI-VO. Ein solches systemisches Risiko wird insbesondere bei sehr leistungsfähigen KI-Modellen vermutet (Art. 51 Abs. 1 lit. a KI-VO iVm Art. 51 Abs. 2 KI-VO). Anbieter von KI-Modellen mit allgemeinem Verwendungszweck mit systemischem Risiko treffen umfangreiche Verpflichtungen (zB: Erstellung und Aktualisierung der technischen Dokumentation, Erarbeitung einer Strategie zur Einhaltung des Urheberrechts der EU, Gewährleistung eines angemessenen Maßes an Cybersicherheit). Besonders hervorzuheben innerhalb dieser Verpflichtungen sind zudem u. a. „Adversarial Tests“, bei welchen die KI-Modelle durch u. a. simulierte Angriffe systematisch auf Schwachstellen und Missbrauchsrisiken getestet werden und das „Incident Reporting“, bei welchem einschlägige Informationen über schwerwiegende Vorfälle und mögliche Abhilfemaßnahmen erfasst und dokumentiert und das Büro für Künstliche Intelligenz (→AI-Office) und gegebenenfalls die zuständigen nationalen Behörden unverzüglich darüber zu unterrichten sind.

GPL Abk. für →GNU General Public License.

GPRS GRPS (Abk. für General Packet Radio Service) ist ein Dienst für GSM-Netze, mit dem Daten übertragen werden können.

GPS Das GPS (Abk. für Global Positioning System) ist ein vom US-Militär entwickeltes Ortungssystem aus gleichmäßig um die Erde verteilten Satelliten.

Graphic User Interface Unter Graphic User Interface (GUI) versteht man die graphische →Benutzeroberfläche eines Computerprogramms.

Greylist Greylist ist eine Form der Spam-Filterung bei E-Mails, die sich die Tatsache zunutze macht, dass Spamversender üblicherweise keinen zweiten Zustellversuch unternehmen. Vor diesem Hintergrund wird der erste Zustellversuch von unbekannten Absendern abgelehnt und erst der zweite Zustellversuch akzeptiert.

Greyware Mit Greyware (Oberbegriff für →Spyware und Adware) werden Schadprogramme bezeichnet, die Informationen über das Nutzungsverhalten sammeln, um diese an Dritte weiterzuleiten oder Werbung an diese Nutzer zu übermitteln. Die Systemfunktionalität (zB durch Verlangsamung) kann dabei beeinträchtigt werden.

Grid-Computing Bei Grid-Computing werden verschiedene Rechner, die räumlich auseinander liegen, zu einer koordinierten gemeinschaftlichen Rechenleistung genutzt, beispielsweise um große Rechenaufgaben lösen zu können. Die Koordinierung erfolgt dabei durch den Nutzer oder einen damit beauftragten Dritten.

Grobkonzept Das Grobkonzept ist eine dem → Feinkonzept vorausgehende Beschreibung der grundlegenden Projektparameter (Ziele, Zielgruppe, Inhalte, technische Anforderungen, Rahmenbedingungen) und stellt sich als (frühes) Stadium der Softwareentwicklung dar.

Grouper Der Grouper ist im Kontext des DRG-Systems ein softwarebasiertes Klassifikations- und Zuordnungsinstrument, das stationäre Behandlungsfälle anhand kodierter Diagnosen (→ ICD-10) und Prozeduren (→ OPS) sowie weiterer Falldaten algorithmisch einer diagnosebezogenen Fallgruppe ((h)DRG) zuordnet und damit die Grundlage für die Vergütung im Krankenhaus bildet. Seine rechtliche Einbettung ergibt sich insbesondere aus § 17b KHG sowie den darauf beruhenden Fallpauschalenvereinbarungen (FPV) und den Regelungen des SGB V (insb. § 301 SGB V zur Datenübermittlung), die die Anwendung eines einheitlichen DRG-Systems vorschreiben. Der Grouper wird jährlich angepasst und operationalisiert die kodier- und abrechnungsrelevanten Regelwerke (insb. ICD-10-GM, OPS, Deutsche Kodierrichtlinien) in eine automatisierte Entscheidungslogik.

Groupware Groupware (deutsch: Kollaborative Software) bezeichnet Software, die es zulässt, dass übergreifend mehrere Personen gleichzeitig auf identische Dokumente zugreifen können.

Grundsätze der Buchführung im digitalen Zeitalter Die Grundsätze der Buchführung im digitalen Zeitalter sind in einem Schreiben des Bundesfinanzministeriums zu den „Grundsätzen zur ordnungsmäßigen Führung und Aufbewahrung von Büchern, Aufzeichnungen und Unterlagen in elektronischer Form sowie zum Datenzugriff (GoBD)" enthalten. Das Schreiben wurde im Jahr 2025 aufgrund verschiedener gesetzlicher Regelungen zum zweiten Mal geändert (zB Berücksichtigung der E-Rechnung). Die Grundsätze der Buchführung im digitalen Zeitalter enthalten Nachfolgeregelungen zu den GoBS und den GDPdU.

Grundsätze ordnungsmäßiger DV-gestützter Buchführungssysteme Die Grundsätze ordnungsmäßiger DV-gestützter Buchführungssysteme (GoBS) waren durch Schreiben des Bundesfinanzministeriums vom 7.11.1995 aufgestellte Regeln zur Buchführung mittels Datenverarbeitungssystemen. Sie erläuterten Vorschriften des HGB sowie der Abgabenordnung in Bezug auf die ordnungsmäßige Behandlung elektronischer Dokumente in datensicheren Dokumentenmanagement- und revisionssicheren Archivsystemen (Aufbewahrung, Verfahrenstechniken, Verfahrensdokumentation). Sie galten unmittelbar nur für die steuerliche Buchführung, hatten damit aber mittelbar Auswirkungen auf die handelsrechtliche Buchführung und durften zum Handelsbrauch und somit zur Grundlage für die handelsrechtlichen Grundsätze ordnungsmäßiger Buchführung (GoB) geworden sein.

Grundschutz-Handbuch Vgl. → BSI-Grundschutzhandbuch.

Gruppenfreistellungsverordnung Eine Gruppenfreistellungsverordnung stellt bestimmte Gruppen von per se wettbewerbsbeeinträchtigenden Vereinbarungen, die an sich unter § 1 GWB oder Art. 101 AEU-Vertrag fallen würden, von der Anwendung dieser Vorschriften frei und macht sie damit zulässig. Im Bereich des IT-Rechts ist insbesondere die Gruppenfreistellungsverordnung für den Technologietransfer (VO (EG) 772/2004) von Bedeutung, die die Vergabe von Patent-, Know-How- und Softwarelizenzen zur Produktion von Waren und Dienstleistungen regelt.

GSM/GSM-Standard GSM (Abk. für Global System for Mobile Communication) ist ein Industriestandard für digitale Funknetze, insbesondere für mobile Telefonie.

GTIN Abk. für → Global Trade Item Number.

gTLD Abk. für generische → Top-Level-Domain.

GUI GUI (Abk. für Graphical User Interface) ist die → Benutzeroberfläche, über die ein Benutzer die Programmfunktionen steuert. Dazu gehören Buttons, Menüs und Eingabefelder.

GVL Die GVL (Abk. für Gesellschaft zur Verwertung von Leistungsschutzrechten) ist eine → Verwertungsgesellschaft der ausübenden Künstler, Tonträgerhersteller, Filmhersteller; das Inkasso führt die → GEMA durch. http://www.gvl.de.

GWB Abk. für Gesetz gegen Wettbewerbsbeschränkungen.

H

Hacker Ein Hacker ist eine Person, die sich über ein Netzwerk unerlaubten Zugang zu fremden Rechnern und Daten verschafft, wobei dies in der Regel nicht mit dem Ziel geschieht, Schaden anzurichten, sondern um Schwachstellen aufzuzeigen und die Grenzen des Machbaren auszuloten. Das Ergebnis seines Handels wird oft als „Hack" bezeichnet. Im Gegensatz dazu hat der Cracker (heute oft nur noch Hacker als Sammelbegriff verwendet) eher Schädigungsabsicht oder beabsichtigt, die Entfernung von Kopierschutzmechanismen für Software, so dass dieses unbegrenzt verwendet werden kann. Auch wenn die Willensrichtung des Hackers möglicherweise nicht auf Schädigung gerichtet ist, können seine Handlungen – wie die des Crackers – gleichwohl unter §§ 202a, 202b, 202c, 202d StGB, bei Veränderungen von Daten unter §§ 303a, 303b, 269, 263a StGB fallen.

Haftung für eigene/fremde Inhalte. Vgl. → Haftung im Internet.

Haftung für Hyperlinks Die Haftung für Hyperlinks ist ein umstrittener Fragenkomplex im Bereich des Internetrechts, der das Zivil-, Straf-, Urheber- und Wettbewerbsrecht sowie das öffentliche Recht betrifft. Wichtige Rechtsquellen sind neben dem BGB und dem UrhG das UWG, das DDG und der MStV, vgl. dazu → Haftung im Internet.

Haftung im Internet Haftung im Internet lässt sich vereinfacht in Haftung für eigene und für fremde Inhalte unterscheiden. Für eigene Inhalte haftet man nach den allgemeinen Gesetzen. Dies gilt auch für zueigen gemachte Inhalte (d. h. für im Ausgangspunkt fremde Inhalte, die in die eigenen Aussagen dergestalt einbezogen werden, dass sie objektiv als eine Aussage des Einbeziehenden erscheinen). Die Haftung für fremde Inhalte ist durch die „Haftungsfilter" der Art. 4–6 VO (EU) 2022/2065 („DSA") zum Schutz bestimmter, eher auf einem technischen Kontakt zu fremden Informationen beruhenden Tätigkeiten als Diensteanbieter (Art. 4 DSA, Durchleitung von Informationen, Art. 5 DSA, Zwischenspeicherung zur beschleunigten Übermittlung von Informationen → Proxy-Server, Art. 6 DSA, Speicherung von Informationen) geprägt, die eine Haftung nach den allgemeinen Vorschriften des Zivil- oder Strafrechts voraussetzen. Die durch Art. 4–6 DSA privilegierten Diensteanbieter sind gemäß Art. 8 DSA nicht verpflichtet, die von ihnen übermittelten oder gespeicherten Informationen zu überwachen oder nach Umständen zu forschen, die auf eine rechtswidrige Tätigkeit hinweisen.

Haftungsfilter Vgl. → Haftung im Internet; die Art. 4 ff. DSA wirken als Haftungsfilter. Trotz des objektiven Vorliegens einer Mitwirkungshandlung des Diensteanbieters an einer Rechtsverletzung kommt eine Sanktionierung nur nach der Prüfung dieser Haftungsfilter in Frage.

Halbleiterschutzgesetz Gesetz über den Schutz der Topographien von mikroelektronischen Halbleitererzeugnissen v. 22.10.1987, zuletzt geändert am 10.08.2021.

HalbSchG Abk. für → Halbleiterschutzgesetz.

Halluzination (KI-Begriff) Hierbei handelt es sich um ein Phänomen im Kontext von KI-Sprachmodellen, das die Erzeugung inhaltlich nachweislich unzutreffender oder frei erfundener Informationen bezeichnet, welche vom KI-Sprachmodell gleichwohl sprachlich derart überzeugend ausgegeben werden, dass diese den Anschein von Richtigkeit erwecken. Ursache hierfür ist u. a. die Erzeugung von Inhalten aufgrund statistischer Wahrscheinlichkeiten und nicht aufgrund Wahrheit oder Tatsachen. Haftungsrechtlich relevant können Halluzinationen von KI-Sprachmodellen u. a. im Bereich der allgemeinen Haftung (§§ 823 ff. BGB) und zukünftig auch im Bereich der Produkthaftung (vgl. die bis Dezember 2026 in nationales Recht umzusetzende RL (EU) 2024/2853, welche die Haftung für fehlerhafte Produkte durch Erweiterung des Produktbegriffs aus § 2 ProdHaftG auf Software, welche wiederum ein KI-System sein kann, ausweitet).

Handbuch Handbuch bezeichnet die Gebrauchsanleitung/Nutzungsanleitung für eine Software und ist damit Teil → der technischen → Dokumentation von Software.

Handover Handover ist der durch ein mobiles Endgerät automatisch durchgeführte Wechsel zwischen Funkzellen eines Mobilfunknetzes, ohne dass eine aktuell laufende Kommunikationsverbindung unterbrochen wird.

Hardlock Vgl. → Dongle.

Hardware Hardware ist die Gesamtheit oder ein Teil der apparativen Ausstattung eines Rechensystems – also die technische Ausstattung einer EDV-Anlage, im weiteren Sinn sämtliche technischen Geräte.

Hardwareplattform Vgl. → Plattform.

hash-Funktion Vgl. → elektronische Signatur und → Prüfsumme.

Hate Speech Hate Speech (Hassrede) ist ein Sammelbegriff für Inhalte, die einzelne Personen oder Gruppen von Personen aufgrund von Merkmalen wie Herkunft, Religion, Geschlecht oder sexueller Orientierung, abwerten sollen. Diese Abwertungen werden auf Basis der Annahme getroffen, dass bestimmte Gruppen von Personen nicht den gleichen Stellenwert haben wie andere Gruppen von Personen. Eine gesetzliche Definition gibt es bis dato nicht. Strafrechtlich relevant wird Hate Speech insbesondere im Rahmen der §§ 185 ff. StGB. Plattformrechtlich ist die Verordnung (EU) 2022/2065 („DSA"), die das Netzwerkdurchsetzungsgesetz („NetzDG") abelöst hat.

HBCI Abk. für → Home Banking Computer Interface.

Head Head ist der Anfang eines HTML-Dokuments (→ HTML-Code), der technische Anweisungen enthält.

Header Der Header ist ein Teil einer E-Mail, der die Details der Übertragung enthält (Sendezeitpunkt, Adresse, Absender, Betreff usw.). Der Inhalt des Headers ist vom Absender beliebig einstellbar.

Helpdesk Helpdesk bezeichnet eine Kontaktstelle, bei der sämtliche Formen von Supportleistungen für Endanwender erlangt werden können und zwar unabhängig von der Art der Supportleistungen (Telefon, Fernwartung usw.).

Herkunftslandprinzip Das Herkunftslandprinzip ist eine wesentliche Ausprägung des gemeinsamen europäischen Binnenmarktes: In den Mitgliedstaaten ansässige Unternehmer sollen davon ausgehen können, dass die von ihnen angebotenen digitalen Dienste (für Deutschland vgl. § 3 DDG) grundsätzlich nur den Anforderungen ihres jeweiligen Herkunftslandes unterliegen, und zwar auch dann, wenn die digitalen Dienste in einem anderen Mitgliedstaat geschäftsmäßig angeboten oder erbracht werden. Nach der Rechtsprechung des BGH (BGH 27.2.2018 – VI ZR 489/16 und BGH 12.1.2017 – I ZR 253/14) handelte es sich bei § 3 TMG nicht um eine Kollisionsnorm, sondern um ein sachrechtliches Beschränkungsverbot. Die Vorschrift aus § 3 TMG wurde durch § 3 DDG ersetzt. Hierbei wurde die bisherige Regelung aus § 3 TMG lediglich redaktionell an das DDG angepasst.

Herstellerdokumentation Vgl. → Dokumentation.

High Availability High Availability („hohe Verfügbarkeit") ist eine vertragliche Anforderung im Rahmen eines → Service Level Agreement.

High-Value Datasets (HVD) High-Value Datasets (HVD) sind Datensätze mit besonderem Potenzial für die Erzielung sozioökonomischer Vorteile. Die RL (EU) 2019/1024 betont, dass eine EU-weite Liste über solche Datensätze in Verbindung mit harmonisierten Bedingungen für die Weiterverwendung eine wichtige Voraussetzung für grenzüberschreitende Datenanwendungen und Datendienste darstellt. Die Konkretisierung der HVD ist durch Durchführungsverordnung (EU) 2023/138 erfolgt, welche sechs Kategorien von HVD aufstellt (Georaum, Erdbeobachtung und Umwelt, Meteorologie, Statistik, Unternehmen und Eigentümerschaft von Unternehmen, Mobilität). Die Aufstellung der Liste hochwertiger Datensätze soll bezwecken, dass öffentliche Daten, mit dem höchsten sozioökonomischen Potenzial, mit minimalen rechtlichen und technischen (maschinenlesbar über API) Einschränkungen und kostenlos zur Weiterverwendung zur Verfügung gestellt werden.

Hijacker Program Ein Hijacker Program ist eine Software, die bei Aufrufen einer → URL auf eine andere Webseite weiterleitet. Dies wird durch die Veränderung der Einstellungen des Browsers ohne Zustimmung des Nutzers erreicht.

HinSchG (Hinweisgeberschutzgesetz) Das HinSchG bezweckt den Schutz von Hinweisgebern bei der Meldung von Rechtsverstößen, von welchen im Zusammenhang mit der beruflichen Tätigkeit oder im Vorfeld einer beruflichen Tätigkeit Kenntnis erlangt wurde. Das deutsche HinSchG setzt die EU-Whistleblower-Richtlinie (RL (EU) 2019/1937) in nationales Recht um und trat 2023 in Kraft. Das Gesetz differenziert zwischen internen Meldestellen (welche von Beschäftigungsgebern mit mindestens 50 Beschäftigten eingerichtet werden müssen) und externen Meldestellen (zB das Bundesamt für Justiz oder das Bundeskartellamt). Nach § 8 HinSchG haben die genannten Meldestellen Vertraulichkeit über die Identität u. a. der hinweisgebenden Person und der Person, die Gegenstand der Meldung ist, zu wahren.

Hintergrundspeicher Vgl. → Massenspeicher.

Hinweisgeberschutz, IT-Systeme Das HinSchG sieht keine spezifischen Anforderungen an IT-Systeme vor. Allerdings sind die Meldekanäle so zu gestalten, dass lediglich die für die Entgegennahme und Bearbeitung von Meldungen zuständigen Personen und deren Hilfspersonen Zugriff auf die eingehenden Meldungen haben dürfen. Zudem müssen interne Meldekanäle u. a. Meldungen in mündlicher Form und Textform ermöglichen, woraus sich wiederum Anforderungen an die IT-Systeme ergeben können. Dokumentationen der Meldungen sind in dauerhafter Weise unter Beachtung des Vertraulichkeitsgebots aufzubewahren. Weitere Anforderungen können sich aus der DS-GVO, soweit personenbezogene Daten betroffen sind (zB Art. 24, 32 DS-GVO), ergeben.

Hit Hit ist die Anzahl der von einem Server abgerufenen Dateien (vgl. dazu im Gegensatz → Page Impression). Eine Webseite kann aus mehreren Dateien bestehen (für die Anzahl der Hits wird jede Datei einzeln gezählt), während bei Page Impression nur die Seiten als solche gezählt werden.

Hoax Hoax ist eine per E-Mail oder über andere Kommunikationsdienste versendete Falschmeldung, beispielsweise in Bezug auf sich vermeintlich im Umlauf befindliche Viren.

Hochrisiko-KI-System Die Einstufung als Hochrisiko-KI-System richtet sich nach Art. 6 VO (EU) 2024/1689 („KI-VO"). Ein Hochrisiko-KI-System ist nach Art. 6 Abs. 1 KI-VO ein KI-System, das (a) als Sicherheitsbauteil eines unter die in Anhang I zur KI-VO aufgeführten Harmonisierungsrechtsvorschriften der Union fallenden Produkts verwendet werden soll oder (b) das KI-System selbst ein solches Produkt ist. Zusätzlich muss das Produkt, dessen Sicherheitsbauteil das KI-System ist, oder das KI-System als Produkt selbst, einer Konformitätsprüfung durch Dritte im Hinblick auf das Inverkehrbringen oder die Inbetriebnahme dieses Produkts gemäß den in Anhang I zur KI-VO aufgeführten Harmonisierungsrechtsvorschriften der Union unterzogen werden. Zudem gelten – zusätzlich zu den in Art. 6 Abs. 1 KI-VO genannten Hochrisiko-KI-Systemen – solche, die in Anhang III genannt werden, als hochriskant. Schließlich enthält Art. 6 Abs. 3 KI-VO Ausnahmefälle, in welchen ein nach Anhang III der KI-VO als hochriskant fingiertes KI-Systems nicht als hochriskant gilt, wenn es gewisse Voraussetzungen erfüllt.

Hochrisiko-KI-System, Betreiberpflichten Betreiber von Hochrisiko-KI-Systemen haben nach Art. 26 KI-VO insbesondere, (1) geeignete technische und organisatorische Maßnahmen zur bestimmungsgemäßen Verwendung nach Betriebsanleitung zu treffen, (2) qualifizierten natürlichen Personen menschliche Aufsicht zu übertragen, (3) Eingabedaten auf Zweckkonformität und Repräsentativität zu prüfen und (4) den Betrieb zu überwachen sowie bei Verdacht eines Risikos unverzüglich die zuständige Marktüberwachungsbehörde zu informieren.

Hochrisiko-KI-System, Inverkehrbringen Inverkehrbringen bezeichnet gem. Art. 3 Nr. 9 KI-VO die erstmalige Bereitstellung eines KI-Systems auf dem Unionsmarkt. Vor dem Inverkehrbringen eines Hochrisiko-KI-Systems hat der Anbieter gem. Art. 16 KI-VO insbesondere ein Risikomanagementsystem (Art. 9 KI-VO), technische Dokumentation (Art. 11 KI-VO), Aufzeichnungen (Art. 12 KI-VO) sicherzustellen, eine Konformitätsbewertung zu durchlaufen (Art. 43 KI-VO) und eine CE-Kennzeichnung anzubringen (Art. 48 KI-VO).

Home Banking Computer Interface Home Banking Computer Interface (auch HBCI-Sicherheitsstandard) war ein Sicherheitsstandard für Bankgeschäfte im Internet, der mit Festlegungen zu Übertragungsprotokollen, Nachrichtenformaten und Sicherheitsverfahren die sichere Kommunikation zwischen Online-Banking Software des Bankkunden und Internet-Zugangsprogramm der Banken regelte. Er unterstützte Disketten oder andere Datenträger als Sicherheitsmedium für ein selbsterzeugtes RSA-Schlüsselpaar. Die Entwicklung des Home Banking Computer Interface ging auf die Initiative deutscher Banken zurück. Das Home Banking Computer Interface wurde von der Deutschen Kreditwirtschaft (vormals Zentraler Kreditausschuss, ZKA) als allgemeiner Standard festgelegt und mittlerweile in → FinTS fortentwickelt.

Homeoffice, datenschutzrechtliche Aspekte Das Homeoffice wirft datenschutzrechtliche Fragestellungen auf, die sich sowohl aus der DS-GVO als auch dem BDSG ergeben können. Erforderlich sind u. a. geeignete technische und organisatorische Maßnahmen (Art. 32 DS-GVO), etwa durch Sicherstellung der Vertraulichkeit und Integrität der Systeme. Privatgeräte (BYOD) bedürfen klarer Regelungen. Zudem sollte der Arbeitnehmer im Wege einer Clean-Desk-Policy insbesondere verpflichtet werden, seinen Arbeitsplatz Zuhause so zu gestalten, dass keine vertraulichen Informationen öffentlich zugänglich sind.

Homepage Homepage ist die → Eingangsseite bzw. die zentrale Seite („Hauptseite“) einer → Website, die den Überblick über das Angebot einer Website verschafft und die mittels Inhaltsverzeichnissen oder sonstigen Hyperlinks die → Navigation innerhalb der einzelnen Bereiche der Website ermöglicht.

Host Als Host (engl. Wirt, Gastgeber) wird in der Informationstechnik bezeichnet (1) ein Computer in einem → Netzwerk, auf dem ein oder mehrere Server betrieben werden, (2) ein Computer, der sich mit einem anderen Computer verbinden kann.

Host Service Provider Vgl. → Host-Provider.

Host-Provider Der Host-Provider stellt Dritten auf seinem Server → Webspace zur Verfügung, damit diese im Internet → Content gleich welcher Art veröffentlichen können.

Host-Provider, Verantwortlichkeit Siehe → Haftung im Internet.

hosten Vgl. → Webhosting.

hosting Vgl. → Webhosting.

Hotfix Vgl. → Patch.

Hotline Eine Hotline ist ein Beratungsdienst eines Unternehmens für seine Kunden, der nach einem → Outsourcing an außenstehende Dritte (→ Call Center) häufig durch Dienstleister erbracht wird.

Hotline-Service Vgl. → Hotline.

Hotline-Verträge Ein Hotline-Vertrag ist eine besondere Form des Pflege- oder Wartungsvertrages bei Hard-/Software, regelmäßig als Dienstvertrag ausgestaltet, bei der kurzfristig bei Störungen Beratungsleistungen über Telefon zur Verfügung gestellt werden (regelmäßig eher Störungshilfe als Störungsbeseitigung). Beim Erwerb von Software kommt der Hotline-Vertrag regelmäßig nicht mit dem Verkäufer, sondern als eigenständiger Vertrag mit dem Hersteller der Software zustande. Sofern der Hotline-Vertrag Störungsbeseitigung vorsieht, könnte auch ein Werkvertrag angenommen werden, was in aller Regel aber nicht gewollt sein wird.

Housing Vgl. → Serverhousing.

Hover Ad Hover Ad ist eine Form der Internetwerbung, die die Blockade von → Pop-Up-Fenstern durch Abwehrprogramme umgeht. Anders programmiert als Pop-Up-Fenster, schweben diese über der aufgerufenen Seite, so dass deren Inhalt zum Teil verdeckt wird.

HR-Outsourcing Abk. für Human Resource Outsourcing. Das HR-Outsourcing ist eine Form des → Outsourcing. Beim HR-Outsourcing werden bestimmte Aufgaben der HR-Abteilung auf einen externen (oder auch internen) Dienstleister ausgelagert. Das HR-Outsourcing betrifft per definitionem die Erhebung, Verarbeitung und Nutzung personenbezogener Daten, so dass die Anforderungen an eine → Auftragsverarbeitung einzuhalten sind. In

Einzelfällen kann – aufgrund der Reichweite der Aufgaben und der korrespondierenden Entscheidungsbefugnisse (zB Auslagerung der gesamten Personalabteilung und der zugehörigen Entscheidungsbefugnisse) – möglicherweise sogar ein Fall der → Funktionsübertragung (d. h. auch der Dienstleister agiert dann insoweit als Verantwortlicher, was zu Herausforderungen in datenschutzrechtlicher Sicht, etwa betreffend das Vorliegen einer Rechtsgrundlage für die Durchführung eines solchen HR Outsourcing, führt) vorliegen.

HRIS Abk. für Human Resource Information System.

HTML Abk. für Hypertext Markup Language → HTML-Code.

HTML-Code HTML-Code bezeichnet die Zeichenfolgen, in der → Webseiten verfasst sind. Die korrespondierende Programmiersprache wird als Hypertext Markup Language (Abk. HTML) bezeichnet, die entsprechenden Programmierbefehle werden vom → W3C (World Wide Web Consortium) festgelegt. HTML erlaubt die Darstellung von Texten in einer bestimmten Formatierung sowie die Einbindung von Bildern oder sonstigen Inhalten an bestimmten Stellen der Webseite. Der Browser wandelt die entsprechenden Programmierbefehle in Webseiten um. Der Browser kann auch verwendet werden, um den einer Webseite stehende HTML-Code anzuzeigen. Neben HTML gibt es u. a. noch folgende vom W3C entwickelte Sprachen zur Programmierung von Webseiten: XHTML (Abk. für XML Hypertext Markup Language) und XML (Abk. für Extensible Markup Language).

http Abk. für → Hypertext Transfer Protocol.

https Https ist eine sichere Variante des Standards → http, die eine Verschlüsselungstechnik zur Übertragung von Daten nutzt

Human Resource Information System Das Human Resource Information System ist ein System zur Personalverwaltung innerhalb eines Unternehmens.

Human Oversight (KI) Human Oversight (menschliche Aufsicht) erfordert, dass Hochrisiko-KI-Systeme so konzipiert und entwickelt werden, dass sie während der Dauer ihrer Verwendung von natürlichen Personen wirksam beaufsichtigt werden können (Art. 14 KI-VO). Die menschliche Aufsicht zielt hierbei darauf ab, Risiken für Gesundheit, Sicherheit oder Grundrechte zu verhindern oder zu minimieren, soweit solche Risiken trotz Erfüllung der übrigen Anforderungen des 2. Abschnitts der KI-VO fortbestehen.

Hybride Verschlüsselung Eine hybride Verschlüsselung ist eine Kombination aus einer → symmetrischen sowie einer → asymmetrischen Verschlüsselung.

Hyperlink Ein Hyperlink ist ein Verweis in einem elektronischen Dokument auf ein beliebiges auf der gleichen („interner" Hyperlink) oder einer anderen („externer" Hyperlink) Website befindliches Verweisziel (→ Uniform Resource Locator). Das Verweisziel kann sich in jeder Quelle befinden, die über den elektronischen Datenaustausch erreichbar ist. Ein Hyperlink kann auch auf den Speicherort einer Datei zum Download durch Verwendung von → Hypertext verweisen. Durch das Anklicken des Hyperlinks kann der Nutzer ohne zusätzliche Eingaben zwischen verschiedenen Websites, Textseiten oder sonstigen Zielen springen. Bei externen Hyperlinks stellt sich die Frage, ob der verweisende Diensteanbieter für die unter dem Hyperlink verfügbaren Inhalte wie für eigene Inhalte haftet, was üblicherweise im Fall des Zueigenmachens bejaht wird (→ Haftung für fremde/eigene Inhalte). Maßgeblich, nicht abschließend geklärt und vom Einzelfall abhängig ist hierbei die Frage, ob bereits das Setzen eines Hyperlink auf den Inhalt einer anderen Website zu einem haftungsbegründenden Zueigenmachen dieses Inhalts führt oder ob es sich beim Setzen des Hyperlink lediglich um eine (beispielsweise im Bereich der journalistischen Berichterstattung) erforderliche und für das Internet typische Form der Illustration des Berichtsgegenstandes handelt (zB bei der Berichterstattung über eine Website zum illegalen Download von urheberrechtlich geschützten Werken).

Hyperscaler Als Hyperscaler werden sehr große Cloud-Anbieter (zB Amazon Web Services, Microsoft, Google Cloud Platform) bezeichnet, die IT-Ressourcen (Rechenzentren) in global skalierbarer Infrastruktur bereitstellen. Auf kritische Informations- und Kommunikationstechnologien-Drittdienstleister („IKT-Drittdienstleister"), die Finanzunternehmen IKT-Dienstleistungen bereitstellen, findet die VO (EU) 2022/2554 („DORA") Anwendung.

Hypertext Hypertext ist Text, der auf andere Textstellen verweist, wobei diese andere Textstelle automatisch durch Anklicken des Hypertexts aufgerufen werden kann, ohne dass es einer manuellen Eingabe der Adresse bedarf. Zugleich ermöglicht Hypertext die Lektüre von Dokumenten in beliebiger Reihenfolge der einzelnen Abschnitte.

Hypertext Markup Language Vgl. → HTML-Code.

Hypertext Transfer Protocol Hypertext Transfer Protocol ist der Standard für die Kommunikation zwischen dem WWW-Client (also dem → Browser auf dem Computer des Nutzers) und dem Server, von dem Seiten abgerufen werden, also das Protokoll zur Übertragung von Internetseiten.

I

IaaS Abk. für → Infrastructure as a Service (IaaS)

IaaS-Vertrag Ein Infrastructure-as-a-Service-Vertrag regelt die Bereitstellung virtualisierter IT-Infrastruktur (u. a. Rechenleistung, Speicher, Netzwerke) über Cloud-Systeme. Diese Vertragsart ist gesetzlich nicht typisiert und wird überwiegend als typengemischter Vertrag mit mietvertraglichen (§§ 535 ff. BGB) und dienstvertraglichen (§§ 611 ff. BGB) Elementen eingestuft. Datenschutzrechtlich ist zumeist eine Auftragsverarbeitung nach Art. 28 DS-GVO gegeben.

IANA Abk. für → Internet Assigned Numbers Authority.

IBAN IBAN (Abk. für International Bank Account Number) ist eine standardisierte Darstellung einer Bankkontonummer im internationalen Zahlungsverkehr.

ICA Abk. für Interconnection-Anschluss (siehe auch → Netzzusammenschaltung).

ICANN Abk. für Internet Corporation for Assigned Names and Numbers; die ICANN ist für die grundlegenden Verwaltungsangelegenheiten im Internet zuständig. http://www.icann.org/.

ICANN-Schiedsgericht Vgl. → Uniform Domain Name Resolution Policy.

ICD-10 (International Statistical Classification of Diseases and Related Health Problems, 10. Revision) Die ICD-10 (International Statistical Classification of Diseases and Related Health Problems, 10. Revision) ist ein von der Weltgesundheitsorganisation (WHO) herausgegebenes internationales Klassifikationssystem zur standardisierten Verschlüsselung von Diagnosen und Gesundheitszuständen, das in Deutschland als ICD-10-GM (German Modification) verbindlich angewendet wird. Rechtlich ist die Verwendung der ICD-10 im deutschen Gesundheitswesen insbesondere in § 295 Abs. 1 Satz 2 SGB V (ambulante Versorgung) und § 301 Abs. 2 SGB V (stationäre Versorgung) verankert, wonach Diagnosen nach den jeweils gültigen Klassifikationen zu verschlüsseln sind. Die konkrete Ausgestaltung und Fortschreibung erfolgt durch das Bundesinstitut für Arzneimittel und Medizinprodukte (BfArM).

ICP Abk. für → Interconnection-Partner.

Identifikation Vgl. → Authentifizierung.

Identität Identität (Abk. ID) ist eine Zeichenfolge beliebiger Art (Klarnamen, Pseudonym usw.), die sich eindeutig auf eine bestimmte Person oder einen bestimmten Computer bezieht.

Identitätsmanagement Mit Identitätsmanagement wird aus der Perspektive der Betreuung eines IT-Systems das Verwalten von Identitätsdaten (personenbezogenen Informationen, die für Zugriffe auf bestimmte Informationsangebote erforderlich sind) bezeichnet. Identitätsmanagement bezeichnet aber zugleich die einem Einsatzkontext angepasste Auswahl und Verwendung einer Identität (zB eines Pseudonyms für die Nutzung eines Telemediendienstes).

IDS Abk. für →Intrusion Detection System, spezialisierte Hardware/Software-Lösung zur Erkennung von Angriffen.

IEC Abk. für →International Electrotechnical Commission.

IEEE Das IEEE (Abk. für Institute for Electrical and Electronical Engineers) ist ein US-Institut für Standardisierungen. http://www.ieee.de/.

IETF Abk. für →Internet Engineering Taskforce.

IFRS IFRS (Abk. für International Financial Reporting Standards) sind internationale Rechnungslegungsvorschriften.

IKE Abk. für →Internet Key Exchange.

IKS Abk. für →Internes Kontrollsystem.

IKT-Drittdienstleister (DORA) Ein IKT-Drittdienstleister ist ein Unternehmen, das IKT-Dienstleistungen (zB Cloud-Dienste) bereitstellt. IKT-Dienstleistungen sind hierbei digitale Dienste und Datendienste, die über IKT-Systeme einem oder mehreren internen oder externen Nutzern dauerhaft bereitgestellt werden, einschließlich Hardware als Dienstleistung und Hardwaredienstleistungen. IKT steht dabei für Informations- und Kommunikationstechnologien. Art. 30 (VO) 2022/2554 („DORA“) sieht Mindestanforderungen für vertragliche Vereinbarungen über IKT-Dienstleistungen vor. Als kritisch eingestufte IKT-Drittdienstleister unterfallen gem. Art. 31 DORA einem besonderen Überwachungsrahmen.

IMAP Abk. für →Internet Message Access Protocol.

IMAP-Server Vgl. →Internet Message Access Protocol.

IMEI Abk. für →International Mobile Equipment Identity.

Immersion Immersion (lat. immersio) beschreibt den Vorgang des Eintauchens in eine virtuelle Realtität.

Implementierung Implementierung bezeichnet den Vorgang der Umsetzung eines Vorhabens. Bezogen auf eine vorhandene Systemumgebung ist die Implementierung das Hinzufügen von Funktionen, Software, Hardware etc. beispielweise mit dem Ziel der Erweiterung der Funktionalität.

Impressum Impressum ist im Zusammenhang mit digitalen Diensten eine üblich gewordene Bezeichnung für die elektronische Fundstelle der gesetzlichen Informationspflichten der Anbieter von digitalen Diensten. Anbieter von digitalen Diensten haben für in der Regel gegen Entgelt angebotene digitale Dienste iSd § 1 Abs. 4 Nr. 1 DDG gemäß § 5 DDG bestimmte Informationen leicht erkennbar, unmittelbar erreichbar und ständig verfügbar zu halten (→Anbieterkennzeichnung). Das Impressum muss von jeder Seite aus unmittelbar erreichbar sein. Dies wird in der Regel durch einen permanent verfügbaren →Hyperlink in der Fußzeile der →Websites erreicht. Für Anbieter von Telemedien gemäß § 2 Abs. 2 Nr. 18

Impressumspflicht

MStV ist § 18 Abs. 2 MStV zu beachten, der bestimmte zusätzliche Informationspflichten für Anbieter von Telemedien, mit journalistisch-redaktionell gestalteten Angeboten vorsieht.

Impressumspflicht Vgl. → Impressum.

IMSI Abk. für → International Mobile Subscriber Identity, d. h. Gerätenummer eines Mobilfunkendgerätes.

IMSI-Catcher vgl. § 100i StPO, Gerät zur Ermittlung der → IMSI bzw. → IMEI.

IMSI-Catcher (Rechtlich) Der Einsatz von IMSI-Catchern richtet sich nach § 100i StPO und erfordert insbesondere eine Straftat von auch im Einzelfall erheblicher Bedeutung (zB eine solche nach § 100a Abs. 2 StPO). Das in Art. 10 GG (Fernmeldegeheimnis) gewährleiste Grundrecht ist nicht berührt, da der IMSI-Catcher lediglich den Datenaustausch zwischen technischen Geräten berührt und keinen Rückschluss auf Kommunikationsbeziehungen oder Kommunikationsinhalte zulässt. Der private Einsatz eines IMSI-Catchers ist ggf. nach § 202a StGB strafbar.

IMSI-Request IMSI-Request ist der Identifizierungsaufruf einer Basisstation an ein Mobiltelefon im → GSM-Netz. Ziel ist, dass sich das Mobiltelefon anhand seiner IMSI identifiziert.

In-Game-Käufe (Regulierung) In-Game-Käufe unterliegen keinem eigenständigen Spezialgesetz, sondern den allgemeinen Vorschriften. Zum einen findet das Verbraucherschutzrecht des BGB Anwendung (zB ggf. § 312f BGB). Zum anderen können unlautere Geschäftspraktiken nach dem UWG unzulässig sein. Die rechtliche Einordnung von „Loot Boxen" (d. h. virtuelle Gegenstände in Videospielen, die nach dem Zufallsprinzip verteilt werden und gegen Echtgeld erworben werden) ist derzeit Ausgangspunkt für Diskussionen, da diese glückspielhaften Charakter haben.

In-House-Vergabe Eine In-House-Vergabe (auch In-House-Geschäft) liegt vor, wenn ein öffentlicher Auftraggeber einen öffentlichen Auftrag an einen Dritten vergibt, den er selbst beherrscht.

Inbound Inbound sind im Bereich der Telefonie eingehende Anrufe.

Incident Incident ist jede Art von Störung eines Systems.

Incident Management Das Incident Management umfasst die Vorbereitung und Organisation von Reaktionen auf Störungsfälle in einem Unternehmen. Störung (= Incident) ist dabei jedes Ereignis, das nicht zum standardmäßigen Betrieb gehört und das diesen Betrieb entweder tatsächlich beeinträchtigt oder zumindest die Gefahr einer Qualitätsminderung verursacht.

Incident Response Plan Ein Incident Response Plan bezeichnet strukturierte Verfahren zur Vorbereitung auf, Erkennung, Eindämmung, Beseitigung von Vorfällen und der Wiederherstellung und Nachbearbeitung nach solchen Vorfällen. Art. 21 und Art. 23 der RL (EU) 2022/2555 („NIS-2) bzw. das deutsche Umsetzungsgesetz verpflichten (neben diversen anderen Regulierungen) Einrichtungen Maßnahmen zur Bewältigung von Sicherheitsvorfällen und zur Aufrechterhaltung des Betriebs zu treffen sowie ein Meldewesen vorzusehen.

Indexierung Unter Indexierung versteht man die Aufnahme des vollständigen Textes, häufiger aber nur von Schlüsselwörtern („Keywords") eines Textes in eine Datenbank zur Erfassung dessen Inhalts. → Suchmaschinen indizieren den Inhalt von Websites und bieten diesen nach Abfrage der entsprechenden Schlüsselwörter als Fundstellen an. Anhand der Häufigkeit der Schlüsselwörter lässt sich annähernd die Bedeutung des Wortes für den jeweiligen Text und damit die Relevanz des Textes und der Website, auf der sich der Text befindet, für den Nutzer feststellen.

Individualsoftware Individualsoftware wird im Unterschied zu → Standardsoftware auf die individuellen Bedürfnisse eines bestimmten Kunden aufgrund eines Softwareerstellungsvertrages erstellt (siehe auch → Software). Individualsoftware kann zu Standardsoftware weiterentwickelt werden.

indizierte Transaktionsnummer Die indizierte Transaktionsnummer ist eine Sonderform des Transaktionsnummernverfahrens, kurz iTAN: Die Legitimation eines Auftrags erfolgt nicht mit einer beliebigen TAN aus einer Liste, sondern durch Eingabe einer bestimmten, durch eine Positionsnummer (Index) gekennzeichneten TAN. Gefährdung allein durch eine → Man-In-The-Middle-Attacke, bei dem das Opfer dazu verleitet wird, sich auf der gefälschten Home-Banking-Website anzumelden, motiviert zum Beispiel durch eine → Phishing-Mail oder → Pharming.

Industrial Signature Interoperability and Mailtrust Specification Industrial Signature Interoperability and Mailtrust Specification ist ein Standard für Zertifikate, Zertifizierungsdienste und Signaturformate und gewährleistet die Interoperabilität verschiedener Signaturanwendungen.

Influencer Marketing (Regulierung) Influencer Marketing ist in Deutschland primär durch das Lauterkeitsrecht reguliert. Dreh- und Angelpunkt ist die Vorschrift des § 5a Abs. 4 UWG, wonach der kommerzielle Zweck einer geschäftlichen Handlung kenntlich zu machen ist, sofern sich dieser nicht bereits unmittelbar aus den Umständen ergibt und die Nichtkenntlichmachung geeignet ist, den Verbraucher oder sonstige Marktteilnehmer zu einer geschäftlichen Entscheidung zu veranlassen, die dieser andernfalls nicht getroffen hätte. Der BGH hat in mehreren Entscheidungen klargestellt, dass Influencer, die für einen werblichen Beitrag in den sozialen Medien eine Gegenleistung erhalten, durch Veröffentlichung eine geschäftliche Handlung zu Gunsten des beworbenen Unternehmens vornehmen. Erfolgt keine Gegenleistung, kommt es für die Annahme einer geschäftlichen Handlung darauf an, ob der Beitrag nach seinem Gesamteindruck übertrieben werblich ist, also einen werblichen Überschuss enthält, sodass die Förderung fremden Wettbewerbs eine größere als nur eine notwendigerweise begleitende Rolle spielt. In der Folge muss ein so deutlicher Hinweis auf den kommerziellen Zweck der geschäftlichen Handlung durch den Influencer erfolgen, dass dieser aus Sicht eines durchschnittlich informierten, situationsadäquat aufmerksamen und verständigen Verbrauchers, der zur angesprochenen Gruppe gehört, auf den ersten Blick und zweifelsfrei erkennbar ist.

Information Request Information Request ist eine Form des → Service request in Form einer informativen Anfrage an den → Support.

Information Security Management System Ein Information Security Management System (ISMS) ist ein umfassendes Konzept, das mit Regeln und Verfahrensvorgaben die Informationssicherheit in einem Unternehmen sicherstellen soll. Die Anforderungen an Managementsysteme für Informationssicherheit lassen sich unter anderem dem vom → BSI veröffentlichten BSI-Standard 200-1 entnehmen, der mit den einschlägigen Anforderungen aus der ISO 27001 kompatibel ist. Im BSI-Standard 200-1 heißt es zu den Bestandteilen eines ISMS: „Zu einem ISMS gehören folgende grundlegende Komponenten [...] Management-Prinzipien, Ressourcen, Mitarbeiter, Sicherheitsprozess, Leitlinie zur Informationssicherheit, in der die Sicherheitsziele und die Strategie zu ihrer Umsetzung dokumentiert sind, Sicherheitskonzept, Sicherheitsorganisation." https://www.bsi.bund.de/SharedDocs/Downloads/DE/BSI/Grundschutz/BSI_Standards/standard_200_1.pdf?__blob=publicationFile&v=2.

Information Systems Audit and Control Association Die Information Systems Audit and Control Association (ISACA) ist ein Verband von Berufsträgern im Bereich IT-Governance, der unter anderem in der Entwicklung von internationalen Standards für IT-Systeme aktiv ist. http://www.isaca.de/.

Information Technology Outsourcing Information Technology Outsourcing bezeichnet →Outsourcing der IT-Abteilung. Ein IT-Outsourcing betrifft in der Regel die Erhebung, Verarbeitung und Nutzung personenbezogener Daten, so dass die Anforderungen an eine →Auftragsdatenverarbeitung zu beachten sind. In Einzelfällen kann – aufgrund der Reichweite der Aufgaben und der korrespondierenden Entscheidungsbefugnisse – möglicherweise sogar ein Fall der →Funktionsübertragung d. h. auch der Dienstleister agiert dann insoweit als Verantwortlicher, was zu Herausforderungen in datenschutzrechtlicher Sicht, etwa betreffend das Vorliegen einer Rechtsgrundlage für die Durchführung eines solchen Information Technology Outsourcing, führen kann.

Information Technology Security Evaluation Criteria Die Information Technology Security Evaluation Criteria sind ein europäischer Standard für die Überprüfung der Sicherheit von IT-Systemen. https://www.bsi.bund.de/DE/Themen/ZertifizierungundAnerkennung/ZertifizierungnachCCundITSEC/ITSicherheitskriterien/ITSEC/itsec_node.html.

Information Technology Service Management Forum Das Information Technology Service Management Forum (Abk. itSMF) ist eine unabhängige Organisation und entwickelt Standards für das IT-Service Management. http://www.itsmf.de/.

Informationsfreiheitsgesetz Gesetz zur Regelung des Zugangs zu Informationen des Bundes (IFG). Aufgrund des Informationsfreiheitsgesetzes besteht ein Anspruch auf Auskunft gegenüber Behörden zu amtlichen Informationen. Gemäß § 1 Abs. 1 IFG hat jeder nach Maßgabe des IFG gegenüber den Behörden des Bundes einen Anspruch auf Zugang zu amtlichen Informationen.

Informationspflichten (Datenschutz) Der Verantwortliche ist verpflichtet, die betroffene Person über die Verarbeitung ihrer personenbezogenen Daten zu informieren. Die DS-GVO unterscheidet hierbei zwei Konstellationen: Bei Direkterhebung, d. h. die personenbezogenen Daten werden bei der betroffenen Person erhoben, hat die Informationserteilung zum Zeitpunkt der Erhebung zu erfolgen (Art. 13 DS-GVO). Werden personenbezogene Daten hingegen nicht bei der betroffenen Person erhoben, sind die Informationen spätestens innerhalb eines Monats nach Erlangung der personenbezogenen Daten zu erteilen (Art. 14 DS-GVO). Inhaltlich sind in beiden Fällen insbesondere die Identität und die Kontaktdaten des Verantwortlichen, Verarbeitungszwecke, Rechtsgrundlage der Verarbeitung, Datenempfänger und Speicherdauer mitzuteilen. Verstöße sind bußgeldbewehrt.

Informationstechnologierecht Informationstechnologierecht (IT-Recht) ist kein eigenes Rechtsgebiet, sondern ein Konglomerat aus informationsrechtsspezifischen Regelungen des öffentlichen Rechts, des Urheberrechts, des Markenrechts, des Strafrechts und des allgemeinen Zivilrechts, die die Herstellung, Bereitstellung und Nutzung von Informationstechnologien sowie der speziellen Folgen von deren Nutzung zum Gegenstand haben. Aus § 14k der Fachanwaltsordnung ergeben sich über die vom Fachanwalt für IT-Recht geforderten Kenntnisse folgende Anhaltspunkte für die Inhalte des IT-Rechts: 1. Vertragsrecht der Informationstechnologien, einschließlich der Gestaltung individueller Verträge und AGB, 2. Recht des elektronischen Geschäftsverkehrs, einschließlich der Gestaltung von Provider-Verträgen und Nutzungsbedingungen (Online-/Mobile Business), 3. Grundzüge des Immaterialgüterrechts im Bereich der Informationstechnologien, Bezüge zum Kennzeichenrecht, insbesondere Domainrecht, 4. Recht des Datenschutzes und der Sicherheit der Informationstechnologien einschließlich Verschlüsslungen und Signaturen sowie deren berufsspezifischer Besonderheiten, 5. Das Recht der Kommunikationsnetze und -dienste, insbesondere das Recht der Telekommunikation und deren Dienste, 6. Öffentliche Vergabe von Leistungen der Informationstechnologien (einschließlich e-Government) mit Bezügen zum europäischen und deutschen Kartellrecht, 7. Internationale Bezüge einschließlich Internationales Privatrecht, 8. Besonderheiten des Strafrechts im Bereich der Informationstechnologien, 9. Besonderheiten der Verfahrens- und Prozessführung.

Infrastructure as a Service (IaaS) Vgl. → Cloud Computing.

Infrastrukturnetz Ein Infrastrukturnetz benötigt für den Betrieb (anders als ein → Ad-Hoc-Netz) eine Basisstation zur Steuerung, bei dem sich die einzelnen Endgeräte anmelden, um an der Kommunikation über die Basisstation teilzunehmen.

Inhaltsdaten Bei Inhaltsdaten handelt es sich in Abgrenzung zu den Bestands- (§ 2 Abs. 2 Nr. 2 TDDDG) und Nutzungsdaten (§ § 2 Abs. 2 Nr. 3 TDDDG) um die mit einem digitalen Dienst inhaltlich übertragenen Daten, die zwar über einen digitalen Dienst i. S. d. § 1 Abs. 4 Nr. 1 DDG iVm Art. 1 Abs. 1 lit. b Richtlinie (EU) 2015/1535 eingegeben und transportiert werden, aber nicht selbst Teil der Diensterbringung sind (zB Angaben zur Spezifikation eines online bestellten Produkts oder zur Adresse für die postalische Zustellung). Der Begriff der Inhaltsdaten ist gesetzlich – wie bereits zu Zeiten des TMG – nicht definiert. Die Unterscheidung zwischen Inhaltsdaten einerseits und Bestands-/Nutzungsdaten andererseits ist für die Frage entscheidend, nach welchem Rechtsregime die Verarbeitung von Inhaltsdaten zu beurteilen ist. Mangels Regelungen im TDDDG und DDG muss auf die DS-GVO (ggf. ergänzt um nationale Regelungen des BDSG) zurückgegriffen werden. Die Rechtslage entspricht der früheren herrschenden Meinung zum TMG, wonach mangels lex specialis auf das allgemeine Datenschutzrecht zurückzugreifen ist.

Inhouse-Verkabelung Unter Inhouse-Verkabelung (auch Endleitung) versteht man den (allerletzten) Teil der Basisanschlussleitung, der die Endgeräte mit der → NTBA verbindet, dem Anschlussinhaber zuzurechnen ist und nicht mehr dem Netzbetreiber gehört.

Inkompatibilität Inkompatibilität bezeichnet die Unverträglichkeit und das Nichtzusammenwirken einzelner Systemkomponenten (Hardware oder Software) untereinander. Die Beseitigung der Inkompatibilität und die Herstellung von Kompatibilität kann möglicherweise durch technische Anpassungen erreicht werden.

Inline-Link Ein Inline-Link ist eine besondere Form des Hyperlinks, bei dem das externe Angebot durch die Verlinkung scheinbar in die eigene Seite eingebunden und so als Fremdangebot nicht mehr erkennbar ist. Der verlinkte Inhalt gelangt direkt auf den Rechner des Nutzers, der Inline-Link bewirkt den Direktaufruf, ohne dass es einer Aktivierung durch den

Nutzer bedarf. Diese Vorgehensweise kann als unlautere Ausnutzung fremder Leistungen einen Verstoß gegen § 1 UWG darstellen. Auch ein Verstoß gegen § 16 UrhG (zumindest Teilnahme an der Vervielfältigung des Nutzers) und § 19a UrhG ist denkbar. Der Inline-Link führt zudem in aller Regel zum Zueigenmachen des fremden Inhalts, so dass für diesen so gehaftet wird wie für eigene Inhalte (siehe zu den rechtlichen Fragestellungen auch → Framing).

Insider Threat Sicherheitsrisiko, dass Personen mit legitimen Zugriffsrechten (zB Mitarbeiter oder Dienstleister) die Informationssicherheit des Unternehmens verletzen, beispielsweise durch Datenabfluss oder Sabotage. Rechtlich sind in diesem Kontext neben erforderlichen technischen und organisatorischen Maßnahmen nach Art. 32 DS-GVO („TOMs") zur Gewährleistung eines angemessenen Schutzniveaus auch strafrechtliche Vorschriften (zB §§ 202a, 303a, 303b StGB zu beachten). Vorbeugende Maßnahmen des Unternehmens können Mitbestimmungsrechte des Betriebsrats gem. § 87 Abs. 1 Nr. 6 BetrVG auslösen.

Insourcing Insourcing ist das Gegenteil von → Outsourcing, also das Wiedereingliedern zuvor ausgelagerter Betriebe, Betriebsteile oder Funktionen in das Unternehmen.

Installation Die Installation ist, bezogen auf Software, eine besondere Form der „Montage". Übernimmt ein Systemhaus die vertragliche Verpflichtung zur Installation einer Software, so ist die vertragliche Vereinbarung in der Regel als Werkvertrag zu qualifizieren.

Instandhaltung Instandhaltung umfasst die Maßnahmen zur Feststellung und Beurteilung des Ist-Zustandes sowie zur Bewahrung und Wiederherstellung des Soll-Zustands. Aus der Sicht der Vermeidung künftiger Störungen hat die Instandhaltung vorbeugenden Charakter (→ Wartungsvertrag).

Instandsetzung Instandsetzung ist die Wiederherstellung des ordnungsgemäßen Zustands; vgl. im Übrigen → Wartungsvertrag.

Instant Messaging Board Ein Instant Messaging Board ist Mittel zur Visualisierung der An- oder Abwesenheit von Teilnehmern in einer Instant Messaging-Plattform sowie zur Ermöglichung der Echtzeit-Kommunikation, in dem der Nutzer eine Nachricht über den Server an einen Empfänger sendet, der auf diese Nachricht unmittelbar antworten kann („Instant Messaging").

Integrated Services Digital Network Integrated Services Digital Network ist ein digitales Telefonnetz für die Übertragung von Sprache und Daten.

Integrationstest Ein Integrationstest dient zu Koordination und Prüfung des Zusammenspiels verschiedener Komponenten. Der Integrationstest kann Teil der → Implementierung und der → Installation sein.

Integrität Die Integrität bezeichnet die Garantie, dass Daten während der Übertragung zwischen Versender und Empfänger nicht verändert worden sind. Wurden sie verändert, ist die Integrität beeinträchtigt/verletzt/vermindert. Statt Integrität ist auch von Unversehrtheit die Rede. Die Unversehrtheit von Informationen ist eines der wesentlichen Elemente der Sicherheit in der Informationstechnik (vgl. § 2 Nr. 17 BSIG).

Intelligentes Netz Ein Intelligentes Netz (Abk. IN) wird auf ein anderes Netz aufgesetzt.

Interconnection Vgl. → Netzzusammenschaltung.

Interconnection Agreement Interconnection Agreement ist die vertragliche Vereinbarung zwischen mehreren Netzbetreibern betreffend die Bedingungen am → Ort der Zusammenschaltung (OdZ).

Interconnection-Anschluss Vgl. → Netzzusammenschaltung.

Interconnection-Entgelt Interconnection-Entgelt ist der Oberbegriff für die bei → Netzzusammenschaltung anfallenden Gebühren, wie zB das → Terminierungsentgelt.

Interconnection-Gebühren Vgl. → Zusammenschaltungsentgelt.

Interconnection-Partner Interconnection-Partner sind Netzwerkbetreiber, die ihre Netzwerke mittels → Peering zusammenschalten.

Interessenabwägungstest (LIA) → Berechtigtes Interesse (Art. 6 Abs. 1 lit. f DS-GVO).

Interface Interface ist jede Übergangsstelle, auf der verschiedene Systeme Informationen austauschen können, zB Bedienelemente, mit denen ein Programm durch den Anwender gesteuert wird.

International Electrotechnical Commission Die International Electrotechnical Commission ist eine Organisation zur Schaffung von Normen im Bereich Elektronik und Elektrotechnik mit Sitz in Genf. http://www.iec.ch/.

International Mobile Equipment Identity Die International Mobile Equipment Identity (IMEI) bezeichnet eine Seriennummer, die jedem mobilen Endgerät vom Hersteller zugewiesen wird und anhand derer das mobile Endgerät eindeutig identifiziert werden kann. Zu unterscheiden ist die International Mobile Equipment Identity von der → International Mobile Subscriber Identity, d. h. von der eindeutigen Nummer, die auf der SIM-Karte (dem → Subscriber Identity Module) gespeichert ist.

International Mobile Subscriber Identity Die International Mobile Subscriber Identity (IMSI) dient der eindeutigen Identifizierung von Netzteilnehmern (interne Teilnehmerkennung). Sie wird vom jeweiligen Mobilfunkbetreiber vergeben und neben weiteren Angaben auf der SIM-Karte (dem Subscriber Identity Module) des → Teilnehmers gespeichert. Bei der International Mobile Subscriber Identity handelt es sich um eine weltweit einmalige Nummer. Sie ist von der Telefonnummer zu unterscheiden, unter der ein → Nutzer erreichbar ist. Ebenso zu unterscheiden ist die IMSI von der → International Mobile Equipment Identity (IMEI), die das Gerät selbst identifiziert. Strafprozessual hat die IMSI Bedeutung im Rahmen der Identifizierung von Mobilfunkanschlüssen mittels IMSI-Catcher (§ 100i StPO).

International Standard Recording Code Der International Standard Recording Code (Abk. ISRC) ist ein Code zur Identifizierung einer Tonaufnahme unabhängig vom Tonträger (vergleichbar der ISBN bei Büchern).

International Standard Work Code Der International Standard Work Code (Abk. ISWC) ist ein international einheitlicher Code zur Identifizierung musikalischer Werke (Kompositionen), die bei Verwertungsgesellschaften (zB der → GEMA) angemeldet sind, vergleichbar der ISBN für Bücher.

Internationalized Domain Names Internationalized Domain Names (IDN, – Internationale Domainnamen) sind Domains, die neben Umlauten auch sonstige im lateinischen Alphabet nicht vorkommende Zeichen gestatten.

Internes Kontrollsystem Ein Internes Kontrollsystem (Abk. IKS) ist als Führungsinstrument in einem Unternehmen Bestandteil der → Corporate Governance und beinhaltet, zugeschnitten auf die Bedürfnisse des jeweiligen Unternehmens, systematisch Einrichtungen, organisatorische Maßnahmen und Kontrollen, um die Einhaltung von Richtlinien und anderen Verhaltensanweisungen im Hinblick auf die Wahrung angemessener IT- und Datensicherheit zu gewährleisten. Rechtlicher Anker ist insbesondere § 91 Abs. 2 AktG (Pflicht des Vorstands zur Einrichtung eines Überwachungssystems); für Kreditinstitute § 25a KWG.

Internet Das Internet (Abk. für Interconnected Network) ist ein Computernetzwerk, das verschiedene Dienste (→ E-Mail, → WWW, → Usenet, → Cloud Computing) zum Zweck des Datenaustauschs ermöglicht.

Internet Assigned Numbers Authority Die Internet Assigned Numbers Authority (IANA) ist eine Unterorganisation der → ICANN; sie verwaltet zentrale Internet-Ressourcen, insbesondere IP-Adressen, → Top Level Domains und Protokollparameter. Die Vergabe von IP-Adressen erfolgt zweistufig über fünf Regional Internet Registries (RIRs); für Europa und den Nahen Osten ist das RIPE NCC zuständig. Für Top Level Domains werden die operativen Aufgaben an die jeweiligen Registry-Stellen delegiert (zB DENIC für.de, EurID für.eu). http://www.iana.org.

Internet Content Rating Association Die Internet Content Rating Association (Abk. ICRA) war ein internationales Non-Profitunternehmen, das Filtersysteme zum Jugendschutz entwickelt und zur Verfügung stellte. Die ICRA wurde 2010 aufgelöst; ihre Aufgaben gingen auf das Family Online Safety Institute (FOSI) über. https://www.fosi.org.

Internet Engineering Task Force Die Internet Engineering Task Force ist ein Gremium, das Internet-Standards entwickelt http://www.ietf.org.

Internet Governance Internet Governance beantwortet Fragen nach dem Aufbau und Regelungsmechanismen im Internet.

Internet Key Exchange Das Internet Key Exchange ist ein Schlüsselaustauschprotokoll, das bei → IPSEC zum Einsatz kommt.

Internet Message Access Protocol Das Internet Message Access Protocol (IMAP) ist ein Standard zum Zugriff auf E-Mails. Anders als beim → POP3-Standard wird die E-Mail nicht sofort auf den Client übertragen, sondern verbleibt auf dem Server und wird nur auf Anforderung an den Empfänger ausgeliefert.

Internet of Things Internet of Things (Abk. IoT) bezeichnet die elektronische Vernetzung von Gegenständen des Alltages.

Internet Protocol Internet Protocol ist der Standard im Internet für die Übertragung von Daten in Form von Paketen (Datagrammen), die beim Absender erzeugt, einzeln durch das Netz geleitet und beim Empfänger wieder zusammengesetzt werden.

Internet Relay Chat Internet Relay Chat (Abk. IRC) ist ein ursprünglich auf Textübertragung gegründeter Chatdienst.

Internet Service Provider Internet Service Provider (Abk. ISP) sind Anbieter, die ihren Kunden den Zugang zum Internet ermöglichen und oftmals auch Betreiber eigener Netze sind. Sie bieten oft jedoch auch noch eigene Zusatz-Dienste an, etwa die Bereitstellung von E-Mail-Accounts oder Webspeicherplatz.

Internet Society Die Internet Society (Abk. ISOC) ist eine nichtstaatliche Organisation, die sich mit der Weiterentwicklung des Internets befasst. Unterorganisationen (ICANN, IANA) regeln zentral die Verwaltung des Internets. http://www.isoc.org/.

Internet-by-Call Internet-by-Call („auch Call-by-call") ist ein historischer Abrechnungsmodus, der von Accessprovidern zur Verfügung gestellt wurde. Dem Kunden wurde auf Anforderung eine einmalige Leitung ins Internet zur Verfügung gestellt. Das Verfahren ist aufgrund von Breitbandanschlüssen und Flatrate-Modellen faktisch nicht mehr relevant.

Internet-Provider Vgl. → Internet Service Provider.

Internetbetrug Vgl. → Cybercrime.

Internetdiensteanbieter Vgl. → Internet-Provider.

Internetkriminalität Mit Internetkriminalität werden ohne Rücksicht auf das geschützte Rechtsgut sämtliche Straftaten zusammengefasst, die im Internet begangen werden. Neben den Fällen der → Computerkriminalität, bei denen der Computer als Tatmittel benutzt wird, können hierunter auch nicht-computerspezifische Straftatbestände fallen wie die Verbreitung pornographischer Inhalte (§§ 184 ff. StGB), Beleidigung (§ 185 StGB), Volksverhetzung (§ 130 StGB), Verwendung von Kennzeichen verfassungswidriger und terroristischer Organisationen (§ 86a StGB), in denen das Internet lediglich Übertragungsmedium der inkriminierten Inhalte ist.

Internetnutzung am Arbeitsplatz, private Die private Internetnutzung am Arbeitsplatz bezeichnet die Benutzung des geschäftlichen Internet-Browsers zum Aufsuchen und Betrachten von Websites aus privaten Gründen. Es gilt der Grundsatz, dass die Arbeitnehmer keinen Anspruch auf Gestattung der privaten Internetnutzung haben. In vielen Unternehmen ist die private Internetnutzung allerdings die Regel. Die Zulässigkeit der privaten Internetnutzung kann sich durch eine ausdrückliche Erlaubnis oder nach umstrittener Auffassung auch aufgrund → betrieblicher Übung (diese träte bei einem Dauertatbestand wie hier, ca. 3–6 Monate nach der Zulassung der Privatnutzung ein) ergeben. Mit der Zulassung der privaten Internetnutzung sind zahlreiche Folgefragen verbunden, die rechtlich nach wie vor nicht abschließend geklärt sind. Vielfach wird die Auffassung vertreten, durch die Zulassung der privaten Internetnutzung werde der Arbeitgeber zum → Diensteanbieter, so dass das TDDDG zur Anwendung gelangt und er insbesondere zur Wahrung des Telekommunikationsgeheimnisses, § 3 TDDDG, verpflichtet ist. Dieser Ansicht ist jedoch im Jahr 2025 die Bundesnetzagentur und 2024 auch das LDI Nordrhein-Westfalen entgegengetreten. In der Folge wären Maßnahmen wie das → Screening von Internet-Verkehrsdaten möglicherweise ein Fall von § 206 StGB. Wäre die Privatnutzung hingegen verboten, würde sich die Kontrolle der Internetnutzung datenschutzrechtlich „nur" nach den Vorschriften der DS-GVO und (soweit anwendbar) des BDSG richten. Die → Totalüberwachung des Arbeitnehmers ist aber auch dann unzulässig, wenn die Privatnutzung im Unternehmen verboten ist. Vgl. auch → E-Mail-Nutzung am Arbeitsplatz, private.

Internetradio Internetradios sind internetbasierte Sender, die per → Streaming Informationen in Form von herkömmlichen Rundfunksendungen anbieten (häufig weiterer Verbreitungsweg bereits existierender Rundfunksender). 52 ff. MStV regeln die Zulassung von Rundfunkprogrammen (auch der Internetbasierten). Die vor dem Inkrafttreten des MStV und der damit verbundenen Ablösung des RStV in § 20b RStV geregelte generelle Zulassungsfreiheit für Hörfunkprogramme, die ausschließlich im Internet verbreitet werden, besteht nun nicht mehr. Er hat das Angebot der zuständigen Landesmedienanstalt anzuzeigen.

internetspezifische Haftungsprivilegien Internetspezifische Haftungsprivilegien sind seit dem 17.2.2024 unmittelbar in Art. 4 ff. DSA (Verordnung (EU) 2022/2065) und ergänzend in § 7 DDG enthalten, → Haftung im Internet. Die früheren §§ 7–10 TMG sind mit Inkrafttreten des → DDG zum 14.5.2024 aufgehoben.

Internettelefonie Internettelefonie ist eine Sammelbezeichnung für die Übertragung von Sprachdaten über das Internet in Echtzeit, technisch umgesetzt als Voice over IP (VoIP).

Internetzugang (Konnektivität, Verbindung zum Internet) Internetzugang bezeichnet die Leistung, IP-Pakete über das Internet zu versenden und zu empfangen. Dieser Transfer kann über Funktechnik, Wählverbindungen, Standleitungen, Breitbandzugänge oder durch einfaches Netzwerkkabel (bei Colocation), die Weiterleitung ins Internet durch direkte Zugänge zu Internet-Knoten oder die Netze von anderen Internetdienstanbietern erfolgen.

Interoperabilität Interoperabilität bezeichnet die Möglichkeit des effizienten Zusammenwirkens unterschiedlicher Software- und Hardwaresysteme.

Interoperabilitätspflicht (DMA, Messaging) Die Interoperabilitätspflicht nach Art. 7 DMA (Verordnung (EU) 2022/1925) verpflichtet Gatekeeper, die einen nummernunabhängigen interpersonellen Kommunikationsdienst (NIICS) anbieten, ihren Dienst für andere Anbieter zugänglich zu machen, sodass Nutzer kleinerer Dienste Nachrichten mit Nutzern des Gatekeeper-Dienstes austauschen können.

Interstitial Mit Interstitials wird Werbung bezeichnet, die beim Wechseln einer Seite während des Besuchs einer Website als Unterbrechung eingeblendet wird. Die Werbung wird vor dem Aufbau der eigentlichen Seite eingeblendet und gibt die aufgerufene Seite erst nach einer bestimmten Zeit frei. Nach einem Urteil des LG Berlin (LG Berlin 14.9.2010 – 103 O 43/10) überschreitet ein Interstitial, das sich nach fünf Sekunden per Mausklick beseitigen lässt, nicht die Schwelle zur unzumutbaren Belästigung, wohl aber ein Interstitial, das nicht vorzeitig beendet werden kann.

Intranet Ein Intranet ist ein geschlossenes Computernetz auf der Basis der Internet-Technologie (IP-Protokoll), das nur innerhalb eines Unternehmens für die Mitarbeiter verfügbar ist. Intranets sind im Gegensatz zu → Extranets von außen nicht erreichbar und erlauben nur Mitgliedern der Organisation den Zugriff. Dieses Konzept wird in der Regel in der → B2E-Kommunikation eingesetzt. → Internet, → Extranet.

Intrusion Detection Systeme Intrusion Detection-Systeme (IDS) dienen der Erkennung von Angriffen in Netzwerken oder auf Servern, indem der aus- und eingehende Datenverkehr laufend auf Auffälligkeiten untersucht wird.

Inverssuche Die Inverssuche ist eine besondere Form der Telefonauskunft, bei der anhand der Rufnummer der Anschlussinhaber inkl. der von ihm angegebenen Daten, also Name, uU auch dessen Adresse gesucht wird.

IP Abk. für Internet Protocol, vgl. → IP-Adresse.

IP-Adresse Die IP-Adresse ist die eindeutige (Internet Protocol) Adresse, die ein Rechner zugeteilt bekommt, wenn er sich an ein IP-Netzwerk anschließt. Eine IPv4-Adresse besteht aus 4 Zahlenblöcken, wobei jedem Block eine Ziffer zwischen 0 und 255 zugeordnet wird. Die Ziffern werden mit „." abgetrennt. Daneben hat sich IPv6 als Nachfolgeprotokoll etabliert; eine IPv6-Adresse ist 128 Bit lang und wird hexadezimal in acht durch Doppelpunkte getrennten Blöcken dargestellt (zB 2001:0db8:85a3::8a2e:0370:7334). Dabei ist zwischen statischer und dynamischer Adressierung zu unterscheiden. Zentrale Einheiten (Router, Standleitungen) erhalten statische IP-Adressen, bei anderen wird mit jeder Verknüpfung mit einem Host eine neue IP-Adresse zugewiesen. Die Pflicht des → Internetdiensteanbieters zur Speicherung der zugewiesenen IP-Adressen als → Verkehrsdaten richtet sich nach den telekommunikations- und datenschutzrechtlichen Vorgaben. Es hängt vom Einzelfall ab, ob eine IP-Adresse als personenbezogenes Datum gemäß Art. 4 Nr. 1 DS-GVO einzustufen ist (beachten Sie hierzu die weiterhin andauernde Diskussion, ob und wann eine Anonymisierung von originär personenbezogenen Daten vorliegen kann). Auch wenn diese Frage in einigen Fällen umstritten ist, sind die im Netzwerk eines Unternehmens den einzelnen Nutzern zugewiesenen IP-Adressen jedenfalls für den Arbeitgeber personenbezogene Daten, soweit die den Client nutzende natürliche Person bekannt ist. Greift ein Internet-Nutzer auf eine bestimmte Website zu, kann die IP-Adresse aus Sicht des Betreibers einer Website nicht ohne weiteres einer natürlichen Person zugeordnet werden. Stammt der Zugriff beispielsweise aus einem Unternehmensnetzwerk wird für die Website-Zugriffe aller Mitarbeiter nur die IP-Adresse des Routers des Unternehmens angezeigt.

IP-Billing Bei IP-Billing werden Leistungen, die über das Internet abgerufen werden, über die eigene Telefon- bzw. TV-Rechnung beglichen. Hier entstehen besondere Probleme bzgl. der Identifizierung der an den Geschäften Beteiligten.

IP-Netz Ein IP-Netz ist ein auf Basis des Internet Protocol erstelltes Netzwerk.

IP-Spoofing Vgl. → Spoofing.

IP-VPN-Vertrag Ein IP-VPN-Vertrag bezieht sich auf den Betrieb einer (meist firmenübergreifenden internationalen) Kommunikationsplattform über ein Virtual Private Network (VPN) mittels des IP-Protokolls durch einen externen Dienstleister.

IPsec IPsec ist die Bezeichnung (1) einer Arbeitsgruppe bei der Internet Engineering Task Force (IETF – http://www.ietf.org/), die einen Standard für sichere IP-Verbindungen ausgearbeitet hat, (2) des ausgearbeiteten Standards (→ IPsec-Protokoll).

IPsec-Protokoll Das IPsec-Protokoll (Abk. für Internet Protocol Security) ist eine Sammlung von Zusatzprotokollen zu IP, welche die Kommunikationssicherung nach Bedarf durch Verschlüsselung und Authentifizierung erlauben.

IRC Abk. für → Internet Relay Chat.

ISACA Abk. für → Information Systems Audit and Control Association.

ISDN ISDN (Abk. für → Integrated Services Digital Network) ist ein Netz, das zur Übertragung von Daten sowie für Kommunikationsdienste verwendet wird und ist in Deutschland zwischenzeitlich vollständig abgeschaltet worden.

ISMS Abk. für → Information Security Management System.

ISO Abk. für International Organization for Standardization – internationale Organisation zur Vereinheitlichung von Standards.

ISO/IEC 2382 Die Norm ISO/IEC 2382 ersetzt die bisherige nationale DIN 44 300 in den Segmenten 2382-1–22 (Informationsverarbeitung).

ISO/IEC 27001 (Update) Die ISO/IEC 27001:2022 wurde im Oktober 2022 als überarbeitete Fassung des internationalen Standards für Informationssicherheits-Managementsysteme (ISMS) veröffentlicht. Die Übergangsfrist für die Migration von Zertifizierungen nach der Vorgängerfassung (ISO/IEC 27001:2013) lief bis Oktober 2025. Die Aktualisierung führt neue Kontrollbereiche ein, insbesondere zu Bedrohungsintelligenz (Threat Intelligence), Cloud-Sicherheit, ICT-Readiness for Business Continuity und Datenmaskierung.

ISO/IEC 42001 (KI-Managementsystem) Die ISO/IEC 42001:2023 ist der erste internationale Standard für KI-Managementsysteme (Artificial Intelligence Management System, AIMS). Der Standard korrespondiert mit den Anforderungen der KI-VO an Anbieter von Hochrisiko-KI (Art. 17 KI-VO), ein Qualitätsmanagementsystem einzurichten, und kann jedenfalls als Orientierung für die Umsetzung der KI-VO-Pflichten herangezogen werden.

ISP Abk. für Internet Service Provider, → Internet Provider bzw. → Internetdiensteanbieter.

ISRC Abk. für International Standard Recording Code.

Ist-Analyse Die Ist-Analyse ist ein Verfahrensstadium innerhalb der Softwareerstellung, bestehend aus der Ist-Aufnahme und der Auswertung dieses Zustands. Ziel der Ist-Analyse ist die Festlegung der Anforderungen an eine zu erstellende oder anzupassende Software.

ISWC Abk. für → International Standard Work Code.

IT Abk. für Informationstechnologie.

IT Governance Institute Das IT Governance Institute ist der → ISACA angeschlossen. Diese Institute entwickeln gemeinsam Standards für die Steuerung der IT in Unternehmen.

IT Infrastructure Library Die IT Infrastructure Library (Abk. ITIL) wurde durch eine britische Regierungsbehörde, die (mittlerweile in Cabinet Office umbenannte) Central Computing and Telecommunications Agency (CCTA), entwickelt und enthält einen Leitfaden für die Umsetzung eines IT-Service-Managements. ITIL richtet sich an die Personen, die in einem Unternehmen für die Planung, Überwachung und Steuerung der IT-Ressourcen verantwortlich sind. Ursprünglich dafür gedacht, einen Standard für Rechenzentren der britischen Regierung zu schaffen, hat sich die IT Infrastructure Library mittlerweile zu einem defacto-Standard für die → Best Practice in Unternehmen entwickelt. Die Inhalte der Publikationen orientieren sich am Lebenszyklus des Services: Strategie (Service Strategy), Entwurf (Service Design), Betriebsüberleitung (Service Transition), Betrieb (Service Operation) und Verbesserung (Continual Improvement), dabei insbesondere → Change Management, → Problem Management, → Configuration Management, → Incident Management, → Release Management). In dem Regel- und Definitionswerk werden die für den Betrieb einer IT-Infrastruktur notwendigen Prozesse, die Aufbauorganisation und Werkzeuge beschrieben.

IT-Compliance Unter IT-Compliance wird die Einhaltung speziell die IT eines Unternehmens betreffender Regelwerke, Policies und Gesetze verstanden. Zur IT-Compliance zählt beispielsweise die Einhaltung des unternehmensinternen Regelwerks zur E-Mail-Nutzung und der IT-Policy sowie der datenschutzrechtlichen Anforderungen an die Ausgestaltung einer Hinweisgeber-Hotline (heute geregelt im Hinweisgeberschutzgesetz – HinSchG, in Kraft seit 2.7.2023) oder das Vorhandensein einer ausreichenden Anzahl an Lizenzen für die im Unternehmen eingesetzte Software (→ Lizenzaudit).

IT-Due Diligence Eine IT-Due Diligence ist Teil einer Due Diligence (Analyse und Bewertung eines Unternehmens im Rahmen einer Unternehmenstransaktion) und die der Überprüfung der gewerblichen Schutzrechte, insbesondere was die Inhaberschaft oder sonstige Rechtsposition im Hinblick auf wichtige Immaterialgüter angeht. Auch die Frage der ausreichenden Lizenzierung der im Unternehmen eingesetzten Software, diesbezügliche Rechtsstreitigkeiten, das Bestehen von Wartungsverträgen etc. werden im Rahmen der IT-Due Diligence geprüft. Daneben kann mit dem Begriff auch die technische Analyse des Ist-Zustandes der IT, einzelner Assets (Software, KI Systeme, etc.) gemeint sein.

IT-Forensik Die IT-Forensik ist die wissenschaftliche Methodik zur Identifikation, Sicherung und Auswertung digitaler Beweise. Ziel ist die gerichtsverwertbare Sicherung und Aufbereitung der erhobenen Daten, insbesondere durch eine lückenlose Beweismittelkette (Chain of Custody), sowie die Dokumentation von Hashwerten zur Integritätssicherung. Methodische Grundlage in Deutschland ist insbesondere der BSI-Leitfaden IT-Forensik.

IT-Governance IT-Governance besteht aus Führungsleitlinien, Organisationsstrukturen und Prozessen, die eine ordnungsgemäße Unterstützung der Aufgaben im Unternehmen durch die IT sicherstellen. Sie stellen – an der Größe des betroffenen Unternehmens orientiert – den Sorgfaltspflichtmaßstab auf, der an die Unternehmensführung in den Bereichen Risiko- und Changemanagement, Investitionen usw. gerichtet wird. Dazu gehörende Standards sind insbesondere → ITIL → IT-Grundschutzhandbuch → COBIT: IT-Managementmodelle für IT-Governance → COSO (für Corporate Governance Modelle)

IT-Grundrecht Das IT-Grundrecht (eigentlich: Grundrecht auf Gewährleistung der Vertraulichkeit und Integrität informationstechnischer Systeme) – zum Teil auch „Computer-Grundrecht" genannt – wurde vom BVerfG mit Urteil vom 27.2.2008 (BVerfG 27.2.2008 – 1 BvR 370/07)) aus Art. 1 Abs. 1, Art. 2 Abs. 1 GG abgeleitet. Es schützt als Ergänzung zu Art. 10 und Art. 13 GG und als zum Recht auf informationelle Selbstbestimmung subsidiäres Grundrecht das Persönlichkeitsrecht, insbesondere den Kernbereich privater Lebensgestaltung im Bereich informationstechnischer Systeme.

IT-Grundschutz Beim IT-Grundschutz handelt es sich um einen technischen Leitfaden des BSI (vgl. → BSI-Grundschutz) für Sicherheitsmaßnahmen und Sicherheitskonzepte in Organisationen.

IT-Infrastruktur Die IT-Infrastruktur ist ein umfassender Begriff zur Beschreibung sämtlicher für die elektronische Informationsverarbeitung in einem Unternehmen (oder einer sonstigen Organisation) zum Einsatz kommender Elemente. In diesem Sinne umfasst die IT-Infrastruktur nicht nur die unmittelbar zur elektronischen Informationsverarbeitung eingesetzte

Hard- und Software, sondern unter anderem auch Gebäude (zB Rechenzentren), Räumlichkeiten für die Nutzung der elektronischen Informationsverarbeitung sowie die erforderlichen technischen Anlagen (zB Serverräume), Datenspeicher und -archive, Schutzschränke und die erforderliche Verkabelung.

IT-Prüfung nach IDW PS 330 Die IT-Prüfung nach IDW PS 330 ist eine besondere Prüfung durch Wirtschaftsprüfer, die bei EDV-gestützter Buchhaltung das Rechnungslegungssystem zu kontrollieren haben. IDW PS 330 ist dabei ein vom Institut der Wirtschaftsprüfer in Deutschland (http://www.idw.de) zugelassener Standard.

IT-Recht Abk. für → Informationstechnologierecht.

IT-Richtlinie Die IT-Richtlinie regelt die berufliche Nutzung der IT-Infrastruktur durch die Nutzungsberechtigten, zB in einem Unternehmen. Unter IT-Infrastruktur in diesem Sinne wird häufig die gesamte, vom Unternehmen zur Verfügung gestellte Hard- und Software, insbesondere auch Kommunikationsnetze und Internet-Zugänge, verstanden. Mit diesem Regelungsgegenstand werden auch Laptops, Mobiltelefone, mobile Geräte zum Empfangen und Versenden von E-Mails und gegebenenfalls auch Präsentationstechnik, wie Beamer etc., erfasst. Weitere typische Regelungsgegenstände einer IT-Richtlinie betreffen die Frage der Zulässigkeit der Privatnutzung der IT-Infrastruktur des Unternehmens und, für den Fall deren Zulässigkeit, die Intensität der Privatnutzung, die Handhabung von Passwörtern (zB Verbot der Weitergabe, Verbot der Verwendung fremder Zugangsdaten etc.), Abwesenheits- und Vertretungsregelungen, Verbote bestimmter Nutzungen (zB Abrufen gewaltverherrlichender Inhalte, Nutzung von Filesharing-Diensten), Installationsverbote, Vorgaben zur IT-Sicherheit (zB Verpflichtung zum Sperren des Computers bei Verlassen des Arbeitsplatzes; Verpflichtung zur Meldung von Sicherheitsvorfällen). Die begriffliche Unterscheidung zur → IT-Security Policy wird in der Praxis häufig nicht vollzogen. In der Regel ist eine IT-Richtlinie Gegenstand der Mitbestimmung gemäß § 87 Abs. 1 Nr. 6 BetrVG.

IT-Security Vgl. → IT Sicherheit.

IT-Security Policy Eine IT-Security Policy ist Bestandteil des Sicherheitskonzepts im Sicherheitsmanagement eines Unternehmens und enthält Richtlinien für den Informationsschutz sowie die Gerätesicherheit, soweit sie die IT-Sicherheit betreffen. Das für das Sicherheitsmanagement zuständige Organ der Unternehmensführung ist auch für die Kontrolle und Umsetzung der IT-Security Policy zuständig.

IT-Service-Management IT-Service-Management (Abk. ITSM) bezeichnet alle Maßnahmen, die ergriffen werden müssen, um die operative Geschäftstätigkeit eines Unternehmens durch die IT-Ressourcen zu erhalten. Konzeptionell ist das IT-Service-Management eine unternehmensinterne Unterstützungsfunktion, die kontinuierlichen IT-Support gegenüber ihren internen „Kunden" zu erbringen und sich an deren Zufriedenheit zu messen hat.

IT-Sicherheit IT-Sicherheit kann als „Sicherheit in der Informationstechnik" verstanden werden. In diesem Sinne bedeutet „Sicherheit in der Informationstechnik" gemäß § 2 Nr. 39 BSIG die Einhaltung bestimmter Sicherheitsstandards, die die Verfügbarkeit, Unversehrtheit oder Vertraulichkeit von Informationen betreffen, durch Sicherheitsvorkehrungen 1. in informationstechnischen Systemen, Komponenten oder Prozessen oder 2. bei der Anwendung von informationstechnischen Systemen, Komponenten oder Prozessen. Üblicherweise werden unter IT-Sicherheit auch die Anforderungen an die Sicherheit beim Umgang mit personenbezogenen Daten und alle Maßnahmen und Richtlinien betreffend den Schutz von Daten vor Bedrohungen und Schäden im Bereich der Informationstechnik verstanden. Die IT-Sicherheit ist spätestens seit dem → KonTraG ohne Zweifel eine originäre Verpflichtung der Unternehmensleitung (§§ 91, 93, 116 AktG, § 43 GmbHG). Ergänzend finden sich in der die NIS-2-Richtlinie umsetzenden BSI-Gesetz (siehe § 32 BSI-Gesetz) weitreichende Umsetzungs-, Überwachungs-, und Schulungspflichten für Geschäftsleitungen von unter das BSI-Gesetz fallender Unternehmen. Gemeint ist damit also die Einhaltung bestimmter Sicherheitsstandards, die die Verfügbarkeit, Unversehrtheit und die Vertraulichkeit von Informationen sowie das ordnungsgemäße Funktionieren der → IT-Infrastruktur betreffen. Die von der Unternehmensleitung geschuldeten Maßnahmen sind nicht statisch, sondern müssen an die jeweilige Bedrohungssituation angepasst werden.

IT-Sicherheitsbeauftragter Der IT-Sicherheitsbeauftragte kann ein Mitarbeiter des Unternehmens oder ein externer Anbieter sein, der als Sachkundiger im Auftrag der Unternehmensleitung für die IT-Sicherheit zuständig ist und diese überwacht. Während ein IT-Sicherheitsbeauftragte für private Unternehmen grundsätzlich nicht vorgesehen ist, bestehen jedoch bereichsspezifischen Ausnahmen wie zB in § 166 Abs. 1 Nr. 1 TKG. Das BSI-Gesetz sieht daneben für gewisse Bundesbehörden eine entsprechende Verpflichtung vor. Wegen der elementaren Bedeutung der Informationstechnologie für ein Unternehmen dürfte eine entsprechende Benennung aber in einem Maße üblich sein, dass die Nichtbestellung eines IT-Sicherheitsbeauftragten zumindest in bestimmten Unternehmen schwer zu rechtfertigen sein dürfte (→ IT-Sicherheit). Anders als der → Datenschutzbeauftragte wird er allein im Interesse der Unternehmensleitung tätig. Die Zuweisung der Tätigkeiten des IT-Sicherheitsbeauftragten und des Datenschutzbeauftragten an ein und dieselbe Person dürfte daher wegen der möglichen Interessenskonflikte unzulässig sein.

IT-Sicherheitsgesetz 2.0 Das IT-Sicherheitsgesetz 2.0 trat am 28.5.2021 in Kraft und erweiterte das BSIG erheblich. Es führte die Kategorie der „Unternehmen im besonderen öffentlichen Interesse" (UBI) ein, erweiterte die Befugnisse des BSI und schuf in § 9b BSIG zusätzliche Anforderungen an den Einsatz kritischer Komponenten in Kritischen Infrastrukturen. Die Vorschriften werden durch das NIS-2-Umsetzungs- und Cybersicherheitsstärkungsgesetz (NIS-2UmsuCG) weiterentwickelt bzw. abgelöst, das die Anforderungen der NIS-2-Richtlinie (Richtlinie (EU) 2022/2555) ins deutsche Recht überführt.

IT-Sicherheitskonzept Im IT-Sicherheitskonzept werden die Sicherungsmaßnahmen betreffend die IT in einem Unternehmen beschrieben, um eine angemessene → IT-Sicherheit zu erreichen.

IT-System Unter IT-System versteht man den Zusammenschluss mehrerer IT-Komponenten (also Einzelbestandteile wie Computer und Drucker) zu einem einheitlichen System. Der Begriff IT-System wird auch verwendet um, ganz allgemein technische Mittel zur Verarbeitung oder Übertragung von Informationen (vgl. § 2 Abs. 1 BSIG) zu beschreiben.

IT-Systemvertrag Vgl. → Systemvertrag.

iTAN Beim Online-Banking unter Verwendung von iTAN (Abk. für indizierte → Transaktionsnummer) hat der Benutzer eine bestimmte, auftragsbezogene → TAN anzugeben. Das Verfahren ist veraltet: Mit Inkrafttreten der Anforderungen an die starke Kundenauthentifizierung (Strong Customer Authentication, SCA) nach der Zweiten Zahlungsdiensterichtlinie (Art. 97 Richtlinie (EU) 2015/2366) sowie deren Umsetzung in §§ 1 Abs. 24, 55 ZAG ist die iTAN als alleiniger Authentifizierungsfaktor nicht mehr zulässig. Sie wurde durch SCA-konforme Verfahren wie pushTAN, photoTAN oder chipTAN-QR abgelöst.

ITC Akronym aus IT (Information Technology) und TC (Telecommunication).

ITIL Abk. für → IT Infrastructure Library.

ITSB Abk. für → IT-Sicherheitsbeauftragter.

ITSEC Abk. für → Information Technology Security Evaluation Criteria.

ITSM Abk. für → IT-Service-Management.

itSMF Der itSMF Deutschland e. V. ist das deutsche Organ des IT Service Management Forums (Abk. itSMF). Ziel ist es, die Kenntnisse und Inhalte des IT-Service-Managements (ITSM) zu fördern. Damit steht die Verbesserung und Weiterentwicklung des de facto-Standards für ITSM, der IT Infrastructure Library (ITIL) im Vordergrund. http://www.itsmf.de/.

ITU Das ITU (Abk. für International Telecommunication Union) ist eine Unterorganisation der UNO, die sich mit Telekommunikation befasst.

IXC Abk. für (Engl.) Interexchange Carrier, → Verbindungsnetzbetreiber.

J

Java Java ist eine von der Firma SUN (2010 von Oracle übernommen) entwickelte Programmiersprache. Java ist unabhängig vom installierten Betriebssystem ablauffähig, so dass ein in Java programmiertes Computerprogramm auf allen javafähigen Systemen ablaufen kann, also zB unter Windows, MacOS, Linux, diversen Tablets, Smartphones oder anderen mobilen Endgeräten. Java-Applets sind kleine Programme, die direkt im Webbrowser gestartet werden.

JavaScript JavaScript ist eine Skriptsprache für den Einsatz auf Webseiten. Nahezu alle Browser- und Webseiten-Elemente lassen sich über JavaScript ansteuern oder auslesen.

Jedermannverzeichnis Vgl. → Datenschutzkonzept.

Joe-Job Unter Joe-Job versteht man die Versendung von E-Mails mit gefälschtem Absender, wobei die Aussagen in der versendeten E-Mail (die eine tatsächlich existierende Person fälschlich als Absender ausweist) mit dem Ziel erfolgen, dieser Person Aussagen in den Mund zu legen, die von ihr nicht zu erwarten gewesen wären. Nicht selten werden Joe-Jobs zur Versendung von rassistischen oder beleidigenden Inhalten verwendet. Bei Joe-Jobs handelt es sich mithin, wie bei → Spam in der Regel um eine unzumutbare Belästigung gemäß § 7 Abs. 2 Nr. 3 UWG, jedoch richtet der Joe-Job möglicherweise darüber hinausgehenden Schaden an, falls die Adressaten die Fälschung des Absenders nicht erkennen. Gegebenenfalls kann die Versendung von Joe-Jobs als Verleumdung gemäß § 187 StGB strafbar sein.

Joint-Editing Joint-Editing erlaubt das gleichzeitige Verändern eines gemeinsamen Datenbestandes (ohne dessen Synchronisierung zwischen den verschiedenen Nutzern). Im Gegensatz zum → Application-Sharing werden die von den jeweiligen Nutzern verwendeten Daten nicht synchronisiert.

Joint-Venture Ein Joint-Venture ist ein Gemeinschaftsunternehmen mehrerer Unternehmen und üblicherweise mit eigener Rechtspersönlichkeit ausgestattet. Ein Joint Venture dient häufig dazu, die sich in einem neuen geschäftlichen Umfeld bietenden Chancen zu nutzen.

Jugendschutz, digital (JuSchG 2021) Mit der Novelle des Jugendschutzgesetzes (JuSchG) zum 1.5.2021 wurden u. a. Regelungen zur In-Game-Kommunikation, zu Loot Boxes und zu Vorsorgepflichten der Anbieter von Telemedien eingeführt, vgl in etwa § 10b JuSchG. Zentrale Aufsichtsstelle ist die Bundeszentrale für Kinder- und Jugendmedienschutz (BzKJ), die die frühere Bundesprüfstelle für jugendgefährdende Medien (BPjM) abgelöst hat. Die Kommission für Jugendmedienschutz (KJM) ist daneben für die Aufsicht über jugendmedienschutzrechtliche Pflichten der Rundfunk- und Telemedienanbieter zuständig.

Junkmail Vgl. → Spam.

JuSchG 2021 → Jugendschutz, digital (JuSchG 2021).

K

KDC Abk. für Key Distribution Center.

KDD Mit KDD (Abk. für Knowledge Discovery in Databases) wird Datenanalyse und Extraktion von Informationen aus Datenbanken aufgrund statistischer Kriterien (vgl. auch → Data Mining) bezeichnet.

Kennwort Vgl. → Passwort.

Kernplattformdienst (DMA) → Gatekeeper, Kernplattformdienste.

Key Distribution Center Das Key Distribution Center ist die zentrale Schlüssel-Verwaltungsstelle bzw. das → Trust Center bei Zertifizierungsstellen.

Key Escrow (Vertrag) Ein Key Escrow (Vertrag) ist ein → Escrow-Vertrag über einen Schlüssel im Rahmen von kryptografischen Verschlüsselungsverfahren.

Key Performance Indicators Key Performance Indicators sind im IT-Umfeld Kennzahlen zur Messung der Servicequalität.

Key-Logger Key-Logger ist eine Soft- oder Hardware, um Eingaben über die Tastatur eines Nutzers an einem Computer zu erfassen (keylogging); auch → Tastatur-Recorder. Der Einsatz eines Key-Loggers kann sich als ein Fall der unzulässigen → Totalüberwachung darstellen.

Key-User Key-User sind die zentralen Nutzer eines Systems, also Mitarbeiter eines Unternehmens, die die primäre Zielgruppe für die Einweisung und Schulungsmaßnahmen darstellen.

Keyword Keyword ist der vom Nutzer in eine Suchmaschine eingegebene Suchbegriff, den die Suchmaschine mit dem von ihr indexierten (→ Indexierung) Inhalten der geprüften Websiten abgleicht.

Keyword Spamming Keyword Spamming ist eine fragliche Methode der → Suchmaschinenoptimierung, bei der entweder der sichtbare oder der nicht sichtbare Teil einer Website durch entsprechende Gestaltung des → HTML-Code über das durch Sinn und Sachzusammenhang erforderliche Maß hinaus mit bestimmten attraktiven Suchbegriffen überladen wird, um der Suchmaschine für den Fall einer Suche nach diesem Begriff eine besonders ausgeprägte Relevanz und damit einen guten Platz im → Suchmaschinenranking zu sichern.

Keyword-Search-Advertising Vgl. → AdWords.

KI-Beauftragter Der KI-Beauftragte ist eine organisationsinterne Funktion zur Steuerung und Überwachung der Compliance mit der KI-VO, vergleichbar dem Datenschutzbeauftragten. Die KI-VO selbst sieht keine ausdrückliche Bestellpflicht vor; faktische Erwartungen an entsprechende Governance-Strukturen können sich allerdings aus dem Qualitätsmanagementsystem für Anbieter von Hochrisiko-KI (Art. 17 KI-VO) sowie aus dem GPAI Code of Practice (Verhaltenskodex nach Art. 56 KI-VO) ergeben. In der Praxis empfiehlt sich in größeren Unternehmen die Benennung mit dokumentiertem Aufgabenkreis im Rahmen einer → KI-Governance-Struktur. Umstritten ist dabei, inwieweit der KI-Beauftragte zeitgleich auch die Funktion des gesetzlich vorgesehenen Datenschutzbeauftragten nach der DS-GVO ausführen darf, wobei hier neben grundsätzlichen Compliance-Überlegungen insbesondere auch Art. 38 Abs. 6 DS-GVO zu berücksichtigen ist.

KI-generierte Werke, Urheberrecht KI-generierte Werke ohne menschlichen Gestaltungsanteil sind nach deutschem und europäischem Urheberrecht nicht schutzfähig, weil § 2 Abs. 2 UrhG eine persönliche geistige Schöpfung voraussetzt. Bei hinreichendem menschlichem Anteil – etwa durch detailliertes Prompt-Engineering, Auswahl, Bearbeitung oder kuratierte Zusammenstellung – kann ggf. Schutz in Betracht kommen. Eine eindeutige Abgrenzung hat sich in der Praxis (bisher) noch nicht manifestiert und ist Gegenstand einer anhaltenden Diskussion, siehe in etwa die kürzlich ergangenen Urteile des OLG Düsseldorf (I-20 W 2/26) und des AG München (142 C 9786/25). Das Bundesministerium der Justiz hat zu dieser und verwandten Fragen im März 2024 ein Fragen und Antworten Papier veröffentlicht.

KI-Governance KI-Governance bezeichnet den organisatorischen Rahmen zur Steuerung, Überwachung und Kontrolle des KI-Einsatzes in einem Unternehmen. Sie umfasst Richtlinien, Prozesse und Verantwortlichkeiten, die der Einhaltung der KI-VO, der DS-GVO und sonstiger einschlägiger Normen dienen.

KI-Haftung, vertraglich Vertragliche KI-Haftung umfasst die Allokation von Verantwortlichkeiten zwischen Anbieter und Betreiber eines KI-Systems, Haftungsgrenzen für KI-spezifische Fehlleistungen (zB Halluzinationen) sowie Indemnity-Klauseln, mit denen sich die Vertragsparteien gegen etwaige Bußgelder nach der KIVO absichern (wobei die grundsätzliche Frage, inwieweit eine Freistellung für Bußgelder rechtsdogmatisch überhaupt möglich ist, hier im Einzelfall zu prüfen ist). Die Vertragsgestaltung sollte zudem die ergänzende Haftung nach der neuen Produkthaftungsrichtlinie (Richtlinie (EU) 2024/2853) bzw. deren Umsetzung in den Mitgliedstaaten berücksichtigen.

> **Exkurs: Verhältnis AI Act, KI-Haftungsrichtlinie und Produkthaftungs-RL 2024**
> Das EU-Haftungsregime für KI ist derzeit fragmentiert: Die KI VO enthält keine eigenständige Schadensersatznorm. Die Produkthaftungsrichtlinie 2024 (RL 2024/2853/EU) hat den Produktbegriff auf Software (und KI-Systeme) erweitert und eine Beweislastumkehr zugunsten des Geschädigten eingeführt, wenn die Schadensursache nachvollziehbar auf ein KI-System hindeutet. Die geplante KI-Haftungsrichtlinie (KOM(2022) 496) sollte darüber hinaus eine einen entsprechenden Rahmen schaffen, wurde jedoch von der EU „zurückgezogen".

KI-Konformitätsbewertung → Hochrisiko-KI-System, Konformitätsbewertung.

KI-Konformitätsbewertungsstelle (Notifizierte Stelle) Die KI-Konformitätsbewertungsstelle (notifizierte Stelle) ist eine von einem Mitgliedstaat zugelassene und der Kommission gemeldete Drittstelle, die externe Konformitätsbewertungen von Hochrisiko-KI-Systemen durchführt. Voraussetzung ihres Tätigwerdens ist die Notifizierung durch die zuständige nationale Behörde, siehe Art. 28 ff. KI-VO.

KI-Modell Ein KI-Modell ist eine mathematische Struktur, die aus Trainingsdaten Muster erlernt hat. Es ist vom → KI-System zu unterscheiden: Während das Modell den technischen

Baustein bildet, bezeichnet das KI-System das in Verkehr gebrachte Produkt mit konkreter oder allgemeiner Zweckbestimmung.

KI-Qualitätsmanagementsystem Das KI-Qualitätsmanagementsystem nach Art. 17 KI-VO ist eine Pflichtanforderung für Anbieter von Hochrisiko-KI. Es umfasst Risikomanagement, Datenqualität, technische Dokumentation, Post-Market-Monitoring und Konformitätsbewertungsverfahren.

KI-Register (EU) → Europäisches KI-Register.

KI-Regulierung, internationale Neben der KI-VO bestehen weitere internationale Regelungswerke und Initiativen, u. a. die US Executive Order on AI (Oktober 2023, durch nachfolgende US-Administration teilweise überarbeitet), das UK AI Safety Institute, die OECD AI Principles (2019, überarbeitet 2024), der G7 Hiroshima AI Process sowie die UNESCO Recommendation on the Ethics of Artificial Intelligence. Eine globale Harmonisierung besteht bislang nicht. Schon der Begriff der KI selbst ist nicht identisch. Zudem folgen die Regelungen und Initiativen unterschiedlichen Regelungsansätzen.

KI-Risikoeinstufung Die KI-VO statuiert Pflichten differenziert nach Risikoeinstufung. Zum einen werden die KI-Systeme selbst einer Risikoklasse zugeordnet. Die KI-VO sieht hier die Risikoklassen (1) Verbotene Praktiken (Art. 5 KI-VO); (2) Hochrisiko-KI-Systeme (Art. 6 KI-VO iVm Anhang I – sektorale Harmonisierungsrechtsvorschriften – bzw. Anhang III – eigenständiger Katalog von Hochrisiko-Bereichen); (3) KI-Systeme mit besonderen Transparenzpflichten (Art. 50 KI-VO; in der Praxis oft „begrenztes Risiko" genannt); (4) KI-Systeme ohne spezifische Pflichten (oft „minimales Risiko" genannt). Daneben besteht ein eigenständiges Regime für KI-Modelle mit allgemeinem Verwendungszweck (GPAI-Modelle, Art. 51 ff. KI-VO), mit der Unterkategorie „GPAI mit systemischem Risiko" (Art. 51 iVm Art. 55 KI-VO). Zusammen mit der Risikoeinstufung der KI-Systeme selbst, bestimmt die jeweilige Rolle unter der KI-VO (zB Betreiber oder Anbieter) den genauen Umfang der Pflichten. Unabhängig von der Risikoeinstufung gilt die Pflicht zur KI-Kompetenz nach Art. 4 KI-VO für alle Anbieter und Betreiber.

KI-Risikomanagement Das KI-Risikomanagement nach Art. 9 KI-VO ist ein iteratives Risikomanagementsystem, das den gesamten Lebenszyklus eines Hochrisiko-KI-Systems begleitet. Es umfasst Risikoidentifikation, -analyse und -bewertung, Risikominderungsmaßnahmen sowie kontinuierliches Monitoring.

KI-Sandkasten (Regulatory Sandbox) Der KI-Sandkasten (Regulatory Sandbox) nach Art. 57 ff. KI-VO ist eine behördlich eingerichtete kontrollierte Testumgebung, in der KI-Systeme vor Markteinführung unter realen Bedingungen getestet werden können, ohne dass sämtliche Pflichten der KI-VO bereits vollständig erfüllt sein müssen. Die Mitgliedstaaten sind verpflichtet, bis zum 2. 8. 2026 mindestens einen KI-Sandkasten einzurichten.

KI-Sicherheitstests (KI-VO) Der Begriff „KI-Sicherheitstests" ist eine Sammelbezeichnung für verschiedene Prüf-, Evaluations- und Validierungsmaßnahmen zur Gewährleistung der Sicherheit, Robustheit und Rechtskonformität von KI-Systemen. Solche Maßnahmen sind funktional in mehreren Vorschriften der KI-VO angelegt, insbesondere im Risikomanagement (Art. 9 KI-VO), bei den Anforderungen an Robustheit und Cybersicherheit (Art. 15 KI-VO) sowie bei besonderen Pflichten für General-Purpose-KI-Modelle mit systemischem Risiko (Art. 55 KI-VO). Die Verordnung verfolgt dabei einen technologieoffenen Ansatz und schreibt keine konkreten Testmethoden vor. In der Praxis kommen aktuell zur Identifikation von Schwachstellen und Missbrauchspotenzialen häufig sicherheitsbezogene Testverfahren wie adversariale Tests („Red Teaming") zum Einsatz. Diese stellen jedoch keine ausdrücklich normierte Pflicht dar, sondern haben sich als faktischer Standard etabliert, unterliegen jedoch der dynamischen Entwicklung im Bereich KI. Die konkrete Ausgestaltung solcher Tests wird zunehmend durch Leitlinien, Verhaltenskodizes und sonstige Konkretisierungen auf EU-Ebene (insbesondere für General-Purpose-KI-Modelle) geprägt, etwa durch das Büro für Künstliche Intelligenz.

KI-System Ein KI-System im Sinne von Art. 3 Nr. 1 KI-VO ist ein maschinengestütztes System, das mit variablem Autonomiegrad und gegebenenfalls Anpassungsfähigkeit nach der Einrichtung aus Eingaben Schlussfolgerungen ableitet (Vorhersagen, Inhalte, Empfehlungen oder Entscheidungen), die physische oder virtuelle Umgebungen beeinflussen können. Die Definition orientiert sich stark an der Definition der OECD. Es gibt jedoch Regulierungen und Initiativen in anderen Teilen der Welt, die einem anderen Ansatz folgen, so dass es bisher keine weltweit gültige, harmonisierte Definition gibt.

> **Exkurs: Definitionsstreit: Was ist ein KI-System?** Art. 3 Nr. 1 KI VO definiert ein KI-System als maschinenbasiertes System, das für den Betrieb mit unterschiedlichen Graden von Autonomie ausgelegt ist und aus den erhaltenen Eingaben ableitet, wie es Ausgaben wie Vorhersagen, Empfehlungen, Entscheidungen oder Inhalte erstellen kann. Umstritten ist die Abgrenzung zu klassischer regelbasierter Software: Während traditionelle if-then-Logik unstrittig kein KI-System darstellt, ist die Grenzziehung bei statistischen Modellen, Optimierungsalgorithmen und einfachen ML-Klassifikatoren weniger klar. Daneben scheinen andere Jurisdiktionen nicht ohne weiteres der Definition in der KI VO (die sich stark an der OECD Definition orientiert) zu folgen, was es im internationalen Umfeld besonders herausfordernd macht.

KI-System, minimales Risiko KI-Systeme mit minimalem Risiko (zB KI-gestützte Spamfilter) unterliegen keinen spezifischen Pflichten der KI-VO. Jedoch können freiwillige Verhaltenskodizes nach Art. 95 KI-VO umgesetzt werden.

KI-System, spezifisches Risiko KI-System, spezifisches Risiko Vgl. → KI-Transparenzpflichten; → KI-Risikoeinstufung.

KI-Technische Dokumentation Die technische Dokumentation eines Hochrisiko-KI-Systems nach Art. 11 iVm Anhang IV KI-VO umfasst die Systembeschreibung, den Entwicklungsprozess, Trainings- und Testdaten, das Risikomanagement und die Konformitätserklärung. Die Aufbewahrungsfrist beträgt zehn Jahre nach Inverkehrbringen oder Inbetriebnahme (Art. 18 KI-VO).

KI-Training, datenschutzrechtlich Der datenschutzrechtliche Rahmen für das Training von KI-Systemen mit personenbezogenen Daten ergibt sich aus der DS-GVO. Erforderlich ist insbesondere eine Rechtsgrundlage nach Art. 6, 9 DS-GVO; ferner sind die Zweckbindung (Art. 5 Abs. 1 lit. b DS-GVO), die Betroffenenrechte (insbesondere das Widerspruchsrecht nach Art. 21 DS-GVO) und – bei hohem Risiko für die Rechte und Freiheiten der Betroffenen – die Pflicht zur Datenschutz-Folgenabschätzung (Art. 35 DS-GVO) zu beachten. Maßgebliche Orientierung gibt die Stellungnahme 28/2024 des Europäischen Datenschutzausschusses (EDSA) zu KI-Modellen und Datenschutz. Nach wie vor umstritten ist, die Frage, ob personenbezogene Daten in einem KI-Modell „enthalten" sein können oder nicht; bzgl. LLM kritisch das „Diskussionspapier: Large Language Models und personenbezogene Daten" des Hamburger Beauftragten für Datenschutz und Informationsfreiheit. Lesenswert zu der

Frage, ob eine Memorisierung von Daten in einem KI-Modell erfolgt, ist auch das Urteil des LG München (42 O 14139/24), wenngleich es in diesem Urteil nicht um personenbezogene Daten, sondern um urheberrechtliche Fragen zu Liedtexten ging.

KI-Transparenzpflichten Die KI-Transparenzpflichten nach Art. 50 KI-VO sehen für gewisse KI-Systeme Transparenzpflichten in unterschiedlichen Ausprägungen vor. Diese umfassen zB die Information des Nutzers, dass er mit einem KI-System interagiert und eine Kennzeichnungspflicht von synthetisch erzeugten Audio-, Bild-, Video- oder Textinhalten in einem maschinenlesbaren Format, so dass diese als künstlich erzeugt oder manipuliert erkennbar sind.

KI-VO → AI Act (Verordnung (EU) 2024/1689).

KI-VO, Haftung Die KI-VO enthält keine eigenständige zivilrechtliche Haftungsregelung. Die neue Produkthaftungsrichtlinie (Richtlinie (EU) 2024/2853, enthält auch für KI-Systeme Reglungen zur Haftung und sieht weitreichende Änderungen vor, muss jedoch noch im deutschen Recht umgesetzt werden. Die ursprünglich geplante KI-Haftungsrichtlinie (AILD) wurde im Februar 2025 von der EU-Kommission zurückgezogen.

KIM (Kommunikation im Medizinwesen) KIM (Kommunikation im Medizinwesen) ist ein in der → Telematikinfrastruktur (§§ 306 ff. SGB V) verankerter standardisierter, sicherer Kommunikationsdienst, der den vertraulichen und interoperablen elektronischen Austausch medizinischer Dokumente und Nachrichten zwischen den Akteuren des Gesundheitswesens ermöglicht. Die rechtliche Grundlage ergibt sich insbesondere aus der Steuerungs- und Spezifikationskompetenz der gematik (§ 311 SGB V), die verbindliche Vorgaben zu Interoperabilität, IT-Sicherheit und Datenschutz festlegt. KIM fungiert als zentrale Kommunikationsinfrastruktur für Anwendungen wie elektronische Arztbriefe, oder E-Rezept-bezogene Nachrichten.

Klickbetrug Klickbetrug ist der Oberbegriff für Manipulationen bei Links, die mit bestimmten Vergütungsvereinbarungen gekoppelt sind, → Click Fraud.

Klinische Daten Klinische Daten sind im Sinne der Verordnung (EU) Nr. 536/2014 über klinische Prüfungen sowie der Good Clinical Practice (ICH-GCP) alle Informationen über Sicherheit und Wirksamkeit eines Arzneimittels oder einer medizinischen Methode, die im Rahmen klinischer Prüfungen oder anderer klinischer Untersuchungen am Menschen erhoben werden. Klinische Daten umfassen insbesondere patientenbezogene Gesundheits- und Beobachtungsdaten, Prüfparameter, unerwünschte Ereignisse sowie Ergebnisse aus Interventionen, die nach wissenschaftlichen und ethischen Standards systematisch erhoben, dokumentiert und ausgewertet werden (Art. 2 Abs. 2 Nr. 2 und 3 VO (EU) 536/2014 iVm ICH-GCP).

Kollektive Verwertung Kollektive Verwertung bedeutet, dass die Wahrnehmung von Urheberrechten nicht durch den einzelnen Rechtsinhaber erfolgt. Vielmehr schließt dieser mit einer → Verwertungsgesellschaft einen Wahrnehmungsvertrag, aufgrund dessen die Verwertungsgesellschaft tätig wird (§§ 9 ff. VGG). Das Verwertungsgesellschaftengesetz (VGG) hat zum 1.6.2016 das frühere Urheberrechtswahrnehmungsgesetz (UrhWG) abgelöst.

Kollokation Vgl. → Colocation

Kollokationsraum Der Kollokationsraum ist der Ort der Kollokation (→ Colocation), an dem also die Server tatsächlich zusammengestellt werden.

Audiovisuelle kommerzielle Kommunikation Audiovisuelle kommerzielle Kommunikation ist jede Form der Kommunikation mit Bildern mit oder ohne Ton, die einer Sendung oder einem nutzergenerierten Video gegen Entgelt oder gegen eine ähnliche Gegenleistung oder als Eigenwerbung beigefügt oder darin enthalten ist, wenn die Kommunikation der unmittelbaren oder mittelbaren Förderung des Absatzes von Waren und Dienstleistungen oder der Förderung des Erscheinungsbilds natürlicher oder juristischer Personen, die einer wirtschaftlichen Tätigkeit nachgehen, dient, einschließlich Sponsoring und Produktplatzierung, vgl. die Legaldefinition des § 1 Abs. 4 Nr. 7 DDG.

Kompatibilität Kompatibilität bezeichnet die Verträglichkeit bzw. Kooperation von Hardware und Software bzw. die Gleichartigkeit von Systemen.

Kompilierung Kompilierung ist die Übersetzung des in einer bestimmten Programmiersprache erstellten Computerprogramms in eine maschinenlesbare Form. Ein Compiler (Kompilierer) ist ein Programm, der dies selbsttätig erledigt. Der Vorgang der Kompilierung lässt sich durch die → Dekompilierung nur teilweise umkehren, weil bei der Kompilierung üblicherweise die nicht funktionsrelevanten Zeichen (auch Absätze) und Hinweise zur Programmierung entfernt werden.

Konfiguration Konfiguration ist die Zusammenstellung von Hard- und Software inkl. der dafür erforderlichen Dienstprogramme zu einem funktionierenden Computersystem. Konfigurieren bezeichnet danach den Vorgang, einzelne Systemkomponenten aufeinander abzustimmen.

Konformitätserklärung (KI) Die Konformitätserklärung nach Art. 47 KI-VO ist das Dokument, mit dem der Anbieter eines Hochrisiko-KI-Systems eigenverantwortlich die Übereinstimmung des Systems mit den Anforderungen der KI-VO erklärt. Sie ist vor dem Inverkehrbringen oder der Inbetriebnahme zu erstellen und für einen Zeitraum von zehn Jahren nach Inverkehrbringen oder Inbetriebnahme aufzubewahren.

Konnektivität Konnektivität ist eine Hauptleistung eines Internetdiensteanbieters, nämlich Verbindung zum Internet durch Transfer von IP-Paketen in und aus dem Internet mittels Funktechnik (zB Wireless Internet Service Provider), Wählverbindungen, Standleitungen, Breitbandzugängen, oder wenn der Zugang zB für einen Server der beim Provider steht (zB in einem Rechenzentrum oder einer Co-Location des Providers) erbracht wird, durch einfaches Netzwerkkabel.

Konsolidierung Mit Konsolidierung wird die Phase bezeichnet, in der unterschiedliche Systeme und Datenbestände vereinheitlicht und zusammengeführt werden. Vgl. auch → Portierung, → Migration.

KonTraG Das am 1.5.1998 in Kraft getretene Gesetz zur Kontrolle und Transparenz im Unternehmensbereich (KonTraG) enthält insbesondere Regelungen zum Risikomanagement. Es konkretisiert die Anforderungen an die Leitung einer Aktiengesellschaft im Hinblick auf die Unternehmenssicherheit und verpflichtet diese damit zu Vorsorgemaßnahmen im Rahmen des allgemeinen Risikomanagements. Nach Maßgabe des durch das KonTraG eingeführten § 91 Abs. 2 AktG hat der Vorstand (als Teil seiner Verpflichtung zur ordentlichen und gewissenhaften Geschäftsführung gemäß § 93 Abs. 1 S. 1 AktG) geeignete Maßnahmen zu treffen, insbesondere ein Überwachungssystem einzurichten, damit den Fortbestand der Gesellschaft gefährdende Entwicklungen früh erkannt werden.

Konvergenz Mit Konvergenz wird das Zusammenwachsen/Zusammenführen auf unterschiedlicher Basis beruhender Systeme wie Mobilfunk, Internet (auch → Interoperabilität) bezeichnet.

Konversionsrate Vgl. dazu → Conversion Rate.

Konzerndatenschutzbeauftragter Der Konzerndatenschutzbeauftragte ist ein → Datenschutzbeauftragter, der in verschiedenen Konzernunternehmen zum Datenschutzbeauftragten bestellt wurde. Ein konzernweit einheitlicher Datenschutzbeauftragter ist (anders als früher im BDSG-alt) in der DS-GVO unter gewissen Voraussetzungen ausdrücklich möglich. Häufig ist der Konzerndatenschutzbeauftragte bei der Muttergesellschaft angestellt. Je nach Größe und interner Struktur wird er oftmals durch sogenannte Datenschutzkoordinatoren unterstützt. Hierbei handelt es sich um datenschutzrechtliche geschulte Hilfskräfte, die dem Umstand Rechnung tragen, dass der Konzerndatenschutzbeauftragte nicht in allen Konzernunternehmen im erforderlichen Maße örtlich präsent sein kann. Durch den Einsatz von Datenschutzkoordinatoren kann auch dem bisweilen (in der Vergangenheit) von Datenschutzbehörden vorgetragenen Argument begegnet werden, dass der Konzerndatenschutzbeauftragte aufgrund der großen räumlichen Distanz zu einem oder mehreren Konzernunternehmen rein tatsächlich nicht in der Lage ist, seine Aufgaben (vor Ort) wahrzunehmen.

Konzernlizenz Eine Konzernlizenz (ähnlich auch Unternehmenslizenz) erlaubt in Form einer Mehrfachlizenz die konzernweite Nutzung (→ Lizenzpool, Lizenzpooling) eines Immaterialguts (zB eines Softwareprogramms), in einzelnen Unternehmensteilen allerdings nur, solange diese dem Konzern angehören. Verändern sich durch Anteilskäufe die Eigentumsverhältnisse am Konzernunternehmen, kann die Nutzungsbefugnis für den Lizenzgegenstand wegfallen.

Konzernprivileg Ein Konzernprivileg würde rechtliche Vorteile beschreiben, die sich aus der Zugehörigkeit eines rechtlich eigenständigen Unternehmens zu einem Konzern ergeben. Jedenfalls im Datenschutzrecht ist ein Konzernprivileg nicht anerkannt. Im Ergebnis unterliegen Datenströme zwischen rechtlich eigenständigen Unternehmen eines Konzerns den gleichen Anforderungen wie Datenströme zwischen Konzernunternehmen und konzernexternen Unternehmen. Sollen bestimmte Aufgaben an ein Konzernunternehmen ausgelagert werden, das diese für alle anderen Konzernunternehmen erfüllt, sind die datenschutzrechtlichen Anforderungen (zB an eine → Auftragsdatenverarbeitung) ebenso zu beachten, wie wenn diese Auslagerung an einen externen Dienstleister erfolgte. Datenschutzrechtliche Anforderungen sind ebenfalls zu beachten, wenn es um die Übertragung von personenbezogenen Daten eines Arbeitnehmers geht, der einen Vorgesetzten innerhalb eines anderen Konzernunternehmens hat (→ Matrixvorgesetzter). Für diese Datenübertragungen sind die Voraussetzungen einer Datenübermittlung (→ Übermittlung) zu prüfen.

Kopierschutz Vgl. → Technische Schutzmaßnahmen nach § 95a UrhG.

Kopiersoftware Vgl. → Umgehung wirksamer technischer Schutzmaßnahmen.

Kopplungsverbot Das Kopplungsverbot ist ein datenschutzrechtlicher Grundsatz, der in Art. 7 Abs. 4 DS-GVO geregelt ist. Es dient der Sicherung der erforderlichen freien Entscheidung eines Betroffenen über die Erteilung einer Einwilligung. Das Kopplungsverbot untersagt es, den Betroffenen dadurch zur Abgabe der Einwilligung in eine bestimmte (nicht bereits kraft Gesetzes zulässige) Erhebung, Verarbeitung oder Nutzung zu bewegen, dass ihm bestimmte Vorteile oder Leistungen nur gewährt werden, wenn er die Einwilligung erteilt. Bei der Beurteilung, ob die Einwilligung freiwillig erteilt wurde, ist insbesondere zu berücksichtigen, ob die Erfüllung eines Vertrags von der Einwilligung in eine Verarbeitung abhängig gemacht wird, die für die Vertragserfüllung nicht erforderlich ist.

KPI Abk. für → Key Performance Indicator.

Krankenhausinformationssystem (KIS) Das Krankenhausinformationssystem (KIS) ist ein krankenhausinternes, integriertes IT-System zur digitalen Erfassung, Verarbeitung, Speicherung und Bereitstellung medizinischer und administrativer Daten, das der Unterstützung der Patientenversorgung sowie der organisatorischen und wirtschaftlichen Steuerung eines Krankenhauses dient. Die rechtliche Einordnung ergibt sich jedoch vor allem aus dem SGB V (z. B. Dokumentations- und Abrechnungsanforderungen) und dem Krankenhausfinanzierungs- und -strukturrecht (KHG, KHZG). Danach muss ein KIS insbesondere die ordnungsgemäße Dokumentation von Behandlungsdaten, deren sichere Verarbeitung und Verfügbarkeit sowie die Interoperabilität mit externen Systemen, insbesondere der Telematikinfrastruktur (§§ 306 ff. SGB V) gewährleisten.

Krebsregister Ein Krebsregister ist eine nach § 65c SGB V gesetzlich vorgesehene einrichtungsübergreifende, populationsbezogene Datensammlung, in der personenbezogene Daten über Krebserkrankungen systematisch erhoben, gespeichert, ausgewertet und weiterverarbeitet werden, um insbesondere die Qualität der onkologischen Versorgung, die epidemiologische Überwachung sowie die klinische Forschung zu verbessern. Es umfasst insbesondere Daten zu Diagnose, Therapie, Krankheitsverlauf und Behandlungsergebnissen und wird unter einheitlichen Qualitäts- und Dokumentationsanforderungen betrieben (§ 65c Abs. 1 und 2 SGB V). Die Verarbeitung der Registerdaten erfolgt unter Beachtung der datenschutzrechtlichen Vorgaben, insbesondere der DS-GVO (Art. 6 und 9), sowie landesrechtlicher Ausführungsvorschriften.

Kreditscoring Kreditscoring ist ein Verfahren zur Bewertung der Kreditwürdigkeit eines Kreditantragstellers. Die datenschutzrechtlichen Anforderungen sind in § 31 BDSG sowie in Art. 22 DS-GVO (automatisierte Einzelentscheidungen) geregelt. Der EuGH hat mit Urteil vom 7.12.2023 (EuGH C-634/21 – SCHUFA Holding) klargestellt, dass die automatisierte Erstellung eines Wahrscheinlichkeitswertes (Score) durch eine Auskunftei eine automatisierte Einzelentscheidung iSv Art. 22 Abs. 1 DS-GVO darstellt, wenn dieser Wert maßgeblich für die Entscheidung Dritter (zB Kreditgewährung durch eine Bank) ist. → Scoring.

KRITIS-Dachgesetz Das KRITIS-Dachgesetz ist das deutsche Umsetzungsgesetz zur europäischen Resilienz-Richtlinie (CER-Richtlinie, (EU) 2022/2557). Es regelt sektorübergreifend die physische Resilienz Kritischer Infrastrukturen und ergänzt das NIS-2-Umsetzungs- und Cybersicherheitsstärkungsgesetz (NIS-2UmsuCG) um Anforderungen an den physischen Schutz.

KRITIS-Sektor Die NIS-2-Richtlinie (Richtlinie (EU) 2022/2555) unterscheidet insgesamt 18 KRITIS-Sektoren in zwei Kategorien: „Wesentliche Einrichtungen“ (Anhang I) umfassen u. a. Energie, Verkehr, Bankwesen, Finanzmarktinfrastrukturen, Gesundheit, Trinkwasser, Abwasser, digitale Infrastruktur, Verwaltung von IKT-Diensten, öffentliche Verwaltung und Raumfahrt; „Wichtige Einrichtungen“ (Anhang II) umfassen sieben weitere Sektoren, darunter Post- und Kurierdienste, Abfallwirtschaft, Chemie und Lebensmittelproduktion.

Kritische Einrichtung (CER) Eine Kritische Einrichtung im Sinne der CER-Richtlinie ((EU) 2022/2557) ist ein von einem Mitgliedstaat auf Basis einer nationalen Risikobewertung identifizierter Betreiber kritischer Infrastrukturen. Kritische Einrichtungen unterliegen besonderen Resilienz- und Meldepflichten, insbesondere zur Vorsorge gegen physische Gefährdungen.

Kritische Infrastruktur, physische Sicherheit Die CER-Richtlinie ((EU) 2022/2557) und das KRITIS-Dachgesetz normieren physische Sicherheitsanforderungen für kritische Anlagen, insbesondere Zutrittskontrollen, Perimetersicherung und Kameraüberwachung. Datenschutzrechtlich sind dabei vor allem § 4 BDSG (Videoüberwachung öffentlich zugänglicher Räume), Art. 6 Abs. 1 lit. f DS-GVO und – soweit Mitarbeiter betroffen sind – § 26 BDSG (Beschäftigtendatenschutz) zu beachten.

Kritischer IKT-Drittanbieter Ein kritischer IKT-Drittanbieter (Critical Third-Party Provider, CTPP) im Sinne der DORA-Verordnung (Art. 31 ff. Verordnung (EU) 2022/2554) ist ein IKT-Dienstleister, der von den Europäischen Aufsichtsbehörden (EBA, EIOPA, ESMA – gemeinsam ESA) auf Basis quantitativer und qualitativer Kriterien als systemrelevant designiert wird. Diese Anbieter unterliegen einem direkten EU-Aufsichtsregime (Lead Overseer). Praktisch betrifft das Regime insbesondere große Cloud-Hyperscaler.

Krypto-Assets (Regulierung) Krypto-Assets sind digitale Darstellungen von Werten oder Rechten, die mittels Distributed-Ledger-Technologie (DLT) übertragen und gespeichert werden können. Die MiCA-Verordnung (Verordnung (EU) 2023/1114) unterscheidet drei regulatorische Kategorien: Utility Token, vermögenswertereferenzierte Token (Asset-Referenced Tokens, ART) und E-Geld-Token (E-Money Tokens, EMT). Tokenisierte klassische Wertpapiere unterliegen weiterhin dem Prospekt- und Wertpapierrecht (unter anderem dem Gesetz über elektronische Wertpapiere und auf europäischer Ebene dem DLT Pilot Regime (Verordnung (EU) 2022/858), nicht der MiCA.

Krypto-Verwahrung (Wallet) Die Krypto-Verwahrung (Wallet) bezeichnet die Verwahrung, Verwaltung und Sicherung kryptographischer Schlüssel, die der Verfügung über Krypto-Assets dienen. Das Kryptoverwahrgeschäft ist nach deutschem Recht eine erlaubnispflichtige Finanzdienstleistung (§ 1 Abs. 1a Satz 2 Nr. 6 KWG); auf europäischer Ebene unterliegen Anbieter solcher Dienste vollständig den Anforderungen der MiCA-Verordnung.

Kryptographie Die Kryptographie entwickelt Verfahren zum Schutz von Daten vor unbefugter Einsichtnahme oder Manipulation (also im Hinblick auf Integrität, Vertraulichkeit und Authentizität von Informationen).

Kryptojacking Kryptojacking bezeichnet die unbefugte Nutzung fremder Rechnerkapazitäten zum Schürfen (Mining) von Kryptowährungen, regelmäßig durch Einschleusung von Schadcode auf den Rechner des Opfers. Strafrechtlich kommen insbesondere Ausspähen von Daten (§ 202a StGB), Datenveränderung (§ 303a StGB) und Computersabotage (§ 303b StGB) in Betracht; zivilrechtlich ist daneben ein Anspruch aus Bereicherungsausgleich (§§ 812 ff. BGB) für die abgeschöpfte Rechenleistung denkbar.

Kryptologie Die Kryptologie befasst sich als Wissenschaft mit technischen Verfahren für die Informationssicherheit (Verschlüsselungsverfahren, digitale Signaturen, Identifikationsprotokolle, kryptographische Hashfunktionen und elektronisches Geld). Sie setzt sich aus den Teilgebieten Kryptoanalyse und Kryptographie zusammen.

Kryptosystem Ein Kryptosystem ist ein auf dem Einsatz von Verschlüsselungstechnologie beruhendes technisches System, das aus verschiedenen aufeinander abgestimmten Komponenten zur Gewährleistung der Vertraulichkeit von Informationen und im weiteren Sinn der Informationssicherheit besteht. Vgl. § 3 Abs. 1 Nr. 12 BSIG, wonach es zu den Aufgaben des Bundesamts für Sicherheit in der Informationstechnik gehört, „Krypto- und Sicherheitsmanagementsysteme für informationssichernde Systeme des Bundes“ zu betreiben. Datenschutzrechtlich gehören dem Stand der Technik entsprechende Verschlüsselungsverfahren nach Art. 32 DS-GVO zu den geeigneten technischen Maßnahmen und können Bestandteil eines Kryptosystems sein.

Kryptoverfahren Kryptoverfahren ist ein Sammelbegriff für verschiedene Formen der → Kryptographie.

Kurzwahldienst Kurzwahldienste sind Dienste mit Merkmalen eines → Premiumdienstes, die unter kurzen Rufnummern erreichbar sind; vgl. § 3 Nr. 27 TKG.

L

länderspezifische TLD Abk. für länderspezifische Top-Level-Domain. Länderspezifische TLD-Bezeichnungen bestehen stets aus zwei Buchstaben (zB de, fr).

LAN Abk. für → Local Area Network.

Large Language Model (LLM) Engl. für großes Sprachmodell, trainiert auf umfangreichen Datenmengen. KI-Modelle mit allgemeinem Verwendungszweck iSv Art. 3 Nr. 63 KI-VO, einschließlich der Fälle, in denen ein solches KI-Model mit einer großen Datenmenge unter umfassender Selbstüberwachung trainiert wird, unterliegen besonderen Regelungen in der KI-VO (Art. 51 ff. KI-VO).

Last Mile Last Mile bezeichnet die → Teilnehmeranschlussleitung, d. h. den letzten Abschnitt der Leitung, der unmittelbar zum Teilnehmer führt, wird aber zum Teil auch als die letzte Distanz verstanden, die zur Erreichung des Teilnehmers überbrückt werden muss, zB durch den Einsatz von Funktechnologie.

Lastenheft Das Lastenheft enthält eine umfassende, vom Auftraggeber angefertigte Beschreibung der Anforderungen an die vom Auftragnehmer zu erbringenden Leistungen. Dem Lastenheft steht das → Pflichtenheft gegenüber, in welchem die vom Auftragnehmer erarbeiteten Realisierungsvorhaben zur Umsetzung der im Lastenheft enthaltenen Anforderungen beschrieben sind.

Laufzeitfehler Laufzeitfehler (auch „Run Time Error") sind Fehler eines Computerprogramms, die während des Ablaufens des Computerprogramms auftreten und in der Regel zum „Absturz" führen. Laufzeitfehler sind von solchen Fehlern im Code abzugrenzen, die bereits das Starten des Computerprogramms verhindern.

Lauschangriff Der Lauschangriff ist eine Zwangsmaßnahme, die in §§ 100c, 100f StPO geregelt ist. Sie erlaubt repressiv akustische Überwachungsmaßnahmen innerhalb (§ 100c, sog. „großer Lauschangriff") und außerhalb (§ 100f) des Schutzbereichs von Art. 13 GG („Lauschangriff"). Daneben existieren landesrechtliche Vorschriften zur akustischen Überwachung aus präventiven Gründen.

Layer Ad Layer Ad ist eine im Internet verwendete Werbemethode, bei der sich eine Werbeanzeige über die eigentlich geöffnete Website legt und deren Inhalt verdeckt. Je nach Ausgestaltung kann die Layer Ad vom Nutzer geschlossen werden oder verschwindet nach einer gewissen Zeitspanne von selbst.

Lebenszyklus Die OECD AI Principles enthalten folgende Beschreibung für „AI system lifecycle" (nichtamtliche Übersetzung aus Revised Recommendation of the Council on Artificial Intelligence C/MIN(2024)16/FINAL): „Der Lebenszyklus eines KI-Systems besteht typischerweise aus mehreren Phasen, u. a. Planung und Design; Datensammlung und -verarbeitung; Entwicklung des Modells und/oder Anpassung eines oder mehrerer bestehender Modelle an spezifische Aufgaben; Test, Evaluierung, Verifizierung und Validierung; Bereitstellung/Einführung; Betrieb und Monitoring; Außerbetriebnahme/Stilllegung. Diese Phasen finden häufig iterativ statt und sind nicht zwangsläufig sequenziell. Die Entscheidung, ein KI-System außer Betrieb zu nehmen, kann zu jedem Zeitpunkt der Betriebs- und Monitoringphase erfolgen." Der Begriff „Lebenszyklus" ist in der KI-VO nicht definiert. Die KI-VO enthält für Anbieter von Hochrisiko-KI-Systemen Anforderungen, die während des Lebenszyklus des Hochrisiko-KI-Systems einzuhalten sind, zB Einrichtung eines Risikomanagementsystems (Art. 9), Protokollierung, Genauigkeit, Robustheit und Cybersicherheit (Art. 15).

Legacy Software Legacy (engl. für „Erbe, Vermächtnis") Software bezeichnet Software im Unternehmen, die durch eine Neuentwicklung abgelöst wird. In diesem Sinne ist Legacy Software auch als Begriff für „Altsysteme" anzutreffen.

Legitimate Interest Assessment (LIA) Das „Legitimate Interest Assessment" (engl. für Interessenabwägung) beschreibt die Durchführung und Dokumentation der gemäß Art. 6 (1) lit. f DS-GVO vorzunehmenden Abwägung → Berechtigtes Interesse (Art. 6 Abs. 1 lit. f DS-GVO).

Leistungsbeschreibung Eine Leistungsbeschreibung beschreibt die Funktionalität einer Software bzw. spezifiziert die zu erbringende Leistung, ohne dass es sich dabei um Garantien handelt.

Leistungsschein Der Leistungsschein beschreibt die vertraglich, auf Grundlage eines Rahmenvertrags, geschuldeten Leistungspakete. Typische Inhalte von Leistungsscheinen sind zB Wartung, Pflege, Helpdesk, Archivierungsdienste.

Lenkungsausschuss Der Lenkungsausschuss ist das zur Letztentscheidung von Meinungsverschiedenheiten in einem Projekt (zB in einem Softwareerstellungsprojekt oder sonstigem IT-Projekt) berufene Gremium. Um dieser Funktion gerecht werden zu können, müssen im Lenkungsausschuss von beiden Vertragsparteien geeignete Repräsentanten (Projektleiter etc.) vertreten sein.

Letzte Meile Vgl. → Teilnehmeranschlussleitung, → Last Mile.

LGPL Abk. für → GNU Lesser General Public License.

Lieferkettensicherheit Gemäß der NIS-2-Richtlinie bzw. dem BSIG müssen die Risikomanagementmaßnahmen die Sicherheit der Lieferkette einschließlich sicherheitsbezogener Aspekte der Beziehungen zu unmittelbaren Anbietern oder Diensteanbietern umfassen (§ 30 Abs. 2 Nr. 4 BSIG) → NIS-2-Richtlinie.

Link vgl. → Hyperlink.

Linkfarm Eine Linkfarm ist eine Methode zur Manipulation von Suchergebnissen bei Suchmaschinen. Bei einer Linkfarm handelt es sich um eine Website, die allein dem Zweck dient, möglichst viele → Links auf eine andere Website zu setzen, um der referenzierten Website auf diese Weise ein höheres Ranking in den Suchergebnissen einer Suchmaschine zu verschaffen. Bei dieser Methode kommt zum Tragen, dass die Reihenfolge mit der die Ergebnisse einer bestimmten Suche gelistet werden, auch von der Anzahl der Links abhängt, die auf die entsprechende Website verweisen. Die Nutzung einer Linkfarm kann zum Ausschluss einer Website vom Suchindex führen.

Linkhaftung Vgl. → Haftung im Internet.

Live Support Systeme Live Support Systeme sind → Helpdesk-Systeme und unterstützen den Benutzer im Falle von Problemen unmittelbar durch Chat oder Video (vgl. → Fernwartung).

Livestreaming Vgl. → Streaming.

Lizenz Eine Lizenz ist die vom Inhaber eines nicht körperlichen Gutes einem anderen eingeräumte (unter Umständen inhaltlich, zeitlich oder räumlich beschränkte) Befugnis, das Immaterialgut in Bezug auf einzelne oder alle Nutzungsarten zu nutzen oder zu verwerten. Lizenz bezeichnet zugleich den Vertrag, aufgrund dessen das Nutzungsrecht eingeräumt wird. Bei Software wird die Überlassung auf Zeit als Miete und die Überlassung auf Dauer gegen Einmalzahlung als Kauf eingeordnet.

Lizenzadministrator Der Lizenzadministrator ist ein → Administrator, der in einem Unternehmen die Nutzung von Lizenzen verwaltet und überwacht und diese an Nutzer verteilt.

Lizenzanalogie Die Lizenzanalogie ist eine Methode der Schadensberechnung und führt zum Anspruch auf eine angemessene Lizenzgebühr, die die Parteien bei Kenntnis der wahren Rechtslage bei Abschluss eines Lizenzvertrages vereinbart hätten. Sie wird insbesondere im Urheberrecht und Markenrecht, aber auch bei anderen Ausschließlichkeitsrechten eingesetzt. Die im Wege der Lizenzanalogie geschuldete Zahlung führt nicht zur Berechtigung der künftigen Nutzung, so dass hierfür ein gesondertes Lizenzentgelt erforderlich werden kann.

Lizenzaudit Ein Lizenzaudit ist die Überprüfung, ob die von einem Unternehmen erworbenen Nutzungsrechte die tatsächliche Nutzung decken, zB ob es für die eingesetzte Software eine ausreichende Anzahl an Lizenzen besitzt (→ IT-Compliance).

Lizenzvertrag Mit Lizenzvertrag werden im weiteren Sinn sämtliche Verträge bezeichnet, die vom Inhaber eines Immaterialgüterrechts mit einem Dritten abgeschlossen werden, um diesen in die Lage zu versetzen, das Immaterialgut in bestimmter Weise zu nutzen.

Local Area Network Unter einem Local Area Network versteht man typischerweise ein räumlich begrenztes Netzwerk (zB innerhalb eines Gebäudes), das Geräte untereinander verbindet und eine zentrale Anbindung an das Internet nutzt.

Location Based Provider Location Based Provider sind Diensteanbieter, die → Location Based Services – (standortbezogene Dienste) anbieten.

Location Based Services Location Based Services sind standortbezogene Dienste, die den Nutzer mit Informationen versorgen, die zu seinem aktuellen Standort passen. Der Erbringung von Location Based Services setzt die vorherige örtliche Lokalisierung des Nutzers voraus. Für die Erhebung und Verarbeitung von Standortdaten können je nach konkreter Ausgestaltung insbesondere datenschutzrechtliche Anforderungen aus der DS-GVO, ggf. auch § 13 TDDDG einzuhalten sein.

Löschen Löschen ist das Unkenntlichmachen gespeicherter personenbezogener Daten und vom Begriff der Verarbeitung iSv Art. 4 Nr. 2 DS-GVO erfasst.

Löschung Löschung beschreibt den Vorgang des Löschens, mithin das Unkenntlichmachen gespeicherter personenbezogener Daten. Die → betroffene Person hat unter den Voraussetzungen des Art. 17 DS-GVO einen Anspruch auf Löschung der über sie gespeicherten personenbezogenen Daten.

Logfile Vgl. → Protokolldatei.

Login Login bezeichnet den Vorgang, sich als authorisierter Benutzer in einem Computersystem oder bei einem Dienst, bei dem eine Identifizierung erforderlich ist, mit Passwort und Benutzername anzumelden.

Logout Logout bezeichnet den Vorgang, sich als Benutzer bei einem Computersystem abzumelden. Meldet sich der Benutzer nicht ab, beendet das Computersystem meist den Vorgang nach einer bestimmten Zeit der Inaktivität (auch: Logoff).

Lootbox Lootboxen (oder engl.) Loot Boxes sind typischerweise virtuelle Inhalte in einem Computer- oder Videospiel, die – häufig gegen Entgelt – erworben werden können und beim Öffnen eine zufällige Auswahl eines virtuellen Gegenstands für das Spiel enthalten. Es gibt unterschiedliche Ausgestaltungen. Sie sind regulatorisch teilweise umstritten. Zu beachten sind regelmäßig insbesondere glücksspielrechtliche Aspekte, das Jugendschutzrecht, Verbraucherschutzrecht und Lauterkeitsrecht.

LÜP LÜP (Abk. für Leistungsübergabepunkt) ist die zwischen zwei Parteien vereinbarte Schnittstelle der jeweiligen Verantwortungsbereiche. An den LÜP knüpft sich zugleich die Zuständigkeit für die Beseitigung von Störungen. Der Eintritt von Störungen vor oder nach dem LÜP ist für die Frage maßgeblich, ob ein → Service Level Agreement verletzt worden ist.

M

M-Commerce M-Commerce steht für Mobile Commerce und beschreibt als Präzisierung des → E-Commerce den elektronischen Geschäftsverkehr mit und auf Grundlage von mobilen Endgeräten.

Machine Learning Beim maschinellen Lernen (engl. „machine learning") lernt das System aus Daten, wie bestimmte Ziele erreicht werden können, siehe EG 12 KI-VO. Es gehört zu den Techniken, die ein KI-System typischerweise nutzt.

Mailbox Häufig wird die Bezeichnung Mailbox für den Sprachrecorder verwendet, der im Rahmen eines Mobilfunkdienstes die Aufzeichnung von Nachrichten ermöglicht. Im Zusammenhang mit elektronischen Kommunikationssystemen bezeichnet Mailbox den Eingangsordner zB eines Email-Dienstes.

Mailing-Liste Eine Mailing-Liste ist eine Verteilerliste für E-Mails und damit ein Mittel, für zentrale, zeitlich asynchrone Kommunikation.

Maintenance (bei Software) Maintenance (bei Software) beschreibt die Softwarepflege. Der Umfang der Softwarepflege ist von den vertraglichen Vereinbarungen abhängig. In der Regel berechtigt der Softwarepflegevertrag dazu, während seiner Laufzeit stets die aktuellste Version eines bestimmten Computerprogramms zu installieren sowie → Updates und → Patches zu erhalten.

Major Changes Vgl. → Change Management.

Major Updates Vgl. → Updates.

Make-or-Buy Entscheidung Make-or-buy Entscheidung ist die unternehmerische Entscheidung, ein Produkt (zB Software) individuell erstellen zu lassen oder als vorgefertigtes existierendes Produkt (zB Standardsoftware) auf dem Markt zu erwerben.

Malware Malware ist eine aus den Worten malicious (engl. für bösartig) und Software gebildeter Sammelbegriff für jegliche Software (auch Schadsoftware oder Schadprogramm genannt), deren Ziel darin liegt, zumeist unbemerkte, jedenfalls aber unerwünschte Vorgänge auf dem betroffenen Computersystem auszuführen. Zu den Malwaretypen gehören zB Ransomware, Viren und Trojaner.

Man-in-the-Middle-Attacke Man-in-the-Middle-Attacke ist ein Oberbegriff für eine bestimmte Angriffsform im Internet oder in anderen Netzwerken, bei der sich der Angreifer zwischen Kommunikationspartner (zB Nutzer und Website) schaltet und beim Datenaustausch dem jeweils anderen Teil vortäuscht, er sei der zutreffende Kommunikationspartner. Dadurch ist es dem Angreifer möglich, den vollständigen Datenverkehr zwischen den Kommunikationspartnern einzusehen und zu verändern.

Managed Network Services Managed Network Services steht für von einem Dritten (zB einem Outsourcing-Anbieter) übernommene Betreuung der Netzwerkleistungen für ein Unternehmen.

Managed Services Provider Der Begriff „Managed Services Provider" oder „MSP" stammt aus der NIS-2-Richtlinie und ist im BSIG definiert als „ein Anbieter von Diensten im Zusammenhang mit der Installation, der Verwaltung, dem Betrieb oder der Wartung von IKT-Produkten, -Netzen, -Infrastruktur, -Anwendungen oder jeglicher anderer Netz- und Informationssysteme durch Unterstützung oder aktive Verwaltung in den Räumlichkeiten der Kunden oder aus der Ferne" (§ 2 Nr. 26 BSIG). Erbringt ein Unternehmen Tätigkeiten als Managed Services Provider, kann es den Anforderungen des BSIG unterliegen – sofern auch die weiteren Voraussetzungen gegeben sind.

> **Exkurs: Ist ein konzerninterner IT-Dienstleister ein Managed Services Provider im Sinne des BSIG?** „Managed Service Provider" oder „MSP" ist in § 2 Nr. 26 BSIG definiert als „ein Anbieter von Diensten im Zusammenhang mit der Installation, der Verwaltung, dem Betrieb oder der Wartung von IKT-Produkten, -Netzen, -Infrastruktur, -Anwendungen oder jeglicher anderer Netz- und Informationssysteme durch Unterstützung oder aktive Verwaltung in den Räumlichkeiten der Kunden oder aus der Ferne." Laut Gesetzesbegründung setzt die Rolle des MSP einen gewissen Grad an tatsächlichem Zugriff auf IKT-Produkte, -Netzwerke oder -Infrastrukturen voraus und ist insofern etwa von reinen Beratungstätigkeiten abzugrenzen.
> Ein konzerninterner IT-Dienstleister fällt in der Regel unter den Begriff des Managed Service Provider iSv Anlage 1 Nr. 6.1.10 BSIG (so die Gesetzesbegründung). Die Beschränkung auf konzerninterne Leistungen steht der MSP-Eigenschaft nicht entgegen (so das BSI in den FAQ auf der Website).
> Erbringt ein konzerninternes Unternehmen einem anderen Konzernunternehmen IT-Services, kann es den Anforderungen des BSIG aus diesem Grund unterliegen – sofern auch die weiteren Voraussetzungen (insbesondere Überschreiten der Schwellenwerte bzgl. Mitarbeiter oder Jahresumsatz/Jahresbilanz sowie territorialer Anwendungsbereich) vorliegen.

MaRisk Abk. für Mindestanforderungen an das Risikomanagement, → Mindestanforderungen (MaRisk).

Maske Eine Maske dient zur Eingabe von Informationen in die Datenfelder einer Datenbank. Aufgrund der Maske spielt es für den Nutzer, der die Informationen eingibt, keine Rolle, welche Struktur die Datenbank hat. Diese bleibt für den Nutzer aufgrund der Maske verborgen.

Massenspeicher Der Massenspeicher speichert Daten dauerhaft. Zur Verarbeitung werden die Daten in den → Arbeitsspeicher geladen.

Matrix-Strukturen Matrix-Strukturen sind Kommunikations- und Weisungsbeziehungen innerhalb eines Teams in einem Konzern, die ausschließlich auf der Grundlage von Sachzusammenhängen und erforderlichen Fähigkeiten gebildet werden. Die Frage, ob die Team-Mitglieder alle den gleichen Vertragsarbeitgeber haben, spielt keine Rolle. Der Team-Leiter (→ Matrix-Vorgesetzter) innerhalb eines solchen Teams ist selbst in einem der Konzernunternehmen angestellt. Für die notwendige Zusammenarbeit innerhalb von Matrix-Strukturen müssen personenbezogene Daten von Mitarbeitern (ggf auch international) übermittelt werden. Dies muss im Einklang mit den datenschutzrechtlichen Anforderungen an (ggf internationale) Datenübermittlungen geschehen.

Matrix-Vorgesetzter (Superior) Matrix-Vorgesetzter (auch Matrix Superior) ist ein Vorgesetzter, der nicht in der gleichen Gesellschaft wie der Angestellte tätig ist. Grundlage ist also eine rein funktionale Betrachtungsweise, unabhängig von der Zugehörigkeit zum gleichen Unternehmen (→ Matrix-Strukturen).

Medienintermediär Definiert in § 2 Nr. 16 MStV als „jedes Telemedium, das auch journalistisch-redaktionelle Angebote Dritter aggregiert, selektiert und allgemein zugänglich präsentiert, ohne diese zu einem Gesamtangebot zusammenzufassen".

Medienplattformen Definiert in § 2 Nr. 14 MStV als „jedes Telemedium, soweit es Rundfunk, rundfunkähnliche Telemedien oder Telemedien nach § 19 Abs. 1 zu einem vom Anbieter bestimmten Gesamtangebot zusammenfasst".

Medienstaatsvertrag Der Medienstaatsvertrag ist der gemeinsame Staatsvertrag der Länder zur Regulierung von Rundfunk und Telemedien. Er löste den Rundfunkstaatsvertrag ab.

Meinungsfreiheit Die Meinungsfreiheit ist ein Grundrecht gem. Art. 5 Abs. 1 GG. So hat jeder „das Recht, seine Meinung in Wort, Schrift und Bild frei zu äußern und zu verbreiten". Die Meinungsfreiheit hat besondere Bedeutung im Internet, weil die Anzahl potentieller Empfänger extrem hoch ist und weil Meinungen auch anonym geäußert werden können.

Meldepflicht Zahlreiche Gesetze sehen in bestimmten Fällen (zB unter bestimmten Voraussetzungen bei Datenpannen und Cyberangriffen) anlassbezogene Meldepflichten gegenüber Behörden vor. ZB sieht das BSIG in Umsetzung der NIS-2-Richtlinie in § 32 BSIG vor, dass besonders wichtige Einrichtungen und wichtige Einrichtungen erhebliche Sicherheitsvorfälle innerhalb bestimmter Fristen (insbesondere Erstmeldung unverzüglich, spätestens innerhalb von 24 Stunden nach Kenntniserlangung) an das Bundesamt für Sicherheit in der Informationstechnik melden müssen. Davon zu unterscheiden sind andere gesetzliche Meldepflichten, wie zB die Meldepflicht nach § 5 TKG und Registrierungspflichten, wie zB nach § 33 BSIG.

Meldeverfahren Art. 16 DSA sieht ein Melde- und Abhilfeverfahren für Hostingdiensteanbieter vor.

Menschliche Aufsicht Gemäß Art. 14 KI-VO müssen Hochrisiko-KI-Systeme so konzipiert und entwickelt werden, dass sie während der Dauer ihrer Verwendung – auch mit geeigneten Instrumenten einer Mensch-Maschine-Schnittstelle – von natürlichen Personen wirksam beaufsichtigt werden können. Die Zwecke der menschlichen Aufsicht sind in Art. 14(2) KI-VO, die Maßnahmen der menschlichen Aufsicht in Art. 14(3) KI-VO normiert.

Messenger-Dienste Messenger-Dienste sind internetbasierte Kommunikationsanwendungen, die der interaktiven Kommunikation zwischen zwei oder mehr Personen dienen und typischerweise Textnachrichten, Sprachnachrichten, Bilder oder Videos übertragen. Sie werden regelmäßig als interpersonelle Telekommunikationsdienste einzuordnen sein. Gemäß dem TKG ist ein „Interpersoneller Telekommunikationsdienst" ein gewöhnlich gegen Entgelt erbrachter Dienst, der einen direkten interpersonellen und interaktiven Informationsaustausch über Telekommunikationsnetze zwischen einer endlichen Zahl von Personen ermöglicht, wobei die Empfänger von den Personen bestimmt werden, die die Telekommunikation veranlassen oder daran beteiligt sind; dazu zählen keine Dienste, die eine interpersonelle und interaktive Telekommunikation lediglich als untrennbar mit einem anderen Dienst verbundene untergeordnete Nebenfunktion ermöglichen" (§ 3 Nr. 24 TKG). Das TKG unterscheidet zwischen nummerngebundenen (§ 3 Nr. 37 TKG) und nummernunabhängigen interpersonellen Telekommunikationsdiensten (§ 3 Nr. 40 TKG). Interpersonelle Telekommunikationsdienste unterfallen dem Begriff „Telekommunikationsdienst" iSv § 3 Nr. 61 TKG. Messenger-Dienste können daher als interpersonelle Telekommunikationsdienste dem TKG unterliegen. Über den Verweis in § 3 (2) TDDDG gelten typischerweise auch das Fernmeldegeheimnis und die spezifischen datenschutzrechtlichen Regelungen des TDDDG. Siehe auch Art. 7 DMA für Torwächter.

Meta-Suchmaschine Eine Meta-Suchmaschine ist eine Suchmaschine im Internet, die Suchanfragen an andere Suchmaschinen weitergibt und die Ergebnisse zentral zusammenfasst.

Metatag Metatags sind im HTML-Code einer Webseite enthaltene Begriffe, die in der Darstellung der Webseite im Browser nicht sichtbar sind. Für Suchmaschinen hingegen sind die Metatags sichtbar und eines der Kriterien für die Erstellung der Trefferlisten für Suchanfragen von Nutzern. Die Verwendung fremder Unternehmensnamen oder sonstiger Kennzeichen, um die Frequentierung der eigenen Homepage zu erhöhen, ist gegebenenfalls marken- wie auch wettbewerbsrechtlich unzulässig, weil der Verwender vom Namen oder den Kennzeichen des Dritten profitiert oder irreführend wirbt. Der wesentliche Unterschied zum Keyword-Advertising besteht darin, dass die Suchergebnisse infolge passender Metatags wie „normale" Suchergebnisse erscheinen, während die Suchergebnisse infolge der Einschlägigkeit eines gebuchten Keywords in der Rubik für kommerzielle Anzeigen gelistet werden.

Metaverse Eine einheitliche Definition des Begriffs „Metaverse" existiert nicht. Kennzeichnend hierfür sind virtuelle dreidimensionale Umgebungen, digitale Identitäten (Avatare), virtuelle Vermögensgegenstände und Virtual-Reality-Technologien. Zentrale rechtliche Aspekte umfassen das Datenschutzrecht, das Marken- und Urheberrecht, das Verbraucherschutzrecht sowie zahlreiche weitere Rechtsgebiete.

Microtargeting Der DSA regelt, dass Anbieter von Online-Plattformen Nutzern keine Werbung anzeigen dürfen, die auf Profiling gemäß Art. 4 Nr. 4 DS-GVO unter Verwendung besonderer Kategorien personenbezogener Daten gemäß Art. 9 (1) DS-GVO oder unter Verwendung personenbezogener Daten des Nutzers darstellen, wenn sie hinreichende Gewissheit haben, dass der betreffende Nutzer minderjährig ist. Die Verordnung (EU) 2024/900 über die Transparenz und das Targeting politischer Werbung ergänzt den Rahmen. Im Allgemeinen sind insbesondere die DS-GVO und das UWG zu berücksichtigen.

Middleware Middleware ist Software, die die Kommunikation und Datenaustausch zwischen verschiedenen Anwendungen ermöglicht.

Migration In der Informationstechnik bezeichnet Migration das Bewegen von Software, IT-Infrastruktur oder Daten zwischen unterschiedlichen Formaten, also aus einer Umgebung in eine andere Umgebung oder die Umstellung auf eine neue Technologie.

Milestone Milestone (engl. für „Meilenstein") ist ein wichtiges Zwischenergebnis, beispielsweise im Rahmen eines Softwareerstellungsprojekts. Die Festlegung von Meilensteinen soll den Erfolg des Projekts planbarer machen und die frühzeitige Intervention des Auftraggebers ermöglichen. An die Erreichung oder Nichterreichung von Meilensteinen werden bisweilen Teilzahlungen oder Pönalen geknüpft. Besondere Bedeutung kommt in diesen Fällen der Festlegung der Kriterien für die Erreichung eines Meilensteins zu.

Mindestanforderungen (MaRisk) Die Mindestanforderungen an das Risikomanagement (MaRisk) werden von der → BaFin über Rundschreiben (aktuell Rundschreiben 06/2026 vom 30.06.2026) aufgestellt und enthalten Mindestanforderungen an das Risikomanagement bei Kreditinstituten und Finanzdienstleistungsinstituten in der Bundesrepublik Deutschland. Für das IT-Outsourcing haben insbesondere die Aussagen zum Outsourcing Bedeutung (vgl. AT 9 der MaRisk).

Mirror Ein Mirror ist ein Server, der den Inhalt eines anderen Servers in Kopie enthält, dessen Inhalt also spiegelt.

MMS MMS (Abk. für Multimedia-Messaging-Services) ist eine Anwendung, die das Übertragen von Videos/Fotos in Mobilfunknetzen ermöglicht.

Mobile Device Management (MDM) Mobile Device Management ermöglicht die zentrale Verwaltung, Absicherung und Überwachung mobiler Endgeräte wie Smartphones, Tablets und Laptops im Unternehmen. Es sind unter anderem datenschutzrechtliche Anforderungen einzuhalten.

Mobile Virtual Network Operator Im Zusammenhang der Nummernregulierung definiert die BNetzA den Begriff wie folgt: „ein MVNO (...) ist ein Anbieter von Mobilfunkdienstleistungen für die Öffentlichkeit, der über ein Kernnetzwerk (core network), aber kein Funknetz (d. h. keine Luftschnittstelle) verfügt".

Modem Ein Modem ist ein Gerät zur Übertragung von Daten zwischen Computern über Telefonleitungen.

Monitoring Monitoring ist die dauernde oder für einen gewissen Zeitraum vorgenommene Überwachung von Prozessen oder Vorgängen in Systemen durch Personal und/oder Softwaretools (vgl. auch zeitpunktbezogene Betrachtung → Audit).

Multi-Cloud Multi-Cloud ist der parallele Einsatz von Cloud-Diensten mehrerer Cloud-Anbieter.

Multi-Vendor-Outsourcing Multi-Vendor-Outsourcing (auch Multiple Sourcing) ist → Outsourcing nicht an einen einzelnen, sondern an eine Vielzahl von spezialisierten Dienstleistern.

Multi-Faktor-Authentifizierung (MFA) Die Multi-Faktor-Authentifizierung ist ein Sicherheitsverfahren, bei dem Benutzer ihre Identität durch zwei oder mehr unabhängige Faktoren (zB Wissen und Besitz) nachweisen müssen, um Zugriff auf Systeme zu erhalten. § 30 BSIG schreibt vor, dass die Risikomanagementmaßnahmen besonders wichtiger Einrichtungen und wichtiger Einrichtungen ua die Verwendung von Lösungen zur Multi-Faktor-Authentifizierung oder kontinuierlichen Authentifizierung umfassen müssen (§ 30 (2) Nr. 10 BSIG).

Multimedia Werke Multimedia Werke sind Kombinationen aus unterschiedlichen Medienarten.

Multiple Sourcing Multiple Sourcing beschreibt den Vorgang der Beschaffung von Waren oder Dienstleistung von mehreren Lieferanten. Das Gegenteil des Multiple Sourcing ist das → Single Sourcing.

Multitasking In der IT ist Multitasking das gleichzeitige Abarbeiten unterschiedlicher Aufgaben durch das Betriebssystem eines Computers.

MVNO Abk. für → Mobile Virtual Network Operator.

N

Named User Named User sind namentlich und abschließend festgelegte Nutzer, die das Recht zur Nutzung eines bestimmten Nutzungsgegenstands (zB → Software auf einem Server) haben. Diesem Prinzip folgend existiert das Named User Lizenzierungsmodell, bei dem die berechtigten Nutzer namentlich und in ihrer Zahl abschließend beschrieben werden. Hiervon zu unterscheiden ist das → Concurrent User Lizenzierungsmodell, bei dem die berechtigten Nutzer selbst nicht näher beschrieben werden, sondern nur die Zahl zeitgleicher Zugriffe festgelegt wird. Anders als beim Concurrent User Lizenzierungsmodell kommt es beim Named User Lizenzierungsmodell mithin nicht darauf an, wann die Zugriffe der Named User erfolgen.

Named User Lizenz Eine Named User Lizenz beschränkt die Zugriffsberechtigung auf namentlich zu nennende (und beim Lizenzgeber registrierte) Nutzer (→ Named User).

Named User Lizenzierungsmodell Vgl. → Named User.

Namensauflösung Namensauflösung bezeichnet das Verfahren, Namen von Rechnern bzw. Diensten in eine vom Computer verarbeitbare Adresse aufzulösen (vgl. auch → DNS).

Nameserver Nameserver sind (wie auch → Root-Server-System) Computersysteme, auf denen Datenbanken mit der Zuordnung von Domainnamen zu → IP-Adressen vorgehalten werden. Nameserver sind damit eine wesentliche Voraussetzung der Erreichbarkeit von als Namen (zB www.beck.de; siehe auch → URL) statt unmittelbar als IP-Adresse eingegebenen Adressen von Websites. Kann die Zuordnung des Namens einer Website über den Nameserver nicht erfolgen, wird die Zuordnungsinformation vom Root-Server-System abgefragt. Der Vorgang der Zuordnung einer IP-Adresse zum Namen einer Domain wird durch das → Domain Name System (DNS) ermöglicht.

Nationales CSIRT → CSIRT steht in der englischen Sprachfassung der NIS-2-Richtlinie für „computer security incident response teams“, in der deutschen Sprachfassung „Computer-Notfallteam“ (siehe Art. 1 NIS-2-Richtlinie)

NDA Abk. für → Non-Disclosure-Agreement.

Near-on-Demand Near-on-Demand ist eine Form der Verbreitung (vgl. in Abgrenzung → On-Demand): Bei Near-on-Demand Services kann der Zeitpunkt des Abrufs der Daten von einem → Server – anders als bei → „On-Demand“ – nicht frei gewählt werden. Der Anbieter stellt stattdessen verschiedene Einsatzintervalle zur Verfügung.

Nearshoring Nearshoring ist eine Form des → Outsourcing, bei der bestimmte Aufgaben ins (nahegelegene) Ausland, verlagert werden mit dem Ziel, Kosten zu senken. Die mit dem Begriff Nearshoring in Bezug genommenen Zielländer hängen von der geographischen Lage des jeweiligen Betrachters ab. Falls das Nearshoring die Verarbeitung von personenbezogenen Daten betrifft, sind insbesondere die Anforderungen an eine → Auftragsverarbeitung einzuhalten. Wie in allen Fällen des Outsourcing ist die Abgrenzung zur Datenübermittlung vorzunehmen.

Need-to-Know-Prinzip Das Need-to-Know-Prinzip ist eine Regel zur Beschränkung der Datenspeicherung und des Datenzugriffs auf das für die Erfüllung einer bestimmten Aufgabe jeweils erforderliche Maß. In der DS-GVO ist das Need-to-Know-Prinzip nicht ausdrücklich, wohl aber mittelbar über den Grundsatz der Datenminimierung (Art. 5(1) lit. c DS-GVO und die von verschiedenen Vorschriften (zB Art. 6 DS-GVO) geforderte Prüfung der → Erforderlichkeit enthalten.

Netzbetreiber Für das Telekommunikationsumfeld ist der Betreiber definiert als „ein Unternehmen, das ein öffentliches Telekommunikationsnetz oder eine zugehörige Einrichtung bereitstellt oder zur Bereitstellung hiervon befugt ist" (§ 3 Nr. 7 TKG).

Netzneutralität Gemäß der von der BNetzA veröffentlichten Definition bedeutet Netzneutralität, dass Daten unabhängig von deren Herkunft, Inhalt, Anwendung, Absender, Empfänger in Netzen gleich behandelt werden. In der Verordnung (EU) 2015/2120, besser bekannt als EU Netzneutralitätsverordnung, werden Regeln zur Wahrung der gleichberechtigten und nichtdiskriminierenden Behandlung des Verkehrs bei der Bereitstellung von Internetzugangsdiensten und der damit verbundenen Rechte der Endnutzer festgelegt. Die BEREC-Leitlinien (aktualisiert am 14. Juni 2022) dienen nationalen Regulierungsbehörden wie der Bundesnetzagentur und Rechtsanwendern als Orientierung zur Umsetzung der Netzneutralitätsverordnung.

Netzwerk Der Begriff Netzwerk wird sehr unterschiedlich verwendet. In der IT wird unter einem Netzwerk typischerweise ein Verbund verschiedener technischer Geräte, die durch Datenaustausch miteinander kommunizieren, verstanden. Eine zentrale Funktion des Netzwerks liegt darin, den Nutzern bestimmte zentrale Ressourcen verfügbar zu machen (zB Speicher, Drucker). Im NetzDG werden „soziale Netzwerke" als „Anbieter digitaler Dienste, die mit Gewinnerzielungsabsicht Plattformen im Internet betreiben, die dazu bestimmt sind, dass Nutzer beliebige Inhalte mit anderen Nutzern teilen oder der Öffentlichkeit zugänglich machen", definiert (siehe § 1 (1) 1 NetzDG). Im DDG ist „drahtloses lokales Netzwerk" definiert als „ein Drahtloszugangssystem mit geringer Leistung und geringer Reichweite sowie mit geringem Störungsrisiko für weitere, von anderen Nutzern in unmittelbarer Nähe installierte Systeme dieser Art, das nicht exklusive Grundfrequenzen nutzt" (siehe § 1 (4) Nr. 3 DDG).

Netzwerkadministrator Netzwerkadministrator ist der → Administrator, dessen Aufgabe in der Planung, Einrichtung und Aufrechterhaltung der IT-Infrastruktur eines Unternehmens besteht.

Netzzugang Netzzugang bezeichnet allgemein den Zugang zu einem Infrastrukturnetz, wie zB Telekommunikation, Energie, um über das Netz erbrachte Leistungen (dies kann die Vorleistungs- und die Endkundenebene betreffen) in Anspruch zu nehmen.

Netzzusammenschaltung Mit Netzzusammenschaltung (auch Interconnection) wird das Zusammenschalten mehrerer unabhängiger Netzwerke bezeichnet. Im TKG ist „Zusammenschaltung" definiert als „ein Sonderfall des Zugangs, der zwischen Betreibern öffentlicher Telekommunikationsnetze hergestellt wird; dies mittels der physischen und logischen Verbindung öffentlicher Telekommunikationsnetze, die von demselben oder einem anderen Unternehmen genutzt werden, um Nutzern eines Unternehmens die Kommunikation mit Nutzern desselben oder eines anderen Unternehmens oder den Zugang zu den von einem anderen Unternehmen angebotenen Diensten zu ermöglichen, soweit solche Dienste von den beteiligten Parteien oder von anderen Parteien, die Zugang zum Netz haben, erbracht werden" (siehe § 3 Nr. 79 TKG).

Newsletter Newsletter sind elektronische Mitteilungen, die typischerweise über E-Mail an die Nutzergruppe, die den Newsletter bestellt hat, verschickt werden. Die Zusendung eines Newsletters ohne ausdrückliche Einwilligung stellt sich in der Regel als unzumutbare Belästigung gemäß § 7 Abs. 2 Nr. 2 UWG da. Auch aus datenschutzrechtlicher Sicht ist in der Regel eine Einwilligung erforderlich.

Exkurs: Bedarf der Versand eines Newsletter per E-Mail der Einwilligung? Ja, grundsätzlich bedarf der Versand eines Newsletter per Email der vorherigen ausdrücklichen Einwilligung des Adressaten.
Der Begriff der „Werbung" wird definiert als „jede Äußerung bei der Ausübung eines Handels, Gewerbes, Handwerks oder freien Berufs mit dem Ziel, den Absatz von Waren oder die Erbringung von Dienstleistungen, einschließlich unbeweglicher Sachen, Rechte und Verpflichtungen, zu fördern" (Art. 2 lit. a der EU-Richtlinie 2006/114/EG) und wird damit sehr weit verstanden. Gemäß § 7(2) Nr. 2 UWG bedarf die Werbung per E-Mail der vorherigen ausdrücklichen Einwilligung des Adressaten. Dies ist gemäß § 7(3) UWG nur dann nicht der Fall, wenn 1.) ein Unternehmer im Zusammenhang mit dem Verkauf einer Ware oder Dienstleistung von dem Kunden dessen elektronische Postadresse erhalten hat, 2.) der Unternehmer die Adresse zur Direktwerbung für eigene ähnliche Waren oder Dienstleistungen verwendet, 3.) der Kunde der Verwendung nicht widersprochen hat und 4.) der Kunde bei Erhebung der Adresse und bei jeder Verwendung klar und deutlich darauf hingewiesen wird, dass er der Verwendung jederzeit widersprechen kann, ohne dass hierfür andere als die Übermittlungskosten nach den Basistarifen entstehen. Da die genannten Voraussetzungen kumulativ vorliegen müssen, ist die Ausnahme in der Praxis eher selten einschlägig.
Beinhaltet der Versand des Newsletter auch eine Verarbeitung personenbezogener Daten (was zB der Fall ist, wenn die E-Mail-Adresse personenbezogene Daten enthält), muss auch das Datenschutzrecht berücksichtigt werden. Die Datenschutzbehörden sind der Auffassung, dass es für die Nutzung von E-Mail-Adressen zu Werbezwecken grundsätzlich einer Einwilligung bedarf, wenn die Voraussetzungen des § 7 (3) UWG nicht vorliegen. Auch aus datenschutzrechtlicher Sicht ist daher in der Regel eine Einwilligung erforderlich.

Nichtöffentliche Stelle Nichtöffentliche Stellen sind in § 2 Abs. 4 BDSG definiert. Es handelt sich um natürliche und juristische Personen, Gesellschaften und andere Personenvereinigungen des privaten Rechts, soweit sie nicht unter § 2 Abs. 1–3 BDSG fallen. Sie sind Verantwortliche iSv Art. 4 Nr. 7 DS-GVO und damit für die Rechtmäßigkeit des Umgangs mit personenbezogenen Daten verantwortlich, wenn sie personenbezogene Daten für sich selbst verarbeiten oder dies durch andere im Auftrag vornehmen lassen.

NIS-2-Richtlinie NIS-2-Richtlinie meint die Richtlinie (EU) 2022/2555 über Maßnahmen für ein hohes gemeinsames Cybersicherheitsniveau in der Union, die bis 17. Oktober 2024 in den Mitgliedstaaten umgesetzt werden musste. Im Vergleich zur Vorgängerrichtlinie erweitert sie den Anwendungsbereich erheblich und verschärft die Pflichten.

NIS-2-Umsetzungsgesetz Die NIS-2-Richtlinie wird in Deutschland im Wesentlichen im BSIG umgesetzt. Es gilt seit 6. Dezember 2025 und sieht u. a. eine Registrierungspflicht, Meldepflichten, Pflichten für die Geschäftsleitung und Pflichten zum Ergreifen von Risikomanagementmaßnahmen vor.

Exkurs: Was ist eine „vernachlässigbare Geschäftstätigkeit" gemäß § 28(3) BSIG?
Gemäß § 28(2) Nr. 3 findet das BSIG Anwendung auf „sonstige […] juristische Personen […], die anderen natürlichen oder juristischen Personen entgeltlich Waren oder Dienstleis-

tungen anbieten und die einer der in den Anlagen 1 und 2 bestimmten Einrichtungsarten zuzuordnen sind und a) mindestens 50 Mitarbeiter beschäftigen oder b) einen Jahresumsatz und eine Jahresbilanzsumme von jeweils über 10 Millionen Euro aufweisen". Gemäß § 28(3) BSIG können „bei der Zuordnung zu einer der Einrichtungsarten nach den Anlagen 1 und 2 [können] solche Geschäftstätigkeiten unberücksichtigt bleiben, die im Hinblick auf die gesamte Geschäftstätigkeit der Einrichtung vernachlässigbar sind." Mit dieser Ausnahme soll im Einzelfall vermieden werden, dass eine nur geringfügige Nebentätigkeit zu einer unverhältnismäßigen Identifizierung als wichtige oder besonders wichtige Einrichtung führt. Allerdings sind die Voraussetzungen dieser Ausnahme unbestimmt und es bedarf daher einer sorgfältigen Prüfung im Einzelfall, ob die Voraussetzungen für diese Ausnahme vorliegen.
Laut der Gesetzesbegründung können mögliche Anhaltspunkte für eine Bewertung als vernachlässigbare Geschäftstätigkeit die Anzahl der in diesem Bereich tätigen Mitarbeiter, der durch diese Geschäftstätigkeit erwirtschaftete Umsatz oder die Bilanzsumme für diesen Bereich sein; ein Indiz, dass es sich nicht um eine vernachlässigbare Geschäftstätigkeit handelt, kann ihre Nennung in einem Gesellschaftervertrag, einer Satzung oder einem vergleichbaren Gründungsdokument der Einrichtung sein. Entscheidend soll dabei unter Berücksichtigung aller relevanten Anhaltspunkte das Gesamtbild der betreffenden Geschäftstätigkeit im Lichte der Gesamtgeschäftstätigkeit der Einrichtung sein.

Non-Copyleft-Lizenz Eine Non-Copyleft-Lizenz gestattet die freie Nutzung von Software sowie die Verbindung dieser Software mit eigener Software mit dem Ziel der Erstellung und des Vertriebs neuer proprietärer Software. Dieser Lizenzinhalt unterscheidet die Non-Copyleft-Lizenz von der → GNU General Public License. Die BSD-Lizenz (Berkeley Software Distribution) ist beispielweise eine Non-Copyleft-Lizenz (http://opensource.org/licenses/bsd-license.php).

Non-Disclosure-Agreement Ein Non-Disclosure-Agreement verpflichtet beide Vertragsparteien vor Abschluss eines Vertrages (zB eines Unternehmenskaufvertrages und der dem eigentlichen Vertragsschluss vorausgehenden Due Diligence) oder im Zusammenhang mit der Offenbarung bestimmter Informationen zum Stillschweigen über die zugänglich gemachten Informationen.

Exkurs: Vertraulichkeitsverpflichtung im Datenschutz Eine Vertraulichkeitsverpflichtung im Datenschutz verpflichtet insbesondere Beschäftigte zur Beachtung der datenschutzrechtlichen Anforderungen sowie üblicherweise zur Wahrung des Datengeheimnisses. Sie dient Unternehmen als Nachweis für organisatorischen Maßnahmen gemäß der DS-GVO. Die Datenschutzkonferenz hat ein Kurzpapier zur Unterrichtung und Verpflichtung von Beschäftigten auf Beachtung der datenschutzrechtlichen Anforderungen nach der DS-GVO und ein Muster für eine Verpflichtung hierfür veröffentlicht.

Notice-and-Takedown Notice-and-Takedown beschreibt die Entfernung bestimmter rechtswidriger Inhalte auf einer Website durch den Anbieter nach Hinweis des Rechtsinhabers. Die Entfernung von Inhalten nach dem Hinweis auf eine Rechtsverletzung liegt gemäß Art. 6 DSA im Interesse des Anbieters, wenn er keine eigene Haftung riskieren will (→ Haftung im Internet). Gemäß Art. 16 DSA müssen Hostingdiensteanbieter Melde- und Abhilfeverfahren für rechtswidrige Inhalte einrichten.

Nummernportabilität → Portabilität

Nutzer Nutzer hat keine einheitliche Bedeutung. Im Data Act sind Nutzer definiert als „eine natürliche oder juristische Person, die ein vernetztes Produkt besitzt oder der vertraglich zeitweilige Rechte für die Nutzung des vernetzten Produkts übertragen wurden oder die verbundenen Dienste in Anspruch nimmt" (Art. 2 Nr. 12 Data Act). Im DSA sind Nutzer definiert als „jede natürliche oder juristische Person, die einen Vermittlungsdienst in Anspruch nimmt, insbesondere um Informationen zu erlangen oder zugänglich zu machen" (Art. 3 lit. b DSA). Im TKG ist Nutzer definiert als „jede natürliche oder juristische Person, die einen öffentlich zugänglichen Telekommunikationsdienst für private oder geschäftliche Zwecke in Anspruch nimmt oder beantragt" (§ 3 Nr. 41 TKG).

Nutzergeneriertes Video Im DDG ist „nutzergeneriertes Video" definiert als „eine von einem Nutzer erstellte Abfolge von bewegten Bildern mit oder ohne Ton, die unabhängig von ihrer Länge einen Einzelbestandteil darstellt und die von diesem Nutzer oder einem anderen Nutzer auf einen Videosharingplattform-Dienst hochgeladen wird" (§ 1 (4) Nr. 12 DDG).

Nutzerprofil Ein Nutzerprofil enthält Informationen über einen Nutzer, die entweder von diesem in Form der Eintragung bestimmter Informationen in ein Profil im Rahmen der Registrierung für einen (digitalen) Dienst eingetragen oder aber vom Anbieter oder Dritten über den Nutzer (systematisch) gesammelt wurden, sei es über → Cookies oder die Erfassung von Nutzungs- oder Verhaltensdaten eines angemeldeten Nutzers während der Nutzung eines Dienstes. Datenschutzrechtliche Vorgaben sind zu beachten. Letzteres kann insbesondere „Profiling" iSv Art. 4 Nr. 4 DS-GVO darstellen. Für das Setzen von Cookies ist insbesondere auch § 25 TDDDG zu beachten.

Nutzungsarten Nutzungsarten im Sinne des Urheberrechts sind wirtschaftlich und technisch selbstständige Nutzungen eines urheberrechtlich geschützten Werks. Eine Nutzungsart ist als bekannt anzusehen, sobald sie sich allgemein (zB bei den Verbrauchern) durchgesetzt hat. § 31a UrhG regelt demgegenüber Verträge über unbekannte Nutzungsarten. Bei neuartigen technischen Entwicklungen und elektronischen Verwendungsarten stellt sich stets die (im Einzelfall nicht immer eindeutig zu beantwortende) Frage, inwieweit diese eine neue Nutzungsart oder bloß eine neue Verwendungsform sind.

Nutzungsrecht Das Nutzungsrecht ist das Recht, ein Werk auf einzelne oder alle Arten zu nutzen, § 31 Abs. 1 UrhG. Der Urheber ist berechtigt, das Nutzungsrecht anderen „einfach" (berechtigt allein zur Nutzung, § 31 Abs. 2 UrhG) oder „ausschließlich" (mit Abwehrrechten für den Erwerber, § 31 Abs. 3 UrhG) sowie mit zeitlichen, räumlichen oder inhaltlichen Beschränkungen einzuräumen.

O

OCR Abk. für → Optical Character Recognition, Umwandlung des optisch erfassten Textes in editierbare Schriftzeichen.

OCSP Abk. für → Online Certificate Status Protocol.

OECD AI Principles OECD, Recommendation of the Council on Artificial Intelligence C/MIN(2024)16/FINAL.

Öffentlich zugänglicher Telekommunikationsdienst Ist im TKG in § 3 Nr. 44 TKG definiert als „einem unbestimmten Personenkreis zur Verfügung stehende Telekommunikationsdienste". Telekommunikationsdienste sind „in der Regel gegen Entgelt über Telekommunikationsnetze erbrachte Dienste, die – mit der Ausnahme von Diensten, die Inhalte über Telekommunikationsnetze und -dienste anbieten oder eine redaktionelle Kontrolle über sie ausüben – folgende Dienste umfassen:

a) Internetzugangsdienste,
b) interpersonelle Telekommunikationsdienste und
c) Dienste, die ganz oder überwiegend in der Übertragung von Signalen bestehen, wie Übertragungsdienste, die für Maschine-Maschine-Kommunikation und für den Rundfunk genutzt werden" (§ 3 Nr. 61 TKG).

Öffentliche Stelle Öffentliche Stellen sind beispielsweise im BDSG in § 2 BDSG definiert. Es handelt sich unter anderem um Behörden, Organe der Rechtspflege und andere öffentlich-rechtlich organisierte Einrichtungen des Bundes, der bundesunmittelbaren Körperschaften, der Anstalten und Stiftungen des öffentlichen Rechts sowie deren Vereinigungen ungeachtet ihrer Rechtsform. Sie sind Verantwortliche gemäß Art. 4 Nr. 7 DS-GVO und damit für die Rechtmäßigkeit des Umgangs mit personenbezogenen Daten verantwortlich, wenn sie personenbezogene Daten für sich selbst erheben, verarbeiten oder nutzen oder dies durch andere im Auftrag vornehmen lassen.

Öffentliche Verbreitung Der Digital Services Act (DSA) definiert „öffentliche Verbreitung" gemäß Art. 3 lit. k DSA als „die Bereitstellung von Informationen für eine potenziell unbegrenzte Zahl von Dritten im Auftrag des Nutzers, der die Informationen bereitgestellt hat".

Öffentliche Zugänglichmachung Öffentliche Zugänglichmachung im Sinne des UrhG ist der Vorgang ein Werk drahtgebunden oder drahtlos der Öffentlichkeit in einer Weise zugänglich zu machen, dass es Mitgliedern der Öffentlichkeit von Orten und zu Zeiten ihrer Wahl zugänglich ist (§ 19a UrhG). Das Recht der öffentlichen Zugänglichmachung ist Teil des Recht der öffentlichen Wiedergabe (§ 15 Abs. 2 Satz 2 Nr. 2 UrhG). Hauptfall ist das Anbieten von Inhalten auf einer Homepage.

Öffentliches Teilnehmerverzeichnis Ein öffentliches Teilnehmerverzeichnis beschreibt das Endnutzerverzeichnis in § 13 TDDDG.

Öffentliches Telekommunikationsnetz Ist im TKG in § 3 Nr. 42 TKG definiert als „ein Telekommunikationsnetz, das ganz oder überwiegend der Erbringung öffentlich zugänglicher

Telekommunikationsdienste dient, die die Übertragung von Informationen zwischen Netzabschlusspunkten ermöglichen". Telekommunikationsnetz ist definiert in § 3 Nr. 65 TKG als „die Gesamtheit von Übertragungssystemen, ungeachtet dessen, ob sie auf einer permanenten Infrastruktur oder zentralen Verwaltungskapazität basieren, und gegebenenfalls Vermittlungs- und Leitwegeinrichtungen sowie anderweitigen Ressourcen, einschließlich der nicht aktiven Netzbestandteile, die die Übertragung von Signalen über Kabel, Funk, optische und andere elektromagnetische Einrichtungen ermöglichen, einschließlich Satellitennetzen, festen, leitungs- und paketvermittelten Netzen, einschließlich des Internets, und mobilen Netzen, Stromleitungssystemen, soweit sie zur Signalübertragung genutzt werden, Netzen für Hör- und Fernsehfunk sowie Kabelfernsehnetzen, unabhängig von der Art der übertragenen Information".

Öffnungsklausel Öffnungsklausel bezeichnet datenschutzrechtliche Fragen im Anwendungsbereich der DS-GVO, für welche die DS-GVO keine Regelung vorsieht, sondern eine Zuständigkeit der nationalen Gesetzgeber der Mitgliedstaaten begründet und damit mögliche Unterschiede innerhalb der Mitgliedstaaten vorsieht.

OEM Abk. für → Original Equipment Manufacturer.

OEM-Hardware Im IT-Umfeld bezeichnet OEM-Hardware, die von einem → Original Equipment Manufacturer hergestellte Hardware, die von einem anderen Unternehmen in dessen Produkte eingebaut und unter dessen Markennamen angeboten wird.

OEM-Software Bei OEM-Software handelt es sich um die vom → Original Equipment Manufacturer gemeinsam mit der von ihm hergestellten Hardware angebotene (in der Regel bereits installierte) Version eines Softwareprogramms. In der Regel wird OEM-Software im Vergleich zur → Vollversion der jeweiligen Software (→ Retail-Version) für einen geringeren Preis angeboten.

OEM-Vertrag Ein OEM-Vertrag ist ein Vertrag über die Lieferung und Nutzung von Produkten eines → Original Equipment Manufacturers.

Offline Offline beschreibt den Umstand, dass keine direkte Verbindung zwischen dem Gerät (zB Computer, Smartphone) und einem Netzwerk besteht.

Offshoring Unter Offshoring versteht man die Verlagerung von Aufgaben ins Ausland. Häufig geht das Offshoring mit dem → Outsourcing von Aufgaben an einen Dienstleister mit Sitz in Drittstaaten einher, auch wenn dieser Zusammenhang nicht zwingend ist, wenn Aufgaben „nur" an andere Konzernunternehmen im Ausland verlagert werden. Unabhängig von der für die Durchführung der ausgelagerten Aufgaben eingeschalteten Stelle (externer Dienstleister oder Konzernunternehmen) ist zu prüfen, ob das Offshoring die Verarbeitung von personenbezogenen Daten betrifft, so dass die Anforderungen an eine → Auftragsverarbeitung einzuhalten sind, da das Datenschutzrecht kein → Konzernprivileg anerkennt. Wie in allen Fällen des Outsourcing ist die Abgrenzung zur Datenübermittlung vorzunehmen, um dies bei der Vertragsgestaltung berücksichtigen zu können.

Omnibus-Richtlinie Der Begriff „Omnibus" wird im EU-Recht für Gesetzesänderungen verwendet, die mehrere Regelungen gleichzeitig ändern. Die Omnibus-Richtlinie (EU) 2019/2161, welche zum 28. Mai 2022 in Deutschland umgesetzt wurde, führte insbesondere zu Änderungen des Verbraucherschutzrechts im eCommerce, des UWG und der Preisangabenverordnung und verschärfte die Sanktionen.

On-Demand On-Demand bezeichnet die Zurverfügungstellung von Inhalten oder Diensten auf Anfrage des Nutzers und zum Zeitpunkt der Anfrage. Bei On-Demand Diensten erfolgt die Zurverfügungstellung der Inhalte (Video, Software) durch → Download oder → Streaming im Anschluss an die Leistungsaufforderung des Nutzers. Das Bereithalten von Inhalten für den Abruf On-Demand stellt grundsätzlich eine → öffentliche Zugänglichmachung gemäß § 19a UrhG dar.

One-click-away Ein Inhalt ist one-click-away, wenn er durch einen Mausklick sichtbar gemacht werden kann. § 5 Abs. 1 Digitale-Dienste-Gesetz (DDG) verlangt, dass Diensteanbieter für geschäftsmäßige, in der Regel gegen Entgelt angebotene digitale Dienste allgemeine Informationen (typischerweise als „Impressum" bezeichnet) unter anderem „unmittelbar" erreichbar verfügbar halten. Nach der „2-Klick-Regelung" wird eine Erreichbarkeit über bis zu zwei Schritte/Klicks, um zu den allgemeinen Informationen zu gelangen, noch als unmittelbar angesehen (BGH 20.7.2006 – I ZR 228/03).

One-Stop-Shop (DS-GVO) One-Stop-Shop iSd DS-GVO bezeichnet die Zuständigkeitskonzentration bei der federführenden Aufsichtsbehörde gemäß Art. 56 DS-GVO, die bei grenzüberschreitenden Verarbeitungstätigkeiten unter bestimmten Voraussetzungen gegeben sein kann.

Ongoing-Business-Relationship-Exception Ongoing-Business-Relationship-Exception steht für die Ausnahme in § 7 Abs. 3 UWG. Demnach ist eine unzumutbare Belästigung bei einer Werbung unter Verwendung elektronischer Post nicht anzunehmen, wenn 1.) ein Unternehmer im Zusammenhang mit dem Verkauf einer Ware oder Dienstleistung von dem Kunden dessen elektronische Postadresse erhalten hat, 2.) der Unternehmer die Adresse zur Direktwerbung für eigene ähnliche Waren oder Dienstleistungen verwendet, 3.) der Kunde der Verwendung nicht widersprochen hat und 4.) der Kunde bei Erhebung der Adresse und bei jeder Verwendung klar und deutlich darauf hingewiesen wird, dass er der Verwendung jederzeit widersprechen kann, ohne dass hierfür andere als die Übermittlungskosten nach den Basistarifen entstehen.

Online Online bezeichnet den Umstand, dass eine direkte Verbindung zwischen dem Gerät (zB Computer, Smartphone) und einem Netzwerk besteht, so dass ein Datenaustausch möglich ist.

Online Services Online Services bezeichnet Dienstleistungen, die von einem Nutzer in Anspruch genommen werden können, während dieser online, d. h. mit einem Netzwerk (zB dem Internet) verbunden ist. Zu den Online Services in diesem Sinne zählen beispielsweise Dienste, die über → Cloud Computing genutzt werden können.

Online-Auktionen Eine Online-Auktion ist eine Vertriebsform im Internet, bei der das Einstellen eines Auktionsgegenstandes als Kaufangebot an denjenigen Bieter eingeordnet wird, der im Zeitpunkt des Auktionsendes das höchste verbindliche Gebot und damit eine Annahmeerklärung abgegeben hat (→ Auktion). Online-Auktionen sind daher keine Versteigerung iSv § 156 BGB, es handelt sich aber regelmäßig um Fernabsatzverträge (§ 312c BGB), wenn ein Unternehmen gegenüber einem Verbraucher handelt.

Online-Banking Vgl. → Electronic Banking.

Online-Community Eine Online-Community ist eine häufig aufgrund gemeinsamer Interessen oder Bezugspunkte gebildete Gruppe von Personen, die sich über Plattformen austauscht, die über das Internet erreichbar sind.

Online-Dienst Ein Online-Dienst ist ein über ein Netzwerk, insbesondere das Internet, nutzbares Angebot.

Online-Plattform Der Digital Services Act (DSA) definiert „Online-Plattform" gemäß Art. 3 lit. i als „einen Hostingdienst, der im Auftrag eines Nutzers Informationen speichert und öffentlich verbreitet, sofern es sich bei dieser Tätigkeit nicht nur um eine unbedeutende und reine Nebenfunktion eines anderen Dienstes oder um eine unbedeutende Funktion des Hauptdienstes handelt, die aus objektiven und technischen Gründen nicht ohne diesen anderen Dienst genutzt werden kann, und sofern die Integration der Funktion der Nebenfunktion oder der unbedeutenden Funktion in den anderen Dienst nicht dazu dient, die Anwendbarkeit dieser Verordnung zu umgehen".

Online-Schnittstelle Der Digital Services Act (DSA) definiert eine „Online-Schnittstelle" gemäß Art. 3 lit. m als „eine Software, darunter auch Websites oder Teile davon sowie Anwendungen, einschließlich Mobil-Apps".

Online-Shop Ein Online-Shop ist eine Softwareplattform auf einer Website für den Vertrieb von Waren oder Dienstleistungen über das Internet. Im Fall des Absatzes von Waren oder Dienstleistungen über einen Online-Shop finden insbesondere die Regelungen über Fernabsatzverträge gemäß § 312c BGB Anwendung.

Online-Suchmaschine Der Digital Services Act (DSA) definiert „Online-Suchmaschine" gemäß Art. 3 lit. j als „einen Vermittlungsdienst, der es Nutzern ermöglicht, in Form eines Stichworts, einer Spracheingabe, einer Wortgruppe oder einer anderen Eingabe Anfragen einzugeben, um prinzipiell auf allen Websites oder auf allen Websites in einer bestimmten Sprache eine Suche zu einem beliebigen Thema vorzunehmen und Ergebnisse in einem beliebigen Format, in dem Informationen im Zusammenhang mit dem angeforderten Inhalt zu finden sind, angezeigt zu bekommen".

Online-Verbreitung Die Online-Verbreitung ist der Vertrieb, durch die Ermöglichung von → Download oder → Streaming (siehe auch → Öffentliche Zugänglichmachung).

Online-Werbung Unter „Online-Werbung" versteht man typischerweise die Verbreitung von Werbebotschaften über das Internet.

Onshoring Onshoring ist eine Form des → Outsourcing und bezeichnet das Auslagern von Aufgaben (zB von Teilen der Produktion), das aber im Gegensatz zum → Offshoring innerhalb des gleichen Landes erfolgt. Falls das Onshoring die Verarbeitung von personenbezogenen Daten betrifft, sind insbesondere die Anforderungen an eine → Auftragsverarbeitung einzuhalten. Wie in allen Fällen des Outsourcing ist die Abgrenzung zur Datenübermittlung vorzunehmen.

Onward Transfer Onward Transfer bezeichnet im Datenschutzrecht die Weiterübermittlung vom primären Übermittlungsempfänger an einen Dritten.

Open Data Richtlinie Richtlinie (EU) 2019/1024 über offene Daten und die Weiterverwendung von Informationen des öffentlichen Sektors, in Deutschland umgesetzt durch das Datennutzungsgesetz.

Open Source Software Open Source Software bezeichnet Software, deren → Quellcode öffentlich zugänglich ist, die in der Regel kostenlos über das Internet heruntergeladen werden kann und für die dem Nutzer ein einfaches Nutzungsrecht eingeräumt wird. Charakteristisch für Open Source Software ist zugleich ein bestimmtes darüber hinausgehendes urheberrechtliches Nutzungsrechtsregime. Maßgeblicher Bezugspunkt hierfür sind die von der Open Source Initiative (www.opensource.org) aufgestellten Kriterien für Open Source Software. Diese Kriterien fordern im Rahmen einer „Open Source Definition" (http://www.opensource.org/osd) unter anderem, dass der Quellcode für alle Nutzer verfügbar ist, dass die Software frei bearbeitet und weitergegeben werden darf und, dass jede Art der Nutzung der Software zulässig ist. Die Tatsache, dass Software als Open Source Software verbreitet wird, bedeutet jedoch nicht, dass der Ersteller auf sein Urheberrecht verzichtet. Dies hat insbesondere zur Folge, dass die Lizenzbedingungen, zB die → GNU General Public License, zu beachten sind.

Open-Source-KI-Systeme Die KI-VO gilt nicht für KI-Systeme, die unter freien und quelloffenen Lizenzen bereitgestellt werden, es sei denn, sie werden als Hochrisiko-KI-Systeme oder als ein KI-System, das unter Art. 5 oder 50 fällt, in Verkehr gebracht oder in Betrieb genommen (siehe Art. 2 (12) KI-VO). Für Open-Source-KI-Modelle mit allgemeinem Verwendungszweck hingegen kann unter den Voraussetzungen des Art. 53 (2) KI-VO nur eine teilweise Befreiung von Plichten in Betracht kommen.

Operational Level Agreement Ein Operational Level Agreement ist eine in der Regel unternehmensinterne Vereinbarung, um die Anforderungen sicherzustellen, die das Unternehmen im Rahmen eines → Service Level Agreement eingegangen ist. Zu diesem Zweck werden im Operational Level Agreement die Pflichten aus dem Service Level Agreement mit den entsprechenden Zuständigkeit abgebildet.

Operational Resilience Als „Operational Resilience" wird typischerweise die Fähigkeit eines Unternehmens, den Betrieb auch während einer Störung aufrechtzuerhalten, verstanden. Um ein hohes Niveau an digitaler operationaler Resilienz zu erreichen, legt beispielsweise der Digital Operational Resilience Act („DORA" – Verordnung 2022/2554 über die digitale operationale Resilienz im Finanzsektor), der seit 17. Januar 2025 gilt, einheitliche Anforderungen für die Sicherheit von Netzwerk- und Informationssystemen, die die Geschäftsprozesse von Finanzunternehmen unterstützen, fest.

OPS (Operationen- und Prozedurenschlüssel) Der OPS (Operationen- und Prozedurenschlüssel) ist ein in Deutschland verwendetes, vom Bundesinstitut für Arzneimittel und Medizinprodukte (BfArM) herausgegebenes klassifikatorisches Kodiersystem zur standardisierten Verschlüsselung von medizinischen Operationen, Prozeduren und sonstigen Maßnahmen im stationären Bereich. Seine rechtliche Grundlage ergibt sich insbesondere aus § 301 Abs. 2 SGB V, wonach Krankenhäuser durchgeführte Leistungen nach den jeweils geltenden Klassifikationen zu kodieren und an die Krankenkassen zu übermitteln haben. Der OPS dient damit als zentrales Instrument für Abrechnung (insb. im DRG-System), Dokumentation, Qualitätssicherung und statistische Auswertung medizinischer Leistungen.

Opt-In Vgl. → Opt-In Modell.

Opt-In Modell Das Opt-In Modell beschreibt eine Methode des Direktmarketing, bei der die Adressaten vorab in den (regelmäßigen) Erhalt von (häufig per E-Mail versendeten) Werbebotschaften oder Newsletters eingewilligt haben (§ 7 UWG). Da bei der Erteilung der Einwilligung in Verbindung mit der Eintragung der Kontaktdaten (zB E-Mail-Adresse) beliebige Kontaktdaten verwendet und so die Versendung von Werbebotschaften oder Newsletters an Dritte ausgelöst werden können, wurde das → Double Opt-In entwickelt. Werden im Zusammenhang mit dem Direktmarketing personenbezogene Daten verarbeitet (zB durch eine E-Mail-Adresse, die aus Vorname und Nachname besteht), muss auch das Datenschutzrecht (insbesondere die DS-GVO) beachtet werden.

Opt-out Vgl. → Opt-Out Modell.

Opt-Out Modell Beim Opt-Out Modell werden Werbebotschaften oder Newsletters anders als beim → Opt-In Modell und → Double Opt-In Modell den Adressaten ohne deren vorherige Einwilligung zugesandt. Zuvor und in den unaufgefordert zugesendeten Nachrichten erhalten die Adressaten den Hinweis auf die Möglichkeit, sich zwecks Vermeidung weiterer Zusendungen aus den Verteilerlisten der Absender entfernen zu lassen/zu widersprechen. Die Zusendung von Werbebotschaften oder Newsletters per E-Mail im Opt-Out Modell stellt sich mangels vorheriger ausdrücklicher Einwilligung als unzumutbare Belästigung gemäß § 7 Abs. 2 Nr. 2 UWG dar (→ SPAM), falls kein Fall von § 7 Abs. 3 UWG („Ongoing-Business-Relationship-Exception") vorliegt. Auch bei Vorliegen der Voraussetzungen des § 7 Abs. 3 UWG muss grundsätzlich das Datenschutzrecht (insbesondere die DS-GVO) beachtet werden, wenn im Zusammenhang mit dem Direktmarketing personenbezogene Daten verarbeitet werden (zB durch eine E-Mail-Adresse, die aus Vorname und Nachname besteht). Der Gerichtshof der Europäischen Union hat zu Art. 13 Abs. 2 RL 2002/58 (der die „Ongoing-Business-Relationship-Exception" regelt, die in § 7 (3) UWG umgesetzt wurde) entschieden, dass Art. 13 Abs. 2 Richtlinie 2002/58 in Verbindung mit Art. 95 DS-GVO dahingehend auszulegen ist, dass die Voraussetzungen des Art. 6 Abs. 1 DS-GVO nicht gelten, wenn der Verantwortliche die E-Mail-Adresse eines Nutzers verwendet, um diesem eine unerbetene Nachricht gemäß Art. 13 Abs. 2 der Richtlinie 2002/58 zuzusenden (13. 11. 2025 – C 654/23).

Optical Character Recognition Optical Character Recognition ist Texterkennung oder auch Optische Zeichenerkennung (Abk. OCR, auch OZE) und bezeichnet die automatisierte optische Erkennung von Text in einer gedruckten Vorlage sowie die anschließende Umsetzung in die entsprechenden Zeichen.

Original Equipment Manufacturer Im IT-Umfeld ist unter Original Equipment Manufacturer der Hersteller fertiger Hardwarekomponenten (zB Festplatten) zu verstehen, der diese in der Regel nicht unter seinem eigenen Namen vertreibt, sondern als Bestandteile und unter den Marken der Produkte anderer Hersteller. Unter Bezugnahme auf den Begriff des Original Equipment Manufacturer wird eine von diesem gemeinsam mit der Hardware angebotene (in der Regel bereits installierte) Version eines Softwareprogramms auch als → OEM-Software oder → OEM-Version bezeichnet.

Outsourcing Outsourcing (Wortbildung aus den Begriffen Outside, Resource und Using) bezeichnet die Verlagerung von bestimmten, bislang intern erbrachten Unternehmensaufgaben an darauf spezialisierte Dritte. Im Zusammenhang mit dem Outsourcing kann es auch zur Veräußerung bestimmter Assets (zB Hardware und Software) an den Dritten kommen, der diese dann als Grundlage der Erbringung seiner Leistungen nutzt. Je nach Umfang (Full Outsourcing oder Partial Outsourcing) oder betroffenem Bereich (zB IT-Outsourcing, Business Process Outsourcing) werden unterschiedliche Formen des Outsourcing unterschieden.

Auch nach der geographischen Lage des Dritten (→ Offshoring, → Nearshoring) oder den von der Auslagerung betroffenen Aufgaben (zB Desktop oder → Application Management Outsourcing) wird differenziert. Die Verarbeitung personenbezogener Daten im Rahmen des Outsourcing stellt sich oft als ein Fall der → Auftragsverarbeitung gemäß Art. 28 DS-GVO dar. Dies kann anders sein, wenn dem Dienstleister erhebliche Entscheidungsspielräume hinsichtlich der Verarbeitung personenbezogener Daten übertragen werden. Die Übermittlung personenbezogener Daten bedarf eines Erlaubnistatbestands.

Outtasking Outtasking verlagert wie das → Outsourcing Unternehmensaufgaben nach außerhalb, beschränkt sich aber auf das Auslagern einzelner (IT-)Leistungen wie Datenverarbeitung, Softwareentwicklung usw.

Over the top Dienste (OTT) Als over the top Dienste werden Inhalte, Dienste oder Anwendungen bezeichnet, die dem Endnutzer über das Internet bereitgestellt werden. Je nach Diensttyp und konkreter Ausgestaltung können sie Telekommunikationsdienste sein und dem TKG unterliegen.

P

P2B-Verordnung (Platform-to-Business) Die Verordnung (EU) 2019/1150 zur Förderung von Fairness und Transparenz für gewerbliche Nutzer von Online-Vermittlungsdiensten gilt seit dem 12. Juli 2020. In diesem Zusammenhang regelt die Verordnung (EU) 2019/1150 unter anderem (i) Anforderungen an allgemeine Geschäftsbedingungen, (ii) Transparenzpflichten (insbesondere hinsichtlich Rankings, einer etwaigen differenzierten Behandlung von Waren und Dienstleistungen und Datenzugang), (iii) die Einführung eines internen Beschwerdemanagementsystems.

p2p-Börse Vgl. → Filesharing.

PaaS Abk. für → Platform as a Service (PaaS)

PaaS-Vertrag Bei einem PaaS-Vertrag (→ Platform as a Service) erhält der Cloud-Anwender im Wesentlichen Zugriff auf eine Entwicklungsumgebung; vgl. → Cloud Computing.

Packet Internet Groper Packet Internet Groper ist ein durch den Befehl „ping Netzwerkadresse" zu startendes Testprogramm, um die Erreichbarkeit eines Servers in einem Netzwerk zu prüfen.

Packet-Loss-Rate Die Packet-Loss-Rate bezeichnet das Verhältnis zwischen gesendeten und verlorenen Daten während einer Datenübermittlung. Die Packet-Loss-Rate ist demnach eine Kennzahl für die Qualität einer Datenübertragungsleitung.

Page Page (engl. Bezeichnung für „Seite") bezeichnet eine einzelne HTML-Seite, die über eine → Website (als Sammelbegriff für alle über eine URL verfügbaren Seiten und Inhalte) erreichbar ist.

Page Impression Eine Page Impression (Seitenimpression) beschreibt den Vorgang der Sichtbarmachung einer bestimmten Webseite im Browser des Betrachters. Page Impression ist vom → Hit zu unterscheiden.

Pagerank Der Pagerank ist Gradmesser der Wichtigkeit eines verlinkten Dokuments und bestimmt sich nach der Anzahl der Hyperlinks, die auf das verlinkte Dokument verweisen, wobei die Wichtigkeit des verlinkten Dokuments zugleich von der Frage bestimmt wird, welches Gewicht die verweisenden Seiten haben. Der Pagerank ist innerhalb der Bewertung der Wichtigkeit von Seiten durch eine Suchmaschine ein maßgeblicher Aspekt bei der Sortierung von Suchergebnissen (vgl. auch → Suchmaschinenoptimierung).

PageView PageView (Seitenaufruf) ist eine Messgröße für die Häufigkeit, mit der eine bestimmte Webseite aufgerufen wurde. PageView ist eine Art der → Page Impression.

PAngV Abk. für → Preisangabenverordnung.

PAP Abk. für → Password Authentication Protocol.

Password Authentication Protocol Das Password Authentication Protocol ist ein passwortbasiertes Authentifizierungsprotokoll, das bei → Point-to-Point Protocol (PPP) eingesetzt werden kann.

Passwort Passwort ist der Oberbegriff für Systeme zur Nutzeridentifizierung und → Authentifizierung gegenüber einem System, zB → Einmalpasswort, → TAN, → Challenge Response. Ein Passwort ist demnach eine geheim zu haltende Zeichenfolge, die der Nutzer in eine Maske einzugeben hat und die das System mit einer zuvor festgelegten Zeichenfolge vergleicht.

Patch Ein Patch ist ein kleines Programm zur nachträglichen Softwarefehlerkorrektur, einschließlich zur nachträglichen Behebung von Schwachstellen, das vom Hersteller oder Händler zur Verfügung gestellt wird. Ein Patch beseitigt typischerweise nur einen oder wenige Fehler. Ein → Hotfix ist die Bezeichnung für einen dringend einzuspielenden → Patch, um eine unmittelbar drohende Störung oder Gefährdung eines Systems zu beseitigen. Unterscheide davon die teilweise synonym verwendeten Begriffe → Upgrade bzw. → Update.

Patch Management Beim Patch Management geht es vor allem um die strukturierte Verwaltung und Installation von Patches, um insbesondere ein angemessenes Sicherheitsniveau aufrechtzuerhalten. Hierzu finden sich verschieden gesetzliche Vorgaben, wie zB in Art. 13 CRA.

Patent Cooperation Treaty Der Patent Cooperation Treaty (Abk. PCT) ist ein Vertrag (1970) der WIPO-Mitgliedsstaaten, der sich mit der internationalen Zusammenarbeit beim Schutz von Patenten befasst.

PATS Abk. für → Publicly Available Telephone Service.

PC-Card PC Card (ehemals Personal Computer Memory Card International Association, Abk. PCMCIA) ist ein Standard für Steckkarten bei mobilen Rechnern.

PC-Screening Beim PC-Screening (auch als „Online-Durchsuchung" bezeichnet) sollen sich Strafverfolgungs- und Sicherheitsbehörden Zugriff auf Computer zur Abwehr von Gefahren des internationalen Terrorismus (§ 49 BKAG) und zur Strafverfolgung (§ 100b StPO) verschaffen können. Im Landesrecht finden sich auch Befugnisse für PC-Screening (zB Art. 45 BayPAG; Art. 10 BayVSG).

PCAOB Abk. für Public Company Accounting Oversight Board, ein durch → SOX geschaffenes Überwachungsgremium für börsennotierte Gesellschaften. http://pcaobus.org

PCT Abk. für → Patent Cooperation Treaty.

PDF PDF (Abk. für Portable Document Format) ist ein Dateiformat, das den Datenaustausch zwischen verschiedenen Betriebssystemen zulässt, ohne das äußere Erscheinungsbild der ausgetauschten Informationen zu verändern.

Peer-to-Peer-Netzwerke Peer-to-Peer-Netzwerke sind Netzwerke, die keine zentrale Organisation benötigen, sondern bei denen sämtliche Computer die Rolle des Servers oder eines Clients übernehmen können. Im Gegensatz dazu sind Client-Server-Systeme dergestalt organisiert, dass ein zentraler → Server vorhanden ist. Ein bekanntes Beispiel für Peer-to-Peer-Netzwerke sind Tauschbörsen und → Filesharing-Netzwerke. Dabei wird zwischen zentralisierten Peer-to-Peer-Netzwerken (bei denen eine Suchmaschine, die auf einem Zentralserver gespeichert ist, vom Nutzer gewünschte Dateien sucht) und dezentralisierten Systemen unterschieden. Das Auffinden gewünschter Inhalte bei dezentralen Systemen erfolgt durch Abfrage der entsprechenden Dateien bei jedem einzelnen Nutzer.

Peering Peering bezeichnet die Herstellung einer technischen Verbindung zwischen den Netzwerken von zwei Providern, um deren jeweiligen Kunden den Informationsaustausch zu ermöglichen (siehe auch → Netzzusammenschaltung).

Peering-Vertrag Ein Peering-Vertrag ist eine Übereinkunft zur Zusammenschaltung der Netze von mindestens zwei → Service Providern zwecks Datenaustausch.

Penetrationstest Ein Penetrationstest umschreibt das (versuchte) Eindringen von außen in IT-Systeme basierend auf einem klar definierten Auftrag, um die IT-Systeme insbesondere auf Schwachstellen und Konfigurationsfehler hin zu überprüfen; rechtlich bestehen sowohl zivilrechtliche, wie urheberrechtliche als auch strafrechtliche Regeln, die es zu beachten gilt.

Performance Performance bezeichnet allgemein die Leistungsfähigkeit eines Systems ohne Bezug auf standardisierte Kennzahlen.

Peripherie Peripherie (eigtl. Umgebung) bezeichnet sämtliche Geräte, die an den Rechner als Zentraleinheit angeschlossen werden und von diesem gesteuert werden (Scanner, Drucker, Maus, externe Festplatten, Terminal, Tastatur usw.).

permanente Cookies Vgl. → Cookies.

Permission Marketing Permission Marketing bezeichnet Formen der Werbung, die durch den Adressaten ausdrücklich genehmigt worden sind, also zB erlaubter Versand von Werbebotschaften oder Newsletters (→ Opt-In Modell und → Double Opt-In Modell).

Personal Computer Ein Personal Computer ist ein → Computer, der von einer einzelnen Person genutzt wird. Die Bezeichnung „Personal" Computer zeigt die Abgrenzung zu Großrechnern.

Personalinformationssysteme Vgl. → Human Resource Information System.

personenbeziehbare Daten Vgl. → personenbezogene Daten

personenbezogene Daten Personenbezogene Daten sind „alle Informationen, die sich auf eine identifizierte oder identifizierbare natürliche Person (im Folgenden „betroffene Person") beziehen; als identifizierbar wird eine natürliche Person angesehen, die direkt oder indirekt, insbesondere mittels Zuordnung zu einer Kennung wie einem Namen, zu einer Kennnummer, zu Standortdaten, zu einer Online-Kennung oder zu einem oder mehreren besonderen Merkmalen, die Ausdruck der physischen, physiologischen, genetischen, psychischen, wirtschaftlichen, kulturellen oder sozialen Identität dieser natürlichen Person sind, identifiziert werden kann" (Art. 4 Nr. 1 DS-GVO).

Ebenfalls zu den personenbezogenen Daten gehören die besonderen Kategorien personenbezogener Daten, die in Art. 9 Abs. 1 DS-GVO definiert sind: „personenbezogener Daten, aus denen die rassische und ethnische Herkunft, politische Meinungen, religiöse oder weltanschauliche Überzeugungen oder die Gewerkschaftszugehörigkeit hervorgehen, sowie genetische Daten, biometrische Daten zur eindeutigen Identifizierung einer natürlichen Person,

Gesundheitsdaten oder Daten zum Sexualleben oder der sexuellen Orientierung einer natürlichen Person".

Pervasive Computing Pervasive Computing beschreibt die umfassende Vernetzung des Alltags durch den Einsatz „intelligenter" Gegenstände, indem Computerprozessoren und Sensoren in Alltagsgegenständen eingesetzt und miteinander vernetzt werden. Durch das automatisierte Sammeln (zB durch → RFID-Chips) und Auswerten (zB durch → KDD und → Data-Mining) von Daten können umfassende Persönlichkeitsprofile zu jedermann erstellt werden; verwandter Begriff → Ubiquitous Computing (dt. Rechnerallgegenwärtigkeit).

Pflegevertrag Ein Pflegevertrag verpflichtet den Vertragspartner, die Betriebsbereitschaft von Software sicherzustellen und bei Störfällen oder Systemausfällen einen Entstör- und Beratungsdienst bereitzustellen. Bei Software kommt die Verpflichtung zur kontinuierlichen Verbesserung der Software hinzu, die sich auch auf die Lösung in der Zukunft liegender Probleme (zB Gesetzesänderungen) erstreckt. Der Umfang der Pflege ist uneinheitlich und je nach den Umständen des Einzelfalles zu bestimmen. Entsprechend uneinheitlich ist auch die rechtliche Beurteilung eines Pflegevertrages.

Pflichtenheft Das Pflichtenheft ist ein zentrales Element jedes Beschaffungsvorganges im IT-Bereich. Das (technische) Pflichtenheft enthält nach DIN 66901-5 eine ausführliche Beschreibung der Leistungen, die erforderlich sind, damit die im → Lastenheft beschriebenen Ziele des Projekts erreicht werden. Nach der DIN 69901-5 enthält das Pflichtenheft die vom Auftragnehmer erarbeiteten Realisierungsvorhaben aufgrund der Umsetzung des vom Auftraggeber vorgegebenen Lastenheftes, also zugleich eine Beschreibung der Herangehensweise. Es gehört damit bereits zur unmittelbaren Realisierung der Aufgabe.

Pflichtinformationen nach DDG Vgl. → Impressum.

Pharmakovigilanz-Daten Pharmakovigilanz-Daten sind Informationen über vermutete Nebenwirkungen, Risiken sowie weitere sicherheitsrelevante Aspekte von Arzneimitteln, die im Rahmen der Überwachung nach der Zulassung systematisch erhoben, ausgewertet und gemeldet werden, um die Sicherheit von Arzneimitteln fortlaufend zu beurteilen. Ihre rechtliche Grundlage ergibt sich insbesondere aus der Richtlinie 2001/83/EG und der Verordnung (EG) Nr. 726/2004 (jeweils in der jeweils geltenden Fassung), die ein unionsweites Pharmakovigilanzsystem vorgeben, einschließlich Meldepflichten, Periodic Safety Update Reports und Risikomanagementsystemen, sowie aus den Good Pharmacovigilance Practices (GVP). Die Daten umfassen u. a. Einzelfallberichte zu Nebenwirkungen (ICSRs), Beobachtungsdaten, Literaturberichte und Ergebnisse aus Studien und Registern und werden u. a. in zentralen Datenbanken wie EudraVigilance verarbeitet.

Pharming Pharming (auch Domain-Spoofing) ist eine Betrugsmethode im Internet. Sie basiert auf einer Manipulation der DNS-Anfragen von Webbrowsern (beispielsweise durch → DNS-Spoofing), um den Benutzer auf gefälschte Webseiten umzuleiten. Pharming ist eine Weiterentwicklung des → Phishings.

Phishing Phishing (Kunstwort aus Password – Fishing) bezeichnet eine Hackermethode, Websites mit Links zu den vermeintlichen Einstiegsseiten zu erstellen, die denen realer Unternehmen gleichen, um von einem gutgläubigen Nutzer persönliche Daten (insbesondere Zugangsdaten für Online-Banking wie PIN, TAN) zu erlangen. Die Aufforderung an die Nutzung, die gefälschten Websites aufzusuchen, erfolgt häufig per E-Mail durch sogenannte „Phishing Mails". Je nach Adressatenkreis (zB breite Masse, Einzelpersonen) und Form des

Phishing (zB SMS, E-Mail, Telefon) wird zwischen verschiedenen Phishing-Arten differenziert.

Phreaking Phreaking bezeichnet das in der Regel illegale Manipulieren von Telefonsystemen (Karten, Anlagen), um sich die Möglichkeit kostenloser Nutzung zu verschaffen. Phreaking kann insbesondere als Leistungserschleichung gemäß § 265a StGB strafbar sein.

PIN PIN (Abk. für persönliche Identifikationsnummer, umgangssprachlich auch Geheimzahl, PIN-Nummer oder PIN-Code) ist eine nur einer oder wenigen Personen bekannte Zahl, mit der diese sich gegenüber einer Maschine (Bankautomaten, Mobiltelefon usw.) authentifizieren können.

Ping Abk. für → Packet Internet Groper.

PKI Abk. für → Public Key Infrastructure.

Platform as a Service (PaaS) Vgl. → Cloud Computing.

Plattform (Computer) Mit Plattform werden auf unterschiedlichen Ebenen die Kombination aus Hard- und Software bezeichnet, in denen ein EDV-System betrieben wird: das Betriebssystem, die Anwendersoftware (Applikationen), die Anbindung ans Internet oder den Netzwerkbetrieb. Plattform ist demnach eine Gesamtheit von Programmen, die für die jeweiligen Bedürfnisse erforderlich sind. Das Computersystem allein ohne Software wird als „Hardware-Plattform" bezeichnet.

Plattformhaftung Der Begriff Plattformhaftung beschreibt die Umstände unter denen Betreiber digitaler Plattformen haftbar gemacht werden können (vgl. zB DSA, UrhDaG), wobei Haftungsprivilegierungen regelmäßig eine wichtige Rolle spielen können.

Plattformregulierung Digitale Plattformen, wie zB Online-Plattformen, unterliegen einer vielfältigen Regulierung mit insbesondere unterschiedlichen Regelungsgegenständen und Regelungszielen. Regulierungsrahmen sind – insbesondere je nach Art und Gestaltung der digitalen Plattform – zB der → DSA, der → DMA, die → P2B-Verordnung, der → AI Act, die→ DS-GVO, der → Medienstaatsvertrag, der → Jugendmedienstaatsvertrag.

Plug-In Ein Plug-In ist eine eigenständige Software, die in ein anderes Softwareprogramm eingebunden wird, um dieses für den typischen Nutzungskontext zu optimieren und wird zumeist aus dem anderen Softwareprogramm heraus aufgerufen. Das Plug-In lässt dabei die Grundfunktionalitäten des anderen Softwareprogramms in ihrer Nutzbarkeit unberührt. Demgegenüber führt das → Add-On zu einer Erweiterung und damit zu einer Veränderung des ursprünglichen Softwareprogramms.

Podcast Ein Podcast ist eine Audio- oder Videodatei, die (häufig kostenlos) über das Internet zum Download angeboten wird oder gestreamt werden kann.

Point of Presence Point of Presence (PoP) ist die Stelle, an der ein dauerhafter Zugang zum Internet besteht (zB der Einwahlknotenpunkt des Access-Providers).

Point-to-Point Protocol Das Point-to-Point Protocol ist ein Protokoll zur Übertragung von IP und anderen Protokollen über zB eine serielle Leitung, Modems oder einen DSL-Anschluss, also eine Kommunikationsform für den Datenaustausch eines Computers.

Policy Eine Policy ist eine Richtlinie, also eine Handlungsvorschrift mit bindendem, aber nicht gesetzlichem Charakter, die von einer Organisation ausgegeben wird, die dazu gesetzlich ermächtigt ist oder anderweitig zB aufgrund vertraglicher Beziehungen (zB unternehmensintern) die Möglichkeit hat, Anweisungen mit bindendem Charakter zu geben. Die Policy wird häufig mit einer bestimmten Bereichsbezeichnung gekennzeichnet (→ Privacy Policy, → IT-Security Policy). Die Einhaltung kann mit Sanktionen sichergestellt werden. Gegebenenfalls ist ein Mitbestimmungsrecht gemäß § 87 BetrVG zu beachten.

PoP Abk. für → Point of Presence.

Pop-Under-Werbung Die Pop-Under-Werbung ist im Internet eine abgewandelte Form des Pop-Ups, die sich, im Gegensatz zu diesem, nicht vor das vom Nutzer geöffnete Browser-Fenster legt, sondern im Hintergrund geöffnet wird. Das Pop-Under ist erst dann sichtbar, wenn die aktuell betrachtete Webseite wieder geschlossen wird.

Pop-Up-Fenster Bei Pop-Up-Fenstern wird zusätzlich zur betrachteten Seite ein weiteres Browser-Fenster geöffnet, welches Werbung enthält. Das Pop-Up erscheint dabei unmittelbar und überlagert die Hauptseite. Die Abwehr von Pop-Up-Fenstern kann durch Pop-Up-Blocker erfolgen. Eine Form der Pop-Ups sind sogenannte → Hover Ads, die den eigentlichen Inhalt verdecken.

POP3 Abk. für Post Office Protocol3, ist ein Protokoll zum Abrufen von E-Mails von einem POP3-Server.

POP3-Server POP3-Server ist eine Software, die auf dem Mailserver installiert sein muss, damit dieser Anfragen nach vorhandenen E-Mails im Wege des POP3-Verfahrens bearbeiten kann. Der POP3-Server stellt die E-Mails eines Empfängers zusammen und speichert sie, bis der Empfänger diese E-Mails abholt. Die Verbindung des Clients zum Server wird nach Beendigung des Abrufvorgangs wieder beendet.

Port Port bezeichnet (1) einen Anschluss, ist also eine externe oder interne Schnittstelle bei Hardware, an die sich weitere Geräte anschließen lassen. (2) Adresskomponenten bei Netzwerkprotokollen. Die Ports als Netzwerkadresse sind standardisiert nummeriert – Port 80 ist der Port für http-Webserver.

Port-Drosselung Als Port-Drosselung wird die Reduktion der Übertragungsgeschwindigkeit durch Beschränkung der Bandbreite bei mehr als verkehrs- oder marktüblicher Nutzung bezeichnet.

Portabilität Vgl. → Portierung.

Portal Portal, auch Webportal ist eine Website, auf der thematisch vergleichbare oder häufig benötigte Dienste gebündelt dargestellt werden.

Portierung Portierung ist der Vorgang, Daten und Programme auf unterschiedliche Systeme anzupassen, also Transferierbarkeit beispielsweise bezogen auf –Software, die in einer neuen Betriebssystemumgebung verwendet wird; –Rufnummern: also Portierung der Rufnummern bei Wechsel zu anderen Telekommunikationsdiensteanbietern, bei räumlicher Veränderung des Unternehmens oder bei Wechsel der Art des Dienstes; vgl. auch § 59 TKG.

Portnummer Vgl. → Port.

Portscanner Ein Portscanner ist eine Software, die einen → Port (Schnittstellen) bei einem Computersystem auf die angebotenen Dienste hin überprüft.

Post Post oder Posten bezeichnet das Veröffentlichen eines Beitrags insbesondere in sozialen Netzwerken oder in einer Newsgroup innerhalb eines → Usenet, der je nach Einstellung von anderen (Mitgliedern) aufgerufen bzw. gelesen werden kann.

Post-Quanten-Kryptographie Post-Quanten-Kryptographie sind kryptografische Verfahren, die auf klassischer Hardware implementiert werden können. Es wird angenommen, dass diese Verfahren auch nicht mittels eines Quantencomputers gebrochen werden können.

Postings → Post.

Powerline Communication Powerline Communication bezeichnet Datenübertragung über das Stromnetz.

Präfix Das Präfix (auch Vorwahl bezeichnet) ist eine vorgeschaltete Nummer, durch die der eigene Orts- („0") bzw. Landesbereich („00") verlassen wird.

Predatory Pricing Mit Predatory Pricing wird eine Form der Preisbestimmung bezeichnet, nämlich einer Kampfpreissetzung zwecks Verdrängung von Wettbewerbern.

Preisangabenverordnung (PAngV) Die Preisangabenverordnung „regelt die Angabe von Preisen für Waren oder Leistungen von Unternehmern gegenüber Verbrauchern", § 1 PAngV. Neben der Preisangabenverordnung sind auch die §§ 109 ff. TKG im Telekommunikationsbereich zu beachten, die Sonderregeln enthalten.

Preisansage Die Preisansage ist eine besondere Verpflichtung im Telekommunikationsbereich gem. § 110 TKG.

Premium-Rate-Dienst Vgl. → Mehrwertdienst.

Premium-Dienste Premium-Dienste, in § 3 Nr. 47 TKG legaldefiniert, sind „Dienste, insbesondere des Rufnummernbereichs (0)900, bei denen über die Telekommunikationsdienstleistung hinaus eine weitere Dienstleistung erbracht wird, die gegenüber dem Anrufer gemeinsam mit der Telekommunikationsdienstleistung abgerechnet wird und die nicht einer anderen Nummernart zuzurechnen ist".

Prestitials Prestitial ist eine Werbeanzeige, die sich für einen bestimmten Zeitraum vor die vom Nutzer aufgerufene Webseite schaltet. Erst nach Ablauf dieses Zeitraums erfolgt die automatische Weiterleitung des Nutzers auf die von ihm ausgewählte Webseite.

Prioritätsgrundsatz Vgl. → „First-Come-First-Serve-Regel".

Privacy Vgl. → Privatsphäre.

Privacy by Default (DS-GVO) Privacy by Default auch „Datenschutz durch Voreinstellung" genannt, bezeichnet eine Vorgabe, wonach der datenschutzrechtlich Verantwortliche insbesondere geeignete technische und organisatorische Maßnahmen zu treffen hat, die sicherstellen, dass durch Voreinstellung nur personenbezogene Daten, deren Verarbeitung für den jeweiligen bestimmten Verarbeitungszweck erforderlich ist, verarbeitet werden (vgl. Art. 25

Abs. 2 DS-GVO), sodass standardmäßig die höchsten Einstellungen für den Schutz der Privatsphäre bzw. den Schutz der personenbezogenen Daten voreingestellt sind.

Privacy by Design (DS-GVO) Privacy by Design auch „Datenschutz durch Technikgestaltung" genannt, bezeichnet eine Vorgabe, wonach unter Berücksichtigung des Stands der Technik, der Implementierungskosten und der Art, des Umfangs, der Umstände und der Zwecke der Verarbeitung sowie der unterschiedlichen Eintrittswahrscheinlichkeit und Schwere der mit der Verarbeitung verbundenen Risiken für die Rechte und Freiheiten natürlicher Personen der datenschutzrechtlich Verantwortliche sowohl zum Zeitpunkt der Festlegung der Mittel für die Verarbeitung als auch zum Zeitpunkt der eigentlichen Verarbeitung geeignete technische und organisatorische Maßnahmen – wie zB Pseudonymisierung – zu treffen hat, die dafür ausgelegt sind, die Datenschutzgrundsätze wirksam umzusetzen und die notwendigen Garantien in die Verarbeitung aufzunehmen, um den Anforderungen der DS-GVO zu genügen und die Rechte der betroffenen Personen zu schützen (vgl. Art. 25 Abs. 1 DS-GVO), sodass bereits im Entwicklungsstadium von zB Produkten, Diensten und Verfahren bereits die Datenschutzgrundsätze zu beachten sind.

Privacy Policy Die Privacy Policy kann eine Richtlinie für Mitarbeiter eines Unternehmens über im Sinne des Datenschutzes zu beachtende Verhaltensregeln sein oder eine Mitteilung von erforderlichen Informationen (dann insbesondere auch Datenschutzerklärung genannt), mit denen ein datenschutzrechtlich Verantwortlicher über seine Datenverarbeitungstätigkeiten in Bezug auf personenbezogene Daten informiert (vgl. Art. 12, Art. 13, Art. 14 DS-GVO).

Private Cloud Vgl. → Cloud Computing.

Private Key Der Private Key ist in asymmetrischen Verschlüsselungsverfahren der private, geheime Schlüssel des Empfängers und des Versenders digital signierter Nachrichten. Er dient zum Entschlüsseln von Mitteilungen, die von Personen mit Hilfe des jeweils zugehörigen öffentlichen Schlüssels des Empfängers verschlüsselt wurden. Zugleich dient der private key der Erstellung digitaler Signaturen, um dem Empfänger anhand des zugehörigen → public key die Überprüfung der Integrität der Nachricht zu ermöglichen.

Private Nutzung am Arbeitsplatz Vgl. → E-Mail-Nutzung am Arbeitsplatz.

Privatkopie Eine Privatkopie ist eine in Übereinstimmung mit dem UrhG hergestellte Kopie eines urheberrechtlich geschützten Werks für den privaten Gebrauch. Die Zulässigkeit der Herstellung von Privatkopien ergibt sich aus § 53 UrhG (Vervielfältigungen zum privaten und sonstigen eigenen Gebrauch), einer sogenannten Schrankenbestimmung, die konzeptionell ausschließlich gewährte Rechte (vgl. §§ 15 Abs. 1 Nr. 1 iVm 16 UrhG) zugunsten anderer Rechtsgüter beschneidet. Gemäß § 53 Abs. 1 S. 1 UrhG sind einzelne Vervielfältigungen eines Werkes durch eine natürliche Person zum privaten Gebrauch auf beliebigen Trägern zulässig, sofern sie weder unmittelbar noch mittelbar Erwerbszwecken dienen, soweit nicht zur Vervielfältigung eine offensichtlich rechtswidrig hergestellte oder offensichtlich rechtswidrig öffentlich zugänglich gemachte (→ öffentliche Zugänglichmachung) Vorlage verwendet wird. Dabei sind weitere in § 53 UrhG normierte Voraussetzungen zu beachten. Zu beachten ist, dass die Herstellung einer Privatkopie nicht unter Umgehung technischer Schutzmaßnahmen gemäß § 95a UrhG erfolgen darf (siehe aber → analoge Lücke) und dass § 95b Abs. 1 Nr. 6 a UrhG nicht für die digitale Privatkopie gilt.

Privatsphäre Die Privatsphäre ist der Bereich einer Person, der in besonderer Weise geschützt wird, in dem also die Person darauf vertrauen darf, in Ruhe gelassen zu werden.

Grundlage ist Art. 1 Abs. 1, 2 Abs. 1 GG, diese Grundrechte werden in weiteren Grundrechten (Unverletzlichkeit der Wohnung, Art. 13 GG, Telekommunikationsgeheimnis, Art. 10 GG) konkretisiert. Eingriffe bedürfen einer Rechtfertigung (zB §§ 100a, 100b, 100c, 102, 103 StPO). Die Privatsphäre haben staatliche Stellen wie auch Dritte zu beachten.

Probebetrieb Probebetrieb bezeichnet eine Phase vor der Abnahme eines Werks, in der dieses unter bestimmten Bedingungen getestet wird. Anspruch auf Probebetrieb besteht nur bei einer entsprechenden vertraglichen Vereinbarung.

Problem Management Problem Management ist ein Teil des IT-Service Managements nach → ITIL. Nach diesen Vorgaben werden potentielle und tatsächlich eingetretene Störungen im IT-System analysiert.

ProdHaftG Vgl. → Produkthaftungsgesetz.

Produkt mit digitalen Elementen (CRA) Produkte mit digitalen Elementen sind zentraler Regelungsgegenstand des Cyber Resilience Act (CRA) und sind definiert als „ein Software- oder Hardwareprodukt und dessen Datenfernverarbeitungslösungen, einschließlich Software- oder Hardwarekomponenten, die getrennt in den Verkehr gebracht werden" (Art. 3 Nr. 1 CRA); vgl. → Cyber Resilience Act (CRA).

Produktaktivierung Vgl. → Aktivierung.

Produktdaten (Data Act) Produktdaten sind ein zentraler Regelungsgegenstand des → Data Act. Produktdaten sind nach Art. 2 Nr. 15 Data Act „Daten, die durch die Nutzung eines vernetzten Produkts generiert werden und die der Hersteller so konzipiert hat, dass sie über einen elektronischen Kommunikationsdienst, eine physische Verbindung oder einen geräteinternen Zugang von einem Nutzer, Dateninhaber oder Dritten – gegebenenfalls einschließlich des Herstellers – abgerufen werden können".

Produkthaftungsgesetz Eine Haftung nach dem Produkthaftungsgesetz kommt in Frage, wenn der Hersteller aufgrund mangelhafter Produkterstellung in Anspruch genommen werden soll. Es gibt derzeit ein Gesetzesvorhaben auch Software generell in die Produkthaftung aufzunehmen („Gesetz zur Modernisierung des Produkthaftungsrechts", BT-Drs. 21/4297).

Produktregistrierung (Nutzung einer Programmkopie) Die Produktregistrierung ist ein bei Installation einer Software (und danach wiederholt) angebotener Vorgang, bei dem der Hersteller einer Software personenbezogene Angaben zum Nutzer einer konkreten Programmkopie erhebt. Die Produktregistrierung dient der Kontrolle der rechtmäßigen Nutzung der Software und damit dem Schutz der Rechte des Urhebers.

Profil Ein Profil ist zB eine personifizierte Einstellung eines Programms auf die Bedürfnisse eines bestimmten Nutzers oder ein Konto in einem sozialen Netzwerk.

Profiling (Art. 4 Nr. 4 DS-GVO) Profiling nach Art. 4 Nr. 4 DS-GVO bezeichnet „jede Art der automatisierten Verarbeitung personenbezogener Daten, die darin besteht, dass diese personenbezogenen Daten verwendet werden, um bestimmte persönliche Aspekte, die sich auf eine natürliche Person beziehen, zu bewerten, insbesondere um Aspekte bezüglich Arbeitsleistung, wirtschaftliche Lage, Gesundheit, persönliche Vorlieben, Interessen, Zuverlässigkeit, Verhalten, Aufenthaltsort oder Ortswechsel dieser natürlichen Person zu analysieren oder vorherzusagen". An Profiling im vorgenannten Sinne sind nach der DS-GVO insbesondere

Informationspflichten und Voraussetzung geknüpft (vgl. zB Art. 13, Art. 14, Art. 22 DS-GVO).

Programm Ein Programm ist eine geordnete Sammlung von Befehlen, die zu einem bestimmten Zweck dienen (Durchführung von Befehlen, Arbeitsschritten, Diensten). Vgl. auch → Software.

Programm-Code Vgl. → Quellcode.

Programmiersprache Programmiersprache ist eine formalisierten Regeln folgende Methodik, von einem Computer auszuführende technische Anweisungen zu dokumentieren. Die Benutzung der Programmiersprache führt unmittelbar zur Erzeugung von → Quellcode.

Programmsperre Eine Programmsperre stellt sicher, dass der Benutzer erworbene Software nicht oder nur partiell vor der → Freischaltung oder der → Aktivierung nutzen kann, so dass nur eine eingeschränkte Nutzungsmöglichkeit besteht. Eine nicht vor der Erwerbsentscheidung mitgeteilte Programmsperre, die sich nur durch eine Aktivierung oder weitere technische Schritte beseitigen lässt, kann möglicherweise einen Mangel der Software darstellen.

Prompt Ein Prompt ist eine gezielte Eingabe in ein generatives KI-System, um ein gewünschtes Ergebnis zu erhalten; rechtliche Fragen stellen sich im Zusammenhang mit Prompts und den erhaltenen Ergebnissen insbesondere mit Blick auf das Urheberrecht.

Proof-of-Concept Das Proof-of-Concept (Machbarkeitsstudie) ist ein Verfahrensstadium bei der Software- oder, allgemein, der Projektentwicklung und dient der Prüfung der grundsätzlichen Durchführbarkeit des Vorhabens oder des Projekts.

Proposal Vgl. → Request for proposal.

Protokoll Protokoll in der Telekommunikation und Informatik sind Regeln und Vereinbarungen, welche das Format, den Inhalt, die Bedeutung und die Reihenfolge gesendeter Nachrichten und Daten zwischen verschiedenen IT-Systemen festlegen. Protokolle regeln den Ablauf der technischen Übertragung und stellen gleichzeitig deren Dokumentation (in einer → Protokolldatei) sicher.

Protokolldatei Eine Protokolldatei (auch Logfile, Logdatei) protokolliert für einen bestimmten (nach Maßgabe des Protokollierungszwecks zu bemessenden) Zeitraum sämtliche Vorgänge (insbesondere Aktionen, Fehlermeldungen) in einem IT-System. Die Protokolldatei ermöglicht es, sämtliche Vorgänge im Zusammenhang mit der Nutzung eines bestimmten IT-Systems (zB Zugriffe von einer bestimmten IP-Adresse, ausgeführte Befehle, abgerufene Daten) nachzuvollziehen und ist damit zugleich zur Überwachung des Verhaltens der Nutzer eines IT-Systems geeignet, so dass für das entsprechende IT-System in aller Regel ein Mitbestimmungsrecht gemäß § 87 Abs. 1 Nr. 6 BetrVG besteht.

Provider Provider hat je nach Sachzusammenhang unterschiedliche Bedeutungen. Beispielsweise kann mit Provider der Anbieter von Telekommunikationsdiensten (§ 3 Nr. 1 TKG) gemeint sein oder außerhalb des Telekommunikationsbereichs zB ein → Content Provider.

Providerhaftung Vgl. → Haftung im Internet.

Providervertrag Ein Providervertrag kann je nach Sachzusammenhang ebenso unterschiedliche Bedeutungen haben wie der Begriff des → Providers selbst. Im → Access-Providervertrag geht es um die Verschaffung des Zugangs zum Internet, im Vertrag mit dem → Content Provider um die Lieferung vereinbarter Inhalte für Websites etc.

Proxy Vgl. → Proxy-Server.

Proxy-Server Ein Proxy-Server (proxy representative) ist ein Server eines Providers (Anbieters), auf dem dieser häufig aufgerufene Internetseiten zwischenspeichert und direkt an den Nutzer weiterleitet. Dies verkürzt die Ladezeit der entsprechenden Inhalte, weil diese dann nicht vom ursprünglichen Server geladen werden müssen. Ferner können auf einem Proxy-Server Filter und Sicherheitsmechanismen eingerichtet werden.

Prozessor-Cache Der Prozessor-Cache ist ein schneller Zwischenspeicher (häufig in der CPU selbst), der die Leistung des Prozessors erhöht, weil nicht auf den Arbeitsspeicher zugegriffen zu werden braucht.

Prozessorlizenzierung Die Prozessorlizenzierung ist ein Lizenzmodell, bei dem für jeden Prozessor eine eigene Lizenz erforderlich ist.

Prüfsumme Die Prüfsumme ist ein durch technische Analyse der Bit- und Byte-Struktur sowie des Inhalts einer Datei erzeugter Indikator für die Integrität einer Datei. Würde eine Datei beispielsweise während ihres Transports verändert werden, ergäbe sich beim Empfänger eine andere Prüfsumme als beim Absender. Der Empfänger kann dies erkennen, wenn der Absender die von ihm ermittelte Prüfsumme gemeinsam mit der Datei übermittelt, den entsprechenden Wert der Prüfsumme aber mit seinem öffentlichen Schlüssel (→ public key) verschlüsselt, so dass diese mit Hilfe des öffentlichen Schlüssels des Absenders zwar gelesen, aber von niemandem (zB nach Manipulation der Datei in geänderter Form) neu erstellt werden kann. Vor diesem Hintergrund kann die Prüfsumme als „→ digitaler Fingerabdruck" einer Datei bezeichnet werden. Auch für → Virenscanner kann die Prüfsumme eine Rolle spielen, wenn die Prüfsumme einer Datei sich gegenüber einem Referenzwert verändert.

Pseudonym Ein Pseudonym ist ein frei gewählter Name, der als Benutzerkennung in Diensten anstelle des richtigen Namens eingesetzt wird. Zur datenschutzrechtlichen Bedeutung der Verwendung eines Pseudonyms, siehe → Pseudonymisierung.

pseudonymisieren Vgl. → Pseudonymisierung, vgl. Art. 4 Nr. 5 DS-GVO.

Pseudonymisierung Pseudonymisierung und → Anonymisierung sind Maßnahmen des Datenschutzes. Die Pseudonymisierung ersetzt den Namen oder ein anderes Identifikationsmerkmal durch ein Pseudonym (Code), um die Identifizierung des Betroffenen auszuschließen oder wesentlich zu erschweren (nicht bei bloßer Verkürzung auf Initialen). Die Pseudonymisierung ermöglicht also – unter Zuhilfenahme eines Schlüssels – die Zuordnung von Daten zu einer Person, die Zusammenführung von Person und Daten ist möglich, der Personenbezug bleibt – im Gegensatz zur Anonymisierung erhalten, vgl. Art. 4 Nr. 5 DS-GVO, ErwG 26 DS-GVO.

Public Cloud Vgl. → Cloud Computing.

Public Domain Public Domain ist die englische Bezeichnung für gemeinfrei (→ Gemeinfreiheit).

Public Key Der Public Key ist in asymmetrischen Verschlüsselungsverfahren der öffentliche (d. h. grundsätzlich jedermann bekannte oder zumindest zugängliche) Schlüssel des Empfängers und des Versenders digital signierter Nachrichten. Er dient dem Empfänger zur Überprüfung der vom Absender einer elektronischen Nachricht mit dessen → private key erstellten digitalen Signatur. Der public key dient auch der Verschlüsselung von Nachrichten oder Daten, indem diese mit dem public key des Empfängers verschlüsselt werden und somit nur noch mit dem private key des Empfängers entschlüsselt werden können.

Public Key Infrastructure Eine Public Key Infrastructure bezeichnet ein System aus mehreren Funktionskomponenten zur Verwaltung und Anwendung von Schlüsseln und Zertifikaten zum sicheren Versand von Daten. Es besteht unter anderem aus einer → Certificate Authority (CA), einem → Verzeichnisdienst zur Abfrage von Zertifikaten und Certificate Revocation Lists (CRLs) und aus Anwendungen, die die Schlüssel und Zertifikate nutzen; vgl. auch → Private Key und → Public Key.

Public-Domain-Software Public-Domain-Software ist urheberrechtlich nicht geschützte Software (vgl. → Public Domain).

Public-Key-Zertifikat Vgl. → Public Key.

Publicly Available Telephone Service Abk. PATS, engl. für öffentlich zugängliches Telefonnetz, zB das Festnetz.

Puffer Puffer (engl. Buffer) bezeichnet Speicherplatz, der für die Zwischenspeicherung von Daten zu verschiedenen Zwecken zum Einsatz kommt. Ein typischer Zweck ist die Neutralisierung unterschiedlicher Verarbeitungsgeschwindigkeiten verschiedener IT-Systeme (zB zwischen der für die Verbindung mit dem Internet verwendeten Technologie einerseits und der Wiedergabe andererseits).

Pull Vgl. dazu → Pulltechnologien.

Pulltechnologien Pull sind technische Verfahren der Informationsverbreitung, die eine Versendung von Inhalten auf Abruf des Nutzers ermöglichen. Das → POP3-Verfahren bei E-Mails ist beispielsweise eine Pulltechnologie, weil die E-Mails den Nutzer nur erreichen, wenn er diese abruft.

Push Vgl. dazu → Pushtechnologien.

Pushtechnologien Pushtechnologien sind technische Verfahren der Informationsverbreitung, die eine Versendung von Inhalten ermöglichen, ohne dass der Nutzer die Informationen jeweils gesondert abrufen muss. Pushtechnologie kommt beispielsweise zum Einsatz, wenn ein E-Mail-Dienst und das entsprechende Endgerät so konfiguriert sind, dass die E-Mails ohne Abfrage auf das Endgerät geleitet werden.

Q

Qualifizierter elektronischer Zeitstempel (eIDAS) Für qualifizierte elektronische Zeitstempel gilt die Vermutung der Richtigkeit des Datums und der Zeit, die darin angegeben sind, sowie der Unversehrtheit der mit dem Datum und der Zeit verbundenen Daten (vgl. Art. 41 eIDAS-Verordnung). Ein qualifizierter elektronischer Zeitstempel ist ein elektronischer Zeitstempel, der die Anforderungen des Art. 42 eIDAS-Verordnung erfüllt (Art. 3 Nr. 34 eIDAS-Verordnung), wobei ein elektronischer Zeitstempel Daten in elektronischer Form bezeichnet, „die andere Daten in elektronischer Form mit einem bestimmten Zeitpunkt verknüpfen und dadurch den Nachweis erbringen, dass diese anderen Daten zu diesem Zeitpunkt vorhanden waren“ (Art. 3 Nr. 33 eIDAS-Verordnung).

Qualifiziertes elektronisches Siegel (eIDAS) Für „ein qualifiziertes elektronisches Siegel gilt die Vermutung der Unversehrtheit der Daten und der Richtigkeit der Herkunftsangabe der Daten, mit denen das qualifizierte elektronische Siegel verbunden ist (Art. 35 Abs. 2 eIDAS-Verordnung). Ein qualifiziertes elektronisches Siegel ist ein fortgeschrittenes elektronisches Siegel, das von einer qualifizierten elektronischen Siegelerstellungseinheit erstellt wird und auf einem qualifizierten Zertifikat für elektronische Siegel beruht“ (Art. 3 Nr. 27 eIDAS-Verordnung). Insbesondere die Begriffe „fortgeschrittenes elektronisches Siegel“, „qualifizierte elektronische Signaturerstellungseinheit“ und „qualifiziertes Zertifikat für elektronische Siegel“ sind in Art. 3 eIDAS-Verordnung definiert.

Qualifizierter Vertrauensdiensteanbieter (eIDAS) Ein qualifizierter Vertrauensdiensteanbieter ist „ein Vertrauensdiensteanbieter, der einen oder mehrere qualifizierte Vertrauensdienste erbringt und dem von der Aufsichtsstelle der Status eines qualifizierten Anbieters verliehen wurde“ (Art. 3 Nr. 20 eIDAS-Verordnung). Insbesondere Begriffe „Vertrauensdiensteanbieter“ und „qualifizierter Vertrauensdienst“ sind in Art. 3 eIDAS-Verordnung definiert.

qualifizierte elektronische Signatur (eIDAS) Eine qualifizierte elektronische Signatur ist „eine fortgeschrittene elektronische Signatur, die von einer qualifizierten elektronischen Signaturerstellungseinheit erstellt wurde und auf einem qualifizierten Zertifikat für elektronische Signaturen beruht“ (Art. 3 Nr. 12 eIDAS-Verordnung). Insbesondere die Begriffe „fortgeschrittene elektronische Signatur“, „qualifizierte elektronische Signaturerstellungseinheit“, und „qualifiziertes Zertifikat für elektronische Signaturen“ sind in Art. 3 eIDAS-Verordnung definiert.

Quality of Service Vgl. → Service Level.

Quantenverschlüsselung Quantenverschlüsselung (auch Quantenkryptografie; Quantum Key Distribution) zeichnet sich v. a. dadurch aus, dass eine abhörsichere Schlüsselverteilung mittels physikalischer Prinzipien vorliegt.

Quellcode Der Quellcode ist die für Menschen „lesbare“ Programmiersprache, in der ein Computerprogramm verfasst wurde. Art und Inhalt des Quellcodes hängen davon ab, in welcher Programmiersprache das Computerprogramm erstellt wurde. Der Quellcode kann erst nach der → Kompilierung als Computerprogramm eingesetzt werden. Bei diesem Vorgang gehen Informationen verloren, die durch die → Dekompilierung nicht wiederhergestellt werden können. Bei der Softwareerstellung ist die Übergabe des Quellcodes nur bei gesonderter Vereinbarung geschuldet. Der eigenständige Zugriff auf den Quellcode mittels Dekompilierung ist nur in den gesetzlich geregelten Fällen zulässig (§ 69e UrhG). Um im Streit- oder Insolvenzfall auf den (noch nicht kompilierten und daher vollständigen) Quellcode zwecks Fehlerbeseitigung oder Wartung zugreifen zu können, empfiehlt sich bei wichtiger Individualsoftware der Abschluss einer Vereinbarung über die → Quellcode-Hinterlegung.

Quellcode-Hinterlegung Quellcode-Hinterlegung bezeichnet die Zuverfügungstellung des → Quellcodes von Software an eine Hinterlegungsstelle (→ Escrow Agent) auf Grundlage eines Hinterlegungsvertrags (→ Escrow-Vertrag).

Quellprogramme Vgl. → Quellcode.

Quelltext Vgl. → Quellcode.

Query Language Query Language (Kurzform für → structured query language, SQL) ist eine Abfragesprache bei → Datenbanken.

Quick Freeze Verfahren Das Quick Freeze Verfahren ist eine Verfahrensweise, bei der Strafverfolgung, bei der Verkehrsdaten durch „Einfrieren" gesichert werden sollen (vgl. §§ 100g StPO).

R

R-Gespräch Bei einem R-Gespräch wird als Sonderform der Abrechnung von Telekommunikationsdienstleistungen in Abweichung von der üblichen Kostentragung (→ A-Teilnehmer) das Verbindungsentgelt dem Angerufenen vom Telekommunikationsdiensteanbieter in Rechnung gestellt, vgl. dazu die gesetzlichen Regelungen in § 119 TKG.

RACI RACI ist ein aus den Anfangsbuchstaben von Responsible, Accountable, Consulted und Informed zusammengesetzter Begriff. RACI steht für eine Herangehensweise zur objektiven Darstellung der Aufgaben und Abhängigkeiten in kollaborativen Prozessen. Das Attribut „Responsible" bedeutet eigenständige Ausführung oder Delegation unter Beibehaltung der eigenen Verantwortung. „Accountable" steht für das Tragen der eigentlichen (sowohl inhaltlichen als auch finanziellen) Verantwortung. Mit „Consulted" sind Personen bezeichnet, die während eines Prozesses um Rat gefragt werden sollen. „Informed" bezeichnet eine Person, die zu informieren ist oder die Informationen nachfragen darf.

RACI-Matrix RACI-Matrix ist eine graphische Darstellung der für ein bestimmtes Projekt erforderlichen Tätigkeiten und Beteiligten mit dem jeweiligen Attribut R, A, C oder I (→ RACI).

RAD RAD (Abk. für Rapid Application Development) ist eine Form der Software-Entwicklung, bei der die gewünschten Anforderungen – anders als nach dem → Wasserfallmodell – nach und nach definiert werden, indem der Besteller früh mit Entwürfen oder Prototypen konfrontiert wird und seine Präferenzen äußern kann. Aufgrund der iterativen Vorgehensweise und der engen Interaktion mit dem Besteller oder Anwender soll ein hoher Grad der Zielerreichung gewährleistet sein.

Radio Frequency Identification Radio Frequency Identification (Abk. RFID) ist ein funktechnisches Verfahren zur automatischen Identifizierung sowie zur Lokalisierung und Erfassung von Gegenständen und Lebewesen. Diese Vorgänge werden durch an den Gegenständen angebrachte RFID-Chips/Transponder (d. h. Funkgeräte, die über keine eigene Stromversorgung verfügen und ihre Energie aus den Radiowellen des Schreib-/Lesegeräts beziehen) ermöglicht, die eine den Gegenständen zugeordnete Kennung (die Transponder-Kennung) an das Schreib-/Lesegerät senden. Die geringen Kosten der Radio Frequency Identification sowie die Effizienz bei der Erfassung der Transponder-Kennung führen zu einer breiten Akzeptanz des Verfahrens.

RAEW-Matrix RAEW-Matrix (Abk. für→ Responsibility Authority Expertise Work) ist innerhalb eines → Service Level Agreement die Grundlage für die Aufgabenverteilung auf der Basis von → ITIL.

RAID-System Abk. für Redundant Array of Independent Disks, Zusammenschluss mehrerer Festplatten zur Herstellung eines Laufwerks. In einem RAID-System werden gezielt Sicherheitskopien von Daten erzeugt.

RAM RAM ist die Abkürzung für „Random Access Memory". Dabei handelt es sich um beschreib- und lesbare Speichermodule, aus denen der Arbeitsspeicher eines Rechners besteht.

Der Inhalt wird gelöscht, wenn die Stromversorgung unterbrochen wird. Bei der Speicherart →ROM hingegen bleiben die Daten (auch ohne externe Stromversorgung) erhalten (zB BIOS eines Computers).

Ranking Ranking ist eine nach bestimmten Kriterien ermittelte Reihenfolge einer Aufzählung, zB der → Page Rank als Indikator für die Qualität einer Webseite nach der Anzahl der Verlinkungen.

Ransomware Ransomware ist eine Schadsoftware, bei der Daten zur Lösegeldforderung (deren Handhabung auch die Berücksichtigung von strafrechtlichen Aspekten erfordert) verschlüsselt werden. Ein solcher Vorfall kann u. a. Meldepflichten gegenüber Aufsichtsbehörden auslösen. Auch können hierbei insbesondere strafrechtliche Aspekte relevant sein.

RAS Vgl. → Remote Access.

Rasterfahndung Die Rasterfahndung ist eine strafprozessuale Maßnahme (§ 98a StPO) und vergleicht in einem automatisierten Verfahren personenbezogene Daten, die bei öffentlichen oder privaten Stellen gespeichert sind. Voraussetzung der Zulässigkeit der Rasterfahndung ist insbesondere das Vorliegen zureichender tatsächlicher Anhaltspunkte dafür, dass eine Straftat von erheblicher Bedeutung begangen wurde (vgl. § 98a Abs. 1 StPO).

Raubkopie Eine Raubkopie ist eine gesetzlich nicht zugelassene Kopie (vgl. als Gegensatz die zulässige → Privatkopie) eines urheberrechtlich geschützten Werks und gemäß § 106 UrhG strafbar.

RBÜ Die RBÜ (Abk. für [Revidierte] Berner Übereinkunft) ist ein völkerrechtlicher Vertrag, der die Grundlagen des Urheberrechts (UrhR über Tod hinaus, Schutzlandprinzip) geschaffen hat. https://www.fedlex.admin.ch/eli/cc/1993/2659_2659_2659/de.

Reaktionszeit Reaktionszeit bezeichnet die Zeitspanne nach dem Melden einer Störung oder eines Ausfalls durch den Nutzer, innerhalb der der Verpflichtete mit den Entstörungsmaßnahmen oder anderen Tätigkeiten aufgrund eines Wartungsvertrages oder → Service Level Agreements begonnen haben muss.

Real-World Data (RWD) Real-World Data (RWD) sind im Gesundheitswesen Daten zu Gesundheitszustand, Diagnostik, Behandlung und Versorgung von Patientinnen und Patienten, die außerhalb kontrollierter klinischer Studien unter Alltagsbedingungen erhoben werden und zur Bewertung von Sicherheit, Wirksamkeit und Nutzen medizinischer Produkte herangezogen werden. Rechtlich werden RWD nicht einheitlich definiert, ihre Verwendung ergibt sich jedoch aus verschiedenen Regelwerken: Für Arzneimittel aus der Verordnung (EU) Nr. 536/2014 sowie dem unionsrechtlichen Arzneimittelzulassungsregime, in dem ergänzende Evidenz aus Versorgungsdaten berücksichtigt werden kann; für Medizinprodukte aus der Verordnung (EU) 2017/745 (MDR), insbesondere im Rahmen der klinischen Bewertung und der Post-Market Surveillance (Art. 61, 83 ff. MDR); sowie im nationalen Recht aus Vorschriften zur Datennutzung und -verfügbarkeit (insb. §§ 303d ff. SGB V, GDNG).

Really Simple Syndication Really Simple Syndication (Abk. RSS) ist ein Format für die Verbreitung von elektronischen Nachrichten, das bei Installieren eines entsprechenden Programms auf einem Client, selbständig Neuversionen von Informationen auf Webseiten abruft und auf Endgeräte von Abonnenten weiterleitet (→ Pushtechnologie).

Realtime Banner Realtime Banner sind Werbebanner, deren Inhalt in Echtzeit variierbar ist.

Rechenschaftspflicht (Art. 5 Abs. 2 DS-GVO) Der datenschutzrechtlich Verantwortliche hat die Einhaltung der in Art. 5 Abs. 1 DS-GVO enthaltenen Datenschutzgrundsätze sicherzustellen und nachzuweisen; dies ist die Grundlage für die Dokumentationspflicht. Dokumentationspflichten gibt es auch in anderen gesetzlichen Vorschriften und nicht nur in der DS-GVO.

Rechenzentrum Rechenzentrum bezeichnet die unter einheitlicher Leitung stehende Funktionseinheit aus Gebäude, Räumlichkeiten, erforderlicher Hardware, Stromversorgung und Kühlung für die Erbringung von Rechenleistungen für große Unternehmen oder sonstige Abnehmer.

> **Exkurs: Cybersecurity** Rechenzentren können dem BSIG unterfallen. Das BSIG definiert „Rechenzentrumsdienst" als einen „Dienst, der Strukturen umfasst, die dem vorrangigen Zweck der zentralen Unterbringung, der Zusammenschaltung und dem Betrieb von IT- oder Netzwerkausrüstungen dienen, und die Datenverarbeitungsdienste erbringen, mitsamt allen benötigten Anlagen und Infrastrukturen, insbesondere für die Stromverteilung und die Umgebungskontrolle" (§ 2 Nr. 35 BSIG). Rechenzentren können darüber hinaus kritische Anlagen i. S. d. Kritis-VO darstellen.

Rechenzentrumsvertrag Ein Rechenzentrumsvertrag hat die Zurverfügungstellung von Rechenleistung (unter Verwendung von Software des Anbieters oder des Kunden) oder von geeigneten Räumlichkeiten (einschließlich Stromversorgung und Kühlung etc.) für die Unterbringung eigener Server in einem Rechenzentrum zum Gegenstand. Die rechtliche Einordnung eines Rechenzentrumsvertrags hängt insbesondere von der geschuldeten Leistung ab.

Recht auf Datenübertragbarkeit (Art. 20 DS-GVO) Das Recht auf Datenübertragbarkeit ist ein Recht nach Art. 20 DS-GVO insb. auf die Bereitstellung der eigenen personenbezogenen Daten in einem strukturierten, gängigen und maschinenlesbaren Format, was auch beinhaltet, dass die personenbezogenen Daten an einen anderen datenschutzrechtlich Verantwortlichen übermittelt werden, sofern die Verarbeitung auf einer Einwilligung gem. Art. 6 Abs. 1 Buchst. a DS-GVO oder Art. 9 Abs. 2 Buchst. a DS-GVO oder auf einem Vertrag gem. Art. 6 Abs. 1 Buchst. b DS-GVO beruht und die Verarbeitung mithilfe automatisierter Verfahren erfolgt. Dieses Recht unterliegt gewissen Einschränkungen (Art. 20 DS-GVO).

Recht auf informationelle Selbstbestimmung Das Recht auf informationelle Selbstbestimmung ist ein vom Bundesverfassungsgericht im „Volkszählungsurteil" auf der Basis von Art 1. Abs. 1 und 2 Abs. 1 GG entwickeltes Grundrecht, das seine Ausprägung insbesondere durch Datenschutzgesetze erfahren hat. Im sogenannten Volkszählungsurteil (BVerfG 15.12.1983 – 1 BvR 209, 269, 362, 420, 440, 484/83) formuliert das BVerfG: „Unter den Bedingungen der modernen Datenverarbeitung wird der Schutz des Einzelnen gegen unbegrenzte Erhebung, Speicherung, Verwendung und Weitergabe seiner persönlichen Daten von dem allgemeinen Persönlichkeitsrecht des Art. 2 Abs. 1 GG in Verbindung mit Art. 1 Abs. 1 GG umfaßt. Das Grundrecht gewährleistet insoweit die Befugnis des Einzelnen, grundsätzlich selbst über die Preisgabe und Verwendung seiner persönlichen Daten zu bestimmen."

Recht auf Vergessenwerden (Art. 17 DS-GVO) Art. 17 DS-GVO normiert unter bestimmten Voraussetzungen ein Recht auf Löschung bzw. ein Recht auf Vergessen werden. Hierzu hat zB der EuGH (EuGH 13.5.2014 – Rs. C-131/12) insbesondere ausgeführt, „dass der Suchmaschinenbetreiber zur Wahrung der vorgesehenen Rechte, sofern deren Voraussetzungen erfüllt sind, dazu verpflichtet ist, von der Ergebnisliste, die im Anschluss an eine anhand des Namens einer Person durchgeführte Suche angezeigt wird, Links zu von Dritten veröffentlichten Internetseiten mit Informationen zu dieser Person zu entfernen, auch wenn der Name oder die Informationen auf diesen Internetseiten nicht vorher oder gleichzeitig gelöscht werden und gegebenenfalls auch dann, wenn ihre Veröffentlichung auf den Internetseiten als solche rechtmäßig ist.“. Art. 17 DS-GVO statuiert daneben aber auch eine eigenständige, proaktive Pflicht zur Löschung von personenbezogenen Daten, soweit und wenn keine Aufbewahrungspflicht und kein Aufbewahrungsrecht (mehr) besteht.

Recht der IT-Sicherheit Das Recht der IT-Sicherheit ist eine rechtliche Querschnittsmaterie, die unter anderem sämtliche (gesetzliche wie technische) Normen umfasst, die insbesondere zur Ergreifung technischer und organisatorischer sowie vertraglicher Maßnahmen verpflichten, insbesondere zum Schutz der Verfügbarkeit, Unversehrtheit, Vertraulichkeit und Authentizität von insbesondere Informationen und IT-Systemen. Regelung zur IT-Sicherheit finden sich in verschieden gesetzlichen Vorschriften, wie zB in Vorschriften des BSIG und des CRA.

Recht der öffentlichen Wiedergabe Das Recht der öffentlichen Wiedergabe ist ein ausschließliches Recht des Urhebers gemäß § 15 Abs. 2 UrhG sein Werk in unkörperlicher Form öffentlich wiederzugeben. § 15 Abs. 2 UrhG enthält eine nicht abschließende Aufzählung von ausschließlichen Rechte, die vom Recht der öffentlichen Wiedergabe umfasst sind, zB das Recht der öffentlichen Zugänglichmachung gemäß § 19a UrhG (→ öffentliche Zugänglichmachung) oder das Senderechte gemäß § 20 UrhG (→ Senderecht).

Recht der öffentlichen Zugänglichmachung Das Recht der öffentlichen Zugänglichmachung ist gemäß § 19a UrhG das Recht, das Werk drahtgebunden oder drahtlos der Öffentlichkeit in einer Weise zugänglich zu machen, dass es Mitgliedern der Öffentlichkeit von Orten und zu Zeiten ihrer Wahl zugänglich ist (→ öffentliche Zugänglichmachung).

Rechteverwaltung Die Rechteverwaltung bezeichnet den Vorgang der Verwaltung der Rollen und Berechtigungen der Nutzer eines Computersystems. Rechteverwaltung kann auch als Bezeichnung für die entsprechende Funktion in einem Netzwerk verwendet werden.

Records Management Vgl. → elektronische Archivierung.

Rectangle Ein Rectangle (Engl. für Rechteck) ist eine rechteckige Werbefläche, die im redaktionellen Teil einer Website platziert wird. Die Vorgaben zur Kennzeichnung von Werbung sind grundsätzlich zu beachten.

Referer Der Referer ist die Website, auf der sich der Nutzer befand, als er eine bestimmte weitere Website aufgerufen hat, zB durch Anklicken eines Hyperlink. Die Adresse der Referer-Website wird anlässlich der Anfrage an die weitere Website übertragen, ohne dass hierfür eine Freigabe des Nutzers erforderlich ist. Damit erscheint die Adresse der Referer-Website im Logfile des Webservers, auf dem sich die weitere Website befindet.

Regional Internet Registry Regional Internet Registries (Abk. RIR) sind regional zuständige Stellen für die Zuteilung von Internetressourcen, die von der → IANA in den einzelnen Regionen mit der Zuteilung beauftragt wurden. Neben dem Réseaux IP Européens Network Coordination Centre (RIPE NCC) und dem American Registry for Internet Numbers (ARIN) gibt es noch das AsiaPacific Network Information Centre (APNIC), das Latin American and Caribbean Internet Addresses Registry (LACNIC) und das African Network Information Centre (AFRINIC).

Registerstudie Eine Registerstudie ist eine nicht-interventionelle klinische Untersuchung i. d. R. unter Anwendung eines Arzneimittels oder Medizinprodukts an Menschen (Patienten) im Rahmen der Standardbehandlung, bei der personenbezogene Gesundheits- und Versorgungsdaten erhoben und systematisch ausgewertet werden. Die studiengegenständliche Behandlung (Therapie, Diagnose) wird dabei, anders als bei interventionellen klinischen Studien, nicht ein Prüfprotokoll vorgegeben wird. Registerstudien dienen insbesondere der Beobachtung von Krankheitsverläufen, der Bewertung von Versorgungsqualität sowie der Gewinnung von Erkenntnissen zur Sicherheit und Wirksamkeit von Behandlungen mit Arzneimitteln oder Medizinprodukten.

Registrierung Registrierung hat unterschiedliche Bedeutungen, wobei häufig die Angabe von Daten über einen Nutzer und über weitere ihn betreffende Umstände gemeint ist, beispielsweise 1. beim Hersteller von Hardware oder Software, um Zugang zu Supportleistungen oder registrierten Nutzern vorbehaltenen Funktionen zu erhalten (zB bei der Registrierung eines Softwareprodukts, → Produktregistrierung ((Nutzung einer Programmkopie))) 2. beim Anbieter von digitalen Diensten als Voraussetzung der Dienstnutzung (zB um an einen Login für die Nutzung eines digitalen Dienstes zu gelangen) 3. bei der zuständigen Registrierungsstelle für Domains (→ Domain Name Registry), um eine bestimmte Domain zu erlangen, wobei der entsprechende Antrag über einen Internet-Provider bei der zuständigen Registrierungsstelle (zB → DENIC) gestellt wird. Daneben stellen diverse Technologie-Rechtsakte Registrierungspflichten auf (etwa das BSIG).

Registry Registry hat je nach Sachzusammenhang unterschiedliche Bedeutungen. Registry kann eine Registerdatenbank sein, in der die aktuellen Systemeinstellungen und alle installierten Programme aufgeführt werden. Registry kann sich auch auf eine Registrierungsstelle für Domains beziehen (→ Domain Name Registry).

Regulatory Sandbox (AI Act) Die Regulatory Sandbox unter dem AI Act, auch KI-Reallabor genannt, ist eine Maßnahme der Innovationsförderung, indem eine kontrollierte Versuchs- und Testumgebung für die Entwicklungsphase und die dem Inverkehrbringen vorgelagerte Phase geschaffen wird, damit die innovativen KI-Systeme mit dem AI Act und anderem einschlägigen Unionsrecht und dem nationalen Recht in Einklang stehen (vgl. ErwG 139 AI Act). Der Begriff „KI-Reallabor“ wird im AI Act definiert und spezifische Regelungen finden sich in Art. 57 ff. AI Act; vgl. → KI-Sandkasten (Regulatory Sandbox).

Relaunch Relaunch ist die erneute Veröffentlichung eines bereits auf dem Markt vorhandenen Produkts, insbesondere verwendet für die Neugestaltung von Websites.

Release Release (auch → Go-Live-Termin) ist das letzte Stadium (Endstadium) bei der Softwareentwicklung vor Veröffentlichung der Software. Wird ein Programm später noch geändert, erfolgt dies mittels → Patches oder → Bugfixes, in einem weiteren Sinn bezeichnet Release aber auch eine bestimmte Version einer Software.

Release Candidate Release Candidate ist die der → Beta-Version folgende, voll funktionsfähige Programmversion zwecks Veröffentlichung, die noch letzten Testungen vor dem → Release unterzogen wird.

Release Management Das Release Management ist ein Teil des IT-Management und befasst sich mit der geordneten Umsetzung von Neuerungen im IT-Bereich.

Release-Festigkeit Vgl. → releasefeste Programmierung.

Releasefähigkeit Vgl. → releasefeste Programmierung.

Releasefall Releasefall beschreibt ein zuvor im Escrow-Vertrag festgelegtes Ereignis, bei dessen Eintritt die Herausgabe des hinterlegten Gegenstands (zB im Software Escrow-Vertrag, die Herausgabe des hinterlegten Quellcodes) zu erfolgen hat.

releasefeste Programmierung Releasefeste Programmierung bezeichnet bestimmte (möglicherweise auch auf Kundenwunsch und –spezifikation hin erstellte) Teile eines Computerprogramms (für diese Teile ist dann von der Release-Festigkeit oder Releasefähigkeit die Rede), die dergestalt programmiert sind, dass sie in jeder Version des Computerprogramms (d. h. unabhängig vom Release-Stand) eingesetzt werden können. Die releasefeste Programmierung ist für den Nutzer, insbesondere im Hinblick auf seinen spezifischen Einsatz des Computerprogramms und die entsprechenden Umgebungsbedingungen (Schnittstellen etc.) sowie die häufig über den Beschaffungskosten für die Grundversion eines Computerprogramms liegenden Implementierungskosten für kundenspezifische Anforderungen (in der Grundversion), ein wichtiger Faktor des Investitionsschutzes.

Remigration Remigration ist das Gegenteil von → Migration, also die Rückführung von Software oder Daten auf eine bereits zu einem früheren Zeitpunkt verwendete Software und den Transfer der Daten aus der neuen Umgebung zurück in die vorher genutzte. Das Recht eines Wartungskunden zur Remigration sollte vertraglich festgelegt werden, um Einwänden des Wartungsverpflichteten wegen ihm durch die Remigration entstehender Aufwände (zB wegen der Erforderlichkeit der Wartung unterschiedlicher Versionen einer Software) vorzubeugen.

Remote Access Mittels remote access (remote – engl. für „fern") kann auf Distanz auf andere Rechner oder Netzwerke zugegriffen werden.

Remote Control Fernsteuerung, zB eines Computers, vgl. auch → Fernwartung.

Remote Services Remote Services bezeichnen das Erbringen von Dienstleistungen auf Distanz (für gewöhnlich über → VPN und ähnlich gesicherte Leitungen). Auch → Fernwartung.

Remote Wipe Vgl. → Fernlöschung.

Replikation Replikation bezeichnet die Erstellung von Kopien von Daten, meist in unterschiedlichen IT-Systemen bei gleichzeitiger Sicherstellung der Weitergabe etwaiger Änderungen im Ausgangsdatenbestand an die replizierten Datenbestände. Werden die Änderungen am Ausgangsdatenbestand zeitgleich an die replizierten Datenbestände weitergegeben, ist von synchroner Replikation die Rede.

Reporting Reporting bezeichnet das Aufbereiten der Ergebnisse, die sich u. a. aus dem → Monitoring bzw. → Tracking ergeben und die sich anschließende Übermittlung von Kennzahlen an den Auftraggeber.

Request For Comments Request For Comments (RFC) ist eine Sammlung von Dokumenten, die sich mit der technischen und organisatorischen Form des Internets beschäftigen, und in der vorgeschlagene Standards und Informationen über das TCP/IP-Protokoll und das Internet publiziert werden. Die RFC werden von der ISOC („Internet Society") herausgegeben. Einige RFCs sind tatsächliche „Internet Standards". http://www.rfc-editor.org/rfc.html.

Request for Information (IT-Support) Request for Information ist eine Form des → Service Requests und bezeichnet eine nicht störungsbezogene Anfrage beim → Support.

Request for Proposal Request for Proposal (RfP) oder Request for Quotation (RfQ) ist die Aufforderung zur Abgabe von Angeboten, dabei handelt es sich u. a. um einen Vorläufer zum → Pflichtenheft, aus dem sich die Verpflichtungen des Auftragnehmers erkennen lassen.

Request for Quotation Vgl. → Request for Proposal.

Resale Mit Resale wird der Zwischenhandel (zB Großhandel, Einzelhandel) zwischen Hersteller und Endbenutzer bezeichnet.

Resilienz Resilienz kann sich auf die Widerstandsfähigkeit der (digitalen) IT-Systeme und der (physischen) IT-Infrastruktur beziehen, um vor gewissen Ereignissen zu schützen. In verschieden gesetzlichen Vorschriften finden sich hierzu Regelungen, wie zB in Vorschriften im BSIG (welches als Risikomanagementmaßnahme u. a. die Aufrechterhaltung des Betriebs vorsieht, siehe auch → NIS-2, Risikomanagementmaßnahmen) und im KRITISDachG (welches u. a. die Gewährleistung eines angemessenen physischen Schutzes von Liegenschaften und kritischen Anlagen vorsieht). Beispielsweise ist im KRITISDachG der Begriff Resilienz definiert „als die Fähigkeit einer kritischen Anlage, einen Vorfall zu verhindern, sich vor einem Vorfall zu schützen, einen Vorfall abzuwehren, auf einen Vorfall zu reagieren, die Folgen eines Vorfalls zu begrenzen, einen Vorfall aufzufangen und zu bewältigen und sich von einem Vorfall zu erholen“ (§ 2 Nr. 5 KRITISDachG).

Resilienzmanagementsystem bei Betreibern kritischer Anlagen (KRITISDachG) Betreiber kritischer Anlagen unterliegen Resilienzpflichten und sind zur Implementierung von Resilienzmanagementmaßnahmen verpflichtet sowie zur Erstellung eines Resilienzplans. Die Betreiber kritischer Anlagen müssen die Resilienzmanagementmaßnahmen in einem Resilienzplan darstellen und diesen anwenden; aus „dem Resilienzplan müssen die den Maßnahmen zugrunde liegenden Erwägungen hervorgehen“, wobei auf die Risikoanalyse und Risikobewertung des Betreibers Bezug zu nehmen ist und der Resilienzplan „bei Bedarf sowie nach Durchführung einer Risikoanalyse und Risikobewertung des Betreibers kritischer Anlagen zu aktualisieren“ ist (vgl. § 13 KRITISDachG).

Response Time Vgl. dazu → Reaktionszeit.

Ressourcen Ressourcen sind Mittel gleich welcher Art, die zu einem bestimmten Zweck eingesetzt werden können wie zB Geräte, Dienste usw.

Restore Restore bezeichnet das Wiederherstellen von Daten von einer Sicherungskopie (→ Backup-Kopie).

Retail(-Ware) Eine Retail(-Ware)-Version (Retail engl. für „Einzelhandel“), auch „Kit-Version“ genannt, bezeichnet die Vollversion, also die voll funktionsfähige Variante einer Hard- oder Software, die für den Endverbraucher bestimmt ist. Eine Retailversion enthält – anders als ein → Bulk-Produkt – neben dem Hauptprodukt umfangreiches Begleitmaterial wie Treiber, Handbuch etc.

Return of Investment Return of Investment ist eine Kennzahl für die Rentabilität eines Investments. Der Return of Investment beschreibt die Rendite bezogen auf das eingesetzte Kapital.

Reverse Auction Vgl. → Abwärtsversteigerung.

Reverse Engineering Reverse Engineering ist das „Rückwärtsermitteln" der Bauweise eines beliebigen Gegenstandes (im IT-Bereich insbesondere bei Hardware oder Software, siehe hierzu § 69e UrhG → Dekompilierung). Dabei wird nicht nur versucht, den Gegenstand in seiner Funktionsweise, sondern die Bausteine selbst nachzuahmen. Ziel des Reverse Engineering ist es regelmäßig, auf der Basis der dann gefundenen Bauelemente das Produkt weiterzuentwickeln. Dabei darf bei Schaltelementen, die dem → HalblSchG unterfallen, nicht der Baustein als solcher nachgebildet werden (§ 6 Abs. 1 Nr. 1 HalblSchG), der Schutz von Topographien bei Bauelementen erstreckt sich aber nicht auf die Analyse der Elemente und eine darauf basierende eigenständige Topographie (§ 6 Abs. 2 Nr. 2 HalblSchG).

RFC RFC Abk. für (1) → Request for Comments (2) Request for Change, → Change Request.

RFI Abk. für → Radio Frequency Identification.

RFID Abk. für → Radio Frequency Identification.

RFID-Chip Ein RFID-Chip ist ein Transponder zur Ermöglichung der → Radio Frequency Identification.

RFP Abk. für → Request For Proposal.

RfQ Abk. für Request for Quotation (siehe auch → Request for Proposal).

Rich Media banner Vgl. → Rich-Media.

Rich-Media Rich-Media sind (insbesondere bei Werbung) Inhalte von Websites, die gegenüber reinen Textdokumenten durch die Verwendung von animierten Graphiken, von Videomaterial oder Tondokumenten „reichhaltiger" gemacht werden.

Right of Communication to the Public Das Right of Communication to the Public nach Art. 8 → WIPO Copyright Treaty („Without prejudice to …, authors of literary and artistic works shall enjoy the exclusive right of authorizing any communication to the public of their works, by wire or wireless means, including the making available to the public of their works in such a way that members of the public may access these works from a place and at a time individually chosen by them.") entspricht dem → Recht der öffentlichen Zugänglichmachung gemäß § 19a UrhG.

Rights-Management-Systeme Rights-Management-Systeme sind elektronische Informationssysteme zur Rechtewahrnehmung (→ Digital Rights Management).

RIPE Das RIPE (Abk. für Réseaux IP Européens) ist eine nichtstaatliche europäische Koordinationsstelle für Administration und technische Verwaltung von IP Netzen. http://www.ripe.net/.

RIR Vgl. → Regional Internet Registry.

Risk Management Risk Management (Engl. für Risikomanagement) ist eine unternehmensinterne Funktion, die für die Betriebsfähigkeit eines Unternehmens bestehenden Risiken bestimmte Maßnahmen entgegensetzt (d. h. die erforderlichen Sicherheitsvorkehrungen festlegt). Unterschiedliche gesetzliche Vorschriften verlangen ein dokumentiertes Risikomanagement und haben unterschiedlichen Anforderungen an ein Risikomanagement.

Roaming (TKG) Roaming ist gem. § 3 Nr. 48 TKG „die Ermöglichung der Nutzung von Mobilfunknetzen anderer Betreiber außerhalb des Versorgungsbereichs des nachfragenden Mobilfunknetzbetreibers für dessen Endnutzer".

Robinson-Liste Die Robinson-Liste ist ein Verzeichnis von Personen und deren Kontaktdaten, die keine unerwünschte Werbung erhalten wollen, sei es per Fax, E-Mail, Briefpost oder Telefon. Die einzelnen Listen werden von verschiedenen Organisationen geführt. https://www.robinsonliste.de/.

ROI Abk. für → Return of Investment.

Rollback Mit Rollback wird das Rückgängigmachen eines bestimmten Vorgangs oder einer Änderung an einem IT-System bezeichnet. Ziel des Rollbacks ist es, das IT-System wieder in den Zustand zu versetzen, den es vor Durchführung des Vorgangs innehatte.

ROM ROM ist die Abkürzung von „Read-Only-Memory". Das ROM ist ein permanenter Speicherplatz, zB für das BIOS zur zentralen Steuerung eines Computers.

root certificate Vgl. → Wurzelzertifikat.

Root-Server-System Das Root-Server-System ist die Basis für die Übersetzung des Namens einer Domain in die zugehörige IP-Adresse. Das Root-Server-System enthält Datenbanken, in denen die IP-Adressen der für die TLD zuständigen → Nameserver enthalten sind. Das Root-Server-System fragt bei den Nameservern die IP-Adressen der jeweiligen Domains ab.

Rootkit Rootkit bezeichnet eine Sammlung von Computerprogrammen, die gegenüber Sicherheitssoftware oder → Virenscannern verbergen sollen, dass ein IT-System unter die Kontrolle eines Dritten (→ Hackers) geraten ist, und die dessen fortdauernden Zugriff auf das kompromittierte System ermöglichen.

Router Ein Router ist ein Gerät zur Übermittlung von Daten in Netzwerken sowie zur Verbindung verschiedener Netzwerke. In dieser Funktion wird ein Router auch für den Zugang der Arbeitsplätze in einem Unternehmen zum Internet eingesetzt.

Routing Routing bezeichnet den technischen Transport von Daten zwischen einem Absender und einem Empfänger über einen bestimmten Weg. Routing wird auch verwendet, um ganz allgemein die Übermittlung und Weiterleitung von Daten in Netzwerken zu beschreiben.

RSA-Signatur Die RSA-Signatur ist eine digitale Signatur, die auf dem RSA-Algorithmus basiert (vgl. auch → asymmetrische Signaturverfahren).

RSA-Verfahren Das RSA ist ein asymmetrisches, kryptographisches Verfahren, das auf der Verwendung eines öffentlichen (→ public key) und eines privaten Schlüssels (→ private key) beruht.

RSS Abk. für → Really Simple Syndication.

RSS-Feed RSS-Feed bezeichnet ein im RSS-Format bereitgestelltes Angebot von Informationen (→ Really Simple Syndication).

Rückwärtsauktion Vgl. → Abwärtsversteigerung.

Rufnummer Die Rufnummer (auch Nationale Rufnummer) ist die zur Anwahl eines Anschlusses zu wählende Zahlenkombination. Sie setzt sich aus der nationalen Zielkennzahl und der Teilnehmerrufnummer zusammen.

Rufnummerngasse Rufnummerngasse ist ein zusammenhängender Bereich an Rufnummern, die einer bestimmten Funktion zugewiesen sind (zB nach geographischen Kriterien – 089 für Ortsbereich München, nach Funktionsbereich – 0800 für Freephone etc.).

Run Time Error Vgl. → Laufzeitfehler.

Rundfunkdefinition (MStV) Rundfunk im Sinne von § 2 Abs. 1 MStV ist ein linearer Informations- und Kommunikationsdienst, der zur gleichzeitigen Wahrnehmung entlang eines Sendeplans bestimmt ist und sich an die Allgemeinheit richtet. Nichtlineare Angebote (Abrufdienste) sind von Rundfunk abzugrenzen, da sie nicht entlang eines Sendeplans zeitgleich verbreitet werden und daher nicht den strengeren Zulassungs- und inhaltlichen Pflichten des Rundfunkrechts unterliegen.

RZ Abk. für → Rechenzentrum.

S

S/MIME (Secure MIME) S/MIME (Secure MIME), vgl. auch →MIME, ist eine Erweiterung des MIME Standards und erlaubt Verschlüsselung und digitale Signatur von E-Mails im MIME-Format.

SaaS Abk. für →Software as a Service (SaaS) – Form der Zurverfügungstellung von Software über Netze, insbesondere das Internet, bei der die Software nicht mehr beim Nutzer installiert, sondern als Dienst genutzt wird.

Sammelwerke Sammelwerke sind gemäß § 4 Abs. 1 UrhG Sammlungen von Werken, Daten oder anderen unabhängigen Elementen, die aufgrund der Auswahl oder Anordnung der Elemente eine persönliche geistige Schöpfung sind (Sammelwerke). Sammelwerke werden, unbeschadet eines an den einzelnen Elementen gegebenenfalls bestehenden Urheberrechts oder verwandten Schutzrechts, wie selbständige Werke geschützt.

Sandbox Sandbox bezeichnet eine logisch vom restlichen IT-System abgetrennte Umgebung, in der Software getestet werden kann, ohne schädlichen Einfluss auf das IT-System im Übrigen zu nehmen.

Sarbanes Oxley Act Der Sarbanes Oxley Act (Abk. SOX) ist ein US-Normenwerk, das im Gefolge des „Enron"-Skandals verabschiedet wurde. Es soll Vertrauen in die Richtigkeit von veröffentlichten Finanzdaten bei solchen Unternehmen begründen, die entweder an der Börse oder außerbörslich in den USA gehandelt werden. Die Vorschriften gelten also auch für nicht-US-Unternehmen, soweit sie in den USA börsennotiert sind. Hauptsächlich zielt SOX mit der Verpflichtung zur Einrichtung unterschiedlicher Kontrollsysteme auf die Finanzdaten von Unternehmen. Section 404 „Management assessment of internal controls" enthält dabei die Grundlagen für ein unternehmensinternes Risikomanagement bzgl. Informationssicherheit. Ein zentrales Element des SOX ist die Verpflichtung zur Schaffung von Meldeverfahren, anhand derer Mitarbeiter Verdachtsmomente bezüglich bestimmter Beobachtungen, zB Buchhaltung etc., melden können (→Whistleblowing). http://frwebgate.access.gpo.gov/cgi-bin/getdoc.cgi?dbname=107_cong_bills&docid=f:h3763enr.tst.pdf

SBOM (Software Bill of Materials) SBOM (Software Bill of Materials) bezeichnet ein maschinenlesbares Verzeichnis aller Komponenten, Bibliotheken und Abhängigkeiten einer Software; Art. 13 und Anhang I CRA sehen eine Pflicht zur Erstellung und Pflege vor; gängige Standardformate sind insbesondere SPDX und CycloneDX.

Scam Scam ist eine Form des →UBE, mit dem der Empfänger auf Grundlage der Inaussichtstellung großer Verdienstmöglichkeiten zu einer Vorleistung unterschiedlichster Art gegenüber dem Versender gebracht werden soll.

Scanner Scanner bezeichnet 1. Software, die bestimmte Objekte nach vorab festgelegten Kriterien durchsucht (zB →Virenscanner) oder 2. Hardware, die nicht-digitale Informationen durch optische Abtastung in Bilddaten umwandelt (zB Sannen von gedruckten Texten mit dem Ziel der Umwandlung in Text mittels →Optical Character Recognition).

Schichtenmodell Das Schichtenmodell (auf Engl. „Open Systems Interconnection Model", OSI-Schichtenmodell) ist ein Referenzmodell zur strukturierten Beschreibung der Datenübertragung in Netzwerken. Im OSI-Schichtenmodell werden folgende sieben Schichten unterschieden: 1. Anwendungen (Application), 2. Darstellung (Presentation), 3. Sitzung (Session), 4. Transport (Transport), 5. Vermittlung (Network), 6. Sicherung (Data Link), 7. Bitübertragung (Physical).

Schlüssel Im Zusammenhang mit Verschlüsselung von Informationen bezeichnet der Schlüssel die Zeichenkette, die zur Ver- und/oder Entschlüsselung von verschlüsselten Informationen erforderlich ist.

Schlüssellänge Die Schlüssellänge bezeichnet die Länge eines kryptographischen Schlüssels in Bit und ist damit eine wichtige Kennzahl für die Sicherheit einer Verschlüsselung. Im Grundsatz gilt jedenfalls bei symmetrischen Verschlüsselungsverfahren, dass die Sicherheit eines Schlüssels mit seiner Länge zunimmt, denn mit zunehmender Länge des Schlüssels wird es umso schwieriger, alle möglichen Kombinationen zu ermitteln. Bei symmetrischen Verschlüsselungsverfahren gilt eine Schlüssellänge ab 128 Bit als sicher. Bei asymmetrischer Verschlüsselung gibt die Schlüssellänge nicht unmittelbar die Anzahl der möglichen Schlüssel wieder. Hier werden Schlüssel mit einer Länge von 1024 Bit als sicher eingestuft.

schnelle elektronische Kontaktaufnahme Gemäß § 5 Abs. 1 Nr. 2 DDG hat der Diensteanbieter für geschäftsmäßige, in der Regel gegen Entgelt angebotene digitale Dienste unter anderem Angaben, die eine schnelle elektronische Kontaktaufnahme und unmittelbare Kommunikation ermöglichen, einschließlich der Adresse der elektronischen Post, und diese leicht erkennbar, unmittelbar erreichbar und ständig verfügbar zu halten.

Schnittstelle Vgl. → Interface.

Schnittstelleninformationen Schnittstelleninformationen sind technische Angaben über die Schnittstellen eines Computerprogramms. Diese werden insbesondere von Unternehmen benötigt, die kompatible Zusatzprogramme zu fremder Software erstellen wollen. Die Geheimhaltung von notwendigen Schnittstelleninformationen kann dazu genutzt werden, um Dritte von der Erstellung von interoperablen Zusatzprogrammen auszuschließen und damit den Wettbewerb einzuschränken. Dies kann im Einzelfall den Missbrauch einer marktbeherrschenden Stellung darstellen.

Schöpfungshöhe Schöpfungshöhe ist die erforderliche Gestaltungshöhe, die eine persönlich geistige Leistung (§ 2 Abs. 2 UrhG) erreicht haben muss, um in den Genuss urheberrechtlichen Schutzes zu kommen. Als metaphorische Erläuterung der Schöpfungshöhe ist oft von der Schaffenshöhe einer „kleinen Münze" die Rede.

Schranke, urheberrechtliche Unter einer urheberrechtlichen Schranke oder Schrankenbestimmung sind Vorschriften des UrhG zu verstehen, die konzeptionell ausschließlich gewährte Rechte (vgl. § 15 UrhG) zugunsten anderer Rechtsgüter beschneiden. Dies erfolgt, indem bestimmte Nutzungen für zulässig erklärt werden, ohne dass es auf die Zustimmung des Rechtsinhabers ankäme (siehe §§ 44a ff. UrhG). Im Hinblick darauf, dass → wirksame technische Schutzmaßnahmen eine qua Schranke gestattete Nutzung gleichwohl technisch ausschließen können, gewährt § 95b UrhG den Schrankenbegünstigten Anspruch gegen den Rechtsinhaber auf Zurverfügungstellung der notwendigen Mittel, um von den Schrankenbestimmungen im erforderlichen Maße Gebrauch machen zu können (→ durchsetzungsstarke Schranke).

Schrems II (EuGH 16.7.2020 – C-311/18) Ungültigkeit des EU-US Privacy Shield. Die neuen Standardvertragsklauseln (SCC) bleiben grundsätzlich eine Option für den internationalen Datentransfer, erfordern jedoch eine einzelfallbezogene Prüfung des Drittlandschutzniveaus sowie ggf. ergänzende Schutzmaßnahmen. Nachfolger des Privacy Shield ist das EU-US Data Privacy Framework (Angemessenheitsbeschluss seit Juli 2023).

Schriften iSd StGB Den Schriften iSd StGB sind gemäß § 11 Abs. 3 StGB Ton- und Bildträger, Datenspeicher, Abbildungen und andere Darstellungen in denjenigen Vorschriften gleichgestellt, die auf § 11 Abs. 3 StGB verweisen. Demgemäß ist jede Form der dauerhaften Verkörperung zur Vermittlung von Informationen erfasst, also auch zB Datenspeicher, auch wenn sie flüchtig sind (Arbeitsspeicher, → RAM).

Schutzhüllenvertrag Der Begriff Schutzhüllenvertrag, auch Shrink-wrap-Vertrag, bezeichnet nicht den Inhalt eines Vertrags, sondern die Form des Vertragsabschlusses. Ein Schutzhüllenvertrag soll nach dem Willen des Herstellers zu den Bedingungen des Herstellers zustande kommen, wenn der Erwerber die vom Hersteller angebrachte Schutzhülle entfernt; auf die entsprechende Rechtsfolge wird der Erwerber ausdrücklich hingewiesen. Die Wirksamkeit des Vertragsabschlusses begegnet erheblichen Bedenken, u. a. wegen des möglicherweise fehlenden Rechtsbindungswillens bei der rein tatsächlichen Verhaltensweise des Öffnens einer Schutzhülle und wegen der Tatsache, dass der Gegenstand, auf den sich der Schutzhüllenvertrag bezieht, idR bereits erworben wurde, wenn der Schutzhüllenvertrag zur Kenntnis genommen werden kann.

Schutzlandprinzip Das Schutzlandprinzip ist ein kollisionsrechtlicher Grundsatz, der für grenzüberschreitende Verletzungen des Urheberrechts das Recht des Landes zur Anwendung bringt, in dem der urheberrechtliche Schutz besteht und nicht das Recht des Landes, in dem die Verletzungshandlung stattgefunden hat.

Schutzmaßnahmen Vgl. → wirksame technische Schutzmaßnahmen, § 95a UrhG.

Schutzniveau Vgl. dazu → angemessenes Datenschutzniveau. Eine Datenverarbeitung im Ausland setzt voraus, dass die Empfängerstelle ein „angemessenes Datenschutzniveau" aufweist. Dies ist der Fall, wenn personenbezogene Daten in angemessener (nicht zwingend deutschem Recht vergleichbarer) Weise geschützt werden (→ Art. 25-Staaten).

Schwachstellenmanagement (CRA) Der Cyber Resilience Act verpflichtet Hersteller digitaler Produkte zur Einrichtung von Verfahren zur Behandlung von Sicherheitslücken. Dazu zählen insbesondere ein Konzept zur koordinierten Offenlegung von Schwachstellen, angemessene Maßnahmen zur Identifikation und Behebung von Schwachstellen sowie die Vorhaltung von Informationen über eingesetzte Software-Komponenten. Aktiv ausgenutzte Schwachstellen und schwerwiegende Sicherheitsvorfälle sind an die zuständigen Stellen zu melden; sicherheitsrelevante Updates sind für die vorgesehene Unterstützungsdauer kostenfrei bereitzustellen.

Schwachstellenoffenlegung (KI-Systeme) Für KI-Systeme mit allgemeinem Verwendungszweck und systemischem Risiko verpflichtet der KI-VO (Art. 55) Anbieter zu umfassenden Risiko-, Monitoring- und Incident-Management-Maßnahmen, die auch den Umgang mit sicherheitsrelevanten Schwachstellen umfassen.

Science Commons Science Commons ist ein Lizenzprojekt (für wissenschaftliche Werke) von → Creative Commons. http://creativecommons.org/science

Scoring Beim Scoring wird auf der Basis von Daten (Adressen, Herkunft, Lastschriften etc.), die von Auskunfteien gesammelt werden, mittels mathematisch-statistischer Verfahren ein Wert ermittelt und eine Aussage (in Form eines „Scorewerts") über das zukünftige Zahlungsverhalten von Schuldnern getroffen. Die datenschutzrechtlichen Anforderungen an Bonitäts- und Kreditscoring ergeben sich aus der DS-GVO, insbesondere Art. 6 und Art. 22 DS-GVO, sowie ergänzend aus § 31 BDSG, der u. a. verlangt, dass die zur Berechnung des Wahrscheinlichkeitswerts verwendeten Daten nach einem wissenschaftlich anerkannten mathematisch-statistischen Verfahren nachweisbar für die Prognose erheblich sein müssen.

Ergänzend ist die Rechtsprechung des EuGH zu berücksichtigen. Nach dem Urteil des EuGH 7.12.2023 – C-634/21 – SCHUFA kann bereits die Erstellung und Übermittlung eines Bonitätsscores eine automatisierte Entscheidung im Sinne von Art. 22 DS-GVO darstellen, sofern der Score von Dritten maßgeblich für Vertragsentscheidungen herangezogen wird.

Scrollen Scrollen ist das zeilenweise Verschieben von Text oder Bildern auf dem Bildschirm, wobei wahlweise die mit der Maus bediente Bildlaufleiste, das Scrollrad der Maus oder die Pfeiltasten auf der Tastatur zum Einsatz kommen können.

Search Engine Spamming Search Engine Spamming (Suchmaschinen-Spamming oder Index-Spamming, → Spamdexing) sind Handlungen, die auf die Manipulation der Suchergebnisse von Internet-Suchmaschinen abzielen. Das Ziel des Search Engine Spamming ist es, dass auf eine Suchworteingabe keine relevanten, also auf den Suchbegriff passenden Suchergebnisse ausgegeben werden.

Search-Engine Vgl. → Suchmaschine.

Search-Term-Auctions Eine Search-Term-Auctions ist eine Methode gewerblicher Suchmaschinen, die die Reihenfolge der Suchergebnisse nach der Höhe des Betrags gestaltet, der vom Anbieter der verlinkten Website dafür bezahlt wird, dass seine Website bei der Suche nach einem bestimmten Suchbegriff angezeigt wird (→ Gegenleistungsranking). Der für einen bestimmten Suchbegriff maßgebliche Betrag wird dabei in einem Auktionsverfahren ermittelt, das auch ein gegenseitiges Überbieten zulässt.

SEC Abk. für United States Securities and Exchange Commission. Die SEC ist die US-amerikanische Börsenaufsicht, der Unternehmen unterliegen, die auf dem US-Kapitalmarkt, insbesondere an der Börse in New York (NYSE) gelistet sind. Die SEC hat weitgehende Überwachungs- und Sanktionsbefugnisse. http://www.sec.gov/.

Second-Hand-Software Vgl. → Gebrauchtsoftware.

Second-Level-Support Der Second-Level-Support (auch: Second-Line-Support) ist beim zum Support verpflichteten Unternehmen tätig und für die Probleme zuständig, die der First-Level-Support nicht lösen konnte. Zudem erarbeitet der Second-Level-Support spezifische Lösungen, die in Datenbanken o. ä. eingepflegt werden und dem First-Level-Support zur Verfügung stehen. Bei Problemen ist gegebenenfalls ein Support durch den Hersteller erforderlich (Third-Level-Support).

Second-Level-Domain Die Second-Level-Domain ist der neben der → Top-Level-Domain prägende Teil eines Domain-Namens. Die Second-Level-Domain ist (nach Maßgabe des markenrechtlich und kennzeichenrechtlich Zulässigen) frei wählbar, sofern die Second-Level-Domain nach dem Prioritätsgrundsatz nicht bereits anderweitig vergeben ist.

Second-Line-Support Vgl. → Second-Level-Support.

Secret Key Vgl. → Private Key.

Secure Electronic Transaction Die Secure Electronic Transaction ist ein Sicherheitsstandard für den elektronischen Zahlungsverkehr mit Kreditkarten, bei dem sich die Beteiligten, Kunden wie Händler und Banken mittels digitaler Signaturen ausweisen. Ziel des Secure-Electronic-Transaction-Standards ist es, durch Verschlüsselungstechnik jedem der Beteiligten nur die Informationen zukommen zu lassen, die für die Abwicklung der Zahlung erforderlich sind.

Secure Socket Layer Secure Socket Layer (Abk. SSL) ist ein Verschlüsselungsprotokoll für die → Client-Server-Kommunikation, das auch unter dem Namen TLS (Abk. für Transport Layer Security) bekannt ist. Es wird vor allem für verschlüsselte Zugriffe mit HTTPS auf WWW-Server (insbesondere auch im Zahlungsverkehr) verwendet. Secure Socket Layer kann nicht abgehört, manipuliert oder gefälscht werden.

Security Awareness Training Nach Art. 20 und 21 Abs. 2 lit. g der NIS-2-Richtlinie bzw. für Deutschland entsprechend der Umsetzung der NIS-2-Richtlinie im BSIG haben betroffene Einrichtungen geeignete Schulungs- und Sensibilisierungsmaßnahmen (insbesondere auch für die Leitungsorgane) im Bereich der Cybersicherheit durchzuführen. Ziel ist es, sicherheitsrelevante Risiken zu erkennen und angemessen darauf zu reagieren. Ergänzend verlangt Art. 4 KI-VO, dass Anbieter und Betreiber von KI-Systemen über eine angemessene KI-Kompetenz verfügen, die im Rahmen entsprechender Schulungs- und Awareness-Programme vermittelt werden kann.

Security by Default Security by Default bezeichnet das Erfordernis, digitale Produkte und Systeme bereits bei Auslieferung mit sicheren Standardeinstellungen auszugestalten. Nach Anhang I Teil 1 (1) des Cyber Resilience Act werden zukünftig Produkte mit digitalen Elementen so konzipiert sein müssen, dass sie standardmäßig ein angemessenes Cybersicherheitsniveau gewährleisten. Entsprechend verlangt Art. 25 Abs. 2 DS-GVO (Privacy by Default), dass personenbezogene Daten durch datenschutzfreundliche Voreinstellungen geschützt werden.

Security by Design Security by Design bezeichnet den Grundsatz, Sicherheitsanforderungen bereits bei der Konzeption und Architektur von Systemen und Produkten systematisch zu berücksichtigen. Der Cyber Resilience Act fordert nach Anhang I zukünftig die sicherheitsgerechte Gestaltung von Produkten mit digitalen Elementen über ihren gesamten Lebenszyklus hinweg. Entsprechend verpflichtet Art. 25 Abs. 1 DS-GVO (Privacy by Design) zur Implementierung geeigneter technischer und organisatorischer Maßnahmen zum Schutz personenbezogener Daten.

Security Operations Center (SOC) Ein Security Operations Center ist eine organisatorische und technische Einheit zur kontinuierlichen Überwachung, Analyse und Abwehr von Sicherheitsvorfällen in IT-Systemen.

Security-Policy Vgl. → IT-Security Policy.

Sekundärnutzung von Gesundheitsdaten Die Sekundärnutzung von Gesundheitsdaten bezeichnet die Verarbeitung von personenbezogenen Gesundheitsdaten zu anderen Zwecken als der ursprünglichen medizinischen Versorgung (Primärnutzung), insbesondere für Forschung, Qualitätssicherung, Gesundheitsplanung oder Regulierung, unter Beachtung spezifischer gesetzlicher Voraussetzungen. In enge Grenzen ermöglichen die DS-GVO (Art. 6, Art. 9 Abs. 2 lit. h iVm Art. 5 Abs. 1 lit. b und Art. 89 DS-GVO) bzw. das BDSG (§ 27(1) eine Verarbeitung auch von nicht-anonymisierten (typischerweise pseudonymisierten) Gesundheitsdaten zu kompatiblen Zwecken der wissenschaftlicher Forschung. Spezielle Datenschutzvorschriften im Landeskrankenhausreicht können Sekundärnutzungen auf Forschungsvorhaben der Krankenhäuser beschränken. Daneben bestehen Rechtsrahmen für Sekundärnutzungen gemäß §§ 303d ff. SGB V (Forschungsdatenzentrum, Gesundheitsdatennutzung), → Gesundheitsdatennutzungsgesetz (GDNG) und zukünftig EHDS

Selbstkontrolle/-regulierung, datenschutzrechtliche Die datenschutzrechtliche Selbstkontrolle ist ein zentrales Prinzip der DS-GVO. Sie verpflichtet den Verantwortlichen zur eigenverantwortlichen Einhaltung und Nachweisbarkeit der Datenschutzvorgaben (Art. 5 Abs. 2 DS-GVO). Der Datenschutzbeauftragte unterstützt (soweit vorhanden) hierbei nach Maßgabe der Art. 37 ff. DS-GVO.

Selbstzertifizierung Die Selbstzertifizierung eines Unternehmens, d. h. die Überprüfung eines Unternehmens, ob es selbst bestimmte Kriterien einhält und die Selbstverpflichtung zur Einhaltung bestimmter datenschutzrechtlicher Grundsätze ist Voraussetzung für die Aufnahme in das EU-US Data Privacy Framework des US-Handelsministeriums (→ EU-US Data Privacy Framework).

Senderecht Das Senderecht ist gemäß § 20 UrhG das Recht, das Werk durch Funk, wie Ton- und Fernsehrundfunk, Satellitenrundfunk, Kabelfunk oder ähnliche technische Mittel, der Öffentlichkeit zugänglich zu machen. Es unterscheidet sich von der → öffentlichen Zugänglichmachung durch die Vorgabe des Sendenden, wann das Werk übermittelt wird. Das Senderecht ist Teil des Recht der öffentlichen Wiedergabe (§ 15 Abs. 2 Satz 2 Nr. 3 UrhG).

Sensible Daten Vgl. → besondere Arten personenbezogener Daten.

Sensitive Daten Vgl. → besondere Arten personenbezogener Daten.

Serialisierung Serialisierung ist im Arzneimittelbereich die nach der Richtlinie 2001/83/EG in der Fassung der Richtlinie 2011/62/EU (Fälschungsschutzrichtlinie) sowie der Delegierten Verordnung (EU) 2016/161 vorgeschriebene Einführung eines individuellen Erkennungsmerkmals („unique identifier") für jede einzelne Arzneimittelpackung, das eine eindeutige Identifizierung, Rückverfolgbarkeit und Echtheitsprüfung entlang der Lieferkette ermöglicht. Der unique identifier wird vom pharmazeutischen Unternehmer generiert und umfasst mehrere gesetzlich vorgegebene Datenbestandteile, insbesondere eine Seriennummer, den Produktcode, die Chargenbezeichnung und das Verfalldatum (Art. 4 VO (EU) 2016/161). Die zugehörigen Datensätze werden in das European Medicines Verification System (EMVS) eingespeist, ein europaweites Datenbanksystem zur Verifikation von Arzneimitteln, das von der European Medicines Verification Organisation (EMVO) koordiniert und national (z. B. in Deutschland über securPharm) umgesetzt wird. Damit ist die Serialisierung ein zentrales regulatorisches Instrument zur Bekämpfung von Arzneimittelfälschungen, das durch den Einsatz des unique identifier im Zusammenspiel mit dem EMVS unter governance der EMVO die Sicherheit und Integrität der pharmazeutischen Lieferkette gewährleistet.

Server Ein Server ist ein der zentralen Applikations- und Datenspeicherung dienender Computer, der in einem Netzwerk Leistungen (Angebot von Software, Dienstleistungen, Daten) erbringt und Ressourcen wie Festplatten oder Drucker zur Verfügung stellt und verwaltet und anderen Computern (→ Clients) dient. Ein Server, der gleichzeitig als Arbeitsstation verwendet wird, wird als Non-Dedicated Server bezeichnet (andernfalls dedicated server).

Server Log Files Server Log Files sind von einem Server aufgezeichnete Informationen über von einem → Client ausgehende Transaktionen, die einen Zugriff auf den → Server nach sich ziehen. Server, auf denen die Daten für eine Website gespeichert sind, zeichnen möglicherweise Angaben zu Zugriffszahlen und IP-Adressen der zugreifenden Nutzer auf. Es ist nicht in allen Fällen klar, ob es sich bei diesen Informationen um personenbezogene Daten handelt (→ IP-Adresse).

Server-Client-Lizenz Vgl. → Client-Server-Lizenz.

Serverhousing Serverhousing ist die Unterbringung und Netzanbindung eines Kundenservers (→ Server) im → Rechenzentrum eines ISPs (→ Internet Service Provider). Beim Serverhousing (engl. housing = Unterbringung) stellt das Unternehmen eigene Hardware in einem fremden Rechenzentrum unter und nutzt die dort vorhandene Infrastruktur zur Anbindung an das Internet oder ein Telekommunikationsnetzwerk.

Service Service bezeichnet im IT-Bereich jede Art von IT-Dienstleistungen.

Service Desk Service Desk ist die zentrale (im Fall des Outsourcing beim Provider liegende) Anlaufstelle für die Anwender im Hinblick auf ihre Unterstützung beim Umgang mit den IT-Systemen eines Unternehmens. Der Service Desk ist für die Entgegennahme und Beantwortung von entsprechenden Anfragen zuständig (→ Helpdesk).

Service Level Der Service Level ist maßgeblich für Dienstleistungen im IT-Bereich (IT-Support, Erreichbarkeit eines Callcenters). Er drückt dies in Form einer Maßzahl aus. Der Standard-Servicelevel „80/20" besagt, dass 80 % der Anrufer weniger als 20 Sekunden warten müssen, bis ihr Gespräch entgegengenommen wird. Im → Service Level Agreement (SLA) sind die entsprechenden Qualitätskriterien sowie die Folgen bei Nichteinhaltung geregelt.

Service Level Agreement Ein Service Level Agreement (SLA) ist eine vertragliche (oft gemeinsam mit → Outsourcing-Verträgen abgeschlossene) Vereinbarung über bestimmte Qualitätskriterien (wie etwa Reaktionszeit, Umfang und Schnelligkeit der Bearbeitung, maximale Ausfallzeit) für vom Auftragnehmer zu erbringende wiederkehrende Dienstleistungen und die Folgen der Verletzung der entsprechenden Zusagen (zB die Verpflichtung zur Zahlung von → Service Level Credits). Das Service Level Agreement bietet für beide Parteien den Vorteil der Klarheit über die Bedeutung der jeweiligen Leistungsbestandteile und die Folgen der Verletzung diesbezüglicher Qualitätszusagen. Demgegenüber würden die kraft Gesetzes für den Fall der Verletzung eines Dienstvertrags denkbaren Ansprüche häufig am Nachweis des Schadens oder bereits der Frage des Vorliegens einer Pflichtverletzung (zB Stellt sich ohne konkrete Vereinbarung eine Systemverfügbarkeit von 99,0 % als Pflichtverletzung dar?) scheitern. Das Service Level Agreement sollte auch die Frage regeln, ob die in Folge der Verletzung von vereinbarten Service Levels geschuldeten Zahlungen sonstige Ansprüche des Kunden in Ansehung der Verletzung der Service Levels (Minderung, Kündigung, Schadenersatz) verdrängen.

Service Level Credits Service Level Credits sind ein Pauschalbetrag, den der Auftragnehmer für das Unterschreiten der in einem → Service Level Agreement vereinbarten Qualitätsstandards an den Auftraggeber zu bezahlen hat oder der dem Auftraggeber in Form eines Abzugs vom vereinbarten Entgelt zugute kommt.

Service Level Management Das Service Level Management betrifft nach →ITIL die Überwachung des IT-Services, insbesondere der vom Dienstleister zugesagten Dienstgüte. Maßnahmen sind →Monitoring,→Auditing →Reporting und →Tracking.

Service Level Report Der Service Level Report bezeichnet in →ITIL den regelmäßig dem Auftraggeber zu übermittelnden Tätigkeitsbericht.

Service Provider Ein Service Provider (Abk. SP) ist ein →Diensteanbieter.

Service Quality Plan Der Service Quality Plan (Abk. SQP) enthält alle für die Bestimmung der Servicequalität erforderlichen Informationen und Kennzahlen.

Service request Service request sind nichtstörungsbezogene Anfragen beim →Support (Formen: →enhancement request, →change request,→information request).

ServiceCredits ServiceCredits sind pauschalierte Abzüge von der Vergütung des Providers beim Eintritt bestimmter Störungen.

Servicepack Ein Servicepack bezeichnet die Zusammenstellung unterschiedlicher Updates und →Patches sowie Aktualisierungen und Erweiterungen der Software zur Wartung eines Computerprogramms. Die Bestandteile eines Servicepacks sind dergestalt aufeinander abgestimmt, dass sie gemeinsam installiert werden können und sollen.

Session Eine Session kennzeichnet den Zeitraum einer nicht ununterbrochenen Verbindung eines →Clients mit einem →Server um Daten auszutauschen. Die Session ist insbesondere bei Verbindungen mit dem Internet relevant, denn während einer Session ist einem bestimmten Client-Rechner eine für diese Session gleichbleibende IP-Adresse zugewiesen (dynamische →IP-Adresse), so dass die während einer Session erfolgten Transaktionen einem Nutzer zugerechnet werden können.

Session Cookies Session Cookies sind →Cookies, die vom Server für die Dauer einer →Session gesetzt und vom →Client nach Beendigung der Session automatisch gelöscht werden.

SET Abk. für →Secure Electronic Transaction.

Severability Clause Die Severability (Engl. für Trennbarkeit) Clause (Engl. für salvatorische Klausel) ist eine vertragliche Bestimmung, mit der u. a. im Falle der Teilnichtigkeit die in § 139 BGB enthaltene Vermutung der Gesamtnichtigkeit widerlegt werden soll.

SGML SGML (Abk. für Standard Generalized Markup Language) ist eine Sprache zur Darstellung von strukturiertem Text. SGML war die Basis für →HTML und →XML.

SHAP-Vertrag Ein SHAP-Vertrag (Abk. für Software House Assistant Program) ist eine Vertriebsform für Software, bei dem der Anbieter im Namen des Softwareherstellers an den Erwerber lizenziert.

Shared Cost-Dienste Bei Shared Cost-Diensten im Telekommunikationsbereich teilen sich der Anbieter einer Leistung (zB technische Hotline) und der Nutzer der Leistung (zB der die Hotline anrufende Kunde) die Kosten für das Abrufen der Information (zB indem der Anbieter eine 0180er-Nummer, →Diensterufnummer, zur Verfügung stellt, die für den Nutzer zu geringeren Verbindungsentgelten erreichbar ist, als dies beim direkten Anruf beim Anbieter der Fall wäre).

Shared Service Center Ein Shared Service Center ist die Shared Services anbietende Stelle in einem Unternehmen oder in einem Konzern.

Shared Services Shared Services sind von mehreren Abteilungen in einem Unternehmen oder von mehreren Konzernunternehmen in Anspruch genommene Leistungen, die von einer zentralen Einheit (einer Konzernservicegesellschaft) für alle angeschlossenen Einheiten erbracht werden. Die zentral zuständige Einheit wird auch als → Shared Services Center bezeichnet. Im Gegensatz zum Outsourcing ist die für die Erbringung der Shared Services zuständige Einheit kein externer Dienstleister, sondern eine zum Konzern gehörige Gesellschaft oder Teil einer solchen. Aus der Sicht von Gesellschaften, die für die betroffenen Services vor der Schaffung der Shared Services Infrastruktur selbst zuständig waren, kann von internem Outsourcing gesprochen werden.

Shared Services Vertrag Der Shared Services Vertrag ist die vertragliche Grundlage für die Erbringung von → Shared Services und in der Regel ein Intercompany Vertrag (d. h. ein Vertrag zwischen Konzerngesellschaften). Der Shared Services Vertrag kann grundsätzlich die gleichen Fragen regeln, wie ein → Outsourcing-Vertrag. Zumeist ist dies allerdings im Hinblick auf die Konzernzugehörigkeit aller Beteiligten nicht der Fall. Zwei Themenbereiche sollten im Shared Services Vertrag aber stets geregelt werden. Dies betrifft zum einen die Verrechnungspreise für die vom → Shared Services Center erbrachten Leistungen und zum anderen die datenschutzrechtliche Rollenverteilung zwischen dem Shared Services Center und den angeschlossenen Unternehmen.

Shared Source Software Shared Source Software ist eine von Microsoft eingeführte Lizensierungsform, bei der die Anwender Einblick in den → Quellcode erhalten und das Programm weiterentwickeln dürfen, wobei die Rechte an Änderungen beim ursprünglichen Rechtsinhaber verbleiben.

Sharehost Ein Sharehost ist von einem Anbieter zur Verfügung gestellter Speicherplatz im Internet, auf den der Nutzer Daten mittels → Upload speichern kann. Diese Daten stehen unter einer → Download-Adresse zur Verfügung. Die Download-Adresse kann Dritten mitgeteilt werden. Der Anbieter von Sharehost-Diensten haftet für Rechtsverletzungen durch Nutzer nach den haftungsrechtlichen Grundsätzen für Hosting-Dienste, insbesondere nach den Vorgaben des Digital Services Act.

Shareware Shareware ist Software, die vom Berechtigten für einen Testzeitraum (zB 30 Tage) kostenlos zur Verfügung gestellt wird. Die Zulässigkeit der Weiternutzung nach Ablauf des Testzeitraums hängt dann von der Bezahlung einer in der Shareware bezifferten Gebühr ab. Bisweilen wird die volle Funktionalität der Shareware auch erst nach Entrichtung dieser Gebühr zur Verfügung gestellt.

Shill-Bidding Shill-Bidding ist das Abgeben von Geboten bei einer → Online-Auktion in Absprache mit dem Verkäufer, um den erzielten Verkaufspreis zu steigern.

Shrink-Wrap-Vertrag Vgl. → Schutzhüllenvertrag.

Sicheres Drittland Vgl. → Angemessenheitsbeschluss.

Sicherungskopie Vgl. → Backup-Kopie.

Sideloading Sideloading bezeichnet die Installation von Anwendungen aus Drittquellen außerhalb eines proprietären App-Stores. Nach Art. 6 Abs. 4 Digital Markets Act sind Gatekeeper, die Betriebssysteme bereitstellen, verpflichtet, die Installation und Nutzung von Apps und App-Stores aus anderen Quellen zu ermöglichen, vorbehaltlich angemessener Maßnahmen zum Schutz von Sicherheit und Systemintegrität.

SIEM (Security Information and Event Management) Systeme zur Aggregation und Echtzeit-Analyse von Sicherheitsereignissen; Betrieb kann mitbestimmungsrechtliche und datenschutzrechtliche Fragen aufwerfen, insbesondere wenn Logfiles personenbezogene Daten von Beschäftigten enthalten oder Verhaltens- und Leistungsbezüge hergestellt werden können.

Significant Changes Vgl. → Change Management.

SIM Abk. für → Subscriber Identity Module.

SIM-Karte Die SIM-Karte ist eine üblicherweise PIN-geschützte Chipkarte, um mobilen Endgeräten Zugang zu Telefon- und Datendiensten eines Mobilfunkanbieters zu verschaffen (vgl. → Subscriber Identity Module). Die SIM-Karte hat damit zugleich die Funktion der → Authentifizierung des → Nutzers. Bei einer eSIM wird diese Funktion digital übernommen und ersetzt die physische Chipkarte.

Simple Mail Transfer Protocol Ein Simple Mail Transfer Protocol (Abk. SMTP) ist ein Protokoll zum Transport von E-Mails.

Simulcasting Simulcasting ist das zeitgleiche Übertragen des gleichen Programms (Rundfunk/Fernsehen) über mehrere Übertragungskanäle, zB Funk und Internet.

Single Point of Contact Vgl. → First-Level Support.

Single Sign-on Single Sign-on (Abk. SSO) ist eine Form der Identifizierung, bei der der Nutzer nach erstmaliger Anmeldung und durchgeführter Authentifizierung im Folgenden von weiteren Diensten oder Anwendungen (auf die er grundsätzlich erst nach erneuter Anmeldung Zugriff hätte) ohne erneute Anmeldung als Zugangsberechtigter angesehen wird. Die Sicherstellung erfolgt dabei zB durch Speicherung eines → Cookies auf dem Rechner des Nutzers.

Single Sourcing Single Sourcing ist die Beschränkung der Quellen für einen bestimmten Bedarf eines Unternehmens, wie zB an Dienstleistungen und Gütern, auf einen Lieferanten, Ggs.: → Multiple sourcing.

Site Vgl. → Website.

Site Branding Site Branding bezeichnet die marken- oder imagespezifische Ausgestaltung einer Website. Ziel des Site Branding ist die Schaffung einer einzigartigen Identität der Website mit hohem Wiedererkennungseffekt bei den Nutzern.

Site-Lizenz Die Site-Lizenz gewährt Nutzungsrechte für eine Software, soweit diese an einem bestimmten Standort eingesetzt wird. Die Site-Lizenz gestattet die für den vereinbarten Standort erforderliche Anzahl an Installationen.

Site-Sharing Site-Sharing ist das gemeinsame Nutzen von Telekommunikationseinrichtungen durch mehrere Netzbetreiber.

Sitemap Sitemap ist die strukturierte Darstellung einer Website.

Sitzung Vgl. → Session.

Skalierbarkeit Unter Skalierbarkeit versteht man die Möglichkeit der linearen Leistungssteigerung eines IT-Systems als Folge des Einsatzes leistungsstärkerer Komponenten.

Skimming Skimming ist Kopieren der auf dem Magnetstreifen einer Bank- oder Kreditkarte befindlichen Daten, um diese zwecks späteren Missbrauchs auf einen Karten-Rohling zu übertragen.

SLA Vgl. → Service Level Agreement.

Smart Contract Smart Contracts sind selbstausführende Programmierungen, häufig auf Blockchain-Systemen, die vertraglich vereinbarte Abläufe automatisiert umsetzen. Sie stellen keinen eigenständigen Vertragstyp dar, sondern sind regelmäßig als technisches Instrument zur Durchführung oder Erfüllung vertraglicher Vereinbarungen einzuordnen. Rechtliche Fragen ergeben sich insbesondere im Hinblick auf Haftung und Risikozuweisung bei Programmierfehlern oder Fehlfunktionen.

Smart Home Smart Home bezeichnet die Vernetzung und automatisierte Steuerung von Haushalts- und Gebäudefunktionen durch digitale, regelmäßig internetfähige Geräte und Softwarelösungen, die Daten erfassen, verarbeiten und untereinander oder mit externen Diensten kommunizieren.

Smart Label Smart Label (auch Smart Tags) sind sehr flache RFID Transponder, die einschließlich der erforderlichen Antenne auf einer Folie hergestellt werden, die dann in selbstklebende Etiketten integriert werden kann. Die entsprechenden Etiketten können zur Lokalisierung und Erfassung von Gegenständen eingesetzt werden (→ Radio Frequency Identification).

Smartcard Eine Smartcard ist eine kreditkartenartige Chipkarte, die eigenen Speicherplatz und einen eigenen Mikroprozessor enthält und damit eigene Berechnungen durchführen kann.

Smishing Smishing bezeichnet Phishing-Angriffe mittels SMS (oder anderen Messenger-Nachrichten), bei denen Empfänger zur Preisgabe sensibler Daten oder zu schädigenden Handlungen bewegt werden sollen. Strafrechtlich kommen insbesondere Betrug (§ 263 StGB) und Computerbetrug (§ 263a StGB) in Betracht. Telekommunikationsdienstleister unterliegen lediglich begrenzten Prüf- und Eingriffspflichten; eine allgemeine Überwachung oder Filterung von Kommunikationsinhalten ist ihnen regelmäßig nicht auferlegt.

SMTP Abk. für → Simple Mail Transfer Protocol.

Smurf-Attacke Eine Smurf-Attacke ist eine Sonderform eines → Denial-of-Service-Angriff, bei der der → Server des Opfers durch manipulierte Reaktionen auf → Ping-Anfragen zur Aus- und Überlastung gebracht wird.

Snarfing Snarfing bezeichnet das unbefugte Ausspähen oder Abfangen von Daten über drahtlose Übertragungstechnologien (zB WLAN oder Bluetooth), insbesondere bei unzureichend gesicherten Geräten oder Netzwerken. Strafrechtlich kann Snarfing als Ausspähen von Daten (§ 202a StGB) relevant sein, sofern geschützte Daten unter Überwindung vorhandener Sicherungsmaßnahmen erlangt werden.

Sniffer Sniffer ist eine Software zur Netzwerkanalyse (Erfassung und Auswertung des gesamten Datenverkehrs innerhalb eines Netzwerkes), ermöglicht aber auch das Abfangen von Benutzernamen und Passwörtern. Strafrechtliche Relevanz kann sich insbesondere nach § 202b StGB (Abfangen von Daten) sowie unter den Voraussetzungen des § 202c StGB ergeben.

Sniper-Software Sniper-Software (auch Sniper-Dienst) ist ein Computerprogramm, das ein Bieter bei →Online-Auktionen einsetzt, um kurz vor Auktionsende automatisiert und im Rahmen vorab eingestellter Grenzen ein neues Höchstgebot abzugeben und die Auktion zu gewinnen. Der Einsatz von Sniper-Software kann sich als Verletzung der AGB des Anbieters der Online-Auktion darstellen.

SOA Abk. für →Sarbanes Oxley Act, auch Abk. SOX.

SOAR (Security Orchestration, Automation and Response) SOAR bezeichnet Systeme zur Orchestrierung und teilweisen Automatisierung von Sicherheits- und Incident-Response-Maßnahmen.

Social Engineering Social Engineering bezeichnet die gezielte Manipulation von Personen mit dem Ziel, vertrauliche Informationen preiszugeben oder sicherheitsrelevante Handlungen vorzunehmen. Strafrechtlich kommen insbesondere Betrug (§ 263 StGB) sowie das Ausspähen von Daten (§ 202a StGB) in Betracht. Unternehmen können datenschutzrechtlich verantwortlich sein, wenn durch unzureichende organisatorische oder technische Schutzmaßnahmen Social-Engineering-Angriffe begünstigt werden, insbesondere im Hinblick auf die Integrität und Vertraulichkeit personenbezogener Daten (Art. 5 Abs. 1 lit. f DS-GVO).

Social Scoring (verbotene KI-Praxis) Social Scoring bezeichnet die Bewertung oder Klassifizierung von Personen auf Grundlage ihres sozialen Verhaltens oder persönlicher Merkmale mittels KI. Nach Art. 5 Abs. 1 lit. c KI-VO ist Social Scoring durch öffentliche und private Akteure verboten, wenn der daraus resultierende soziale Score zu ungerechtfertigten oder unverhältnismäßigen nachteiligen Behandlungen führt oder in sozialen Kontexten eingesetzt wird, die nicht mit dem ursprünglichen Erhebungs- oder Nutzungskontext der Daten zusammenhängen.

Software als Medizinprodukt Software als Medizinprodukt (Software as a Medical Device, SaMD) ist nach der Verordnung (EU) 2017/745 über Medizinprodukte (MDR) eine eigenständige Software, die vom Hersteller zur Erfüllung einer medizinischen Zweckbestimmung bereitgestellt wird und, ohne zwingend integraler Bestandteil eines physischen Medizinprodukts zu sein, zur Diagnose, Prävention, Überwachung, Vorhersage, Prognose, Behandlung oder Linderung von Krankheiten bestimmt ist (Art. 2 Nr. 1 MDR iVm Anhang VIII, Regel 11). Maßgeblich ist, dass die Software eine eigene medizinische Zweckbestimmung verfolgt, die vom Hersteller festgelegt wird (Art. 2 Nr. 12 MDR), und ihre medizinische Funktion nicht lediglich in der Speicherung, Archivierung oder Weiterleitung von Daten besteht, sondern einen eigenständigen Beitrag zur Erfüllung der medizinischen Zweckbestimmung leistet (Abgrenzung zu nicht-regulierter Software (z. B. zu Lifestyle Zwecken) nach MDCG-Leitlinien, insb. MDCG 2019-11). Die regulatorische Risikoklassifizierung, welche die Art der Konformitätsbewertung zur Erlangung der pflichtgemäßen CE-Kennzeichnung bestimmt, erfolgt nach den Vorgaben der Regel 11 des Anhangs VIII der Medizinprodukte-Verordnung.

Software as a Service (SaaS) Vgl. → Cloud Computing.

Software Escrow Software Escrow ist die Hinterlegung des → Quellcodes eines Computerprogramms bei einer (neutralen) Stelle (zB bei einem Notar oder bei einem spezialisierten unabhängigen Unternehmen, Escrow Agent). Software Escrow kommt in Betracht, wenn ein Anbieter von Software den zugehörigen Quellcode nicht generell an den Anwender herausgeben oder diesem Einblick gewähren will, sondern nur im Fall des Eintritts bestimmter vorab im → Software Escrow-Vertrag definierter Ereignisse (→ Releasefall, zB Insolvenz des Herstellers). In der juristischen Literatur ist umstritten, ob diese Konstruktion tatsächlich insolvenzfest ist.

Software-Escrow-Vertrag Der Software-Escrow-Vertrag regelt die Einzelheiten der Hinterlegung des → Quellcodes von Software (Formate, Vergütung etc.). Besondere Bedeutung kommt den Regelungen zu den Herausgabeereignissen (Releasefälle) zu. Häufig werden die Insolvenz des Herstellers oder die endgültige Verweigerung der Beseitigung von Mängeln oder der Erbringung von Wartungsleistungen als Herausgabeereignisse vereinbart. Weitere Regelungen können die Prüfung des zur Hinterlegung übergebenen Quellcodes auf logische Konsistenz oder andere Prüfkriterien betreffen. Aus Sicht des potentiell Herausgabebegünstigten empfiehlt es sich, auf die Modalitäten der Herausgabe zu achten (zB ist auch im Releasefall die Zustimmung des Rechtsinhabers für eine Herausgabe erforderlich oder welche Anforderungen werden an den Nachweis gestellt, dass ein Releasefall vorliegt). In der juristischen Literatur ist umstritten, ob diese Konstruktion tatsächlich insolvenzfest ist.

Software maintenance Vgl. → Wartungsvertrag, → Pflegevertrag.

Software on demand Software on demand ist eine Erwerbsform für Software, bei der die Software nicht auf den Rechnern des Erwerbers, sondern auf einem → Server beim Anbieter betrieben wird und bei der der Kunde flexibel je nach Bedarf über das Internet auf die Software zugreift (siehe auch → Cloud Computing, → Application Service Providing oder → Software as a Service).

Software Wartungs-und Pflegevertrag Vgl. → Wartungsvertrag, → Pflegevertrag.

Software-Agent Ein Software-Agent ist ein autonom arbeitendes Computerprogramm, das selbständig agieren und reagieren und mit anderen Software-Agents kommunizieren kann. Einfache Software-Agents werden als → Bot bezeichnet.

Software-Distribution Software-Distribution bezeichnet den Vorgang des Softwarevertriebs.

Software-Maintenance-Vertrag Vgl. → Wartungsvertrag, → Pflegevertrag.

Software-Piraterie Mit Software-Piraterie bezeichnet man das Kopieren und Verbreiten von Software ohne entsprechende urheberrechtliche Berechtigung (siehe auch → Raubkopie).

Software; Software als Sache Software bezeichnet sämtliche → Computerprogramme einschließlich der für ihre Nutzung erforderlichen Bestandteile. Rechtlich ist Software je nach Ausgestaltung unterschiedlichen Regelungsregimen des BGB zuzuordnen. Verkörperte Standardsoftware (z. B. auf Datenträgern) kann als bewegliche Sache eingeordnet werden, sodass Kaufrecht (§§ 433 ff. BGB) Anwendung findet. Für Verbraucherverträge über Software als digitales Produkt gilt ggf. vorrangig das besondere Bereitstellungs- und Gewährleistungsregime der §§ 327 ff. BGB, einschließlich gesetzlicher Aktualisierungspflichten; bei Waren mit digitalen Elementen erfolgt eine Rückverweisung in das Kaufrecht (§ 327a Abs. 3 BGB, §§ 475b ff. BGB). Außerhalb dieses Anwendungsbereichs kann bei zeitlich befristeter Überlassung Miet- oder Dienstvertragsrecht einschlägig sein.

Die individuelle Erstellung oder wesentliche Anpassung von Software richtet sich nach dem Schwerpunkt des Vertrags und unterliegt regelmäßig dem Werkvertragsrecht (§§ 631 ff. BGB); in Grenzfällen ist nach Art und Umfang der individuellen Leistungen zu differenzieren.

Softwareanpassung Vgl. → Customizing.

Softwarelieferkette Die Softwarelieferkette umfasst Komponenten, Abhängigkeiten, Bibliotheken, Entwicklungs-Tools und externe Dienste, die bei der Erstellung, Bereitstellung und dem Betrieb von Software eingesetzt werden. Cyber- und Lieferkettenrisiken werden insbesondere durch den Cyber Resilience Act, die NIS-2-Richtlinie und DORA adressiert.

Softwarelizenz Die Softwarelizenz (auch Endbenutzerlizenzvertrag, Enduser License Agreement Abk. → EULA) regelt die Nutzungsbedingungen für eine bestimmte Software.

Softwarelizenzvertrag Vgl. → Lizenzvertrag.

Softwarepflege Vgl. → Wartungsvertrag, → Pflegevertrag.

Softwarepflegevertrag Vgl. → Wartungsvertrag, → Pflegevertrag.

Softwareservicevertrag Vgl. → Wartungsvertrag, → Pflegevertrag.

Softwaretestat Ein Softwaretestat (auch „Softwarebescheinigung“, „Softwarezertifikat“) bestätigt, dass eine Software bestimmten Anforderungen (zB den gesetzliche Anforderungen an Rechnungslegungssoftware) genügt.

Softwareüberlassungsvertrag Softwareüberlassungsvertrag ist die allgemeine Bezeichnung für Verträge zur Einräumung von Nutzungsrechten an Software. Softwareüberlassungsverträge können als Miete (oder Application Service Providing) oder Kauf ausgestaltet werden. Wird ein Kaufvertrag über Software gemeinsam mit einem → Pflegevertrag abgeschlossen, so stellt sich die Frage nach der Abgrenzung zwischen den Rechten bei Mängeln einerseits und den Rechten aus dem Pflegevertrag andererseits.

sonstige Rechtsvorschrift Vgl. → Betriebsvereinbarung.

Source-Code Vgl. → Quellcode.

Sovereign Cloud Sovereign Cloud bezeichnet Cloud-Dienste, deren technische, organisatorische und rechtliche Ausgestaltung eine möglichst weitgehende Daten- und Betriebshoheit des Kunden sicherstellen soll, insbesondere durch Datenhaltung und -verarbeitung in der EU/EWR, kontrollierte Zugriffs- und Administrationsmodelle sowie Maßnahmen zur Begrenzung extraterritorialer Zugriffe ausländischer Behörden (etwa nach dem US CLOUD Act).

SOX Abk. für → Sarbanes Oxley Act.

Spam Spam hat sich als Oberbegriff für in der Regel massenhaft versandte unerwünschte E-Mails (→ UBE oder → UCE) durchgesetzt.. Im weiteren Sinne steht der Begriff „Spam“ für das massenhafte Versenden nicht angeforderter Inhalte. Ohne inhaltliche Differenzierung ist statt Spam auch von Junk E-Mails die Rede. Der Vorgang wird Spamming oder Spammen genannt, der Verursacher Spammer.

Spamdexing Unter Spamdexing versteht man sämtliche Maßnahmen, die darauf abzielen, durch Einträge auf eigenen oder fremden Websites für bestimmte Suchbegriffe einen verbesserten Rang im Ranking einer Suchmaschine zu erreichen (vgl. auch → Suchmaschinenoptimierung und → Search Engine Spamming).

Spammer Vgl. → Spam.

Spamming Vgl. → Spam.

SpamPal SpamPal ist ein kostenloser OpenSource-Spam-Filter für Microsoft Windows.

Spear-Phishing Spear-Phishing bezeichnet einen gezielten, personalisierten Phishing-Angriff auf bestimmte Personen, Funktionen oder Organisationen, bei dem Angreifer individuelle Informationen nutzen, um etwa Zugangsdaten, Zahlungen oder Systemzugriffe zu erlangen. Es ist ein häufiges Einfallstor für weitergehende Kompromittierungen bis hin zu komplexen Angriffskampagnen.

Speichern Speichern bezeichnet das Aufbewahren personenbezogener Daten auf einem Datenträger oder in sonstiger Weise zum Zweck ihrer weiteren Verarbeitung.

Speicherung für Dritte Vgl. → Haftung im Internet.

Spim Abk. für Spam over instant messaging, → Spam.

Spit Abk. für Spam over Internet Telefonie, → Spam Phishing; bezogen auf bestimmte Formen einer falschen Identität: → IP-Spoofing, → DNS-Spoofing usw.).

Spom Abk. für Spam over Mobile Phone, → Spam.

Sponsored link Sponsored link bezeichnet einen → Hyperlink, der bei Suchmaschinenergebnissen kontextbezogen als Werbung eingeblendet wird.

Spoofing Spoofing ist in Computernetzen der Oberbegriff für sämtliche Maßnahmen, die zur Vortäuschung oder Verschleierung der eigenen Identität in einem Netzwerk dienen (zB → Phishing; bezogen auf bestimmte Formen einer falschen Identität: → IP-Spoofing, → DNS-Spoofing usw.). Insbesondere bezeichnet es das Versenden von IP-Paketen mit gefälschter Quell-IP-Adresse. Die Kopfdaten jedes IP-Pakets enthalten dessen Quelladresse. Dies sollte die Adresse sein, von der das Paket gesendet wurde. Indem der Angreifer die Kopfdaten so fälscht, dass sie eine andere Adresse enthalten, weist das Paket auf einen anderen Absender hin.

Spuren, digitale Digitale Spuren sind die u. a. in den Server Log Files enthaltenen Informationen über die von einem Nutzer ausgeführten Befehle, die von ihm betrachteten Inhalte sowie möglicherweise Informationen über seine Ausgangsseite (→ Referer) und über die nächste von ihm angesteuerte externe Website. Digitale Spuren können auch in Cookies enthalten sein und von einer Website ausgelesen werden. Insgesamt machen digitale Spuren das Verhalten der Nutzer im Internet nachvollziehbar.

Spyware Spyware sind Programme, die durch Trojanische Pferde (→ Trojaner) als Anhang mit → Free-/→ Shareware verbreitet werden und die persönliche Daten des Nutzers (zB Informationen über das Surfverhalten des Benutzers) sammeln und an vorab festgelegte Dritte weiterleiten.

SQL Abk. für → structured query language, dabei handelt es sich um eine Abfragesprache für → Datenbanken.

SQL-Injection SQL-Injection bezeichnet einen Angriff, bei dem durch manipulierte Eingaben SQL-Datenbankabfragen so beeinflusst werden, dass unbefugt Daten ausgelesen, verändert oder zusätzliche Befehle ausgeführt werden. Strafrechtlich kommen je nach Angriffsziel und Erfolgswirkung insbesondere §§ 202a, 303a StGB in Betracht.

SSC Abk. für → Shared Service Center.

SSL Abk. für → Secure Socket Layer.

Stand-by-Betrieb Der Stand-by-Betrieb bezeichnet den nicht vollständig abgeschalteten Zustand eines technischen Geräts, in dem bestimmte Komponenten weiter mit Strom versorgt werden, um den Anschaltvorgang des Geräts zu beschleunigen.

Standard Ein Standard ist jede Art von Festlegung technischer Voraussetzungen.

Standardsoftware Standardsoftware bezeichnet Software, die für eine große Anzahl an Nutzern mit gleichartigen Bedürfnissen erstellt wurde und über ein entsprechendes Funktionsspektrum verfügt. In der Regel lässt sich eine Standardsoftware durch eine andere ersetzen. Standardsoftware lässt sich im Rahmen der Konfigurationsmöglichkeiten und durch → Customizing an individuelle Bedürfnisse anpassen. Im Gegensatz dazu ist → Individualsoftware von vornherein auf die individuellen Bedürfnisse eines Nutzers zugeschnitten.

Standardvertragsklauseln Standardvertragsklauseln (SCC) sind von der EU-Kommission erlassene Musterklauseln für die Übermittlung personenbezogener Daten in → Drittländer ohne Angemessenheitsbeschluss. Maßgeblich ist heute die Fassung 2021 nach dem Durchführungsbeschluss (EU) 2021/914, die einen modularen Ansatz für die Konstellationen Verantwortlicher–Verantwortlicher, Verantwortlicher–Auftragsverarbeiter, Auftragsverarbeiter–Auftragsverarbeiter und Auftragsverarbeiter–Verantwortlicher vorsieht.

Standortdaten Standortdaten sind gemäß § 3 Nr. 56 TKG Daten, die in einem Telekommunikationsnetz oder von einem Telekommunikationsdienst verarbeitet werden und die den Standort des Endgeräts eines Nutzers eines öffentlich zugänglichen Telekommunikationsdienstes angeben.

Steganographie Die Steganographie ist eine Methode, die sich mit dem Verbergen von Nachrichten oder anderen Daten in Dateien befasst (→ digitales Wasserzeichen).

Storage Vgl. → elektronische Archivierung.

Streaming Fortlaufende Übertragung mit sukzessiver Wiedergabe; vorübergehende Speicherung erforderlich. Flüchtige Speicherungen sind Vervielfältigungen (§ 16 UrhG), aber bei rechtmäßiger Nutzung nach § 44a UrhG zulässig; kein Schutz bei offensichtlich rechtswidrigen Quellen.

Strichcode Vgl. → Barcode.

structured query language Structured query language (Abk. SQL) ist eine Abfragesprache bei → Datenbanken.

Subdomain Subdomain ist eine → Domain, die hierarchisch unterhalb einer anderen Domain liegt. Dies betrifft auch die → Second-Level-Domain im Verhältnis zur → Top-Level-Domain, wobei der Begriff hier nicht gebräuchlich ist. Vielmehr ist hier von Second-Level-Domain oder nur von Domain die Rede. Subdomains dienen zur logischen Gliederung eines zusammengehörigen Angebots auf einer → Website, so zB um verschiedene Internetangebote über den Namen der Domain voneinander abzugrenzen.

Subprocessor Subprocessor ist die engl. Bezeichnung für → Unterauftragnehmer.

Subscriber Identity Module Das Subscriber Identity Module (SIM oder SIM-Karte) ist eine Chipkarte, die in mobile Endgeräte eingeschoben wird. Über die SIM-Karte kann der → Nutzer auf Telefon- und Datendienste des Mobilfunkanbieters zugreifen. Die SIM-Karte ist zudem der Speicher für die → International Mobile Subscriber Identity sowie andere Identifikationsdaten. Auch Textnachrichten oder Adressbücher lassen sich auf der SIM-Karte speichern.

Suchmaschine Eine (Online-)Suchmaschine bezeichnet einen Vermittlungsdienst, der es Nutzern ermöglicht, in Form eines Stichworts, einer Spracheingabe, einer Wortgruppe oder einer anderen Eingabe Anfragen einzugeben, um prinzipiell auf allen Websites oder auf allen Websites in einer bestimmten Sprache eine Suche zu einem beliebigen Thema vorzunehmen und Ergebnisse in einem beliebigen Format, in dem Informationen im Zusammenhang mit dem angeforderten Inhalt zu finden sind, angezeigt zu bekommen (Art. 3 lit. j DSA). Für das Zugänglichmachen und die Anzeige fremder Inhalte gelten Haftungsprivilegien nach Art. 4 ff. DSA.

Suchmaschinenoptimierung Suchmaschinenoptimierung ist der Oberbegriff für Maßnahmen zur Beeinflussung der Ergebnisse von Suchmaschinen, damit die eigene Website als Ergebnis der Suche nach einem bestimmten Begriff in der Reihenfolge der von der Suchmaschine nach Maßgabe inhaltlicher Relevanz (demnach anders als bei bezahlten Anzeigen nicht nach der Höhe des für einen Click vereinbarten Betrags) angezeigten Ergebnisse ein höheres Ranking erreicht.

Suchmaschinenranking Unter Suchmaschinenranking versteht man die Liste der von einer Suchmaschine für einen bestimmten Suchbegriff nach Maßgabe inhaltlicher Relevanz (demnach anders als bei bezahlten Anzeigen nicht nach der Höhe des für einen Click vereinbarten Betrags) angezeigten Ergebnisse. Dem Suchmaschinenranking (Ranking ist der englische Begriff für Rangliste) kommt insbesondere im Hinblick auf den Listenplatz des Suchergebnisses Bedeutung zu, da typischerweise nur die weit oben (auf der ersten Seite der Suchergebnisse) gelisteten Suchergebnisse angeklickt werden.

sunrise-Periode Die sunrise-Periode bezeichnet die Einführungsphase einer neuen → TLD, während der besondere Registrierungsvoraussetzungen gelten.

Supply Chain Attack Supply-Chain-Attack bezeichnet einen Cyberangriff über einen kompromittierten Lieferanten, Dienstleister oder ein Drittprodukt, bei dem der Angreifer nicht das eigentliche Zielsystem direkt, sondern einen vorgelagerten Bestandteil der Liefer- oder Wertschöpfungskette ausnutzt (zB manipulierte Software-Updates, kompromittierte Dienstleister).

Rechtlich tragen Supply-Chain-Angriffe der zunehmenden Bedeutung von Lieferkettenrisiken Rechnung.

Support Mit Support wird die Unterstützung der Anwender von IT-Systemen bei Problemen mit Computerprogrammen oder Endgeräten bezeichnet. Im Hinblick darauf, dass sich für den Support kein festes Leistungsspektrum entwickelt hat, muss im Supportvertrag geregelt sein, welche Pflichten übernommen werden sollen und, gegebenenfalls, ob bestimmte Reaktionszeiten gewünscht sind (→ Service Level Agreement). Für die Wartung von Hardware und Software siehe → Wartungsvertrag, → Pflegevertrag.

Supportstufen Supportstufen bezeichnet die unterschiedliche Ebenen, auf der Unterstützungsleistungen seitens des aufgrund eines → Wartungs- oder → Pflegevertrages Verpflichteten oder des Herstellers erbracht werden (→ First-Level Support, → Second-Level Support, → Third-Level Support).

Supportvertrag Vgl. → Support.

Surface-Link Der Surface-Link ist ein → Hyperlink und verweist im Unterschied zum → Deep-Link lediglich auf die Eingangsseite einer → Website, also des Webangebots eines Dritten. Die Bedenken bei Deep-Links stellen sich hier nicht – allein das Setzen eines Links ist noch kein Anbieten des Inhalts eines Dritten, weil nur vergleichbar einem Fundstellennachweis, durch den auf das Angebot eines anderen hingewiesen wird.

SWIFT Die SWIFT (Abk. für Society for Worldwide Interbank Financial Telecommunication) ist eine internationale Genossenschaft der Geldinstitute, die ein Netzwerk zum Austausch von Nachrichten zwischen Geldinstituten im internationalen Zahlungsverkehr betreibt und diesen standardisiert hat.

SWIFT-BIC Abk. für SWIFT Bank Identifier Code. Der von der → SWIFT eingeführte Code dient zur eindeutigen Identifizierung von Banken im internationalen Geschäftsverkehr und ist Bestandteil der Adressierung bei Zahlungen oder anderem Nachrichtenaustausch zwischen Banken. http://www.swift.com/biconline_classic/advanced/.

Switching Costs (regulatorisch) Switching Costs bezeichnen rechtliche, technische oder wirtschaftliche (Wechsel-)Hürden, die Nutzer daran hindern oder davon abhalten, den Anbieter eines digitalen Dienstes, insbesondere eines Datenverarbeitungs- oder Cloud-Dienstes, zu wechseln. Regulatorisch zielt der Data Act darauf ab, solche Wechselkosten systematisch zu reduzieren. Er verpflichtet Anbieter insbesondere zu Datenportabilität, Interoperabilität und zur Beseitigung ungerechtfertigter vertraglicher, technischer und organisatorischer Wechselhindernisse (vgl. insb. Art. 23 ff. Data Act).

Symmetrische Verschlüsselung Bei einer Symmetrischen Verschlüsselung nutzen beide Partner den identischen Schlüssel. Der Austausch des Schlüssels beinhaltet besondere Risiken, weil Dritte aus dem Verschlüsselungsalgorithmus auch den Entschlüsselungsschlüssel ableiten können (Ggs. → asymmetrische Verschlüsselung).

Syndication Syndication ist das Zusammenfassen oder Verbinden des Inhalts mehrerer Websites oder unterschiedlicher medialer Inhalte in einem Angebot. Bei der Syndication sind urheber- und wettbewerbsrechtliche Vorgaben zu beachten (zB keine Verschleierung der Urheberschaft eines geschützten Werks, keine urheberrechtswidrige Bearbeitung oder keine wettbewerbsrechtswidrige Nachahmung).

Synthetische Daten Synthetische Daten sind künstlich erzeugte Datensätze, die die statistischen Eigenschaften und Strukturen realer Daten nachbilden, ohne diese unmittelbar zu reproduzieren. Sie werden insbesondere für Analyse-, Test- und Trainingszwecke eingesetzt, etwa im Kontext von KI-Systemen, um Risiken für den Datenschutz zu reduzieren. Datenschutzrechtlich ist maßgeblich, ob synthetische Daten einen Personenbezug aufweisen. Vollständig anonymisierte synthetische Daten unterfallen nicht der DS-GVO; besteht hingegen ein verbleibendes Re-Identifizierungsrisiko oder ein Bezug zu identifizierbaren Personen, kann dies anders zu beurteilen sein.

Sysop Abk. für Systemoperator,→ Administrator, → Systemadministrator.

Systemadministrator Ein Systemadministrator (auch → Administrator, → Admin, Sysadmin, Netzwerkadministrator, Netzwerkverwalter, Netzadministrator, Netzverwalter, Systemmanager, Systemverwalter, Systembetreuer genannt) hat die Aufgabe der umfassenden Verwaltung der IT-Systeme (zB Server, Arbeitsplatzrechner, Internetzugänge, Telefonanlagen und sonstige Telekommunikationssysteme) eines Unternehmens (oder eines sonstigen Systembetreibers) und hat auf Grundlage seines → Accounts das Recht zum Vollzugriff auf die administrierte IT-Systeme. Zum typischen Aufgabenbereich des Systemadministrators gehören unter anderem die Planung der IT-Systeme und deren Kapazität, die Systemkonfiguration und damit zugleich deren Absicherung gegen Angriffe von innen und außen.

Systemdatenschutz Der Systemdatenschutz umfasst sämtliche Maßnahmen zum Schutz personenbezogener Daten. Dies schließt neben den → technischen und organisatorischen Maßnahmen gemäß Art. 32 DS-GVO auch die Beachtung der Grundsätze der → Datensparsamkeit (Art. 5 Abs. 1 lit. c DS-GVO) sowie den Einsatz von → Anonymisierung und → Pseudonymisierung ein.

Systemimplementierung Vgl. → Implementierung.

Systemisches Risiko Systemische Risiken im Sinne von Art. 34 DSA sind strukturelle, sich aus der Gestaltung, Funktionsweise oder Nutzung sehr großer Online-Plattformen (VLOPs) oder sehr großer Online-Suchmaschinen (VLOSEs) ergebende Risiken, die erhebliche nachteilige Auswirkungen auf den öffentlichen Diskurs, die Integrität von Wahlen und demokratischen Prozessen, den Schutz von Minderjährigen sowie auf gesellschaftliche Grundrechte (insbesondere Meinungs-, Informations- und Nichtdiskriminierungsrechte) haben können. Anbieter von VLOPs und VLOSEs sind verpflichtet, solche Risiken regelmäßig zu identifizieren, zu analysieren und zu bewerten und geeignete Risikominderungsmaßnahmen zu ergreifen.

Systemklausel Durch eine Systemklausel wird die Nutzung eines Computerprogramms an ein bestimmtes System, also insbesondere an einen bestimmten Computer gebunden (siehe auch → CPU-Klausel).

Systempenetration Systempenetration bezeichnet den gezielten Angriff auf ein IT-System oder einen Host von außen, um Sicherheitslücken zu identifizieren (Penetrationstest). Erfolgt die Systempenetration mit Einwilligung des Berechtigten und zu legitimen Sicherheits- und Testzwecken, ist sie rechtlich zulässig. Ohne entsprechende Autorisierung können einschlägige Straftatbestände, insbesondere der §§ 202a ff. StGB, berührt sein.

Systemprogramm Vgl. → Dienstprogramm.

Systemsoftware Systemsoftware ist Software, die als grundlegende Voraussetzung für die Nutzung eines EDV-Systems erforderlich ist, also das Betriebssystem sowie betriebssystemnahe Software (vgl. auch → Betriebssystem).

Systemvertrag Der Systemvertrag ist auf die Erstellung eines Gesamtsystems aus Hardware und Software sowie in aller Regel auf die Herbeiführung der Einsatzfähigkeit des Gesamtsystems gerichtet. Auch Beratungsleistungen können Gegenstand des Systemvertrags sein, beispielsweise um den Kunden im Hinblick auf die korrekte Dimensionierung des Gesamtsystems zu beraten.

Systemverwalter Vgl. → Administrator, Vgl. → Systemadministrator.

T

TAN Abk. für → Transaktionsnummer.

Targeting Targeting ist zielgruppenspezifische Werbung. Im Internet werden beim Targeting auf Websites mit Hilfe von Cookies auf die Bedürfnisse der Anwender fokussierte Werbebanner eingespielt. Unabhängig vom verwendeten Targeting-Modell verpflichtet der DSA Anbieter von Online-Plattformen, die Werbung ausspielen, nach Art. 26 DSA zu Anzeige-Transparenz: Nutzer müssen für jede einzelne Anzeige u. a. erkennen können, dass es sich um Werbung handelt, wer hinter der Anzeige steht und welche Hauptparameter dafür maßgeblich waren, dass gerade ihnen die Anzeige angezeigt wird (inkl. Hinweis, wie diese Parameter ggf. geändert werden können).

Targeting, kontextbezogen Bei kontextbezogenem → Targeting werden Anzeigen an den aktuellen Kontext (zB Inhalt einer Seite, Suchbegriff, Geräte- oder Situationsparameter) angeknüpft, ohne hierfür ein nutzerbezogenes Profiling über Dienste hinweg zu benötigen. Daher ist es datenschutzrechtlich regelmäßig weniger eingriffsintensiv als zB verhaltensbasiertes Targeting, insbesondere weil eine Profilbildung typischerweise entfällt und Tracking-Cookies nicht zwingend erforderlich sind.

Tastatur-Recorder Ein Tastatur-Recorder zeichnet Tastatureingaben eines Nutzers auf, und zwar unabhängig davon, in welcher Applikation die Eingaben erfolgen. Im Arbeitsrecht ist dies wegen der Möglichkeit der Totalüberwachung äußerst problematisch (→ Key-Logger).

Tätigkeitsbericht (Datenschutzaufsichtsbehörden) Tätigkeitsberichte der Datenschutzaufsichtsbehörden dokumentieren die Art und den Umfang festgestellter Verstöße sowie getroffener Maßnahmen und Sanktionen. Sie dienen der Transparenz, der parlamentarischen Kontrolle und der Fortentwicklung der Datenschutzpraxis, und stellen eine wertvolle Quelle für die Beratungspraxis dar.

Tauschbörse Vgl. → Filesharing.

TCG Abk. für → Trusted Computing Group.

TCO Abk. für → Total Cost of Software Ownership.

TCP/IP Protocol Das TCP/IP Protocol (Abk. für → Transmission Control Protocol/Internet Protocol, also Übertragungssteuerungs- und -Internet-Protokoll) ist das Standardprotokoll für die Datenübertragung zwischen offenen Systemen und damit zwischen Computern in Netzwerken wie dem Internet. Es wurde für das Internet entwickelt und stellt einen Übertragungskanal zwischen zwei Endpunkten einer Netzwerkverbindung (Sockets) her. Durch diesen Kanal können in beide Richtungen Daten übertragen werden.

TCPA Abk. für Trusted Computing Platform Alliance, Vorläufer der → Trusted Computing Group (TCG).

TCSEC Das TCSEC (Abk. für Trusted Computer System Evaluation Criteria) ist ein Klassifizierungssystem des amerikanischen Verteidigungsministeriums zur Einstufung der Sicherheit von Computer-Systemen („Orange Book") (siehe http://csrc.nist.gov/publications/history/dod85.pdf)

TDDDG Siehe Telekommunikation – Digitale-Dienste-Datenschutz-Gesetzes (TDDDG).

TDDDG, Digitale Dienste Ein „digitaler Dienst" ist ein Dienst im Sinne von Art. 1 Abs. 1 lit. b RL (EU) 2015/1535, also eine in der Regel gegen Entgelt erbrachte Dienstleistung, die im Fernabsatz, elektronisch und auf individuellen Abruf des Empfängers erfolgt. Erfasst sind damit typischerweise kommerzielle Online-Dienste wie Webseiten, Plattformen und Apps, einschließlich werbefinanzierter Angebote, soweit sie diese Merkmale erfüllen.

TDDDG, Einwilligungspflicht Die Einwilligungspflicht nach § 25 TDDDG betrifft den Schutz der Privatsphäre bei Endeinrichtungen und knüpft an das Speichern von Informationen oder den Zugriff auf bereits gespeicherte Informationen auf Endgeräten von Nutzern an (zB Cookies, Tracking-Pixel, SDKs). Grundsätzlich ist ein solcher Zugriff nur zulässig, wenn der Endnutzer zuvor auf der Grundlage klarer und umfassender Informationen eingewilligt hat. Ausnahmen von der Einwilligungspflicht bestehen insbesondere für (i) Vorgänge, deren alleiniger Zweck die Übertragung einer Nachricht über ein öffentliches Telekommunikationsnetz ist, sowie (ii) solche Speicher- oder Zugriffsvorgänge, die unbedingt erforderlich sind, um einen vom Nutzer ausdrücklich gewünschten digitalen Dienst bereitzustellen.

Tear-open-contract Vgl. → Schutzhüllenvertrag.

Tech-C Der Tech-C (Abk. für „Technical Contact") ist der technische Ansprechpartner für eine Domain. Gemäß IX. der DENIC-Domainrichtlinien (siehe http://denic.de/domainrichtlinien.html) kann der Tech-C eine namentlich benannte natürliche Person oder eine abstrakt bezeichnete Personengruppe (sog. role-account, zB „DENIC-Hostmaster") sein. Für ihn sind Name, Anschrift, Telefon- und Telefaxnummer sowie E-Mail-Adresse anzugeben. Eine Störerhaftung des technischen Ansprechpartners einer Domain sollte aufgrund seiner beschränkten Aufgaben und Einwirkungsmöglichkeiten nur im Fall offensichtlicher oder rechtskräftig festgestellter Rechtsverletzungen angenommen werden (siehe auch Störerhaftung des → administrativen Ansprechpartners einer Domain).

Technische Dokumentation Eine technische Dokumentation enthält die Aufbereitung und Publikation technischer Sachverhalte und Abläufe, also die Gesamtheit aller Unterlagen, die zur Information und Instruktion der Zielgruppen, zur Produktbeobachtung und zu anderen Zwecken dienen. Zu einer technischen Dokumentation zählen neben Gebrauchs- und Nutzungsanleitungen auch elektronische Teilekataloge, Reparaturhandbücher und interaktive Hilfesysteme, unter Umständen auch Konstruktions- und Fertigungsunterlagen, Sicherheitshinweise, etc.

Technische Programmschutzmechanismen Vgl. → wirksame technische Schutzmaßnahmen, § 95a UrhG.

Technische Richtlinie (BSI) Technische Richtlinien des → Bundesamts für Sicherheit in der Informationstechnik (BSI) betreffen bzw. konkretisieren sicherheitstechnische Anforderungen an IT-Produkte, -Dienste oder -Prozesse.

Insbesondere im BSIG dienen sie als Maßstab für Zertifizierungen, Konformitätserklärungen und das IT-Sicherheitskennzeichen. Bzgl. mancher Gesetze, insbesondere solcher, für deren Durchsetzung das BSI zuständig ist, können Technische Richtlinien des BSI praktische Konkretisierungen unbestimmter Rechtsbegriffe enthalten und sind daher für die technische Umsetzungspraxis ggfs. von hohem Wert.

Technische Robustheit (KI-Anforderung) Technische Robustheit ist eine zentrale Anforderung an Hochrisiko-KI-Systeme nach Art. 15 AI Act. Danach müssen solche Systeme mit einem angemessenen Maß an Genauigkeit, Robustheit und Cybersicherheit entwickelt und betrieben werden und diese Eigenschaften über ihren gesamten Lebenszyklus hinweg konsistent aufweisen. Zur Robustheit zählt insbesondere die Widerstandsfähigkeit gegenüber Fehlern, Störungen und Inkonsistenzen im System oder in seiner Einsatzumgebung, einschließlich der Interaktion mit Menschen und anderen Systemen; gefordert sind technische und organisatorische Maßnahmen wie Redundanzen, Backup- oder Fail-Safe-Pläne sowie Vorkehrungen zur Vermeidung schädlicher Rückkopplungseffekte bei lernenden Systemen.

Technische Schutzmaßnahme Vgl. → wirksame technische Schutzmaßnahmen, § 95a UrhG.

Technische (IKT-)Spezifikation In technischen (IKT-)Spezifikationen werden technische Anforderungen dargelegt, die ein Produkt, ein Verfahren, eine Dienstleistung oder ein System zu erfüllen hat.

Technische Überwachung Technische Überwachung bezeichnet die Aufzeichnung von menschlichem Verhalten mithilfe von technischen Einrichtungen. Gemäß § 87 Abs. 1 Nr. 6 BetrVG ist, soweit eine gesetzliche oder tarifliche Regelung nicht besteht, die Einführung und Anwendung von technischen Maßnahmen mitbestimmungspflichtig, die dazu bestimmt (nach ganz herrschender Meinung als „geeignet" zu lesen) sind, das Verhalten oder die Leistung der Arbeitnehmer zu überwachen.

Technische Überwachungseinrichtungen Vgl. → Technische Überwachung.

Technische und organisatorische Maßnahmen Technische und organisatorische Maßnahmen (Abk. „TOMs") sind Teil des Systemdatenschutzes und zentraler Bestandteil des Datenschutzkonzepts eines Unternehmens. Art. 32 DS-GVO enthält erforderliche Maßnahmen, wobei sich die Erforderlichkeit nach den Umständen des Einzelfalls bestimmt. Diese Maßnahmen können etwa Zutrittskontrollen, Zugangskontrollen, Zugriffskontrollen, Weitergabekontrollen, Eingabekontrollen, Auftragskontrollen oder Verfügbarkeitskontrollen umfassen. Für → digitale Dienste sowie für → Telekommunikationsdienste und → Telekommunikationsnetze gelten zusätzliche TOM-Pflichten (siehe § 19 TDDDG bzw. § 165 TKG).

Technischer Dienste zur Unterstützung von Zahlungsdiensten (DMA) Gemäß Art. 3 lit. j) RL (EU) 2015/2366 handelt es sich bei technischen Diensten zur Unterstützung von Zahlungsdiensten um Dienste, die von technischen Dienstleistern erbracht werden, die zwar zur Erbringung der Zahlungsdienste beitragen, jedoch zu keiner Zeit in den Besitz der zu transferierenden Geldbeträge gelangen. → Torwächter dürfen Endnutzern bzw. gewerblichen Nutzern nicht vorgeben, einen bestimmten solchen Dienst zu nutzen (siehe Art. 5 Abs. 7 DMA).

Technisches Feinkonzept Das Technische Feinkonzept enthält alle Angaben zur technischen Realisierung der Projektumsetzung und ähnelt dem → Pflichtenheft.

Technologietransfer-GVO Die Technologietransfer-GVO (TT-GVO) ist eine →Gruppenfreistellungsverordnung für Technologie-Transfer-Vereinbarungen.

Teilnehmeranschluss Der Teilnehmeranschluss ist nach § 3 Nr. 58 TKG der physische von Signalen benutzte Verbindungspfad, mit dem der Netzabschlusspunkt mit einem Verteilerknoten oder mit einer gleichwertigen Einrichtung in festen öffentlichen Telekommunikationsnetzen verbunden wird. Die Teilnehmeranschlussleitung steht im Eigentum des Netzbetreibers. Am Netzabschlusspunkt „endet" die →„Letzte Meile", für die der Netzbetreiber verantwortlich ist. Die an diesem Gerät angeschlossenen Endgeräte und die →Inhouse-Verkabelung sind allein dem Anschlussinhaber zuzurechnen.

Telekommunikation-Digitale-Dienste-Datenschutz-Gesetz (TDDDG) Das Telekommunikation-Digitale-Dienste-Datenschutz-Gesetz (TDDDG) regelt den Schutz personenbezogener Daten und der Privatsphäre bei Telekommunikationsdiensten und digitalen Diensten. Es konkretisiert und ergänzt die DS-GVO für diese Sektoren und setzt zugleich Vorgaben der ePrivacy-Richtlinie um. Das TDDDG ist im Dezember 2021 ursprünglich als →Telekommunikation-Telemedien-Datenschutzgesetz (TTDSG) in Kraft getreten und wurde im Mai 2024 in TDDDG umbenannt; zugleich wurde der Begriff „Telemedien" durch →„digitale Dienste" ersetzt, um eine begriffliche Angleichung an das Unionsrecht zu erreichen.

Telekommunikationsnetz (öffentlich) (TKG) Ein öffentliches Telekommunikationsnetz ist gem. § 3 Nr. 42 TKG ein →Telekommunikationsnetz, das ganz oder überwiegend der Erbringung öffentlich zugänglicher Telekommunikationsdienste dient, die die Übertragung von Informationen zwischen Netzabschlusspunkten ermöglichen.

Telearbeit Telearbeit ist ein Sammelbegriff für das Arbeiten auf Distanz, also nicht am Arbeitsplatz im Unternehmen. Die Anbindung der Telearbeitsplätze an das Netzwerk des Unternehmens erfolgt in der Regel über das Internet oder andere Telekommunikationsdienste.

Telebanking Vgl. →Electronic Banking.

Telekommunikation (TKG) Telekommunikation ist gem. § 3 Nr. 59 TKG der technische Vorgang des Aussendens, Übermittelns und Empfangens von Signalen mittels Telekommunikationsanlagen.

Telekommunikations-Kundenschutzverordnung Die Regelungen der Telekommunikations-Kundenschutzverordnung wurden in das →TKG übernommen.

Telekommunikations-Überwachungsverordnung Die Telekommunikations-Überwachungsverordnung (Abk. TKÜV) schafft die Grundlagen für Überwachungsmaßnahmen im Telekommunikationsbereich. Die Telekommunikations-Überwachungsverordnung soll die Interessen der berechtigten Stelle, der Betroffenen und der zur Überwachung verpflichteten Unternehmen in Einklang bringen.

Telekommunikationsanlagen (TKG) Telekommunikationsanlagen sind gem. § 3 Nr. 60 TKG technische Einrichtungen, Systeme oder Server, die als Nachrichten identifizierbare elektromagnetische oder optische Signale oder Daten im Rahmen der Erbringung eines Telekommunikationsdienstes senden, übertragen, vermitteln, empfangen, steuern oder kontrollieren können.

Telekommunikationsanlagen, Störung von Die Störung von Telekommunikationsanlagen ist ein Straftatbestand gem. § 317 StGB. Allerdings sind nur solche Anlagen tatbestandsmäßig, die öffentlichen Zwecken dienen, nicht also das einzelne Telefon, sondern Übertragungsleitungen, Umschaltkästen u. ä.

Telekommunikationsendeinrichtung (TKG) Ein Telekommunikationsendeinrichtung ist nach § 3 Nr. 62 TKG eine direkt oder indirekt an die Schnittstelle eines → öffentlichen Telekommunikationsnetzes angeschlossene Einrichtung zum Aussenden, Verarbeiten oder Empfangen von Nachrichten oder Daten.

Telekommunikationsgeheimnis Vgl. → Fernmeldegeheimnis.

Telekommunikationsgesetz Das Telekommunikationsgesetz (Abk. TKG) regelt insbesondere die rechtlichen Rahmenbedingungen im Telekommunikationsbereich, um den Wettbewerb zu fördern. Dies betrifft u. a. die Art und Weise der Regulierung des Marktes, den Zugang (Zuweisung von Frequenzen) und den Kundenschutz. Es enthält zudem Bestimmungen zum → Fernmeldegeheimnis und zum Datenschutz in der Telekommunikation. Es wurde 2021 reformiert (siehe → TKG 2021).

Telekommunikationsnetz (TKG) Ein Telekommunikationsnetz ist nach § 3 Nr. 65 TKG eine Gesamtheit von Übertragungssystemen, die die Übertragung von Signalen über Kabel, Funk, optische und andere elektromagnetische Einrichtungen ermöglichen. Das umfasst u. a. Satellitennetze, das Internet, mobile Netze, Netze für Hör- und Fernsehfunk sowie Kabelfernsehnetze, und ist unabhängig von der Art der übertragenen Information.

Telekommunikationsnetz, Erschleichen der Leistung eines Das Erschleichen der Leistung eines Telekommunikationsnetzes ist ein Straftatbestand nach § 265a StGB, aber nur, soweit die Herstellung und Aufrechterhaltung der Verbindung ausgenutzt wird.

Telekommunikationsverbindungsdaten Vgl. → Verkehrsdaten.

Telekommunikation-Telemedien-Datenschutzgesetz (TTDSG) Siehe → Telekommunikation-Digitale-Dienste-Datenschutz-Gesetz (TDDDG).

TeleManagement Forum Das TeleManagement Forum (Abk. TMForum) ist ein Branchenverband der Unternehmen der Telekommunikations- und Informationstechnik (siehe www.tmforum.org/).

Telematikinfrastruktur Die Telematikinfrastruktur des Gesundheitswesens (TI) ist die in §§ 306 ff. SGB V geregelte, sichere, interoperable digitale Infrastruktur zur Vernetzung der Akteure im Gesundheitswesen, die den standardisierten Austausch und die Verarbeitung von Gesundheitsdaten sowie die Nutzung elektronischer Anwendungen (z. B. → ePA, → E-Rezept) ermöglicht (§ 306 Abs. 1 SGB V). Sie wird unter maßgeblicher Steuerung der → gematik betrieben (§ 311 SGB V) und gewährleistet durch verbindliche technische und organisatorische Vorgaben insbesondere die Vertraulichkeit, Integrität und Verfügbarkeit der Daten.

Telemediengesetz Das Telemediengesetz (Abk. TMG) ist im Mai 2024 durch das → Digitale-Dienste-Gesetz (DDG) ersetzt worden. Einzelne Inhalte waren vorher bereits in das damalige → TTDSG (nunmehr → TDDDG) überführt worden.

Telemedizin Telemedizin ist die Erbringung medizinischer Leistungen unter Überbrückung räumlicher Distanz mittels Informations- und Kommunikationstechnologien, bei der insbesondere Diagnostik, Beratung oder Behandlung ohne unmittelbaren physischen Kontakt zwischen Arzt und Patient erfolgen. Rechtlich ist sie insbesondere in § 7 Abs. 4 MBO-Ä verankert, der eine ausschließliche Fernbehandlung unter bestimmten Voraussetzungen (insb. ärztliche Vertretbarkeit, Wahrung der Sorgfaltspflichten und ausreichende Aufklärung) erlaubt, sowie im SGB V, das telemedizinische Leistungen teilweise ausdrücklich vorsieht und vergütet (z. B. Videosprechstunden, dazu Bundesmantelvertrag/Ärzte, Anlage 31b). Ergänzend gelten die datenschutzrechtlichen Anforderungen der DS-GVO (Art. 5, 6, 9 DS-GVO) sowie die ärztlichen Aufklärungs- und Einwilligungspflichten (§§ 630d, 630e BGB).

Telemetrie Telemetrie bezeichnet die automatisierte Erhebung, Übermittlung und Auswertung von Nutzungs-, Zustands- oder Leistungsdaten eines Systems, Geräts oder Dienstes (zB Laufzeiten, Fehlercodes, Konfigurationen, Interaktionen).

Teleshopping Teleshopping ist nach § 2 Abs. 2 Nr. 11 Medienstaatsvertrag (MStV) die Sendung direkter Angebote an die Öffentlichkeit zum Absatz von Waren oder zur Erbringung von Dienstleistungen, einschließlich unbeweglicher Sachen, Rechte und Verpflichtungen, gegen Entgelt; erfasst sind insbesondere Teleshopping-Kanäle, -Fenster und -Spots als audiovisuelle Werbeformen innerhalb des Rundfunks.

Televoting Televoting ist eine Form des Abstimmungsverfahrens, bei der der Nutzer durch Anwählen einer Rufnummer oder das Versenden einer → SMS seine Stimme abgeben kann (in Deutschland sind dafür die 0137-Nummern – nicht exklusiv – reserviert).

Teleworking Vgl. → Telearbeit.

Template Engl. für Vorlage, Schablone.

Temporäre Cookies Vgl. → Cookie.

Temporäre Zwischenspeicherung Vgl. → Haftung im Internet; → Caching kann als qualifizierte Form des temporären Zwischenspeicherns eingeordnet werden. Eine temporäre Zwischenspeicherung führt grundsätzlich nicht zu einer Haftung für fremde Inhalte (siehe Art. 5 DSA).

Tenant Beim Tenant handelt es sich um eine logisch abgegrenzte Nutzungseinheit innerhalb einer IT-Infrastruktur, die einem bestimmten Kunden, einer Organisation oder Organisationseinheit zugeordnet ist und über eigene Zugriffs- und Sicherheitskonfigurationen verfügt. Zu unterscheiden ist zwischen Single-Tenant (Bereitstellungsmodell, bei dem eine IT-Ressource ausschließlich einem einzelnen Tenant zugewiesen ist; relevant für Datentrennung, Sicherheitszusagen und vertragliche Garantien) und Multi-Tenant (Bereitstellungsmodell, bei dem mehrere Tenants gemeinsame IT-Ressourcen nutzen, während eine logische Trennung der Daten und Zugriffe gewährleistet wird).

Terminal Mit Terminal wird ein Endgerät zum Zugriff auf Daten bezeichnet.

Terminierung Terminierung bedeutet im Zusammenhang mit Telekommunikation die Herstellung des Gesprächs mit dem Angerufenen, d. h. die Zustellung des Anrufs an diesen.

Terminierungsentgelt Terminierungsentgelt ist ein Teil des → Interconnection-Entgelts. Es handelt sich um den Betrag, den der Betreiber des Netzwerkes des → A-Teilnehmers (d. h. der Quellnetzbetreiber) an den Betreiber des B-Teilnehmers (d. h. an den Zielnetzbetreiber) für die Verbindung des Anrufs (d. h. für die → Terminierung) in das Zielnetz bezahlen muss. Das Terminierungsentgelt fällt nur dann an, wenn die Betreiber von Quell- und Zielnetz nicht identisch sind.

Territorialitätsprinzip Das Territorialitätsprinzip regelt die Rechtsanwendung bei konkurrierender Gesetzgebung. Nach dem Territorialitätsprinzip sind alle Personen der Hoheit und damit den Gesetzen des Staates unterworfen, auf dessen Territorium sie sich jeweils befinden. Im Datenschutzrecht gilt danach innerhalb der EU das Datenschutzrecht des Sitzes der Gesellschaft, um dieser wirtschaftliche Tätigkeiten in anderen Mitgliedsstaaten nach Maßgabe des eigenen BDSG zu ermöglichen. Dies gilt nicht, wenn ein Anknüpfungspunkt für das Recht des anderen Staats existiert (zB Niederlassung oder Tochterunternehmen im anderen Land, die in die betrachtete Erhebung, Verarbeitung oder Nutzung von Daten einbezogen sind).

Testumgebung Vom Produktivsystem getrennte IT-Umgebung zur Prüfung, Entwicklung oder Erprobung von Software oder Systemänderungen; rechtlich relevant für Datensicherheit und Zweckbindung.

Testversion Vgl. → Beta-Version.

Text und Data Mining (Urheberrecht, Art. 4 DSM-RL) Text- und Data-Mining bezeichnet im Urheberrecht die automatisierte Analyse von rechtmäßig zugänglichen Texten und Daten mit dem Ziel, Informationen wie Muster, Trends oder Korrelationen zu gewinnen. Nach Art. 4 der DSM-Richtlinie ist Text- und Data-Mining grundsätzlich für jedermann zulässig, sofern Rechteinhaber der Nutzung nicht durch einen wirksamen Nutzungsvorbehalt (Opt-out) widersprochen haben. Der Nutzungsvorbehalt muss bei online zugänglichen Inhalten in geeigneter, insbesondere maschinenlesbarer Form erklärt werden. In Deutschland ist diese Regelung in § 44b UrhG umgesetzt; § 44b Abs. 3 UrhG konkretisiert die Voraussetzungen für einen wirksamen Opt-out. Für Text- und Data-Mining zu Zwecken der wissenschaftlichen Forschung gilt daneben die speziellere Regelung des § 60d UrhG.

Thin Client Thin Client bezeichnet einen Client (zB den Computer eines Endnutzers in einem Netzwerk), der über ein Netzwerk an einen Server angeschlossen ist, wobei die erforderlichen → Applikationen weitestgehend auf dem Server gespeichert sind, auf die der Thin Client zugreift (siehe auch → Fat Client).

Third-Level Support Beim Third-Level Support wird auf das Entwicklungspersonal des Herstellers zugegriffen, wenn die im Rahmen des → First-Level oder → Second-Level Supports eingeschalteten Experten im Rahmen eines Störungsdienstes ein bestimmtes Problem nicht lösen können (auch: Third-Line Support).

Third-Line Support Vgl. → Third-Level Support.

Thread Thread ist in einem → Forum eine chronologisch angeordnete Abfolge von Beiträgen. Auch bei mehreren E-Mails, die sich aufeinander beziehen, ist von Thread (E-Mail Thread) die Rede.

Threat Actor Als Threat Actor werden Cyber-Angreifer oder organisierte Angriffsgruppen bezeichnet, die gezielt IT-Systeme, Netzwerke oder Daten angreifen oder kompromittieren.

Threat Actors können dabei unterschiedliche Motive verfolgen, etwa finanzielle Bereicherung, Spionage, Sabotage oder politische Einflussnahme, und sowohl einzelne Personen, kriminelle Gruppierungen als auch staatliche oder staatlich unterstützte Akteure umfassen.

Threat Intelligence Threat Intelligence bezeichnet die systematische Sammlung, Analyse und Bewertung von Informationen über bestehende oder potenzielle Bedrohungen der IT-Sicherheit. Ziel ist es, Angriffsvektoren, Bedrohungsakteure, Schwachstellen und Angriffsmuster frühzeitig zu erkennen und daraus präventive, detektive oder reaktive Sicherheitsmaßnahmen abzuleiten. Man unterscheidet regelmäßig zwischen strategischer, operativer, taktischer und technischer Threat Intelligence, je nach Abstraktionsgrad und Einsatzbereich. Sie dient der Unterstützung von Risiko-, Sicherheits- und Compliance-Entscheidungen und gewinnt insbesondere im Kontext von NIS-2, DORA und → ISMS an Bedeutung.

Threat Modeling Threat Modeling bezeichnet einen strukturierten methodischen Ansatz zur systematischen Identifikation, Analyse und Bewertung potenzieller Sicherheitsbedrohungen für IT-Systeme, Anwendungen oder Geschäftsprozesse. Ziel ist es, Sicherheitsrisiken bereits in der Entwurfs- oder Planungsphase zu erkennen und geeignete technische und organisatorische Gegenmaßnahmen abzuleiten. Gängige Threat-Modeling-Methoden sind u. a. STRIDE, PASTA, LINDDUN oder modellbasierte Ansätze unter Verwendung von Datenfluss- oder Architekturdiagrammen. Etablierte Sicherheitsstandards (zB ISO 27001, ISO 27005) stellen insofern Rahmenwerke dar.

Three-clicks-away Three-clicks-away ist eine Erweiterung des Ansatzes → two-clicks-away. Bei der Umsetzung des three-clicks-away-Ansatzes wird ein Inhalt erst nach dem dritten Mausklick sichtbar. Auch könnte noch eine Umsetzung des Erfordernisses der → unmittelbaren Erreichbarkeit gemäß § 5 DDG liegen, wenn der Nutzer über einen Deep-Link auf die Eingangsseite der Website und dann auf die Informationen gemäß § 5 DDG gelangt.

Thumbnails Thumbnails sind verkleinerte Vorschauansichten von Fotos, Bildern, Illustrationen oder ganzen Seitenlayouts in Form von Grafiken oder kleinen Übersichtsbildern zur Übersicht und zur Unterstützung der Auswahl. Auf Webseiten wird damit eine Übersicht über alle Bilder gezeigt, die per Klick vergrößert werden. Thumbnails wurden eingeführt, um (in Anbetracht der geringeren Größe von Thumbnails) die Ladegeschwindigkeit von Webseiten zu beschleunigen. Das Bereitstellen eines Thumbnails ist bereits eine → öffentliche Zugänglichmachung iSv § 19a UrhG.

Time out Time out ist die Zeitspanne bis zum Abbruch eines Vorgangs.

Time slot Time slot ist die Bezeichnung für die gewährte Zeitspanne für den Zugriff auf eine Ressource.

Time stamping Time stamping bezeichnet die zeitliche Festlegung eines Datenzustands. Diese kann insbesondere relevant sein für Dokumentation und Beweisführung.

Time to market Time to market bezeichnet die Zeitspanne bis zur Marktreife eines Produkts.

Tippfehlerdomain Eine Tippfehlerdomain ist eine Domain, deren Bezeichnung bewusst unter Einschluss häufig vorkommender Tippfehler bei der Eingabe einer bekannten Domain „in der Nähe" einer bekannten Domain gewählt wird. Der Akteur wird als „Typosquatter" bezeichnet. So wird der Nutzer auf die Seite geführt, die dem „Typosquatter" gehört, wobei dann unerwünschte Inhalte angeboten werden. Das Schalten einer Tippfehlerdomain kann namens- bzw. markenrechtlich problematisch sein.

TKG Abk. für → Telekommunikationsgesetz.

TKG 2021 Das Telekommunikationsgesetz 2021 (TKG 2021) (→ Telekommunikationsgesetz) ist seit dem 1. Dezember 2021 in Kraft und setzt den European Electronic Communications Code (EECC, RL (EU) 2018/1972) um. Es erweitert den Anwendungsbereich des Telekommunikationsrechts insbesondere auf interpersonelle Kommunikationsdienste wie OTT-Dienste und Messenger, stärkt den Kundenschutz (u. a. Vertragslaufzeiten, Kündigungsrechte, Endgerätefreiheit) und enthält neue Sicherheits- und Datenschutzanforderungen, insbesondere zu Schutzmaßnahmen und Meldepflichten.

TLD Abk. für → Top-Level-Domain.

TLPT (Threat-Led Penetration Testing, DORA) Threat-Led Penetration Testing (TLPT) bezeichnet einen fortgeschrittenen, intelligence-basierten Penetrationstest im Sinne des Art. 26 DORA, der sich an realistischen, aktuellen Bedrohungsszenarien orientiert und die operative digitale Resilienz von Finanzunternehmen prüft.

TMG Abk. für → Telemediengesetz.

Tochterrechte Als Tochterrechte werden urheberrechtliche → Nutzungsrechte bezeichnet, die der Urheber einem anderen einfach oder ausschließlich einräumt, d. h. vom Urheberrecht abgeleitete Rechte (siehe auch → Enkelrechte).

Token (GPAI) Token werden häufig im Zusammenhang mit der Nutzung von GPAI Systemen genutzt, als „Währung" im Rahmen der Nutzung solcher Systeme. Insofern beziehen sich Token auf kleine vom betreffenden Modell verarbeitete Texteinheiten (zB Wörter, Wortteile oder Satzzeichen).

Token (Hardware) Ein Token ist ein kleines Hardware-Gerät für die Authentisierung, etwa in der Größe einer Scheckkarte.

Token, Klassifizierung (MiCA) Die MiCA-Verordnung unterscheidet Kryptowerte nach ihrem wirtschaftlichen Zweck in Asset-Referenced Tokens (ART), die durch einen Korb von Vermögenswerten besichert sind, E-Money Tokens (EMT), die an den Wert einer offiziellen Währung gekoppelt sind, sowie sonstige Kryptowerte, insbesondere Utility Tokens, die einen funktionalen Nutzungszweck erfüllen. Token, die als Finanzinstrumente einzuordnen sind (zB Wertpapier- bzw. Security-Token), unterfallen dagegen nicht der MiCA, sondern dem Kapitalmarktrecht nach MiFID II.

Top-Level-Domain Top-Level-Domain (Abk. TLD) bezeichnet die Buchstabenfolge am Schluss einer → Domain (zB .de oder .com) und bezeichnet die oberste Adressebene und damit zugleich einen logischen Bezugsraum, innerhalb dessen mittels der → Second-Level-Domain unterschiedliche Websites bezeichnet und mittels des → Domain Name System aufgerufen werden können. Top-Level-Domains werden von der → IANA zugeteilt. Es gibt neben den länderspezifischen („ccTLDs" für „Country Code Top-Level-Domain", wie .de oder .fr) auch generische Top-Level-Domains („gTLDs" für „generic Top-Level-Domain), die gesponserte („sTLD" für „sponsored Top-Level-Domain", wie .int) und nicht gesponserte („uTLD" für „unsponsored Top-Level-Domain", wie .com) Top-Level-Domains sein können.

Top Level Domain Name Registry Top Level Domain Name Registries (TLD-Registries) sind Organisationen, die die Registrierung und Verwaltung von Domain-Namen innerhalb einer → Top Level Domain übernehmen.

Topographie Mit Topographie wird die dreidimensionale Struktur eines Halbleiters bezeichnet, § 1 Abs. 1 HalblSchG.

TOR Abk. für The-Onion-Router.

TOR-Verfahren Das TOR-Verfahren (→ TOR) ist ein Anonymisierungsverfahren für die Nutzung von Websites im Internet. Durch das TOR-Verfahren wird die vom → Client des Nutzers verwendete → IP-Adresse über das Zwischenschalten weiterer Server (TOR-Server) zwischen den Client des Nutzers und die von ihm eigentlich aufgerufene Website nicht an den Server der eigentlich aufgerufenen Website übertragen. Eine Rückverfolgung eines Website-Aufrufs wäre nur denkbar, wenn auch alle TOR-Server überwacht werden könnten.

Torwächter Siehe → Gatekeeper.

Total Cost of Software Ownership Total Cost of Software Ownership ist eine Methode der Betriebskostenberechnung für Hard- und Software, die eine Schätzung der Gesamtkosten für die Lebensdauer des Investitionsgutes erlaubt.

Totalüberwachung (Mitarbeiter) Unter Totalüberwachung sind alle Maßnahmen zu verstehen, die zu einer dauerhaften lückenlosen Erfassung des Verhaltens eines Mitarbeiters führen; der Gegenpol zur Dauerüberwachung wird durch die Stichprobe gebildet. Die Totalüberwachung durch beliebige technische Mittel ist als Verstoß gegen die Menschenwürde nach Art. 1, 2 GG unzulässig. Der Abschluss eines Arbeitsvertrages in Kenntnis einer Totalüberwachung stellt keine wirksame Einwilligung dar. Das Verbot der Totalüberwachung schützt vor der spezifischen Angriffsrichtung, die in der Verursachung eines kontinuierlichen „Anpassungs- und Überwachungsdrucks" mit der möglichen Folge eines Einschüchterungseffekts liegt, dem sich der Arbeitnehmer nicht entziehen kann und der sich grundlegend vom Einsatz einer Aufsichtsperson unterscheidet. Eine verbotene Totalüberwachung darf allerdings nicht vorschnell angenommen werden. Vielmehr ist jeweils im Einzelfall zu analysieren, welcher Anteil des Verhaltens eines Mitarbeiters für welchen Zeitraum unter welchen Gesichtspunkten erfasst wird. Darüber hinaus ist es denkbar, dass bestimmte Formen der Dauerüberwachung notwendiger Bestandteil einer Betätigung sind, zB die Tätigkeit an einem aus Sicherheitsgründen permanent videoüberwachten Bankschalter. Besonders große Bedeutung kommt der Prüfung der Frage zu, ob sich ein sachlicher Rechtfertigungsgrund für die Maßnahme finden lässt. Zu beachten ist, dass die Totalüberwachung auch dann unzulässig ist, wenn Arbeitgeber und Betriebsrat sich diesbezüglich einig sind. Die entsprechenden Rechtspositionen der Betroffenen sind absolut geschützt und nicht „betriebsvereinbarungsdispositv".

Traceability Traceability bezeichnet die Nachvollziehbarkeit von Datenflüssen, Verarbeitungsschritten oder Systementscheidungen. Sie ist insbesondere relevant für die Rechenschaftspflicht nach Art. 5 Abs. 2 DS-GVO sowie für Governance- und Kontrollanforderungen im Bereich der künstlichen Intelligenz.

Tracerouter Ein Tracerouter ist eine Software, mit der überprüft werden kann, auf welchem technischen Weg ein IP-Paket zwischen → Server und → Client transportiert wurde.

Tracing Tracing (engl. für Ablaufverfolgung) ist ein Programm oder eine Funktion, mit der einzelne Programmschritte in einem Computerprogramm nachvollzogen werden können. Das Tracing dient zur Überprüfung der Funktionalität und dem Aufspüren von Fehlern.

Tracking Tracking ist die Ermittlung des aktuellen Status einer Sendung oder eines Vorgangs.

Tracking, verhaltensbasiert Verhaltensbasiertes Tracking bezeichnet die Erfassung, Auswertung und Nutzung des Nutzungsverhaltens über Websites oder Dienste hinweg, insbesondere zur Bildung von Nutzerprofilen zu Werbe- oder Analysezwecken; das Setzen oder Auslesen trackingrelevanter Technologien in Endeinrichtungen unterliegt § 25 TDDDG und bedarf regelmäßig der vorherigen Einwilligung, wobei für die anschließende Verarbeitung personenbezogener Daten zusätzlich Art. 6 Abs. 1 lit. a DS-GVO einschlägig ist; Real-Time-Bidding (RTB) auf Grundlage verhaltensbasierter Profile setzt nach Leitlinien des EDPB ebenfalls eine wirksame Einwilligung voraus.

Traffic Traffic ist der Datenverkehr auf einer Website bzw. der Datenfluss in einem System.

Traffic Data Siehe → Verkehrsdaten.

Traffic Shaping Traffic Shaping ist ein Verfahren zur Optimierung der Datenübertragung in Netzwerken.

Traffic Throttling Traffic Throtteling ist ein Verfahren zur Drosselung der Datenübertragung in Netzwerken.

Traffic Volume Traffic Volume ist der Umfang des Abrufvolumens während eines bestimmten Zeitraums.

Training Data (Urheberrecht) Als Training Data werden Datenbestände (zB Texte, Bilder, Audio), oft auch urheberrechtlich geschützte Werke, bezeichnet, die zum Training datengetriebener Systeme (insbesondere KI/ML) durch Text- und Data-Mining (TDM) verarbeitet werden. In der EU ist TDM für rechtmäßig zugängliche Werke grundsätzlich privilegiert: Art. 4 DSM-RL verpflichtet die Mitgliedstaaten, eine Ausnahme/Schranke für TDM vorzusehen, die jedoch nur gilt, sofern Rechteinhaber die Nutzung nicht ausdrücklich „vorbehalten" (Opt-out) haben; der Vorbehalt muss bei online bereitgestellten Inhalten in geeigneter Weise, insbesondere maschinenlesbar, erklärt werden. Dies ist in § 44b UrhG umgesetzt: Vervielfältigungen für TDM sind bei rechtmäßigem Zugang erlaubt, müssen gelöscht werden, wenn sie nicht mehr erforderlich sind, und sind nur zulässig, wenn kein wirksamer Nutzungsvorbehalt des Rechtsinhabers besteht (bei Online-Werken nur maschinenlesbar wirksam). Für wissenschaftliche Forschung gilt daneben eine spezielle Schranke ohne Opt-out-Mechanismus nach Art. 3 DSM-RL, umgesetzt u. a. in § 60d UrhG, die TDM-Vervielfältigungen für Forschungseinrichtungen/Kulturerbe-Einrichtungen (und bestimmte Forscher) zu Forschungszwecken erlaubt und u. a. Anforderungen an Berechtigtenkreis und Sicherung/Aufbewahrung regelt.

Transaktionsdaten Daten, die im Zusammenhang mit einzelnen technischen oder wirtschaftlichen Vorgängen anfallen, insbesondere Zeitpunkte, Beteiligte oder technische Parameter.

Transaktionsnummer Eine Transaktionsnummer (Abk. TAN) ist eine Art Einmalpasswort zur Verwendung beim → Electronic Banking/Online-Banking zur Freigabe von Transaktionen und besteht üblicherweise aus sechs Ziffern.

Transfer Impact Assessment (TIA) → Transferfolgenabschätzung (TIA).

Transferfolgenabschätzung (TIA) Die Transferfolgenabschätzung (Transfer Impact Assessment, TIA) ist die vor einer Übermittlung personenbezogener Daten in ein Drittland durchzuführende Einzelfallprüfung in Folge der EuGH Entscheidung Schrems II, und dient der Bewertung, ob (auch unter Berücksichtigung des eingesetzten Transfervehikels nach Kapitel V der DS-GVO) im Empfängerland ein im Wesentlichen gleichwertiges Datenschutzniveau gewährleistet ist; sie umfasst eine Analyse der einschlägigen Rechts- und Zugriffsbefugnisse der Behörden, eine Risikoabwägung für die betroffenen Datenverarbeitungen sowie ggf. die Festlegung ergänzender technischer, organisatorischer oder vertraglicher Maßnahmen (zB Verschlüsselung, Zugriffsbeschränkungen.

> **Exkurs: Internationale Datentransfers** Bevor der DS-GVO unterliegende Unternehmen personenbezogene Daten an Unternehmen außerhalb des EWR übermitteln dürfen, müssen sie neben der Anforderung, die Übermittlung auf einen Erlaubnistatbestand stützen zu können, zusätzlich insbesondere die Anforderungen an internationale Datentransfers einhalten. Für letzteres sieht die DS-GVO verschiedene Datentransfervehikel vor: (a) Angemessenheitsbeschluss, Art. 45 DS-GVO (b) Geeignete Garantien, Art. 46 DS-GVO, zB Binding Corporate Rules, Standardvertragsklauseln, (c) Ausnahmen, Art. 49 DS-GVO, zB ausdrückliche Einwilligung der betroffenen Person, Vertragserfüllungserfordernis. Internationale Datentransfers waren schon Gegenstand einiger Gerichtsverfahren.

Transformation Transformation bezeichnet die Überführung der Leistungserbringung beim → Outsourcing vom → CMO zum → FMO. In Abgrenzung zum bloßen Übergang des IT-Betriebs auf den Provider im Rahmen der → Transition, geht es bei der Transformation somit zugleich um eine Fortentwicklung der Serviceerbringung.

Transformational Outsourcing Transformational Outsourcing bezeichnet ein → Outsourcing mit dem Ziel, die betroffenen Geschäftsprozesse im Zuge der Auslagerung zu verbessern. Aus diesem Grund hat das Transformational Outsourcing einen höheren Beratungsanteil als das reine Outsourcing.

Transition Transition ist ganz allgemein die Bezeichnung für eine Veränderung in der Unternehmensorganisation. Transition kann sich auf die Übernahme von neuen Komponenten (→ Hardware, → Software) in einen betrieblichen Ablauf beziehen. Im Zusammenhang mit dem → Outsourcing bezeichnet Transition den Übergang der Kontrolle auf den Provider, beispielsweise indem der IT-Betrieb in seiner aktuellen Form (→ CMO) an den Provider übertragen wird.

Transitional Outsourcing Transitional Outsourcing bezeichnet die vorübergehende Auslagerung bestimmter Teilbereiche, beispielsweise um wegen eines Technologiewechsels andernfalls erforderliche Investitionen in die eigenen IT-Systeme verschieben zu können. Der Provider muss beim Transitional Outsourcing in der Ausgangs- und der Zieltechnologie versiert sein.

Transitnetzbetreiber Ein Transitnetzbetreiber verbindet zwei nicht direkt mit einander zusammengeschaltete Netze miteinander und erhält für diese Transitleistung ein Transitentgelt.

Transmission Control Protocol/Internet Protocol Vgl. dazu → TCP/IP Protocol.

Transparenzbericht (DSA) Ein Transparenzbericht nach dem Digital Services Act (DSA) ist der regelmäßig zu veröffentlichende Bericht über die durchgeführten Inhaltsmoderationsmaßnahmen eines Diensteanbieters. Nach Art. 15 DSA müssen alle Anbieter von Vermittlungsdiensten mindestens einmal jährlich in maschinenlesbarem Format und leicht zugänglich einen klaren, verständlichen Bericht veröffentlichen, der u. a. Angaben zu behördlichen Anordnungen, Meldungen nach dem Notice-and-Action-Mechanismus, ergriffenen Moderationsmaßnahmen (auch proaktiv und automatisiert) sowie zu Beschwerdeverfahren enthält. Für Very Large Online Platforms (VLOP) und Very Large Online Search Engines (VLOSE) gelten nach Art. 42 DSA verschärfte Transparenzberichtspflichten: Sie müssen die Art.-15-Berichte spätestens zwei Monate nach Anwendungsbeginn und anschließend mindestens alle sechs Monate veröffentlichen und zusätzliche Detailangaben machen (insb. zu Ressourcen/Qualifikation der Moderationsteams, Genauigkeitsindikatoren nach Sprachen sowie durchschnittliche monatliche Nutzerzahlen je Mitgliedstaat) sowie bestimmte risikobezogene Unterlagen (u. a. Risikobewertung, Abhilfemaßnahmen, Audit- und Audit-Umsetzungsbericht) öffentlich zugänglich machen.

Transparenzpflicht Chatbot Siehe → Chatbot, KI-Kennzeichnungspflicht.

Transportebene Auf der Transportebene wird zwischen zwei Endpunkten eine Verbindung hergestellt (im Internet mittels des Protokolls, → TCP/IP), um Daten transferieren zu können (siehe auch → Schichtenmodell).

Trap Doors Trap Doors sind geheime Sicherheitslücken in einem Computersystem, durch die unbefugte Dritte von außen eindringen können (siehe auch → Backdoor). Trap Doors können auch dazu dienen, den Zugang zu IT-Systemen oder Computerprogrammen zu ermöglichen, um die Fehlerbeseitigung zu vereinfachen.

Treiber Ein Treiber steuert über das → Betriebssystem eines Rechners dessen → Hardware.

Triple Play Triple Play ist im Telekommunikationsrecht ein Vertrag über den Bezug von Breitbandanschluss, Telefon und Internetzugang aus einer gemeinsamen Bezugsquelle.

TRIPs Abk. für → Agreement on Trade-Related Aspects of Intellectual Property Rights.

TrNB Abk. für → Transitnetzbetreiber.

Trojaner Ein Trojaner (Kurzform für Trojanisches Pferd) ist ein Programm, das ohne Wissen des Anwenders verdeckte und meist schädliche Aktionen ausführt. Die Schadfunktionen des Trojaners sind in der Regel in harmlos wirkenden Programmen versteckt. Ein Trojaner kann beispielsweise → Spyware oder eine → Backdoor enthalten. Ein Trojaner verbreitet sich nicht selbst, sondern wird durch die Anwender verbreitet, indem diese das vermeintlich nützliche Hauptprogramm installieren.

Trust Boundary Begriff für die Grenze innerhalb eines IT-Systems oder zwischen Systemen, an der sich das Sicherheits- und Vertrauensniveau ändert und an der zusätzliche Schutz-, Prüf- oder Kontrollmechanismen erforderlich sind; relevant für Risikoanalysen, Sicherheitsarchitekturen und die Bewertung technischer und organisatorischer Maßnahmen.

Trust Center Ein Trust Center ist eine vertrauenswürdige Organisation, meist Betreiber einer Certificate Authority, die digitale Zertifikate ausstellt; vgl. → TTP (vertrauenswürdiger Dritter, der als Mittler bei Transaktionen eingeschaltet wird). Ein Trust Center bescheinigt die Zuordnung eines öffentlichen → Signaturschlüssels (→ public key) zu einer bestimmten Person.

Trust Service Provider (TSP, eIDAS) Siehe → Qualifizierter Vertrauensdiensteanbieter (eIDAS).

Trusted Computing Trusted Computing ist ein Standard, der auf einem Konzept beruht, das ursprünglich von der TCPA und der → TCG stammt und der Schaffung einer sicheren IT-Umgebung dienen soll. Die Realisierung erfolgt durch den Einbau eines Chips, der den Betrieb des gesamten Systems kontrolliert. Der Standard hat sich nicht durchgesetzt.

Trusted Computing Group Die Trusted Computing Group (und ihr Vorläufer, die Trusted Computing Platform Alliance oder TCPA) ist eine Vereinigung von Unternehmen aus der Hard- und Softwarebranche u. a. mit der Zielsetzung der Entwicklung von Industriestandards für Computerplattformen (https://www.trustedcomputinggroup.org/home).

Trusted Execution Environment (TEE) Isolierte Ausführungsumgebung, der besonders geschützt ist innerhalb eines Prozessors oder Systems, in dem Code und Daten sicher ausgeführt werden; relevant für Sicherheitsversprechen in Cloud- und KI-Architekturen.

Trusted Flagger (DSA) Trusted Flagger (deutsch: vertrauenswürdige Hinweisgeber) sind nach Art. 22 DSA vom Koordinator für digitale Dienste (Digital Services Coordinator, DSC) des Niederlassungsmitgliedstaats zertifizierte Einrichtungen mit besonderer Sachkunde zur Erkennung und Meldung rechtswidriger Inhalte; Online-Plattformen müssen sicherstellen, dass Meldungen dieser Stellen, die über die Melde-Mechanismen nach Art. 16 DSA eingehen, vorrangig behandelt sowie unverzüglich bearbeitet und entschieden werden.

Trusted Third Party Trusted Third Party (engl. für „vertrauenswürdige dritte Person") bezeichnet eine unabhängige Instanz in einem Kommunikationssystem, die das Vertrauen der anderen Parteien genießt. Trusted Third Parties kommen unter anderem im Zusammenhang mit der Vergabe von Schlüsseln und Zertifikaten für die verschlüsselte oder elektronisch signierte Kommunikation zum Einsatz.

TTGVO Die Technologietransfer-GVO ist eine → Gruppenfreistellungsverordnung für Technologie-Transfer-Vereinbarungen.

TTP Abk. für → Trusted Third Party.

Tuning Vgl. → Optimierungsvertrag.

Tunneling Tunneling bezeichnet die Konvertierung von Daten für den Transport in einem Netzwerk in ein dafür geeignetes Kommunikationsprotokoll. Der Vorgang des Tunneling findet bei allen am Datenaustausch beteiligten Stellen statt, d. h. beim Absender (in Form der Konvertierung der Daten in das transportgeeignete Kommunikationsprotokoll) und beim Empfänger (in Form der Rückkonvertierung in das für den Empfänger benötigte Format). Das Tunneling ist Voraussetzung für die Erstellung eines → VPN, also eines Netzwerks auf größere Distanz.

Two-clicks-away Ein Inhalt ist two-clicks-away, wenn er durch zwei Mausklicks sichtbar gemacht werden kann. Two-clicks-away ist (wie auch → one-click-away) eine Umsetzung des Erfordernisses der → unmittelbaren Erreichbarkeit gemäß § 5 DDG. Hiernach müssen Diensteanbieter für geschäftsmäßige, in der Regel gegen Entgelt angebotene digitale Dienste bestimmte Informationen leicht erkennbar, unmittelbar erreichbar und ständig verfügbar zu halten. Die Bezeichnung des → Links, auf den der zweite click erfolgen soll, muss eindeutig sein.

Tying Beim Tying wird der Vertragsabschluss über einen bestimmten Hauptvertragsgegenstand davon abhängig gemacht, dass ein variabler zweiter Vertragsgegenstand eingeschlossen wird. Das Tying ist mit dem → Bundling vergleichbar.

Type-in Surfen Beim Type-in Surfen werden Websites durch die Direkteingabe von URLs (→ Uniform Resource Locator) statt über das Anlicken von → Hyperlinks aufgerufen.

Typosquatting Vgl. → Tippfehlerdomain.

U

UBE Abk. für → Unsolicited Bulk E-Mail.

Ubiquitous Computing Ubiquitous Computing steht für die Allgegenwärtigkeit (engl. ubiquity) der Informationsverarbeitung im Alltag von Menschen.

UC Abk. für → Underpinning Contract.

UCC Abk. für Uniform Code Council; die UCC ist eine Organisation von US-Unternehmen zur Standardisierung; die UCC ist Entwicklerin des Universal Product Code (Abk. UPC, ein → Barcode).

UCE Abk. für → Unsolicited Commercial E-Mail.

UDP Abk. für → User Datagram Protocol.

UDRP Abk. für → Uniform Domain Name Resolution Policy.

Übermitteln Übermitteln ist das Bekanntgeben gespeicherter oder durch Datenverarbeitung gewonnener personenbezogener Daten an einen Dritten in der Weise, dass a) die Daten an den Dritten weitergegeben werden oder b) der Dritte zur Einsicht oder zum Abruf bereitgehaltene Daten einsieht oder abruft.

Übertragungsebene im Internet Die Übertragungsebene im Internet betrifft den Transport der ausgetauschten Informationen und wird maßgeblich durch telekommunikationsrechtliche Gesetze bestimmt, insbesondere durch das → TKG (siehe auch → Schichtenmodell).

Übertragungsprotokoll Das Übertragungsprotokoll ist ein Standard für den Datenaustausch zwischen zwei Kommunikationsteilnehmen.

Übertragungsrisiko Das Übertragungsrisiko bezeichnet das Risiko einer Beeinträchtigung der Vertraulichkeit, Integrität oder Verfügbarkeit von Daten während ihrer Übermittlung. Es ist insbesondere für Risikobewertungen und die Ausgestaltung technischer und organisatorischer Sicherheitsmaßnahmen relevant.

Übertragungsweg Der Übertragungsweg bezeichnet die technische Route, über die Daten zwischen IT-Systemen oder einzelnen Komponenten übertragen werden. Er ist insbesondere relevant für die Bewertung von Sicherheits- und Verschlüsselungsanforderungen sowie für die Absicherung von Datenübertragungen.

Überwachung der Telekommunikation Die Überwachung der Telekommunikation ist eine Zwangsmaßnahme in der StPO, die den Inhalt der Telekommunikation erfasst; sie ist nur unter den Voraussetzungen der §§ 100a, 100b StPO zulässig.

UHD Abk. für → User Help Desk.

ULD Abk. für Unabhängiges Landeszentrum für Datenschutz, für den Datenschutz in Schleswig-Holstein zuständig; Leiter ist der Datenschutzbeauftragte von Schleswig-Holstein (https://www.datenschutzzentrum.de/).

Umarbeitung Umarbeitung ist eine Veränderung des Quellcodes eines Computerprogramms. Das Recht zur Umarbeitung eines Computerprogramms steht allein dem Urheber zu, vgl. § 69c Nr. 2 UrhG (dort sind die Übersetzung, die Bearbeitung und das Arrangement als Beispiele für Umarbeitungen genannt).

Umgehung einer technischen Maßnahme Vgl. → Umgehung wirksamer technischer Schutzmaßnahmen.

Umgehung wirksamer technischer Schutzmaßnahmen Die Umgehung wirksamer technischer Schutzmaßnahmen bezieht sich auf Schutzmaßnahmen gemäß § 95a Abs. 1 UrhG und ist gemäß § 95 Abs. 3 UrhG verboten. Gemäß § 95a Abs. 3 UrhG sind diverse Handlungen (zB Herstellung, Einfuhr, Verbreitung) im Bezug auf Mittel verboten, die der Umgehung wirksamer technischer Schutzmaßnahmen dienen. Kritisch ist das v. a. im Hinblick auf „dual-use"-Mittel, die einen (anderen) Hauptzweck haben, wenn die „dual-use"-Mittel abgesehen von der Umgehung wirksamer technischer Maßnahmen nur einen begrenzten wirtschaftlichen Zweck oder Nutzen haben.

Umgehungssoftware Vgl. → Umgehung wirksamer technischer Schutzmaßnahmen.

UMTS UMTS (Abk. für Universal Mobile Telecommunications System) ist Mobilfunk der 3. Generation. Eine UMTS-Datenkarte stellt, mit Hilfe einer → SIM-Karte, eine Verbindung zwischen einem PC bzw. Notebook und dem Internetdienstanbieter unter Nutzung des UMTS-Mobilfunknetzes her.

Unbundling Vgl. → Entbündelung.

Underpinning Contract Ein Underpinning Contract (Abk. UC) sichert in → ITIL ein → Service Level Agreement durch Vereinbarungen mit externen Dienstleistern ab, die bei der Erbringung, insbesondere der Garantie einer bestimmten IT-Service Qualität mitwirken.

Uniform Domain Name Resolution Policy Bei der Uniform Domain Name Resolution Policy handelt es sich um einen Rechtsrahmen für eine außergerichtliche Konfliktlösung für die → Domains .com, .org und .net. Diese Domains unterwerfen sich mit der Registrierung dem Verfahren der → ICANN. Die Konfliktlösung selbst obliegt Dispute Solution Providern (zB der → WIPO), die von der ICANN anerkannt sind.

Uniform Resource Locator Der Uniform Resource Locator (Abk. URL) ist eine genaue Adresse zu bestimmten Daten (zB einer → Webseite) im Internet. Der Uniform Resource Locator beinhaltet nicht nur die Adresse des → Servers, auf dem sich die Daten befinden, sondern zugleich das technische Verfahren (→ Protokoll), das der → Browser für den Zugriff auf die bezeichneten Daten benötigt (zB http://www.beck.de für das Aufrufen der Startseite des Beck Verlags). Das → Domain Name System ermöglicht die Ermittlung der IP-Adresse der in Form einer URL eingegebenen Website, auf der sich die gesuchten Daten befinden.

Universal Serial Bus Universal Serial Bus (Abk. USB) ist eine standardisierte Schnittstelle eines PC.

Unmittelbare Erreichbarkeit Unmittelbare Erreichbarkeit ist ein Erfordernis gemäß § 5 Abs. 1 DDG. Es betrifft die Verpflichtung von Diensteanbietern, für geschäftsmäßige, in der Regel gegen Entgelt angebotene Telemedien bestimmte Informationen leicht erkennbar, unmittelbar erreichbar und ständig verfügbar zu halten. Diese wesentlichen Informationen (zB Name und Anschrift des Diensteanbieters) müssen für den Nutzer unmittelbar, d. h. ohne Aufwand erreichbar sein (→ one-click-away, → two-clicks-away, → three-clicks-away).

Unsolicited Bulk E-Mail Unsolicited Bulk E-Mails (deutsch: „Unverlangte Massen-E-Mails", auch „Massen-E-Mails") sind → E-Mails, die unaufgefordert an eine große Anzahl von Empfängern verschickt werden. Meist handelt es sich dabei um E-Mail-Marketing-Aktionen, um missionierende, volksverhetzende E-Mails oder um → Phishing-Mails. Unsolicited Bulk E-Mails müssen nicht notwendigerweise werblichen Inhalt haben (siehe dazu → Unsolicited Commercial E-Mail). Die Zusendung von Unsolicited Bulk E-Mails stellt sich in der Regel als unzumutbare Belästigung gemäß § 7 Abs. 2 Nr. 3 UWG dar.

Unsolicited Commercial E-Mail Eine Unsolicited Commercial E-Mail ist eine unverlangt zugesendete E-Mail mit werblichem Inhalt (vgl. → Spam). Die Zusendung von Unsolicited Commercial E-Mails stellt sich in der Regel als unzumutbare Belästigung gemäß § 7 Abs. 2 Nr. 2 UWG dar.

Unstrukturierte Daten Unstrukturierte Daten sind Daten ohne feste, tabellarische oder schematische Ordnung. Sie sind insbesondere relevant für Speicher-, Lösch- und Analysepflichten, da ihre Verarbeitung und Auswertung regelmäßig komplexer ist als bei strukturierten Daten.

Unterauftragnehmer Ein Unterauftragnehmer (Sub-Processor) ist eine vom Auftragsverarbeiter eingeschaltete natürliche oder juristische Person, die personenbezogene Daten im Auftrag des Auftragsverarbeiters verarbeitet und regelmäßig keine eigene Vertragsbeziehung zum Verantwortlichen hat. Nach Art. 28 Abs. 2 und 4 DS-GVO ist der Einsatz von Unterauftragnehmern nur mit vorheriger Genehmigung des Verantwortlichen zulässig; der Auftragsverarbeiter bleibt dabei voll verantwortlich und muss dem Unterauftragnehmer gleichwertige Datenschutzpflichten auferlegen.

Unterbrechungsfreie Stromversorgung Unterbrechungsfreie Stromversorgung (Abk. USV) ist ein wichtiges Kriterium für → Rechenzentren. Der Provider stellt mit USV sicher, dass eine durchgehende Stromversorgung unabhängig vom eigentlichen Energieversorger gewährleistet ist.

Unterbrechungstoleranz Unterbrechungstoleranz bezeichnet die Fähigkeit eines IT-Systems, zeitweilige Störungen oder Ausfälle zu verkraften, ohne dass es zu wesentlichen Funktions- oder Leistungsverlusten kommt. Sie ist häufig Gegenstand von Sicherheits- und Verfügbarkeitsanforderungen, etwa im Rahmen von Resilienz-, Notfall- und Business-Continuity-Konzepten.

Unternehmenslizenz Die Unternehmenslizenz ist eine Lizenz (häufig auf Software bezogen), die die Nutzung eines Immaterialguts bezogen auf ein Unternehmen gestattet (vgl. auch → Konzernlizenz).

Unternehmer Ein Unternehmer (vgl. die Legaldefinition des § 14 Abs. 1 BGB) ist eine natürliche oder juristische Person oder eine rechtsfähige Personengesellschaft, die bei Abschluss eines Rechtsgeschäfts in Ausübung ihrer gewerblichen oder selbständigen beruflichen Tätigkeit handelt.

Unveränderbarkeit Unveränderbarkeit bezeichnet die Eigenschaft von Daten oder IT-Systemen, wonach nachträgliche Änderungen ausgeschlossen oder zumindest lückenlos nachvollziehbar dokumentiert sind. Sie ist insbesondere relevant für Beweis-, Dokumentations- und Rechenschaftspflichten, etwa im Kontext von Compliance-, Archivierungs- oder Sicherheitsanforderungen.

Unverkettbarkeit Unverkettbarkeit bezeichnet die Eigenschaft eines Systems oder Verfahrens, bei der die Zusammenführung oder Verknüpfung von Daten aus unterschiedlichen Quellen verhindert oder zumindest wesentlich erschwert wird. Sie ist insbesondere relevant für die Datensparsamkeit, da sie das Risiko einer Profilbildung oder Re-Identifikation reduziert.

Update Ein Update (auch Update-Version) ist eine aktualisierte Version einer → Software zur Behebung kleiner Softwaredefekte, also vorrangig mit einer Wartungsfunktion vergleichbar; vollständig neue Programmversionen (kenntlich durch eine neue Bezifferung der Version) werden als → Upgrade bezeichnet.

Update-Pflicht (digitale Produkte, Richtlinie 2019/770) Die Update-Pflicht bei digitalen Produkten nach § 327f BGB verpflichtet den Unternehmer, dem Verbraucher während des maßgeblichen Zeitraums alle Aktualisierungen bereitzustellen, die für den Erhalt der Vertragsmäßigkeit erforderlich sind, und ihn darüber zu informieren; Sicherheitsaktualisierungen sind ausdrücklich umfasst. Der maßgebliche Zeitraum ist bei Verträgen über die dauerhafte Bereitstellung eines digitalen Produkts der Bereitstellungszeitraum, in anderen Fällen der Zeitraum, den der Verbraucher aufgrund Art und Zweck des digitalen Produkts sowie der Umstände und Vertragsart erwarten kann.

Update-Pflicht (Ware mit digitalen Elementen) Die Update-Pflicht bei einer Ware mit digitalen Elementen verpflichtet den Unternehmer, dem Verbraucher Aktualisierungen für die digitalen Elemente während eines bestimmten Zeitpunkts bereitzustellen; sie umfasst auch Sicherheitsupdates als Bestandteil der zur Aufrechterhaltung der Vertragsmäßigkeit erforderlichen Updates (siehe § 475b BGB).

Update Policy Eine Update Policy bezeichnet die festgelegten Regelungen eines Anbieters zur Bereitstellung, Häufigkeit, Art und Dauer von Software-Updates, einschließlich Sicherheits-, Fehler- und Funktionsupdates. Sie ist insbesondere relevant für Gewährleistungs- und Haftungsfragen, für IT-Sicherheitsanforderungen sowie für regulatorische Update-Pflichten.

Upgrade Ein Upgrade ist eine neuere Version eines Programmes mit umfangreicheren Änderungen, also neuen Funktionen (vgl. dazu → Update, → Patch).

Uplink Uplink bezeichnet in hierarchischen Netzen den Informationsfluss zur nächst höheren Hierarchieebene.

Upload Upload ist das Übermitteln von Dateien vom eigenen Computer zum → Server oder zu einem anderen Computer; Gegenteil von → Download.

Upload-Filter (Art. 17 DSM-RL) Upload-Filter bezeichnen technische Maßnahmen, mit denen Online-Content-Sharing-Service-Provider (OCSSPs) prüfen, ob von Nutzern hochgeladene Inhalte urheberrechtlich geschützt sind, und deren Veröffentlichung ohne entsprechende Lizenz verhindern müssen. Grundlage ist Art. 17 der DSM-Richtlinie, wonach Plattformen entweder Nutzungsrechte erwerben oder nicht lizenzierte Uploads blockieren müssen.

Die Unionsrechtmäßigkeit dieser Regelung wurde durch den EuGH (Rs. C-401/19) bestätigt, wobei gleichzeitig verlangt wird, dass die Maßnahmen grundrechtskonform ausgestaltet sind und zulässige Nutzungen (zB Zitate, Parodien) nicht unverhältnismäßig beeinträchtigen.

Upstream Upstream ist das Gegenteil von → Downstream, bezeichnet also – analog zu → Upload – einen ausgehenden Datenstrom vom eigenen Computer zu einem entfernt liegenden Computer (siehe auch → Streaming).

Uptime Uptime bezeichnet die Verfügbarkeit eines IT-Systems und wird regelmäßig prozentual über einen bestimmten Zeitraum angegeben. Sie ist oft eine zentrale Kennzahl in Service-Level-Agreements (SLAs) und besitzt häufig haftungs- und vertragsrechtliche Relevanz, insbesondere im Hinblick auf Minderungs-, Schadensersatz- oder Kündigungsrechte.

Urheberpersönlichkeitsrecht Urheberpersönlichkeitsrechte sind das Veröffentlichungsrecht (§ 12 UrhG), das Änderungsverbot, das Entstellungsverbot (§ 14 UrhG) und das Recht auf Anerkennung seiner Urheberschaft sowie die Befugnis über die Verwendung und Art einer Urheberbezeichnung zu entscheiden (§ 13 UrhG).

Urheberrecht Das Urheberrecht ist im Urheberrechtsgesetz (UrhG) geregelt. Es wägt die Interessen des Urhebers gegen Interessen der Allgemeinheit ab. Vom Urheberrecht werden „Werke" (vgl. § 2 UrhG) geschützt. Nur eine persönliche geistige Schöpfung ist ein Werk im Sinne des UrhG, § 2 Abs. 2 UrhG. Dem Urheber steht das alleinige wirtschaftliche Verwertungsrecht zu, an dem er Dritten Nutzungsrechte einräumen kann. Nach dem Tod des Urhebers geht das Urheberrecht auf die Erben über, erlischt aber 70 Jahre nach dem Tod des Urhebers. Ein Verzicht auf das Urheberrecht ist nicht möglich, § 29 Abs. 1 UrhG.

UrhG Abk. für Urheberrechtsgesetz.

URL Abk. für → Uniform Resource Locator.

URL-Filter Ein URL-Filter ist eine Spamfilterungsmethode, die eine → Blacklist, bestehend aus URL-Adressen, nutzt.

Ursprungsdaten Ursprungsdaten sind Daten in ihrer ursprünglichen, unveränderten Form, wie sie bei der Erhebung oder Entstehung erstmals anfallen, vor jeder Weiterverarbeitung, Transformation, Aggregation oder Ableitung. Sie bilden die primäre Referenz für nachgelagerte Datenverarbeitungen und sind insbesondere relevant für die Nachvollziehbarkeit von Datenverarbeitungsketten, die Sicherstellung von Datenqualität und -integrität sowie für Nachweis- und Prüfpflichten, etwa im Rahmen von Compliance-, Audit- oder Rechenschaftsanforderungen.

Usability Usability ist die Gebrauchstauglichkeit eines Produkts im Hinblick auf dessen geplante Nutzung.

Usage Limitation Usage Limitation (Nutzungsbeschränkungen) bezeichnen technisch-organisatorische Methoden zur gezielten Begrenzung der Nutzung von Daten, Systemen oder Funktionen auf einen eindeutig definierten sachlichen, zeitlichen oder personellen Rahmen, etwa durch Rollen-, Zweck-, Zeit- oder Kontextbeschränkungen. Dies dient der operativen Durchsetzung von Nutzungs- und Zugriffsvorgaben und wird etwa eingesetzt, um Zwecküberschreitungen zu verhindern.

Usage Policies Usage Policies sind Nutzungsrichtlinien für Systeme jeglicher Art.

USB Abk. für → Universal Serial Bus.

Usenet Das Usenet ist ein dezentral organisiertes elektronisches Netzwerk aus einzelnen News-Servern („Newsgroups"), in dem man in Diskussionsforen durch → Postings Informationen veröffentlichen kann, auf die dann andere Teilnehmer in gleicher Weise reagieren können.

User Vgl. → Endbenutzer.

User Datagram Protocol Das User Datagram Protocol ist das Standardprotokoll bei der Internet-Telefonie.

User-generated Content User-generated Content (UGC) bezeichnet von Nutzern selbst erstellte und veröffentlichte Inhalte eines digitalen Dienstes, etwa Texte, Bilder, Videos, Bewertungen oder Kommentare, die nicht vom Diensteanbieter stammen; UGC ist rechtlich insbesondere relevant im Kontext der Plattform- und Vermittlerhaftung nach dem → Digital Services Act (DSA), der Inhaltsmoderation und Melde-/Abhilfeverfahren, sowie des Urheberrechts, da Fragen der Rechteinhaberschaft, Nutzungsrechte und Verantwortlichkeit für rechtswidrige Inhalte regelmäßig an das Vorliegen nutzergenerierter Inhalte anknüpfen.

User Help Desk Vgl. → First-Line Support.

User Interface Abk: „UI"; siehe → Benutzeroberfläche.

User Journey Die User Journey beschreibt die Abfolge von Interaktionen und Kontaktpunkten, die ein Nutzer bei der Verwendung eines digitalen Dienstes durchläuft, von der ersten Berührung (zB Besuch einer Website) bis zum Abschluss einer Handlung. Sie ist insbesondere relevant für die Gestaltung transparenter und wirksamer Einwilligungsmechanismen (zB Cookie-Banner, Opt-in-Flows) sowie für die Umsetzung von Datenschutz durch Technikgestaltung (→ Privacy by Design), da Informations-, Wahl- und Kontrollmöglichkeiten der Nutzer kontextbezogen, verständlich und zeitlich richtig in den Nutzungspfad integriert werden müssen.

Username Username ist die Kennzeichnung eines Nutzers.

Usertracking Usertracking ist das Aufzeichnen des Nutzerverhaltens auf einer → Webseite in Logfiles (Server Log Files).

USV Abk. für → unterbrechungsfreie Stromversorgung.

Utility Computing Utility Computing ist eine Form eines Dienstleistungsangebots, des nach dem Umfang des Ausnutzen eines Angebots abgerechnet wird.

UWG Abk. für Gesetz gegen den unlauteren Wettbewerb.

V

V-Modell Das V-Modell ist ein Prozessmodell für die Durchführung von IT-Projekten, insbesondere für die Softwareentwicklung. Die Besonderheit des V-Modells (ebenso wie der Weiterentwicklung V-Modell XT) ist die bereits früh vorgesehene ständige Überprüfung der Produktentwicklung durch den Auftragnehmer. Das „V-Modell" beschreibt dabei bildlich die beiden zeitgleich ablaufenden Äste „Erstellung" und „Überprüfung".

V-Modell XT Abk. für V-Modell Xtrem Tailoring, vgl. auch → V-Modell.

Validierung (allgemein) Validierung ist die Plausibilitätsprüfung, also die Überprüfung, ob ein bestimmter Lösungsansatz für ein Problem tragfähig ist.

Validierung (EIDAS 2.0) Validierung ist nach Art. 3 Nr. 41 EIDAS 2.0 der Prozess der Überprüfung und Bestätigung der Gültigkeit einer elektronischen Signatur oder eines elektronischen Siegels.

Validierungsdaten (AI Act) Validierungsdaten nach Art. 3 Nr. 30 AI Act sind solche Daten, die zur Evaluation des trainierten KI-Systems und zur Einstellung seiner nicht erlernbaren Parameter und seines Lernprozesses verwendet werden, um unter anderem eine Unter- oder Überanpassung zu vermeiden.

Validierungsdaten (EIDAS 2.0) Validierungsdaten nach Art. 3 Nr. 40 EIDAS 2.0 sind solche Daten, die zur Validierung einer elektronischen Signatur oder eines elektronischen Siegels verwendet werden.

Value Added Service Ein Value Added Service (auch Value-Added Dienst genannt) ist ein Dienst, der neben einem Basisdienst weitere entgeltpflichtige Dienste anbietet, → Mehrwertdienst.

Value-added Reseller Ein Value-added Reseller (Abk. VAR) ist ein Unternehmen, das Vorprodukte einkauft, mit „Mehrwert" in Form von Beratungsleistung oder weiterer (Erweiterungs-)Leistungen versieht und anschließend – meistens an Endverbraucher – vertreibt.

VAR Abk. für → Value-added Reseller.

VAR-Vertrag Der VAR-Vertrag wird zwischen einem Softwarehaus und einem Hardwarehersteller geschlossen, wenn das Softwarehaus → Hardware hinzukauft, um sie zusammen mit der selbst produzierten → Software weiter zu veräußern.

VAS Abk. für → Value Added Service, → Mehrwertdienst.

VATM Abk. für Verband der Anbieter von Telekommunikations- und Mehrwertdiensten (siehe http://www.vatm.de/).

VDSL Abk. für Very High Speed Digital Subscriber Line, → DSL.

Vendor Lock-in Vendor Lock-in bezeichnet die technische oder vertragliche Abhängigkeit von einem Anbieter, die einen Anbieterwechsel faktisch erschwert. Auf EU-Ebene wird dies insbesondere durch Switching-, Interoperabilitäts- und Exit-Pflichten adressiert, u. a. im Data Act (Art. 23 ff.), in der DORA (Art. 28) sowie im DMA durch Interoperabilitätsvorgaben für Gatekeeper (Art. 6).

Vendor Risk Management Vendor Risk Management bezeichnet den systematischen Prozess zur Identifikation, Bewertung, Steuerung und laufenden Überwachung von Risiken, die sich aus der Beauftragung oder Einbindung externer Anbieter ergeben. Es ist von zentraler Bedeutung insbesondere für die Auftragsverarbeitung und die Compliance in Lieferketten.

Verändern (Datenschutzrecht) Verändern bezeichnet im Datenschutzrecht jede inhaltliche Anpassung oder Änderung personenbezogener Daten. Es ist ausdrücklich Teil des Begriffs der „Verarbeitung" nach Art. 4 Nr. 2 DS-GVO.

Verantwortlicher Verantwortlicher (früher und daher auch heute noch häufig: Verantwortliche Stelle) ist gem. Art. 4 Nr. 7 DS-GVO die natürliche oder juristische Person, Behörde, Einrichtung oder andere Stelle, die allein oder gemeinsam mit anderen über die Zwecke und Mittel der Verarbeitung von personenbezogenen Daten entscheidet; sind die Zwecke und Mittel dieser Verarbeitung durch das Unionsrecht oder das Recht der Mitgliedstaaten vorgegeben, so kann der Verantwortliche beziehungsweise können die bestimmten Kriterien seiner Benennung nach dem Unionsrecht oder dem Recht der Mitgliedstaaten vorgesehen werden..

Verarbeitung Verarbeitung ist nach Art. 4 Nr. 2 DS-GVO jeder mit oder ohne Hilfe automatisierter Verfahren ausgeführter Vorgang oder jede solche Vorgangsreihe im Zusammenhang mit personenbezogenen Daten. Dazu gehört das Erheben, das Erfassen, die Organisation, das Ordnen, die Speicherung, die Anpassung oder Veränderung, das Auslesen, das Abfragen, die Verwendung, die Offenlegung durch Übermittlung, Verbreitung oder eine andere Form der Bereitstellung, der Abgleich oder die Verknüpfung, die Einschränkung, das Löschen oder die Vernichtung personenbezogener Daten.

Verarbeitungskette Eine Verarbeitungskette bezeichnet die Abfolge von Verarbeitungsschritten und beteiligten Akteuren bei der Verarbeitung personenbezogener Daten. Sie ist zentral für die Zuordnung von Verantwortlichkeiten und Haftungsfragen, insbesondere bei arbeitsteiligen oder mehrstufigen Datenverarbeitungen; auch bezeichnet als „Processing Chain".

Verarbeitungsverzeichnis (VVT) Das Verarbeitungsverzeichnis ist die nach Art. 30 DS-GVO vorgeschriebene Dokumentation der Verarbeitungstätigkeiten eines Verantwortlichen oder Auftragsverarbeiters und dient der Rechenschafts- und Nachweispflicht; es ist insbesondere zu führen bei Unternehmen mit mehr als 250 Beschäftigten oder bei nicht nur gelegentlichen, risikobehafteten Verarbeitungen. Es enthält Angaben zu Zwecken der Verarbeitung, Kategorien betroffener Personen und Daten, Empfängern, Übermittlungen in Drittländer, Löschfristen sowie zu → technischen und organisatorischen Maßnahmen.

Verarbeitungszweck, KI-Training Die Nutzung personenbezogener Daten zur Entwicklung, Verbesserung oder Anpassung von KI-Modellen zu nutzen, ist datenschutzrechtlich regelmäßig als eigenständiger (weiterer) Zweck zu qualifizieren, der insbesondere auch am Grundsatz der Zweckbindung zu messen ist. Wird für das Training auf bereits zu anderen Zwecken erhobene Daten zurückgegriffen, ist nach Art. 6 Abs. 4 DS-GVO zu prüfen, ob das Training als mit dem ursprünglichen Zweck vereinbare Weiterverarbeitung gilt (Kompatibilitätsprüfung anhand u. a. Zweckzusammenhang, Kontext/Erwartungen, Datenkategorien, Folgen für Betroffene und geeignete Garantien). Ist die Weiterverarbeitung nicht kompatibel, benötigt der Verantwortliche eine neue, eigenständige Rechtsgrundlage für „KI-Training" (zB Einwilligung oder berechtigtes Interesse nach gesonderter Abwägung). Für Trainingsdaten aus öffentlich zugänglichen Quellen und automatisierter Erhebung (Web-Scraping) betont das EDPB in Opinion 28/2024, dass auch öffentlich zugängliche Informationen personenbezogene Daten bleiben können und die Rechtmäßigkeit der Verarbeitung in der Entwicklungs- und Einsatzphase von KI-Modellen – einschließlich der Wahl und Begründung der Rechtsgrundlage sowie der Folgen unrechtmäßiger Verarbeitung in der Trainingsphase – strukturiert zu prüfen und zu dokumentieren ist.

Verbindungs-Gateway Vgl. → Gateway.

Verbindungsdaten Vgl. → Verkehrsdaten.

Verbindungsnetz Ein Verbindungsnetz ist ein → Telekommunikationsnetz, das keine Teilnehmeranschlüsse aufweist und Teilnehmernetze miteinander verbindet.

Verbindungsnetzbetreiber Der Verbindungsnetzbetreiber (Abk. VNB) betreibt ein Telekommunikationsnetz ohne unmittelbare Teilnehmeranschlüsse betreibt, mittels dessen überörtliche Verbindungen (Weitverkehr) hergestellt werden können.

Verbindungsnetzbetreiberkennzahl Verbindungsnetzbetreiberkennzahl ist die Kennzahl, die ein Teilnehmer der (nationalen) Rufnummer voranstellen muss, damit die Verbindung über einen Verbindungsnetzbetreiber zustande kommt (zB 010...).

Verbindungsschnittstelle Organisatorische Stelle innerhalb von Bundesministerien oder Behörden zur Weiterleitung von Beschwerden an die nach dem DDG zuständigen Aufsichtsbehörden.

Verbot mit Erlaubnisvorbehalt (Datenschutzrecht) Das Verbot mit Erlaubnisvorbehalt ist eine im Datenschutzrecht gebräuchliche Beschreibung des datenschutzrechtlichen Erfordernisses, dass eine Verarbeitung von personenbezogenen Daten nur zulässig ist, soweit die DS-GVO oder eine andere Rechtsvorschrift dies erlaubt oder anordnet oder der Betroffene eingewilligt hat. Dabei ist die Bezeichnung „Erlaubnisvorbehalt" an sich nicht korrekt, weil die Erlaubnistatbestände für die Erhebung, Verarbeitung oder Nutzung nicht auf einem Verwaltungsakt beruhen, sie hat sich aber gleichwohl eingebürgert.

Verbotene KI-Praktiken (Art. 5 AI Act) Der EU AI Act verbietet in Art. 5 bestimmte KI-Praktiken mit unvertretbarem Risiko, da sie Grundrechte und demokratische Werte gefährden, darunter (1) den Einsatz manipulativer, unterschwelliger Techniken, (2) die Ausnutzung von Schwächen vulnerabler Gruppen (z. B. Kinder, Personen mit Behinderungen), (3) Social-Scoring-Systeme, (4) die Echtzeit-biometrische Fernidentifizierung im öffentlichen Raum durch Strafverfolgungsbehörden (vorbehaltlich eng begrenzter Ausnahmen), (5) Emotionserkennung am Arbeitsplatz oder in Bildungseinrichtungen, (6) unzulässige biometrische Kategorisierung (etwa nach sensiblen Merkmalen) sowie (7) KI-Systeme zur Vorhersage zukünftiger Straftaten bzw. zur individuellen Gefahrenprognose (predictive policing).

Verbraucher Verbraucher (vgl. die Legaldefinition des § 13 BGB) ist jede natürliche Person, die ein Rechtsgeschäft abschließt, das nicht ihrer gewerblichen oder selbstständigen beruflichen Tätigkeit zuzuordnen ist. Für Verbraucher gewähren zahlreiche gesetzliche Regelungen besonderen Schutz; im Kaufrecht zB §§ 474 ff. BGB, im Fernabsatz insbesondere §§ 312b ff. BGB.

Verbraucherrechte, digitale (Update) Digitale Verbraucherrechte wurden in den letzten Jahren durch umfassende neue Verbraucherschutz-Gesetze bzw. Gesetze mit Verbraucherschutzelementen geprägt. Auf Europäischer Ebene sind hier u. a. die Omnibus-I-Richtlinie, die Warenkauf-Richtlinie, die Richtlinie über digitale Inhalte und digitale Dienstleistungen, der Digital Services Act (DSA), das Barrierefreiheitsstärkungsgesetz (BFSG/European Accessibility Act) sowie flankierend der Digital Markets Act (DMA) erheblich. Auf nationaler Ebene sind u. a. in den §§ 312 ff. BGB (Vertragsabschluss und Informationspflichten), §§ 327 ff. BGB (digitale Produkte, insbesondere Updates, Mängelrechte) und §§ 434 ff. BGB (Sachmängelrecht) etwa Update-, Transparenz-, Gewährleistungs- und Barrierefreiheitsrechte eingeführt worden.

Verbreitungsrecht Das Verbreitungsrecht ist ein → Verwertungsrecht des Urhebers. Gemäß § 17 Abs. 1 UrhG berechtigt das Verbreitungsrecht dazu, das Original oder Vervielfältigungsstücke des Werkes der Öffentlichkeit anzubieten oder in Verkehr zu bringen. Das Verbreitungsrecht unterliegt gemäß § 17 Abs. 2 UrhG der Erschöpfung (→ Erschöpfungsgrundsatz, vgl. auch Art. 6. → WIPO). Problematisch ist die Reichweite des Erschöpfungsgrundsatzes insbesondere im Hinblick auf → „Gebrauchtsoftware".

Verbundener Dienst (Data Act) Art. 2 Nr. 5 DA: Digitaler Dienst, bei dem es sich nicht um einen elektronischen Kommunikationsdienst handelt, – einschließlich Software –, der zum Zeitpunkt des Kaufs, der Miete oder des Leasings so mit dem Produkt verbunden ist, dass das vernetzte Produkt ohne ihn eine oder mehrere seiner Funktionen nicht ausführen könnte oder der anschließend vom Hersteller oder einem Dritten mit dem Produkt verbunden wird, um die Funktionen des vernetzten Produkts zu ergänzen, zu aktualisieren oder anzupassen.

Verfügbarkeitsklauseln Verfügbarkeitsklauseln sind vertragliche Regelungen über vom Anbieter geschuldete Verfügbarkeit eines IT-Systems während eines bestimmten Zeitraums. Verfügbarkeiten werden in Prozent angegeben (siehe → Service Level Agreement). In Verfügbarkeitsklauseln können auch die zulässigen → „downtime"-Zeiten eines Systems geregelt sein.

Verhaltenskodex Vgl. → Code of Conduct.

Verhaltensregeln (Art. 40 DS-GVO) Verhaltensregeln (Codes of Conduct, CoC) sind nach Art. 40 DS-GVO von Verbänden oder anderen Vereinigungen entwickelte Regelwerke, die die Anwendung der DS-GVO branchenspezifisch konkretisieren (zB zu fairer Verarbeitung, Transparenz, Betroffenenrechten, TOMs, Auftragsverarbeitung oder Beschwerdeverfahren) und nach Prüfung durch die zuständige Aufsichtsbehörde bzw. – bei unionsweiter Relevanz – unter Einbindung des Kohärenzmechanismus genehmigt werden können; ihre Einhaltung wird typischerweise durch eine Akkreditierung und Überwachung (Monitoring-Stelle nach Art. 41 DS-GVO) flankiert.

Verifikation (in Bezug auf Anforderungen) Verifikation bezeichnet die konkrete Überprüfung, ob Ergebnisse, Daten oder Prozesse vorgegebenen Anforderungen oder Spezifikationen entsprechen.

Verification Log Ein Verification Log ist die strukturierte Dokumentation von Prüf-, Verifikations- oder Kontrollvorgängen innerhalb eines IT-Systems. Es hält insbesondere Zeitpunkt, Gegenstand und Ergebnis der jeweiligen Prüfung fest und ist relevant für Nachweis-, Audit- und Rechenschaftspflichten.

Verkauf zum Höchstgebot Vgl. → Auktion.

Verkehrsdaten Verkehrsdaten sind Daten, deren Erhebung, Verarbeitung oder Nutzung bei der Erbringung eines Telekommunikationsdienstes erforderlich sind (vgl. § 3 Nr. 70 TKG). Die Verarbeitung von Verkehrsdaten unterliegt dem Telekommunikation-Digitale-Dienste-Datenschutz-Gesetz (TDDDG), insbesondere den §§ 9–13 TDDDG, und ist danach nur zu ausdrücklich geregelten Zwecken (zB Erbringung und Abrechnung von Diensten, Störungsbeseitigung oder Missbrauchsbekämpfung) zulässig. Siehe auch → Fernmeldegeheimnis.

Verlinkung Verlinkung bezeichnet das Setzen eines → Hyperlinks auf eine andere → Webseite.

Vermietung (UrhG) Vermietung ist ein Recht des Urhebers nach § 17 Abs. 3 UrhG, ein Werk auf Zeit zu Erwerbszwecken zum Gebrauch Dritten zu überlassen (vgl. auch Art. 7 WIPO).

Vermittlungsdienste (DSA) Vermittlungsdienste im Sinne des → Digital Services Act (DSA) sind Dienste der Informationsgesellschaft, die die Übermittlung oder Speicherung von Informationen für Nutzer vermitteln; Art. 3 lit. g DSA unterscheidet dabei (1) Mere-Conduit-Dienste (reine Durchleitung), (2) Caching-Dienste (automatische, zeitlich begrenzte Zwischenspeicherung zur effizienteren Übermittlung) und (3) Hosting-Dienste, die von Nutzern bereitgestellte Informationen speichern, einschließlich Online-Plattformen und Online-Suchmaschinen.

Vernetztes Produkt (Data Act) Ein vernetztes Produkt ist ein in Art. 2 Nr. 5 DA näher definiertes (→ IoT-)Gerät, das Daten über seine Nutzung oder Umgebung erlangen, generieren oder erheben, sowie übermitteln kann.

Veröffentlichungsrecht (UrhG) Das Veröffentlichungsrecht ist ein → Urheberpersönlichkeitsrecht; der Urheber bestimmt, ob und wie ein Werk zu veröffentlichen ist (§ 12 UrhG).

Verschlüsselung Verschlüsselung ist ein Verfahren zum Schutz von Daten vor unbefugter Einsichtnahme oder Manipulation, indem diese mittels eines Verschlüsselungsalgorithmus in eine nur für den Berechtigten erschließbare Form gebracht werden.

Verschlüsselungsverfahren Verschlüsselungsverfahren werden in symmetrische und asymmetrische Verfahren unterschieden. Bei symmetrischen Verschlüsselungsverfahren wird für Ver- und Entschlüsselung der gleiche → Schlüssel verwendet. Die Sicherheit des Verfahrens hängt daher von der Sicherheit des mit zu übertragenden Schlüssels ab. Bei asymmetrischen Verschlüsselungsverfahren besitzt jeder Teilnehmer einen privaten (→ private key) und einen von ihm veröffentlichten Schlüssel (→ public key), wobei sich diese nicht voneinander ableiten lassen.

Version (Software) Version bezeichnet einen bestimmten Stand einer Software; zu unterscheiden ist die Release-Version (major/minor), die Revisionsnummer und die Build-Nummer.

Version Control Version Control bezeichnet die systematische Verwaltung und Nachverfolgung von Änderungen an Quellcode oder anderen digitalen Artefakten über verschiedene Entwicklungsstände hinweg; sie ermöglicht insbesondere die Dokumentation von Änderungen, die Wiederherstellung früherer Versionen, die parallele Zusammenarbeit mehrerer Entwickler sowie die Nachvollziehbarkeit von Verantwortlichkeiten. Version-Control-Systeme sind ein zentraler Bestandteil moderner Software- und Sicherheitsprozesse und haben besondere Bedeutung für Nachweisbarkeit, Integrität und Revisionssicherheit.

Versionierung Versionierung bezeichnet die systematische Kennzeichnung, Verwaltung und Pflege unterschiedlicher Stände von Software, Daten oder digitalen Inhalten über ihren Lebenszyklus hinweg; sie ermöglicht die eindeutige Identifikation von Releases und Änderungen, die Nachvollziehbarkeit von Entwicklungs- und Änderungsentscheidungen sowie die Reproduzierbarkeit bestimmter Produkt- oder Datenstände.

Versteigerung Vgl. → Auktion.

Verteilte-Kosten-Dienste Vgl. → Shared Cost-Dienste.

Verteilte Systeme Verteilte Systeme sind IT-Systeme, deren funktionale Komponenten auf mehrere physisch oder logisch getrennte Einheiten verteilt sind, die über Kommunikationsnetze miteinander interagieren und gemeinsam eine einheitliche Funktion oder Dienstleistung erbringen. Sie zeichnen sich durch Merkmale wie Dezentralität, Skalierbarkeit und Fehlertoleranz aus und finden sich etwa in Cloud-Infrastrukturen, Microservices-Architekturen oder verteilten Datenbanksystemen.

Vertragsklauseln, KI-Systeme Vertragsklauseln zu KI-Systemen können insbesondere die Einhaltung des AI Acts (zB Rollenzuordnung Betreiber/Anbieter, Risikoklassifizierung, Pflichten zu Dokumentation und Monitoring), die datenschutzrechtlichen Anforderungen bei KI-gestützten oder automatisierten Entscheidungen (insb. DS-GVO, einschließlich Informations- und Betroffenenrechten), IP- und Nutzungsrechte an Trainingsdaten, Modellen und Outputs sowie die Haftungsallokation für KI-bedingte Schäden, auch im Lichte der (neuen) Produkthaftungsregelungen (VO (EU) 2024/2853) regeln. Sie können Update-, Wartungs- und Sicherheitspflichten enthalten (einschließlich Patches, Modell-Re-Training und Abhilfemaßnahmen bei Leistungs- oder Compliance-Abweichungen) sowie Mechanismen zu Audits, Incident-Handling und Exit.

Vertrauensdienst (eIDAS 2.0, BSIG) Ein Vertrauensdienst ist ein elektronischer Dienst im Sinne der eIDAS 2.0, der insbesondere der Erstellung, Überprüfung und Validierung von elektronischen Signaturen, Siegeln, Zeitstempeln, Diensten für eingeschriebene elektronische Zustellungen, der Website-Authentifizierung sowie der Ausstellung und Verwaltung von Zertifikaten dient; Vertrauensdienste schaffen damit rechtssichere Grundlagen für digitale Identitäten und Transaktionen. Anbieter von (qualifizierten) Vertrauensdiensten sind nach dem BSIG wichtige bzw. besonders wichtige Einrichtungen und unterliegen entsprechend erhöhten Anforderungen an IT-Sicherheit, Resilienz und Aufsicht.

Vertrauensmodell Konzeptionelle Beschreibung, welche technischen oder organisatorischen Komponenten als vertrauenswürdig vorausgesetzt werden; relevant für Sicherheitsarchitekturen und Compliance-Bewertungen.

Vertrauensniveau (eIDAS): hoch → Elektronische Identifizierung, Vertrauensniveaus.

Vertrauensniveau (eIDAS): substantiell → Elektronische Identifizierung, Vertrauensniveaus.

Vertrauenswürdige KI Vertrauenswürdige KI bezeichnet ein normatives Leitbild für die Entwicklung und Nutzung künstlicher Intelligenz, das auf den Arbeiten der High-Level Expert Group on AI (HLEG) basiert und vom → AI Act aufgegriffen wird. Es beruht auf drei Grundpfeilern: Rechtmäßigkeit (Einhaltung geltenden Rechts), ethische Grundsätze und technische Robustheit bzw. Sicherheit. Zur Konkretisierung werden sieben zentrale Anforderungen genannt: menschliche Aufsicht, technische Robustheit und Sicherheit, Datenschutz und Daten-Governance, Transparenz, Vielfalt, Nicht-Diskriminierung und Fairness, gesellschaftliches und ökologisches Wohlergehen sowie Rechenschaftspflichten, die zusammen sicherstellen sollen, dass KI-Systeme verantwortungsvoll, nachvollziehbar und grundrechtskonform eingesetzt werden.

Vertrauenswürdiger Hinweisgeber (DSA) Siehe → Trusted Flagger

Vertreter (NIS-2) Ein Vertreter im Sinne der NIS-2-Richtlinie ist eine in der Europäischen Union niedergelassene natürliche oder juristische Person, die von einem nicht in der Union niedergelassenen Anbieter ausdrücklich benannt wird, um dessen Pflichten nach der NIS-2 wahrzunehmen (Art. 6 Nr. 34 NIS-2); dies betrifft insbesondere Anbieter von DNS-Diensten, Domänennamen-Registrierungsdiensten und TLD-Registries, Cloud-Computing- und Rechenzentrumsdiensten, Inhaltszustellnetzen (CDN), verwalteten Diensten und Sicherheitsdiensten sowie Betreiber von Online-Marktplätzen, Online-Suchmaschinen und Plattformen für soziale Netzwerke, wobei sich nationale zuständige Behörden oder CSIRTs zur Durchsetzung der Richtlinienpflichten unmittelbar an den Vertreter wenden können.

Vertraulichkeit Vertraulichkeit bedeutet den Schutz von übertragenen Dateien vor unbefugter Kenntnisnahme.

Vervielfältigungsrecht Das Vervielfältigungsrecht bezeichnet gemäß § 16 Abs. 1 UrhG das Recht, Vervielfältigungsstücke des Werkes herzustellen, gleichviel ob vorübergehend oder dauerhaft, in welchem Verfahren und in welcher Zahl. Gemäß § 15 Abs. 1 Nr. 1 UrhG steht das Vervielfältigungsrecht dem Urheber als ausschließliches Recht zu. Bei Software kommt es bereits bei der Installation zu einer (dauerhaften) Vervielfältigung und dann beim Ablaufenlassen der Software möglicherweise zusätzlich zu einer Kopie im → Arbeitsspeicher (→ RAM) des Computers. Gemäß § 69c Nr. 1 UrhG hat der Rechtsinhaber das ausschließliche Recht, die dauerhafte oder vorübergehende, vollständige oder partielle Vervielfältigung eines Computerprogramms (hierzu gehören auch Vervielfältigungen, die für das Laden, Anzeigen, Ablaufen, Übertragen oder Speichern des Computerprogramms erforderlich sind) mit jedem Mittel und in jeder Form vorzunehmen oder zu gestatten. Einschränkungen erfahren die ausschließlichen Rechte des Urhebers durch § 69d UrhG, der bestimmte Handlungen durch zur Verwendung eines Vervielfältigungsstücks des Programms Berechtigte vom Erfordernis der Zustimmung des Urhebers freistellt.

Verwendungsnachweis Ein Verwendungsnachweis ist die dokumentierte Darstellung der tatsächlichen Nutzung von Daten oder IT-Systemen entsprechend festgelegter rechtlicher, organisatorischer oder technischer Vorgaben; er dient der Nachvollziehbarkeit und Überprüfbarkeit von Verarbeitungsvorgängen.

Verwertungsgesellschaft Eine Verwertungsgesellschaft nimmt aufgrund des UrhWG die Rechte der Urheber wahr (→ VG Wort, → GEMA usw.).

Verwertungsrecht Verwertungsrecht ist der Oberbegriff für die Rechte des Urhebers nach §§ 15–22 UrhG.

Verzeichnis der Gatekeeper (DMA) Das Verzeichnis der Gatekeeper ist eine von der Europäischen Kommission geführte und fortlaufend aktualisierte öffentliche Liste, in der die nach dem Digital Markets Act (DMA) förmlich benannten Gatekeeper sowie die jeweils erfassten zentralen Plattformdienste aufgeführt sind (Art. 4 Abs. 3 DMA); das Verzeichnis schafft Transparenz über den Anwendungsbereich des DMA und markiert den Beginn der konkretisierten unionsrechtlichen Pflichten für die benannten Unternehmen.

Verzeichnis der Betreiber öffentlicher Telekommunikationsnetze Das Verzeichnis der Betreiber öffentlicher Telekommunikationsnetze ist eine von der Bundesnetzagentur geführte, öffentlich zugängliche Übersicht über alle Unternehmen, die nach dem Telekommunikationsgesetz (siehe § 5 TKG) meldepflichtig sind; es wird regelmäßig auf der Internetseite der Bundesnetzagentur veröffentlicht und enthält neben der Bezeichnung der Unternehmen eine Kurzbeschreibung der jeweils gemeldeten telekommunikationsrechtlich relevanten Tätigkeit, um Transparenz über die am Markt tätigen Anbieter und Betreiber öffentlicher Telekommunikationsnetze und -dienste zu gewährleisten.

Verzeichnis der vertraglichen IKT-Abhängigkeiten (DORA) Das Verzeichnis der vertraglichen IKT-Abhängigkeiten ist ein von Finanzunternehmen nach Art. 28 Abs. 3 DORA zu führendes internes Register, das sämtliche vertraglichen Vereinbarungen über die Nutzung von IKT-Dienstleistungen durch Drittdienstleister erfasst, einschließlich wesentlicher Informationen zu Art, Umfang und Kritikalität der Leistungen. Es dient der aufsichtlichen Transparenz, der Bewertung von Konzentrations- und Auslagerungsrisiken sowie als zentrale Grundlage für die IKT-Risikosteuerung und Prüfungen durch Aufsichtsbehörden.

VG BildKunst Die VG BildKunst ist eine → Verwertungsgesellschaft für die Bereiche Bildende Künstler, Fotografen, Designer, Karikaturisten, Pressezeichner und Bildagenturen, sowie Filmproduzenten, Regisseure, Kameraleute, Cutter, Szenen- und Kostümbildner und Choreografen und Architekten (siehe http://www.bildkunst.de/).

VG Wort Die VG Wort ist eine → Verwertungsgesellschaft für Autoren, Übersetzer und Verleger von schöngeistigen und dramatischen, journalistischen und wissenschaftlichen Texten (siehe http://www.vgwort.de/).

Videosharingplattform-Dienst Ein Videosharingplattform-Dienst ist ein in § 1 Abs. 4 Nr. 8 DDG definierter digitaler Dienst, dessen Hauptzweck oder wesentliche Funktion darin besteht, der Allgemeinheit Sendungen oder nutzergenerierte Videos ohne redaktionelle Verantwortung des Anbieters bereitzustellen, wobei der Anbieter die Organisation der Inhalte bestimmt.

Videospiele Videospiele sind interaktive digitale Spiele, die auf elektronischen Systemen wie Computern, Konsolen oder mobilen Endgeräten ausgeführt werden und deren Spielgeschehen über visuelle Ausgaben (regelmäßig ergänzt durch Ton und haptische Rückmeldungen) vermittelt wird. Sie können Unterhaltungs-, Bildungs- oder Simulationszwecken dienen und zeichnen sich durch eine aktive Steuerung durch den Nutzer aus.

Videoüberwachung Videoüberwachung bezeichnet die Beobachtung von Personen oder Räumen mit optisch-elektronischen Einrichtungen, insbesondere die Erhebung, Speicherung oder Auswertung von Bilddaten. Datenschutzrechtlich richtet sie sich primär nach der DS-GVO, insbesondere nach Art. 6 Abs. 1 DS-GVO, und ergänzend nach § 4 BDSG für die Videoüberwachung öffentlich zugänglicher Räume. Eine Videoüberwachung ist nur zulässig, wenn sie erforderlich, verhältnismäßig und zweckgebunden ist und keine überwiegenden schutzwürdigen Interessen der betroffenen Personen entgegenstehen; regelmäßig sind Transparenz-, Informations- und Löschpflichten einzuhalten. Aufgrund der erheblichen Eingriffsintensität ist bei der Videoüberwachung stets das Risiko einer → Totalüberwachung zu berücksichtigen.

Viraler Code Viraler Code umschreibt das Problem, dass bei Verbindung von „Open-Source-Software" (zB Software, die unter der → GPL steht) mit proprietärer Software, wenn die neue Software verbreitet oder vertrieben wird, erstere die letztere dahingehend „infiziert", dass dann auch für die gesamte neue Software, und damit auch für deren proprietäre Bestandteile, die Bedingungen zu beachten sind (zB Offenlegung des Quelltextes), die für die Open-Source-Software nach Maßgabe der GPL gelten.

Viren Vgl. → Computervirus.

Virenscanner Ein Virenscanner (auch Anti-Virus Software) ist ein spezielles Computerprogramm für die Auffindung und Beseitigung von → Computerviren und → Malware.

Virtual Private Network Virtual Private Network (Abk. VPN) bezeichnet ein nur durch den Einsatz spezieller Softwareprodukte geschaffenes und daher „virtuelles" → Netzwerk zwischen räumlich getrennten Rechnern, über ein privates oder einem Unternehmen gehörendes Netz, zB über das öffentliche Internet. Die Abschottung gegenüber dem Internet erfolgt in der Regel durch eine Verschlüsselung der Kommunikation über das Virtual Private Network; auch → Firewalls oder spezielle Verschlüsselungs-Gateways kommen zum Einsatz. Die Nutzung eines Virtual Private Network setzt in der Regel eine Authentifizierung durch Passwörter oder Zertifikate voraus. Ein wichtiges Protokoll zum Aufbau eines Virtual Private Networks ist IP-SEC.

Virtuelle Realität Virtuelle Realität (engl. „Virtual Reality") ist kein Rechtsbegriff und nicht explizit Gegenstand gesetzlicher Regelungen, sondern eine Bezeichnung für digital geschaffene Umgebungen, die ggf. mit mehreren Sinnen wahrgenommen werden und dem Nutzer deshalb als Realität oder realitätsähnlich erscheinen. Charakteristisch für virtuelle Realität ist das sensorische (zB durch Hören und Sehen bspw. mit sog. „VR-Brillen", potentiell aber auch unter Einbeziehung weiterer Sinne erreichte) Eintauchen in eine künstlich geschaffene, in sich geschlossene Umgebung, die dem Nutzer seine unmittelbare eigene Präsenz innerhalb dieser Umgebung real erscheinen lässt/lassen soll. Welche rechtlichen Themenbereiche relevant sind bzw. werden können, hängt dabei von der konkreten Gestaltung der virtuellen Realität ab. Dazu können datenschutzrechtliche, markenrechtliche oder urheberrechtliche Fragen aber auch Themen rund um das Deliktsrecht eine Rolle spielen.

Virtuelles Hausverbot Von einem virtuellen Hausverbot ist die Rede, wenn einzelne Personen von der Nutzung von → Foren, → Weblogs und anderen → Chatdiensten ausgeschlossen werden. Ein virtuelles Hausverbot setzt die Befugnis voraus, darüber zu entscheiden, wer einen virtuellen Raum „betritt". Dies ist nur dann ohne Einschränkungen der Fall, wenn zwischen dem Betreiber und dem Teilnehmer ein (unentgeltlicher) Vertrag über die Teilnahme zustande kommt. Auch in diesen Fällen sollte zwischen dem Recht auf freie Meinungsäußerung des Auszuschließenden einerseits und den Interessen des Betreibers des virtuellen Raums andererseits abgewogen werden.

Vishing Vishing ist eine Form der Internetkriminalität, bei dem der Täter mit telefonischen Kontakten über Internettelefonie das Opfer zur Herausgabe von Daten wie Passwörtern, Kontodaten für das Online-Banking usw. zu bringen versucht. Der Begriff Vishing ist eine Wortbildung aus Voice und Phishing (vgl. auch → Phishing).

Vishing Voice Phishing über Telefonanruf; zunehmend mit KI-Stimmklonen kombiniert; § 263 StGB; Spoofing-Verbote § 67 TKG 2021.

VLK Abk. für → Volume License Product Key.

VLOP (Very Large Online Platform) Art. 33 DSA: Online-Plattformen mit > 45 Mio. monatlich aktiven Nutzern in der EU; strengste DSA-Pflichten; Kommission ist Aufsichtsbehörde.

VLOSE (Very Large Online Search Engine) Art. 33 DSA: Online-Suchmaschinen mit > 45 Mio. monatlich aktiven Nutzern in der EU; dieselben verschärften Pflichten wie VLOP.

VNB Abk. für → Verbindungsnetzbetreiber.

Voice over IP Voice over IP (Abk. VoIP, auch IP-Telefonie oder Internet-Telefonie) bezeichnet das Telefonieren über ein Netzwerk auf Grundlage eines Internetprotokolls. Die Telefonate werden dabei nicht über feste Telefonleitungen übermittelt, sondern als kleine Sprachpakete über das Internet zum Empfänger gesendet.

Voice User Interface Unter Voice User Interface (VUI) versteht man die → Benutzeroberfläche eines Computerprogramms, die für die Steuerung des Computerprogramms (auch) Sprachbefehle ermöglicht.

VoIP Abk. für → Voice over IP.

Volkszählungsurteil Das Volkszählungsurteil ist das grundlegende Urteil, in dem das BVerfG (BVerfGE 65, 1 = DÖV 1984,156) das Recht auf informationelle Selbstbestimmung aus Art. 1 und 2 GG entwickelt hat (→ Recht auf informationelle Selbstbestimmung).

Vollversion Eine Vollversion ist die in vollem Umfang funktionsfähige Version eines Softwareprogramms (→ Retail-Version). Mit der Bezeichnung Vollversion ist noch keine Aussage über dem Erwerber eingeräumte Nutzungsrechte getroffen. Diese hängen vom zugrundeliegenden Softwareüberlassungsvertrag ab. Bei → OEM- oder → Bulk- oder Demo-Versionen eines Softwareprogramms handelt es sich häufig nicht um Vollversionen.

Vollwartung Vollwartung umfasst über die Bereitstellung von telefonischem Support hinaus die Vertragsbestandteile Instandsetzung und Instandhaltung. Zudem sind Zusatzleistungen wie Geräteinstallation und Backup-Service und eventuell auch die Weiterentwicklung geschuldet (siehe auch → Wartungsvertrag, → Pflegevertrag).

Volume License Agreement Bei einem Volume License Agreement erhält ein Unternehmen das Recht, von einer → Masterkopie Vervielfältigungsstücke in der nach dem Vertrag zulässigen Anzahl für die dem Unternehmen angehörigen Mitarbeiter und Firmen anzufertigen. Die Natur der auf diesem Weg entstehenden Nutzungsrechte (zB bloße Unterlizenzen oder direkte Lizenzen) ist durch Auslegung der konkreten Vertragsbestimmungen zu ermitteln. Dies gilt auch für die Frage des Schicksals der erzeugten Installationen im Fall der Veräußerung eines diese nutzenden Konzernunternehmens.

Volume License Product Key Der Volume License Product Key ist der Schlüssel, der für die Installation der Vollversion im Rahmen eines Volume License Agreement erforderlich ist.

Volumenlizenz Vgl. → Volume License Agreement.

Vor-Ort-Service Vor-Ort-Service ist eine Form des → Supports.

Vorbereitende Arbeiten Vorbereitende Arbeiten sind die bei der Softwareerstellung der Erarbeitung des → Grobkonzeptes vorausgehenden Arbeiten wie das Erarbeiten der Verfahrensidee, die Ist-Analyse und die Formulierung der Anforderungen an das zu erstellende System.

Vorgetäuschte menschliche Interaktion (KI) Art. 50 Abs. 1 AI Act: Bewusstes Vortäuschen menschlicher Interaktion durch KI-System ohne Nutzerkenntnis unzulässig; Betreiber müssen informieren; Ausnahme wenn offensichtlich.

Vorratsdatenspeicherung Bei der Vorratsdatenspeicherung handelt es sich vorrangig um einen Begriff aus dem Telekommunikationsrecht. Sie beschreibt den Vorgang der Aufzeichnung von Verkehrs- und Standortdaten (nicht aber die Inhalte) aus Telekommunikationsvorgängen und ermöglicht es, Aussagen über Kontakthäufigkeiten, Standorte und Dauer zu treffen. Kennzeichen der Vorratsdatenspeicherung ist es, dass im Zeitpunkt der Speicherung kein konkreter Zweck besteht, woraus sich ein Spannungsverhältnis zu anderen grundrechtlich geschützten Positionen, insbesondere aber auch des Datenschutzrechts ergibt.

VPN Abk. für → Virtual Private Network.

VPN-Verträge VPN-Verträge sind eine besondere Vertragsform für die Netzwerkbetreuung (Bereitstellung und Betrieb eines → Virtual Private Networks).

VUI Vgl. → Benutzeroberfläche.

Vulnerability Disclosure Policy (VDP) Eine Vulnerability Disclosure Policy ist eine unternehmensinterne Richtlinie, die Verfahren und Zuständigkeiten für die Entgegennahme, Prüfung, Bewertung, Priorisierung und Behebung gemeldeter IT-Schwachstellen festlegt und damit die Anforderungen eines geordneten Schwachstellenmanagements konkretisiert; im Anwendungsbereich der NIS-2-Richtlinie bzw. der lokalen Umsetzungsgesetze (BSIG) dient sie zugleich der Umsetzung der dort vorausgesetzten Maßnahmen des Risikomanagements und der Behandlung von Sicherheitsvorfällen.

W

W3C Abk. für → World Wide Web Consortium.

WAN Abk. für → Wide Area Network.

WAPECS Abk. für Wireless Access Policy for Electronic Communications Services.

Wardriving Wardriving ist die planmäßige Suche nach → Wireless LANs per Fahrzeug, uU zwecks → Snarfing.

Ware mit digitalen Elementen Waren mit digitalen Elementen sind nach § 327a Abs. 3 BGB körperliche Gegenstände, die digitale Produkte enthalten oder mit ihnen verbunden sind, soweit die Ware ihre vertragsgemäße Funktion ohne diese digitalen Elemente nicht erfüllen kann; maßgeblich ist damit die funktionale Unentbehrlichkeit der digitalen Komponente für die Nutzbarkeit der Sache. Maßgeblich ist nicht, ob digitale Elemente vorhanden sind, sondern ob diese für die Funktionsfähigkeit der Ware erforderlich sind. Beispiele sind etwa Smartphone oder Smart-TV.

Warenkaufrichtlinie (2019/771) RL 2019/771/EU, §§ 434 ff. BGB (ab 1.1.2022): Mängelgewährleistung für körperliche Waren einschl. Waren mit digitalen Elementen.

Warez Warez ist Software ohne Nutzungslizenz, also entweder raubkopierte oder gecrackte Software.

Wartung Wartung bezeichnet Leistungen zur Instandhaltung und Instandsetzung einer EDV-Anlage, → Wartungsvertrag.

Wartung, Anspruch auf Vgl. → Wartungsvertrag.

Wartungs- und Entstördienste Wartungs- und Entstördienste sind ein Bestandteil der Verpflichtungen in einem → Wartungsvertrag oder einem → Pflegevertrag.

Wartungsfenster Vgl. → downtime und → Service Level Agreements.

Wartungsschein Der Wartungsschein fasst die wesentlichen vertraglichen Verpflichtungen eines → Wartungsvertrages zusammen.

Wartungsvertrag Ein Wartungsvertrag verpflichtet den Vertragspartner, die Betriebsbereitschaft von → Hardware (einer gesamten Anlage oder aber einzelner Teile einer Konfiguration) oder einer EDV-Anlage sicherzustellen, vorbeugend Fehler zu vermeiden und bei Störfällen oder Systemausfällen einen → Wartungs- und Entstördienst bereitzustellen. Im Verhältnis zur Wartung kann Instandhaltung auch als eine Form der „vorbeugenden“ Wartung zur Vermeidung von Störfällen verstanden werden. Die Softwarewartung wird häufig mit der Softwarepflege gleichgesetzt (siehe auch die Ergänzenden Vertragsbedingungen für die Pflege von Standardsoftware (EVB-IT Pflege S) sowie den EVB-IT Pflegevertrag S. Zentraler Inhalt eines Wartungsvertrags sind Betriebsausfallzeiten, also die Frage, in welchem Umfang und mit welchen Reaktions- und maximalen Ausfallzeiten der Verpflichtete die Betriebsfähigkeit der Anlage sicherzustellen hat. Der Wartungsvertrag ist in der Regel als Werkvertrag zu qualifizieren, wobei dies im Einzelfall anhand des Umfangs und der Art der Verpflichtungen zu prüfen ist. Ein Anspruch auf Abschluss eines Wartungsvertrages existiert für den Käufer von → Hardware nur in Ausnahmefällen, wenn der Verkäufer eine marktbeherrschende Stellung hat. Besondere Probleme ergeben sich in Abgrenzung zur Gewährleistung aus dem Hauptvertrag.

Wartungszeiten Wartungszeiten (auch scheduled → Downtime) sind nach Tag, Uhrzeit und Dauer der Instandhaltungs- oder Instandsetzungsarbeiten im → Wartungsvertrag festzulegen.

Wasserfallmodell Das Wasserfallmodell ist eine Form der Projektentwicklung, bei der jede Phase abgeschlossen wird, bevor die nächste Ebene weitergeführt wird. Es teilt sich auf in die Abschnitte Anforderungsanalyse, Systemdesign, Programmierung und Modultests, Integrations- und Systemtests sowie Auslieferung und Einsatz. Im Hinblick darauf, dass das Wasserfallmodell keine Wiederholung einzelner Schritte, wie zB der Anforderungsanalyse, vorsieht, eignet es sich am ehesten für Projekte, bei denen sich die Anforderungen im Projektverlauf nicht mehr verändern. Im Gegensatz zum Wasserfallmodell sehen iterative Methoden, die Möglichkeit vor, auf geänderte Anforderungen zu reagieren (→ Agile Computing).

WCAG (Web Content Accessibility Guidelines) W3C-Standard (aktuell: Version 2.2, Oktober 2023): Vier Prinzipien (Wahrnehmbar, Bedienbar, Verständlich, Robust); drei Konformitätsstufen (A, AA, AAA); WCAG 2.1 Level AA ist gesetzlicher Mindeststandard.

WCT Abk. für → WIPO Copyright Treaty.

Wearables Wearables sind kein fest definierter Rechtsbegriff, sondern eine Bezeichnung für technologische Produkte, die in Größe, Beschaffenheit und Energie- bzw. Ladeautonomie darauf ausgelegt sind, dauerhaft oder jedenfalls typischerweise am Körper getragen zu werden. Charakteristisch ist ihre körpernahe Integration sowie eine auf kontinuierliche Nutzung im Alltag angelegte Funktionsweise. In der Regel verfolgen sie die Zielsetzung, Funktionen des menschlichen Körpers oder der menschlichen Sinne zu unterstützen, zu erweitern oder Schwächen zu kompensieren. Dies kann etwa die Erfassung physiologischer Daten, die Unterstützung der Wahrnehmung oder die Interaktion mit der Umwelt betreffen. Typische Beispiele sind Fitness-Tracker, Smartwatches, Datenbrillen (zB Augmented-Reality-Brillen), Hörgeräte, smarte Kleidung mit integrierten Sensoren oder medizinische Wearables. Rechtsdogmatisch sind Wearables vor allem im Kontext des Datenschutzrechts von Bedeutung, da sie regelmäßig personenbezogene, häufig auch besonders sensible Daten (insbesondere Gesundheitsdaten) verarbeiten. Darüber hinaus können sie – je nach Ausgestaltung – als Waren mit digitalen Elementen einzuordnen sein und unterfallen dann im Bereich des Verbraucherschutzrechts den entsprechenden Sonderregelungen.

Web 2.0 Mit Web 2.0 wird eine Veränderung der Benutzung des Internets umschrieben, die dadurch geprägt ist, dass der → Content nicht mehr allein von → Diensteanbietern stammt, sondern auch von den Nutzern selbst, die sich untereinander mittels unterschiedlichster Technologien austauschen (zB in „Sozialen Netzwerken", zB Facebook, Xing usw.). Seine Grundlage hat dies insbesondere in den gesteigerten Übertragungsraten der Netze.

Web Accessibility Directive (Update) RL 2016/2102: Öffentliche Stellen müssen Websites und Apps barrierefrei gestalten; BFSG erweitert auf privaten Sektor ab 28.6.2025; harmonisierter Standard EN 301 549 (entspricht WCAG 2.1 Level AA).

Web Scraping, datenschutzrechtlich Automatisiertes Massenabrufen öffentlich zugänglicher Daten; DS-GVO anwendbar bei Personenbezug; Rechtsgrundlage umstritten (Art. 6 Abs. 1 lit. f).

Web Services Vgl. → Internetdiensteanbieter.

Web-Content-Vertrag Der Web-Content-Vertrag bezieht sich auf die inhaltliche Ausgestaltung einer Website, der → Web-Design-Vertrag auf das äußere Erscheinungsbild. Der Inhalt einer → Website kann dabei entweder vom Betreiber selbst erstellt oder aber von einem Dritten auf Grundlage eines Web-Content-Vertrags zugeliefert werden. Gegenstand des Web-Content-Vertrags ist nicht nur die Beschaffung geeigneter Inhalte, sondern zugleich die Einräumung der erforderlichen Nutzungsrechte. Erforderlich wird in der Regel das → Recht der öffentlichen Zugänglichmachung (§ 19a UrhG) sein.

Web-Design-Vertrag Der Web-Design-Vertrag ist ein Werkvertrag, der die Erstellung einer → Website bzgl. des äußeren Erscheinungsbildes zum Gegenstand hat. Bei Teilen des Web-Design-Vertrags kann es sich auch um einen Softwareerstellungsvertrag handeln. Vgl. allgemein zum Problem → Software als Sache, § 651 BGB.

Web-Services Web-Services sind über einen → Uniform Resource Locator erreichbare Softwareprogramme im Internet, die bestimmte Funktionen einer Website aktivieren und den Datenaustausch mit der Website zulassen.

Webbrowser Vgl. → Browser.

Webcam Webcams sind digitale Kameras, die aktuell und automatisiert Bilder der Umgebung liefern und zwar als Einzelbilder oder als fortlaufendes Video. Dies kann datenschutzrechtliche Fragen, zB wegen der Videoüberwachung im öffentlichen Raum (→ Videoüberwachung) nach sich ziehen.

Webcasting Als Webcasting wird das Übertragen von Audio- oder Videodateien in Form des → Streaming über das Internet bezeichnet. Daneben ist Webcasting auch eine Bezeichnung für das mittlerweile nicht mehr verwendete Verfahren des → Netcasting.

Webcrawler Ein Webcrawler ist ein Programm, das automatisiert das → WWW durchsucht und für → Suchmaschinen die Inhalte von Websites erfasst, um für die Suchmaschinen die Aufrechterhaltung einer aktuellen Suchdatenbank zu gewährleisten, die von diesen für die Ermittlung des → Ranking zum Einsatz kommt.

Webforum Vgl. → Forum.

Webhosting Webhosting bezeichnet Leistungen für das Bereitstellen von Webanwendungen, insbesondere die Unterbringung (das „Hosting" oder „Hosten") von → Websites auf dem → Webserver eines → Internet Service Providers. Der Webhoster (→ Provider) stellt seine Ressourcen (Bereitstellung und Betrieb von → Webservern und deren Netzwerkanbindung) zur Verfügung.

Webhousing Beim Webhousing wird ein eigener → Server des Kunden beim → Provider des Webspace aufgestellt.

Webimpressum Vgl. → Anbieterkennzeichnung.

Weblog Ein Weblog (Abk. „Blog", engl. Web „Netz" und Log), ist ein auf einem zentralen Server gespeichertes Tagebuch in Form chronologisch sortierter Einträge auf einer Inhaltsebene. Ein Weblog ist ein für den Herausgeber („Blogger") und seine Leser einfach zu handhabendes Medium zur Darstellung beliebiger Themen (vgl. dazu auch → Forenhaftung).

Webmail Webmail ist ein E-Mail-Dienst, den der Anwender über den Browser nutzen kann. Über eine entsprechende Login-Seite hat der Anwender Zugriff auf seine E-Mails sowie übliche E-Mail-Funktionalitäten.

Webmaster Webmaster ist eine natürliche Person und der Verwalter eines → Webservers.

Webpräsenz Vgl. → Website.

Webpublishing Webpublishing ist das Verbreiten von Informationen über das Internet, d. h. in Form der Veröffentlichung auf Websites.

Webseite Als Webseite wird üblicherweise die über einen gesonderten Hyperlink oder durch Direkteingabe eines → Uniform Resource Locator erreichbare Einzelseite des inhaltlichen Angebots auf einer → Website bezeichnet. Synonym zum Begriff Webseite ist oft von Internetseite, HTML-Seite oder Seite die Rede.

Webserver Mit Webserver wird die → Hard- und → Software bezeichnet, mittels derer der → Browser → Webseiten abruft und an einen anderen Computer übermittelt.

Website Die Website (auch Webangebot, Webpräsenz) ist das über eine → URL oder → IP-Adresse erreichbare Angebot an Informationen oder sonstigen Inhalten (zB Texte, Bilder, Dateien) eines Unternehmens oder einer beliebigen sonstigen Stelle im → WWW und besteht in der Regel aus verschiedenen Unterseiten (die wiederum Websites sind, vgl. → Page), die einzeln aufgerufen oder im Downloadbereich heruntergeladen werden können. Die → Homepage ist die Eingangsseite einer Website, also die Seite, die nach Eingeben der Adresse (→ URL) aufgerufen wird. Eine Website genießt bei entsprechender Schöpfungshöhe Schutz als Sprachwerk nach dem → UrhG, daneben kommt ein Schutz als → Datenbank(werk) in Betracht, § 87a UrhG.

Webspace Webspace ist Speicherplatz, der auf einem → Server für die Bereitstellung einer → Website bestimmt ist. Webspace ist der Ort, an dem sämtliche Elemente gespeichert sind, aus denen eine Website aufgebaut ist und auf die über das Internet zugegriffen werden kann.

Webspace-Provider Webspace-Provider (auch → Host-Provider) sind Dienstleister, die dauernd erreichbaren → Webspace zur Verfügung stellen (auch → Webhosting).

Webvertising Webvertising bezeichnet allgemein Werbung beliebiger Art im Internet.

Webzines Webzines ist eine Bezeichnung für ausschließlich online verfügbare, redaktionell bearbeitete Presseerzeugnisse, die von der Aufmachung her einem Printmagazin vergleichbar sind. Webzines sind als Telemedien gemäß § 1 Abs. 1 Satz 1 TMG einzuordnen. Dies führt unter anderem zur Verpflichtung, ein Impressum gemäß § 5 TMG und § 55 RStV zu unterhalten (→ Anbieterkennzeichnung; → Impressum).

Wechselgebühren unter dem Data Act Wechselgebühren sind kein eigenständiger gesetzlich definierter Begriff, sondern bezeichnen im Kontext des Data Act diejenigen Entgelte, die ein Anbieter von Datenverarbeitungsdiensten einem Kunden im Zusammenhang mit der Ausübung seines Rechts auf Anbieterwechsel auferlegt oder auferlegen möchte. Sie erfassen damit sämtliche finanziellen Belastungen, die kausal an den Wechsel des Anbieters anknüpfen, insbesondere Entgelte für Datenübertragung, Schnittstellennutzung, technische Unterstützung oder sonstige mit der Migration verbundene Leistungen. Der Data Act behandelt derartige Wechselgebühren ausdrücklich restriktiv (siehe Art. 23 ff. Data Act). Der Data Act sieht dabei auch eine zeitlich gestufte Regulierung für Wechselgebühren vor, die danach nur noch übergangsweise zulässig sind. Rechtsdogmatisch handelt es sich hierbei um eine marktordnende Preisregulierung mit dem Ziel, Lock-in-Effekte zu reduzieren und die Interoperabilität sowie den Wettbewerb im Cloud-Markt zu stärken. Dies hat erhebliche Auswirkungen auf die Preis- und Vergütungsmodelle der Anbieter. Es liegt nahe, dass Anbieter die bislang teilweise beim Anbieterwechsel realisierten Erlöse in die laufende Vergütung integrieren. Der Data Act zwingt Anbieter damit nicht unmittelbar zu einer bestimmten Preisstruktur, entfaltet jedoch faktisch erheblichen Anpassungsdruck, da die Möglichkeit, Wechselkosten gesondert zu externalisieren, regulatorisch weitgehend beseitigt wird.

Weitergabeverbote Weitergabeverbote beschränken die Rechte des Erwerbers eines Vervielfältigungsstücks eines Werks, indem gegenüber dem Erwerber – ungeachtet der Erschöpfung des → Verbreitungsrechts an diesem Vervielfältigungsstück gemäß § 17 Abs. 2 UrhG – das Verbot der Weiterveräußerung aufgestellt wird. Die Wirksamkeit derartiger Weitergabeverbote ist umstritten (→ Gebrauchtsoftware).

Weiterverwendung öffentlicher Daten (DGA) Die Weiterverwendung von Daten beschreibt im Kontext des → DGA die Nutzung von Daten, die im Besitz öffentlicher Stellen sind, durch natürliche oder juristische Personen für kommerzielle oder nichtkommerzielle Zwecke, die sich von dem ursprünglichen Zweck, für den die Daten erstellt wurden, unterscheiden. Dies betrifft Daten, die aus Gründen der geschäftlichen Geheimhaltung, statistischen Geheimhaltung, des Schutzes des geistigen Eigentums Dritter oder des Schutzes personenbezogener Daten besonders geschützt sind.

Werbebanner Werbebanner sind eine Form der Internetwerbung, bei der eine – oft in rechteckiger Form gestaltete – Werbebotschaft des werbenden Unternehmens auf einer anderen → Website angezeigt wird. Werbebanner sind in der Regel mit einem → Hyperlink auf die Website des werbenden Unternehmens versehen. Das Unternehmen, auf dessen Website das Werbebanner zu sehen ist, erhält eine feste oder klick-abhängige Vergütung. Auch der → Werbebannertausch ist eine mögliche Form der Gegenleistung.

Werbebannertausch Vereinbarung zwischen mittels Werbebanner werbenden Unternehmen, die Platzierung des Werbebanners des anderen auf der jeweils eigenen Website zu akzeptieren. Die Vereinbarung hat (auch) mietvertraglichen Charakter, da jeweils hinreichend Raum auf der Website und gegebenenfalls Speicherplatz auf dem Webserver dauerhaft zur Verfügung gestellt werden muss. Die Schaltung der Werbebanner als solcher ist werkvertraglicher Natur.

Wesentliche Einrichtung nach NIS-2 Wesentliche Einrichtungen sind ein durch die NIS-2-Richtlinie geprägter, unionsrechtlicher Begriff zur Kategorisierung besonders sicherheitsrelevanter Akteure im Bereich der Cybersicherheit. Eine Legaldefinition im engeren Sinne enthält die Richtlinie nicht, sie bestimmt jedoch anhand von Sektoren und Schwellenwerten, welche Einrichtungen als „wesentlich" einzuordnen sind. Im deutschen Umsetzungskontext finden sich die entsprechenden Regelungen im novellierten BSIG, insbesondere in den Vorschriften zur Kategorisierung von Einrichtungen sowie zu deren besonderen Sicherheits- und Meldepflichten (§§ 28 ff. BSIG).

Whaling Whaling ist kein Rechtsbegriff, sondern eine Bezeichnung aus dem Bereich der IT-Sicherheit und des Social Engineering. Es beschreibt eine besondere Form des Phishing und geht mit dem Fokus auf besonders lohnende Phishing-Targets (Organe, leitende Angestellte, Personen mit großen finanziellen Möglichkeiten, anderweitig einflussreiche Personen etc.) einher. Bekannt geworden ist das Whaling durch gezielte Täuschung über die Aufforderung zur Überweisung großer Geldbeträge an vorgeblich vertrauenswürdige Empfänger.

Whistleblowing Whistleblowing (von Engl. „to blow the whistle" für „verraten oder verpfeifen") ist kein einheitlich definierter Rechtsbegriff, sondern bezeichnet die Offenlegung von Missständen innerhalb einer Organisation durch interne oder externe Hinweisgeber. Gemeint ist damit insbesondere die Weitergabe von Informationen über rechtswidriges, regelwidriges oder sonst unregelmäßiges Verhalten, das im Zusammenhang mit einer beruflichen Tätigkeit erlangt wurde. Das Whistleblowing (neutraler „die Erteilung von Hinweisen") hat in der EU durch die EU-Whistleblower-Richtlinie 2019/1937 sowie deren Umsetzung im deutschen Hinweisgeberschutzgesetz eine gesetzlich geregelte Systematik erhalten. Das Hauptziel der vorgenannten gesetzlichen Regelungen besteht darin, Hinweisgeber vor Repressalien zu schützen und zugleich organisationsinterne sowie externe Meldekanäle für die Aufdeckung von Rechtsverstößen zu etablieren.

Whistleblowing-Richtlinie (EU) RL 2019/1937: Pflicht zur Einrichtung sicherer Meldekanäle für Hinweisgeber; in Deutschland: HinSchG (seit 2.7.2023).

Whitelist Eine Whitelist ist Bestandteil einer Methode zur Filterung von Spam oder Content (→ Content Filter). Auf einer Whitelist werden zugelassene Absender gesammelt, die der Filter als unverdächtig behandelt, so dass deren E-Mails zugestellt werden; Ggs. → Blacklist.

Who-is-Datenbank Eine Who-is-Datenbank ist eine Datenbank, die Informationen zu → IP-Adressen und → Domains enthält. Über die Who-is-Datenbank lassen sich beispielsweise Informationen zum → Domaininhaber und den administrativen Kontakten (zB → Admin-C) einer Domain abfragen.

Wholesale Wholesale ist die engl. Bezeichnung für Großhandel, im Ggs. zu → Retail (Einzelhandel).

Widerrufsrecht, 312g BGB Gemäß § 312g BGB steht dem Verbraucher bei außerhalb von Geschäftsräumen geschlossenen Verträgen und bei Fernabsatzverträgen ein Widerrufsrecht nach § 355 BGB zu. Gemäß § 355 Abs. 1 BGB kann der Verbraucher seine auf den Abschluss des Vertrags gerichtete Willenserklärung widerrufen.

Wiki Ein Wiki (hawaii. für schnell) bezeichnet eine bestimmte Form von → Content Management Systemen. Üblicherweise handelt es sich um eine Sammlung von → Websites zu bestimmten Themen, die vom Benutzer gelesen und unmittelbar bearbeitet werden kann.

WIPO Abk. für → World Intellectual Property Organization.

WIPO Copyright Treaty Der WIPO Copyright Treaty (WCT 1996, Abkommen zum Urheberrecht der WIPO) ist die internationale Basis für den urheberrechtlichen Schutz von Computerprogrammen (dort Art. 4).

WIPO Performance & Phonogram Treaty Der WIPO Performance & Phonogram Treaty (Abk. WPPT) ist die internationale Grundlage für den urheberrechtlichen Schutz von Tonträgern im Digitalzeitalter.

Wireless – LAN Ein Wireless – LAN ist ein lokales Netzwerk, das Daten per Funk, also kabellos überträgt (LAN ist eine Abk. für → Local Area Network).

wirksame technische Schutzmaßnahme Gemäß § 95a Abs. 2 Satz 1 UrhG sind technische Maßnahmen im Sinne des UrhG Technologien, Vorrichtungen und Bestandteile, die im normalen Betrieb dazu bestimmt sind, geschützte Werke oder andere nach dem UrhG geschützte Schutzgegenstände betreffende Handlungen, die vom Rechtsinhaber nicht genehmigt sind, zu verhindern oder einzuschränken. Gemäß § 95a Abs. 2 Satz 2 UrhG sind technische Maßnahmen wirksam, soweit durch sie die Nutzung eines geschützten Werkes oder eines anderen nach dem UrhG geschützten Schutzgegenstandes von dem Rechtsinhaber durch eine Zugangskontrolle, einen Schutzmechanismus wie Verschlüsselung, Verzerrung oder sonstige Umwandlung oder einen Mechanismus zur Kontrolle der Vervielfältigung, die die Erreichung des Schutzziels sicherstellen, unter Kontrolle gehalten wird. Zu diesen Maßnahmen gehören der Kopierschutz durch Verschlüsselungstechnologien, Hardwareeinrichtungen wie → Dongles usw. Einen 100-%-Schutz braucht die Maßnahme allerdings nicht zu gewähren, um „wirksam" zu bleiben, sie ist also auch bei Bestehen einer Umgehungsmöglichkeit noch rechtlich relevant. Zur Sicherstellung der Interessen bei → „durchsetzungsstarken Schranken" vgl. § 95b UrhG.

Wissensmanagement Wissensmanagement bezeichnet eine systematische Erfassung des in einer Organisation vorhandenen Wissens zu unternehmensinternen Vorgängen, best Practices, wichtigen Dokumenten etc. mit dem Ziel, diese effizient zu verwalten und nach standardisierten Kriterien abrufbar zu machen. In der Regel wird das Wissensmanagement mit Softwaresystemen betrieben.

WLAN Abk. für → Wireless LAN.

Work Station Engl. für Arbeitsplatz.

Workaround Workaround ist die Lösung eines technischen Problems durch die Einrichtung einer provisorischen Umgehungslösung. Der eigentliche Fehler bleibt vorhanden. Es ist daher zweifelhaft, ob ein Workaround eine ordnungsgemäße Nacherfüllung im Wege der Mängelbeseitigung (§§ 437, 439 BGB) darstellt.

Workflow-Managementsysteme Workflow-Managementsysteme haben die Organisation und Automatisierung von Arbeitsabläufen unter Verwendung von IT-Systemen zum Gegenstand.

World Intellectual Property Organization Die World Intellectual Property Organization (abgek. WIPO) ist die Weltorganisation für geistiges Eigentum. Ihre Gründung im Jahr 1967 verfolgte das Ziel der Verbesserung des weltweiten Schutzes von Immaterialgüterrechten. Seit 1974 ist die WIPO Sonderorganisation (Spezialized Agency) der UNO. Sie ist Impulsgeberin oder Verwalterin verschiedener internationaler Verträge (http://www.wipo.int/treaties/en/). http://www.wipo.int

World Wide Web Das World Wide Web (Abk. WWW, engl. für „weltweites Netz“) ist der grafische Teil des Internet und besteht überwiegend aus →HTML-Seiten, die sich mit →Webbrowsern anzeigen lassen. Dabei erlaubt die Verlinkung mittels →Hypertext ein schnelles Navigieren zwischen den →Websites.

World Wide Web Consortium Das World Wide Web Consortium (W3C) ist eine mitgliedschaftlich organisierte Organisation ohne den Status einer staatlich anerkannten Organisation, das mittels Empfehlungen de facto den Standard für WWW-Applikationen setzt. Bindenden Charakter haben diese Empfehlungen (Beispiele: html, XML, RSS) zwar nicht, sie werden aber international anerkannt. Ziele des World Wide Web Consortium:
- Universeller Zugang,
- Fortentwicklung der Software-Umgebung,
- Fortentwicklung und „Steuerung“ des Content. http://www.w3.org/.

WORM-Technologien WORM-Technologien (Abk. für Write Once, Read Many) sind Vorkehrungen, die nicht manipulierbare Datenträger erzeugen, so dass einmal geschriebene Daten nicht mehr gelöscht, überschrieben oder geändert werden können. WORM-Technologien werden beispielsweise bei der revisionssicheren Datenspeicherung eingesetzt. Die Sicherstellung, dass die Datenträger nicht manipuliert werden können, wird auf unterschiedlichen Wegen erreicht. So kann die Speicherung durch physikalisch irreversible Veränderungen des Datenträgers oder durch Steuerung des Schreibprozesses (zB über eine entsprechende Software) dauerhaft und manipulationssicher ausgestaltet sein.

WPA Abk. für Wi-Fi Protected Access, vgl. →WPA2-Verschlüsselung.

WPA2-Verschlüsselung Die WPA2-Verschlüsselung ist ein Sicherheitsstandard für Funknetzwerke. Die WPA2-Verschlüsselung ist der Nachfolger des Wi-Fi Protected Access.

WPPT Abk. für →WIPO Performance & Phonogram Treaty.

Wurm Ein Wurm (auch Computer-Wurm) ähnelt einem →Computervirus, verbreitet sich aber direkt über Netzwerke wie das Internet, ohne wie diese an andere Dateien angebunden und damit an deren Übertragung gebunden zu sein, und versucht, in andere Computer einzudringen.

Wurzelzertifikat Ein Wurzelzertifikat steht am oberen Ende einer Zertifikatekette: Wurzelzertifikate werden von keiner anderen Zertifizierungsinstanz ausgestellt und verweisen nicht auf ein anderes Zertifikat. Vielmehr zertifiziert die Zertifizierungsstelle sich selbst (auch „root certificate“ genannt).

www Abk. für →world wide web.

X

XHTML Vgl. → HTML-Code.

XML Vgl. → HTML-Code.

Y

YouTube YouTube ist ein unter www.youtube.com erreichbares → Portal im www, das es seinen Nutzern erlaubt, Videos hochzuladen und auf diesem Weg für jedermann abrufbar zu machen (→ öffentliche Zugänglichmachung).

Z

ZDA ZDA Abk. für → Zertifizierungsdiensteanbieter.

Zentralverband Elektrotechnik- und Elektronikindustrie e. V. Der Zentralverband Elektrotechnik- und Elektronikindustrie e. V. ist der Interessenverband des Wirtschaftszweigs der Elektroindustrie in Deutschland (mit Sitz in Frankfurt am Main). Er vertritt politische und technologische Interessen auf nationaler und internationaler Ebene und unterstützt internationale Normungs- und Standardisierungsvorhaben. http://www.zvei.org/.

Zero Trust Architektur Durch Zero Trust Architektur wird eine technische Systemkonfiguration für die Gestaltung von Netzwerken beschrieben. Die Kernüberlegung besteht darin, dass sämtliche Vorgänge nach einer vorab festgelegten Ablauflogik jeweils verifiziert und technisch abgesichert werden müssen, weil nicht davon ausgegangen werden darf, dass eine zuvor erfolgte Überprüfung verlässlich ist.

Zero-Day-Exploit Angriff auf unbekannte Schwachstelle ohne verfügbaren Patch; relevant für Haftungsfragen, NIS-2-Meldepflichten und Cyber-Versicherungsklauseln.

Zertifikate Zertifikate sind elektronische Bescheinigungen, mit denen → Signaturprüfschlüssel einer Person zugeordnet werden und die Identität einer Person bestätigt wird. Werden zB Daten an einen → Server übermittelt, so hat sich der Sender beim → Server zu identifizieren. Dies erfolgt durch ein → Zertifikat, durch das eine → Zertifizierungsstelle die zutreffende Identität bescheinigt. Das Programm, mit dem die Daten übermittelt werden, prüft die Zertifizierung anhand der Bestätigung der → Zertifizierungsstelle.

ZKA Abk. für Zentraler Kreditausschuss (siehe auch → Deutsche Kreditwirtschaft).

Zone-C Der Zone-C (Abk. für „Zone Contact") ist als Zonenverwalter für die Betreuung der → Nameserver einer Domain zuständig. Gemäß X. der DENIC-Domainrichtlinien (siehe ht tp://denic.de/domainrichtlinien.html) unterliegt er denselben Regeln wie der → Tech-C, so dass er eine namentlich benannte natürliche Person oder eine abstrakt bezeichnete Personengruppe sein kann und für ihn Name, Anschrift, Telefon- und Telefaxnummer sowie E-Mail-Adresse anzugeben sind. Eine Störerhaftung des Zonenverwalters einer Domain sollte aufgrund seiner beschränkten Aufgaben und Einwirkungsmöglichkeiten nur im Fall offensichtlicher oder rechtskräftig festgestellter Rechtsverletzungen angenommen werden (siehe auch Störerhaftung des → administrativen Ansprechpartners einer Domain).

Zugangsberechtigungssysteme Zugangsberechtigungssysteme sind Systeme, die technische oder physikalische Mittel zur Zugangskontrolle, wie zB Passwörter oder biometrische Daten, nutzen.

Zugangsvermittlung Vgl. → Internet Service Provider.

Zugriffskontrolle Eine Zugriffskontrolle regelt die Art und Weise des Zugangs zu Systemen (Netzen, Verzeichnissen, Dateien) und nutzt dabei physikalische oder technische Methoden (→ Hardware, → Software).

Zusammenschaltungsentgelt Zusammenschaltungsentgelt ist eine andere Bezeichnung für Interconnection-Gebühren, die zwischen den Netzbetreibern zu entrichten sind; der Markt der Zusammenschaltung ist ein Großhandelsmarkt und richtet sich nicht an Endkunden. Die Entgelte sind daher von den → Netzbetreibern aufzubringen und werden dann auf den → Endnutzer umgelegt.

ZVEI Abk. für → Zentralverband Elektrotechnik- und Elektronikindustrie e. V.

Zweckbindung Die Zweckbindung ist ein Begriff aus dem Datenschutzrecht und beschreibt die Verpflichtung, bei der Verarbeitung personenbezogener Daten beim ursprünglichen Erhebungszweck zu bleiben (siehe auch → Volkszählungsurteil). Eine Änderung der ursprünglichen bei der Erhebung der personenbezogenen Daten festgelegten Zwecke ist nur zulässig, wenn ein die neuen Zwecke deckender Erlaubnistatbestand vorliegt.

Zweckübertragungslehre Die Zweckübertragungslehre regelt die Reichweite der Übertragung von → Nutzungsrechten auf den Nutzer eines Werks. Im Zweifel werden die Rechte nur so weit übertragen, wie dies zur Nutzung des Werkes erforderlich ist.

Zweistufentest, datenschutzrechtlicher Der datenschutzrechtliche Zweistufentest beschreibt die verschiedenen gesetzlichen Anforderungen eine rechtmäßige internationale Übermittlung personenbezogener Daten. Auf der sogenannten ersten Stufe ist zu prüfen, ob die geplante Übermittlung als solche rechtmäßig ist. Dies richtet sich nach Art. 6, 9 DS-GVO; auch die Voraussetzungen von Art. 28 DS-GVO dürften hier zu prüfen sein. Auf der sogenannten zweiten Stufe ist zu prüfen, ob bei der empfangenden Stelle gemäß Kapitel V der DS-GVO ein → angemessenes Datenschutzniveau oder eine Ausnahmesituation vorliegt.

Zweiter Korb des UrhG Der Zweite Korb des UrhG ist eine Reform des Urheberrechts zum 1. 1. 2008, die insbesondere die EU-Urheberrechtsrichtlinie (Richtlinie 2001/29/EG des Europäischen Parlaments und des Rates vom 22. 5. 2001) umsetzt (Neuerungen insbesondere zur → Privatkopie, § 53 UrhG).

Zwischenkopien Vgl. → Proxy-Server.